《资本论》箴言集

本书编写组 编

中央编译出版社
Central Compilation & Translation Press

图书在版编目（CIP）数据

《资本论》箴言集 / 本书编写组编. —北京：中央编译出版社，2023.4
ISBN 978-7-5117-4371-8

Ⅰ. ①资… Ⅱ. ①本… Ⅲ. ①《资本论》-马克思著作研究 Ⅳ. ①A811.23

中国版本图书馆 CIP 数据核字（2023）第 042606 号

《资本论》箴言集

责任编辑	彭永强　李媛媛
责任印制	刘　慧
出版发行	中央编译出版社
地　　址	北京市海淀区北四环西路 69 号（100080）
电　　话	（010）55627391（总编室）　　（010）55627308（编辑室）
	（010）55627320（发行部）　　（010）55627377（新技术部）
经　　销	全国新华书店
印　　刷	北京汇林印务有限公司
开　　本	710 毫米×1000 毫米　1/16
字　　数	544 千字
印　　张	31.25
版　　次	2023 年 4 月第 1 版
印　　次	2023 年 4 月第 1 次印刷
定　　价	118.00 元

新浪微博：@中央编译出版社　　　　微　信：中央编译出版社（ID: cctphome）
淘宝店铺：中央编译出版社直销店(http://shop108367160.taobao.com)　（010）55627331

本社常年法律顾问：北京市吴栾赵阎律师事务所律师　闫军　梁勤
凡有印装质量问题，本社负责调换，电话：(010) 55626985

说　明

生活在今天有独立思考能力的人，都有必要读一读《资本论》。

《资本论》充满着人性的光辉、理性的光辉、辩证法的光辉。

《资本论》所描述的、所揭露的，仍然是今天世界上最普遍的真相。

《资本论》逻辑清晰，论证有力；《资本论》观点精辟，一针见血，透过表象看清事物的本质。

《资本论》不仅是了解和认识资本主义经济和社会发展的必读之书，也是了解和认识当今社会和当今世界的必读之书。

但《资本论》的"鸿篇巨制"往往让普通读者望而生畏，有勇气读完原著的并不在多数。为了让读者更简单、更容易、更具兴致地走进《资本论》，我们编辑了这本《〈资本论〉箴言集》。

无论是否读过《资本论》，但那些《资本论》箴言名句都会或多或少地响彻在我们心头，如"资本来到世间，从头到脚，每个毛孔都滴着血和肮脏的东西"，等等。

在集萃《资本论》箴言名句时，我们并非简单收录《资本论》的单句，而是兼顾前后文的完整语义以表达完整的思想和逻辑。

本书体例简单，完全按照2018年3月出版的《资本论》纪念版（三卷本）第1版第1印顺序收录。

《资本论》篇幅宏大，辑录者水平所限，如有错漏或赘言的地方，望不吝指正。

2023年2月

目 录
contents

第一卷
第一册：资本的生产过程

第一版序言 …………………………………………… 3
第二版跋 ……………………………………………… 5
法文版序言和跋 ……………………………………… 7
弗·恩格斯 英文版序言 ……………………………… 7
弗·恩格斯 第四版序言 ……………………………… 7

第一篇　商品和货币 …………………………………… 8
第一章　商品 ………………………………………… 8
第二章　交换过程 …………………………………… 24
第三章　货币或商品流通 …………………………… 29

第二篇　货币转化为资本 ……………………………… 56
第四章　货币转化为资本 …………………………… 56

第三篇　绝对剩余价值的生产 ………………………… 64
第五章　劳动过程和价值增殖过程 ………………… 64
第六章　不变资本和可变资本 ……………………… 73
第七章　剩余价值率 ………………………………… 78
第八章　工作日 ……………………………………… 82

—— 1 ——

第九章　剩余价值率和剩余价值量 ········· 96

第四篇　相对剩余价值的生产 ········· 102
第十章　相对剩余价值的概念 ········· 102
第十一章　协作 ········· 106
第十二章　分工和工场手工业 ········· 113
第十三章　机器和大工业 ········· 129

第五篇　绝对剩余价值和相对剩余价值的生产 ········· 174
第十四章　绝对剩余价值和相对剩余价值 ········· 174
第十五章　劳动力价格和剩余价值的量的变化 ········· 181
第十六章　剩余价值率的各种公式 ········· 187

第六篇　工资 ········· 190
第十七章　劳动力的价值或价格转化为工资 ········· 190
第十八章　计时工资 ········· 193
第十九章　计件工资 ········· 196
第二十章　工资的国民差异 ········· 199

第七篇　资本的积累过程 ········· 202
第二十一章　简单再生产 ········· 203
第二十二章　剩余价值转化为资本 ········· 210
第二十三章　资本主义积累的一般规律 ········· 226
第二十四章　所谓原始积累 ········· 256
第二十五章　现代殖民理论 ········· 286

第二卷
第二册：资本的流通过程

弗·恩格斯　序言 ········· 295

第一篇　资本形态变化及其循环 ········· 298
第一章　货币资本的循环 ········· 298

第二章　生产资本的循环 ………………………………… 305
  第三章　商品资本的循环 ………………………………… 308
  第四章　循环过程的三个公式 …………………………… 309
  第五章　流通时间 ………………………………………… 311
  第六章　流通费用 ………………………………………… 313

第二篇　资本周转 ……………………………………………… 318
  第七章　周转时间和周转次数 …………………………… 318
  第八章　固定资本和流动资本 …………………………… 319
  第十章　关于固定资本和流动资本的理论。重农学派和亚当·
　　　　　斯密 ……………………………………………… 321
  第十一章　关于固定资本和流动资本的理论。李嘉图 …… 324
  第十二章　劳动期间 ……………………………………… 325
  第十三章　生产时间 ……………………………………… 326
  第十四章　流通时间 ……………………………………… 326
  第十五章　周转时间对预付资本量的影响 ……………… 327
  第十六章　可变资本的周转 ……………………………… 328
  第十七章　剩余价值的流通 ……………………………… 330

第三篇　社会总资本的再生产和流通 ………………………… 332
  第十八章　导言 …………………………………………… 332
  第十九章　前人对这个问题的阐述 ……………………… 336
  第二十章　简单再生产 …………………………………… 339
  第二十一章　积累和扩大再生产 ………………………… 352

第三卷
第三册：资本主义生产的总过程

  弗·恩格斯　序言 ………………………………………… 357

资本主义生产的总过程（上） ………………………………… 360
第一篇　剩余价值转化为利润和剩余价值率转化为利润率 … 360
  第一章　成本价格和利润 ………………………………… 360

第二章　利润率 ·· 365
　　第三章　利润率和剩余价值率的关系 ···················· 368
　　第四章　周转对利润率的影响 ··························· 371
　　第五章　不变资本使用上的节约 ························ 373
　　第六章　价格变动的影响 ······························· 379
　　第七章　补充说明 ···································· 382

第二篇　利润转化为平均利润 ································ 384
　　第八章　不同生产部门的资本的不同构成和由此引起的利润率
　　　　　　的差别 ······································· 384
　　第九章　一般利润率（平均利润率）的形成和商品价值转化为
　　　　　　生产价格 ····································· 387
　　第十章　一般利润率通过竞争而平均化。市场价格和市场价值。
　　　　　　超额利润 ····································· 391
　　第十一章　工资的一般变动对生产价格的影响 ············ 397
　　第十二章　补充说明 ··································· 398

第三篇　利润率趋向下降的规律 ······························ 400
　　第十三章　规律本身 ··································· 400
　　第十四章　起反作用的各种原因 ························· 404
　　第十五章　规律的内部矛盾的展开 ······················· 407

第四篇　商品资本和货币资本转化为商品经营资本和货币经营资本
　　　　（商人资本） ·· 418
　　第十六章　商品经营资本 ······························· 418
　　第十七章　商业利润 ··································· 421
　　第十八章　商人资本的周转。价格 ······················· 425
　　第十九章　货币经营资本 ······························· 427
　　第二十章　关于商人资本的历史考察 ····················· 429

第五篇　利润分为利息和企业主收入。生息资本 ··············· 434
　　第二十一章　生息资本 ································· 434
　　第二十二章　利润的分割。利息率。"自然"利息率 ········ 435
　　第二十三章　利息和企业主收入 ························· 436

目 录

   第二十四章　资本关系在生息资本形式上的外表化 …………… 441
   第二十五章　信用和虚拟资本 ………………………………… 441
   第二十六章　货币资本的积累，它对利率的影响 …………… 442
   第二十七章　信用在资本主义生产中的作用 ………………… 442
   第二十八章　流通手段和资本。图克和富拉顿的见解 ……… 443

资本主义生产的总过程（下） ……………………………………… 445
第五篇　利润分为利息和企业主收入。生息资本（续） ………… 445
   第二十九章　银行资本的组成部分 …………………………… 445
   第三十章　货币资本和现实资本。I〔商业信用。工业周期不同
   　　　　　　阶段上的货币资本和现实资本〕………………… 446
   第三十一章　货币资本和现实资本。II（续）………………… 449
   第三十二章　货币资本和现实资本。III（续完）〔由于现实资本
   　　　　　　的游离而形成借贷资本。概论。结果〕………… 450
   第三十三章　信用制度下的流通手段 ………………………… 453
   第三十四章　通货原理和1844年英国的银行立法 …………… 454
   第三十五章　贵金属和汇兑率 ………………………………… 455
   第三十六章　资本主义以前的状态 …………………………… 457

第六篇　超额利润转化为地租 …………………………………… 464
   第三十七章　导论 ……………………………………………… 464
   第三十九章　级差地租的第一形式（级差地租I）…………… 468
   第四十章　级差地租的第二形式（级差地租II）……………… 468
   第四十二章　级差地租II——第二种情况：生产价格下降 … 469
   第四十五章　绝对地租 ………………………………………… 469
   第四十六章　建筑地段的地租。矿山地租。土地价格 ……… 469
   第四十七章　资本主义地租的起源 …………………………… 470

第七篇　各种收入及其源泉 ……………………………………… 472
   第四十八章　三位一体的公式 ………………………………… 472
   第四十九章　关于生产过程的分析 …………………………… 478
   第五十章　竞争的假象 ………………………………………… 479
   第五十一章　分配关系和生产关系 …………………………… 482
   弗·恩格斯《资本论》第三册增补 ……………………………… 485

《资本论》箴言集

资本论

政治经济学批判

第一卷
第一册：资本的生产过程

第一篇 商品和货币

第二篇 货币转化为资本

第三篇 绝对剩余价值的生产

第四篇 相对剩余价值的生产

第五篇 绝对剩余价值和相对剩余价值的生产

第六篇 工资

第七篇 资本的积累过程

《资本论》箴言集

第一版序言

万事开头难,每门科学都是如此。

卡·马克思:《资本论》第一卷第7页

以货币形式为完成形态的价值形式,是极无内容和极其简单的。然而,两千多年来人类智慧对这种形式进行探讨的努力,并未得到什么结果,而对更有内容和更复杂的形式的分析,却至少已接近于成功。为什么会这样呢?因为已经发育的身体比身体的细胞容易研究些。并且,分析经济形式,既不能用显微镜,也不能用化学试剂。二者都必须用抽象力来代替。而对资产阶级社会说来,劳动产品的商品形式,或者商品的价值形式,就是经济的细胞形式。

卡·马克思:《资本论》第一卷第7—8页

我要在本书研究的,是资本主义生产方式以及和它相适应的生产关系和交换关系。

卡·马克思:《资本论》第一卷第8页

问题本身并不在于资本主义生产的自然规律所引起的社会对抗的发展程度的高低。问题在于这些规律本身,在于这些以铁的必然性发生作用并且正在实现的趋势。工业较发达的国家向工业较不发达的国家所显示的,只是后者未来的景象。

卡·马克思:《资本论》第一卷第8页

在其他一切方面,我们(指德国——编者注)也同西欧大陆所有其他国家一样,不仅苦于资本主义生产的发展,而且苦于资本主义生产的不发展。除了现代的灾难而外,压迫着我们的还有许多遗留下来的灾难,这些灾难的产生,是由于古老的、陈旧的生产方式以及伴随着它们的过时的社会关系和政治关系还在苟延残喘。不仅活人使我们受苦,而且死人也使我们受苦。死人抓住活人!

卡·马克思:《资本论》第一卷第9页

德国和西欧大陆其他国家的社会统计,与英国相比是很贫乏的。然而它还是把帷幕稍稍揭开,使我们刚刚能够窥见幕内美杜莎的头。

卡·马克思:《资本论》第一卷第9页

柏修斯需要一顶隐身帽来追捕妖怪。我们却用隐身帽紧紧遮住眼睛和耳朵,以便有可能否认妖怪的存在。

卡·马克思:《资本论》第一卷第9页

正像18世纪美国独立战争给欧洲中等阶级敲起了警钟一样,19世纪美国南北战争又给欧洲工人阶级敲起了警钟。

卡·马克思:《资本论》第一卷第9页

现在的统治阶级,撇开其较高尚的动机不说,他们的切身利益也迫使他们除掉一切可以由法律控制的、妨害工人阶级发展的障碍。

卡·马克思:《资本论》第一卷第9页

一个国家应该而且可以向其他国家学习。一个社会即使探索到了本身运动的自然规律——本书的最终目的就是揭示现代社会的经济运动规律——,它还是既不能跳过也不能用法令取消自然的发展阶段。但是它能缩短和减轻分娩的痛苦。

卡·马克思:《资本论》第一卷第9—10页

我决不用玫瑰色描绘资本家和地主的面貌。不过这里涉及的人,只是经济范畴的人格化,是一定的阶级关系和利益的承担者。我的观点是把经济的社会形态的发展理解为一种自然史的过程。不管个人在主观上怎样超脱各种关系,他在社会意义上总是这些关系的产物。

卡·马克思:《资本论》第一卷第10页

在政治经济学领域内,自由的科学研究遇到的敌人,不只是它在一切其他领域内遇到的敌人。政治经济学所研究的材料的特殊性质,把人们心中最激烈、最卑鄙、最恶劣的感情,把代表私人利益的复仇女神召唤到战场上来反对自由的科学研究。例如，英国高教会派宁愿饶恕对它的三十九条信纲中的三十八条信纲进行的攻击，而不饶恕对它的现金收入的三十九分之一进行的攻击。

卡·马克思：《资本论》第一卷第10页

同批评传统的财产关系相比，无神论本身是一种很小的过失。

卡·马克思：《资本论》第一卷第10页

英国女王驻外使节在那里坦率地说，在德国，在法国，一句话，在欧洲大陆的一切文明国家，现有的劳资关系的变化同英国一样明显，一样不可避免。

卡·马克思：《资本论》第一卷第10页

在统治阶级中间也已经透露出一种模糊的感觉：现在的社会不是坚实的结晶体，而是一个能够变化并且经常处于变化过程中的有机体。

卡·马克思：《资本论》第一卷第13页

任何的科学批评的意见我都是欢迎的。而对于我从来就不让步的所谓舆论的偏见，我仍然遵守伟大的佛罗伦萨人的格言：

走你的路，让人们去说罢！

卡·马克思：《资本论》第一卷第13页

第二版跋

一个在经济方面站在资产阶级立场上的人，维也纳的工厂主迈尔先生，在普法战争期间发行的一本小册子中说得很对：被认为是德国世袭财产的卓越的理论思维能力，已在德国的所谓有教养的阶级中完全消失了，但在德国工人阶级中复活了。

卡·马克思：《资本论》第一卷第15页

只要政治经济学是资产阶级的政治经济学，就是说，只要它把资本主义制度不是看作历史上过渡的发展阶段,而是看作社会生产的绝对的最后的形式,那就只有在阶级斗争处于潜伏状态或只是在个别的现象上表现出来的时候,它还能够是科学。

卡·马克思:《资本论》第一卷第 16 页

德国社会特殊的历史发展,排除了"资产阶级"经济学在德国取得任何独创的成就的可能性,但是没有排除对它进行批判的可能性。就这种批判代表一个阶级而论,它能代表的只是这样一个阶级,这个阶级的历史使命是推翻资本主义生产方式和最后消灭阶级。这个阶级就是无产阶级。

卡·马克思:《资本论》第一卷第 18 页

研究必须充分地占有材料,分析它的各种发展形式,探寻这些形式的内在联系。只有这项工作完成以后,现实的运动才能适当地叙述出来。这点一旦做到,材料的生命一旦在观念上反映出来,呈现在我们面前的就好像是一个先验的结构了。

卡·马克思:《资本论》第一卷第 21—22 页

观念的东西不外是移入人的头脑并在人的头脑中改造过的物质的东西而已。

卡·马克思:《资本论》第一卷第 22 页

辩证法在黑格尔手中神秘化了,但这决没有妨碍他第一个全面地有意识地叙述了辩证法的一般运动形式。在他那里,辩证法是倒立着的。必须把它倒过来,以便发现神秘外壳中的合理内核。

卡·马克思:《资本论》第一卷第 22 页

辩证法,在其神秘形式上,成了德国的时髦东西,因为它似乎使现存事物显得光彩。辩证法,在其合理形态上,引起资产阶级及其空论主义的代言人的恼怒和恐怖,因为辩证法在对现存事物的肯定的理解中同时包含对现存事物的否定的理解,即对现存事物的必然灭亡的理解;辩证法对每一种既成的形式都是从不断的运动中,因而也是从它的暂时性方面去理解;辩证法不崇拜任何东西,按其本质来说,它是批判的和革命的。

卡·马克思:《资本论》第一卷第 22 页

使实际的资产者最深切地感到资本主义社会充满矛盾的运动的,是现代工业所经历的周期循环的各个变动,而这种变动的顶点就是普遍危机。

卡·马克思:《资本论》第一卷第23页

法文版序言和跋

在科学上没有平坦的大道,只有不畏劳苦沿着陡峭山路攀登的人,才有希望达到光辉的顶点。

卡·马克思:《资本论》第一卷第24页

弗·恩格斯　英文版序言

《资本论》在大陆上常常被称为"工人阶级的圣经"。任何一个熟悉工人运动的人都不会否认:本书所作的结论日益成为伟大的工人阶级运动的基本原则,不仅在德国和瑞士是这样,而且在法国,在荷兰和比利时,在美国,甚至在意大利和西班牙也是这样;各地的工人阶级都越来越把这些结论看成是对自己的状况和自己的期望所作的最真切的表述。(恩格斯)

卡·马克思:《资本论》第一卷第34页

生产力按几何级数增长,而市场最多也只是按算术级数扩大。(恩格斯)

卡·马克思:《资本论》第一卷第34页

弗·恩格斯　第四版序言

实力和财富这种令人陶醉的增长完全限于有产阶级。

卡·马克思:《资本论》第一卷第38页

第一篇　商品和货币

第一章　商品

1. 商品的两个因素：使用价值和价值（价值实体，价值量）

资本主义生产方式占统治地位的社会的财富，表现为"庞大的商品堆积"，单个的商品表现为这种财富的元素形式。

卡·马克思：《资本论》第一卷第47页

商品首先是一个外界的对象，一个靠自己的属性来满足人的某种需要的物。这种需要的性质如何，例如是由胃产生还是由幻想产生，是与问题无关的。这里的问题也不在于物怎样来满足人的需要，是作为生活资料即消费品来直接满足，还是作为生产资料来间接满足。

卡·马克思：《资本论》第一卷第47—48页

每一种有用物，如铁、纸等等，都可以从质和量两个角度来考察。每一种这样的物都是许多属性的总和，因此可以在不同的方面有用。发现这些不同的方面，从而发现物的多种使用方式，是历史的事情。为有用物的量找到社会尺度，也是这样。商品尺度之所以不同，部分是由于被计量的物的性质不同，部分是由于约定俗成。

卡·马克思：《资本论》第一卷第48页

物的有用性使物成为使用价值。但这种有用性不是悬在空中的。它决定于商品体的属性,离开了商品体就不存在。因此,商品体本身,例如铁、小麦、金刚石等等,就是使用价值,或财物。商品体的这种性质,同人取得它的使用属性所耗费的劳动的多少没有关系。

卡·马克思:《资本论》第一卷第48页

在考察使用价值时,总是以它们的量的规定性为前提,如一打表,一码布,一吨铁等等。商品的使用价值为商品学这门学科提供材料。

卡·马克思:《资本论》第一卷第48页

使用价值只是在使用或消费中得到实现。不论财富的社会的形式如何,使用价值总是构成财富的物质的内容。在我们所要考察的社会形式中,使用价值同时又是交换价值的物质承担者。

卡·马克思:《资本论》第一卷第49页

交换价值首先表现为一种使用价值同另一种使用价值相交换的量的关系或比例,这个比例随着时间和地点的不同而不断改变。因此,交换价值好像是一种偶然的、纯粹相对的东西,也就是说,商品固有的、内在的交换价值(valeur intrinsèque)似乎是一个形容语的矛盾。

卡·马克思:《资本论》第一卷第49页

在两种不同的物里面,即在1夸特小麦和a英担铁里面,有一种等量的共同的东西。因而这二者都等于第三种东西,后者本身既不是第一种物,也不是第二种物。这样,二者中的每一个只要是交换价值,就必定能化为这第三种东西。

卡·马克思:《资本论》第一卷第50页

商品的物体属性只是就它们使商品有用,从而使商品成为使用价值来说,才加以考虑。另一方面,商品交换关系的明显特点,正在于抽去商品的使用价值。

卡·马克思:《资本论》第一卷第50页

在商品交换关系中,只要比例适当,一种使用价值就和其他任何一种

使用价值完全相等。

卡·马克思:《资本论》第一卷第 50 页

如果把商品体的使用价值撇开,商品体就只剩下一个属性,即劳动产品这个属性。

卡·马克思:《资本论》第一卷第 50—51 页

随着劳动产品的有用性质的消失,体现在劳动产品中的各种劳动的有用性质也消失了,因而这些劳动的各种具体形式也消失了。各种劳动不再有什么差别,全都化为相同的人类劳动,抽象人类劳动。

现在我们来考察劳动产品剩下来的东西。它们剩下的只是同一的幽灵般的对象性,只是无差别的人类劳动的单纯凝结,即不管以哪种形式进行的人类劳动力耗费的单纯凝结。这些物现在只是表示,在它们的生产上耗费了人类劳动力,积累了人类劳动。这些物,作为它们共有的这个社会实体的结晶,就是价值——商品价值。

卡·马克思:《资本论》第一卷第 51 页

在商品的交换关系本身中,商品的交换价值表现为同它们的使用价值完全无关的东西。如果真正把劳动产品的使用价值抽去,就得到刚才已经规定的它们的价值。因此,在商品的交换关系或交换价值中表现出来的共同东西,也就是商品的价值。

卡·马克思:《资本论》第一卷第 51 页

使用价值或财物具有价值,只是因为有抽象人类劳动对象化或物化在里面。

卡·马克思:《资本论》第一卷第 51 页

劳动本身的量是用劳动的持续时间来计量,而劳动时间又是用一定的时间单位如小时、日等做尺度。

卡·马克思:《资本论》第一卷第 51 页

社会必要劳动时间是在现有的社会正常的生产条件下,在社会平均的劳动熟练程度和劳动强度下制造某种使用价值所需要的劳动时间。

卡·马克思:《资本论》第一卷第52页

可见,只是社会必要劳动量,或生产使用价值的社会必要劳动时间,决定该使用价值的价值量。

卡·马克思:《资本论》第一卷第52页

作为价值,一切商品都只是一定量的凝固的劳动时间。

卡·马克思:《资本论》第一卷第53页

劳动生产力是由多种情况决定的,其中包括:工人的平均熟练程度,科学的发展水平和它在工艺上应用的程度,生产过程的社会结合,生产资料的规模和效能,以及自然条件。

卡·马克思:《资本论》第一卷第53页

劳动生产力越高,生产一种物品所需要的劳动时间就越少,凝结在该物品中的劳动量就越小,该物品的价值就越小。相反地,劳动生产力越低,生产一种物品的必要劳动时间就越多,该物品的价值就越大。可见,商品的价值量与实现在商品中的劳动的量成正比地变动,与这一劳动的生产力成反比地变动。

卡·马克思:《资本论》第一卷第53—54页

要生产商品,他不仅要生产使用价值,而且要为别人生产使用价值,即生产社会的使用价值。〔……要成为商品,产品必须通过交换,转到把它当做使用价值使用的人的手里。〕

卡·马克思:《资本论》第一卷第54页

没有一个物可以是价值而不是使用物品。如果物没有用,那么其中包含的劳动也就没有用,不能算做劳动,因此不形成价值。

卡·马克思:《资本论》第一卷第54页

2. 体现在商品中的劳动二重性

起初我们看到,商品是一种二重的东西,即使用价值和交换价值。后来表明,劳动就它表现为价值而论,也不再具有它作为使用价值的创造者所具有的那些特征。商品中包含的劳动的这种二重性,是首先由我批判地证明的。这一点是理解政治经济学的枢纽。

卡·马克思:《资本论》第一卷第54—55页

由自己产品的使用价值或者由自己产品是使用价值来表示自己的有用性的劳动,我们简称为有用劳动。从这个观点来看,劳动总是联系到它的有用效果来考察的。

卡·马克思:《资本论》第一卷第55页

各种使用价值或商品体的总和,表现了同样多种的、按照属、种、科、亚种、变种分类的有用劳动的总和,即表现了社会分工。这种分工是商品生产存在的条件,虽然不能反过来说商品生产是社会分工存在的条件。

卡·马克思:《资本论》第一卷第55页

每个商品的使用价值都包含着一定的有目的的生产活动,或有用劳动。

卡·马克思:《资本论》第一卷第55页

劳动作为使用价值的创造者,作为有用劳动,是不以一切社会形式为转移的人类生存条件,是人和自然之间的物质变换即人类生活得以实现的永恒的自然必然性。

卡·马克思:《资本论》第一卷第56页

劳动并不是它所生产的使用价值即物质财富的唯一源泉。正像威廉·配第所说,劳动是财富之父,土地是财富之母。

卡·马克思:《资本论》第一卷第56—57页

商品价值体现的是人类劳动本身，是一般人类劳动的耗费。正如在资产阶级社会里，将军或银行家扮演着重要的角色，而人本身则扮演极卑微的角色一样，人类劳动在这里也是这样。它是每个没有任何专长的普通人的有机体平均具有的简单劳动力的耗费。

卡·马克思：《资本论》第一卷第57—58页

简单平均劳动本身虽然在不同的国家和不同的文化时代具有不同的性质，但在一定的社会里是一定的。比较复杂的劳动只是自乘的或不如说多倍的简单劳动，因此，少量的复杂劳动等于多量的简单劳动。经验证明，这种简化是经常进行的。一个商品可能是最复杂的劳动的产品，但是它的价值使它与简单劳动的产品相等，因而本身只表示一定量的简单劳动。

卡·马克思：《资本论》第一卷第58页

不管生产力发生了什么变化，同一劳动在同样的时间内提供的价值量总是相同的。但它在同样的时间内提供的使用价值量是不同的：生产力提高时就多些，生产力降低时就少些。因此，那种能提高劳动成效从而增加劳动所提供的使用价值量的生产力变化，如果会缩减生产这个使用价值量所必需的劳动时间的总和，就会减少这个增大了的总量的价值量。反之亦然。

卡·马克思：《资本论》第一卷第60页

一切劳动，一方面是人类劳动力在生理学意义上的耗费；就相同的或抽象的人类劳动这个属性来说，它形成商品价值。一切劳动，另一方面是人类劳动力在特殊的有一定目的的形式上的耗费；就具体的有用的劳动这个属性来说，它生产使用价值。

卡·马克思：《资本论》第一卷第60页

3. 价值形式或交换价值

显然，最简单的价值关系就是一个商品同另一个不同种的商品（不管是哪一种商品都一样）的价值关系。因此，两个商品的价值关系为一个商品提供了最简单的价值表现。

卡·马克思:《资本论》第一卷第62页

A. 简单的、个别的或偶然的价值形式

x 量商品 A = y 量商品 B，或 x 量商品 A 值 y 量商品 B。
(20 码麻布 = 1 件上衣，或 20 码麻布值 1 件上衣。)
【A. 简单的、个别的或偶然的价值形式，即第一种形式。——编者注】

卡·马克思:《资本论》第一卷第62页

（1）价值表现的两极：相对价值形式和等价形式

x 量商品 A = y 量商品 B，或 x 量商品 A 值 y 量商品 B。
(20 码麻布 = 1 件上衣，或 20 码麻布值 1 件上衣。)

前一个商品起主动作用，后一个商品起被动作用。前一个商品的价值表现为相对价值，或者说，处于相对价值形式。后一个商品起等价物的作用，或者说，处于等价形式。

相对价值形式和等价形式是同一价值表现的互相依赖、互为条件、不可分离的两个要素，同时又是同一价值表现的互相排斥、互相对立的两端即两极；这两种形式总是分配在通过价值表现互相发生关系的不同商品上。

卡·马克思:《资本论》第一卷第62—63页

（3）等价形式

一个商品的等价形式就是它能与另一个商品直接交换的形式。

卡·马克思:《资本论》第一卷第70页

充当等价物的商品的物体总是当做抽象人类劳动的化身，同时又总是某种有用的、具体的劳动的产品。因此，这种具体劳动就成为抽象人类劳动的表现。

卡·马克思:《资本论》第一卷第73页

在商品价值形式中，一切劳动都表现为等同的人类劳动，因而是同等

意义的劳动。

卡·马克思:《资本论》第一卷第75页

价值表现的秘密,即一切劳动由于而且只是由于都是一般人类劳动而具有的等同性和同等意义,只有在人类平等概念已经成为国民的牢固的成见的时候,才能揭示出来。而这只有在这样的社会里才有可能,在那里,商品形式成为劳动产品的一般形式,从而人们彼此作为商品占有者的关系成为占统治地位的社会关系。

卡·马克思:《资本论》第一卷第75页

(4) 简单价值形式的总体

一个商品的简单价值形式包含在它与一个不同种商品的价值关系或交换关系中。

一个商品的价值是通过它表现为"交换价值"而得到独立的表现的。

卡·马克思:《资本论》第一卷第75—76页

我们曾经依照通常的说法,说商品是使用价值和交换价值,严格说来,这是不对的。商品是使用价值或使用物品和"价值"。一个商品,只要它的价值取得一个特别的、不同于它的自然形式的表现形式,即交换价值形式,它就表现为这样的二重物。

卡·马克思:《资本论》第一卷第76页

我们的分析表明,商品的价值形式或价值表现由商品价值的本性产生,而不是相反,价值和价值量由它们的作为交换价值的表现方式产生。

卡·马克思:《资本论》第一卷第76页

在一切社会状态下,劳动产品都是使用物品,但只是历史上一定的发展时代,也就是使生产一个使用物所耗费的劳动表现为该物的"对象的"属性即它的价值的时代,才使劳动产品转化为商品。由此可见,商品的简单价值形式同时又是劳动产品的简单商品形式,因此,商品形式的发展也是同价值形式的发展一致的。

卡·马克思:《资本论》第一卷第77页

B. 总和的或扩大的价值形式

z 量商品 A = u 量商品 B，或 = v 量商品 C，或 = w 量商品 D，或 = x 量商品 E，或 = 其他

(20 码麻布 = 1 件上衣，或 = 10 磅茶叶，或 = 40 磅咖啡，或 = 1 夸特小麦，或 = 2 盎司金，或 = $\frac{1}{2}$ 吨铁，或 = 其他)

【B. 总和的或扩大的价值形式，即第二种形式。——编者注】

卡·马克思：《资本论》第一卷第 78 页

（1）扩大的相对价值形式

不是交换调节商品的价值量，恰好相反，是商品的价值量调节商品的交换比例。

卡·马克思：《资本论》第一卷第 79 页

（3）总和的或扩大的价值形式的缺点

因为每一种商品的自然形式在这里都是一个特殊等价形式，与无数别的特殊等价形式并列，所以只存在着有局限性的等价形式，其中每一个都排斥另一个。同样，每个特殊的商品等价物中包含的一定的、具体的、有用的劳动，都只是人类劳动的特殊的因而是不充分的表现形式。

卡·马克思：《资本论》第一卷第 80 页

C. 一般价值形式

$$
\left.\begin{array}{l}
1 \text{ 件上衣} = \\
10 \text{ 磅茶叶} = \\
40 \text{ 磅咖啡} = \\
1 \text{ 夸特小麦} = \\
2 \text{ 盎司金} = \\
\frac{1}{2} \text{ 吨铁} = \\
x \text{ 量商品 A} = \\
\text{等等}
\end{array}\right\} 20 \text{ 码麻布}
$$

【C. 一般价值形式，即第三种形式。——编者注】

卡·马克思:《资本论》第一卷第81页

（1）价值形式的变化了的性质

新获得的形式使商品世界的价值表现在从商品世界中分离出来的同一种商品上，例如表现在麻布上，因而使一切商品的价值都通过它们与麻布等同而表现出来。每个商品的价值作为与麻布等同的东西，现在不仅与它自身的使用价值相区别，而且与一切使用价值相区别，正因为这样才表现为它和一切商品共有的东西。因此，只有这种形式才真正使商品作为价值互相发生关系，或者使它们互相表现为交换价值。

卡·马克思:《资本论》第一卷第82页

一个商品所以获得一般的价值表现，只是因为其他一切商品同时也用同一个等价物来表现自己的价值，而每一种新出现的商品都要这样做。

卡·马克思:《资本论》第一卷第83页

对象化在商品价值中的劳动，不仅消极地表现为被抽去了实在劳动的一切具体形式和有用属性的劳动。它自身的积极的性质也清楚地表现出来了。这就是把一切实在劳动化为它们共有的人类劳动的性质，化为人类劳动力的耗费。

卡·马克思:《资本论》第一卷第83页

把劳动产品表现为只是无差别人类劳动的凝结物的一般价值形式，通过自身的结构表明，它是商品世界的社会表现。因此，它清楚地告诉我们，在这个世界中，劳动的一般的人类的性质形成劳动的独特的社会的性质。

卡·马克思:《资本论》第一卷第83—84页

(2) 相对价值形式和等价形式的发展关系

等价形式的发展程度是同相对价值形式的发展程度相适应的。但是必须指出，等价形式的发展只是相对价值形式发展的表现和结果。

卡·马克思：《资本论》第一卷第84页

一个商品如麻布处于能与其他一切商品直接交换的形式，或者说，处于直接的社会的形式，是因为而且只是因为其他一切商品都不是处于这种形式。

相反地，充当一般等价物的商品则不能具有商品世界的统一的、从而是一般的相对价值形式。如果麻布，或任何一种处于一般等价形式的商品，要同时具有一般的相对价值形式，那么，它必须自己给自己充当等价物。于是我们得到的就是20码麻布＝20码麻布，这是一个既不表现价值也不表现价值量的同义反复。

卡·马克思：《资本论》第一卷第85页

一般等价物没有与其他商品共同的相对价值形式，它的价值相对地表现在其他一切商品体的无限的系列上。

卡·马克思：《资本论》第一卷第85页

(3) 从一般价值形式到货币形式的过度

一般等价形式是价值本身的一种形式。因此，它可以属于任何一种商品。另一方面，一个商品处于一般等价形式（第三种形式），是因为而且只是因为它被其他一切商品当做等价物排挤出来。这种排挤的结果最终只剩下一种独特的商品，从这个时候起，商品世界的统一的相对价值形式才获得客观的固定性和一般的社会效力。

等价形式同这种独特商品的自然形式社会地结合在一起，这种独特商品成了货币商品，或者执行货币的职能。在商品世界起一般等价物的作用就成了它特有的社会职能，从而成了它的社会独占权。

卡·马克思：《资本论》第一卷第86页

在第二种形式中充当麻布的各种特殊等价物,而在第三种形式中把自己的相对价值共同用麻布来表现的各个商品中间,有一个特定的商品在历史过程中夺得了这个特权地位,这就是金。因此,我们在第三种形式中用商品金代替商品麻布,就得到:

D. 货币形式

$$
\left.\begin{array}{l}
20\ 码\ 麻\ 布 = \\
1\ 件\ \ 上\ \ 衣 = \\
10\ 磅\ 茶\ \ 叶 = \\
40\ 磅\ 咖\ \ 啡 = \\
1\ 夸\ 特\ 小\ 麦 = \\
\frac{1}{2}\ 吨\ \ \ \ 铁 = \\
x\ 量\ \ 商\ 品\ A =
\end{array}\right\} 2\ 盎司金
$$

卡·马克思:《资本论》第一卷第86页

在第一种形式过渡到第二种形式,第二种形式过渡到第三种形式的时候,都发生了本质的变化。而第四种形式与第三种形式的唯一区别,只是金现在代替麻布取得了一般等价形式。金在第四种形式中同麻布在第三种形式中一样,都是一般等价物。唯一的进步在于:能直接地一般地交换的形式,即一般等价形式,现在由于社会的习惯最终地同商品金的独特的自然形式结合在一起了。

卡·马克思:《资本论》第一卷第87页

金能够作为货币与其他商品相对立,只是因为它早就作为商品与它们相对立。与其他一切商品一样,它过去就起等价物的作用:或者是在个别的交换行为中起个别等价物的作用,或者是与其他商品等价物并列起特殊等价物的作用。渐渐地,它就在或大或小的范围内起一般等价物的作用。一旦它在商品世界的价值表现中独占了这个地位,它就成为货币商品。只是从它已经成为货币商品的时候起,第四种形式才同第三种形式区别开来,或者说,一般价值形式才转化为货币形式。

卡·马克思:《资本论》第一卷第87页

一个商品（如麻布）在已经执行货币商品职能的商品（如金）上的简单的相对的价值表现，就是价格形式。

卡·马克思：《资本论》第一卷第87页

简单的商品形式是货币形式的胚胎。

卡·马克思：《资本论》第一卷第87页

4. 商品的拜物教性质及其秘密

最初一看，商品好像是一种简单而平凡的东西。对商品的分析表明，它却是一种很古怪的东西，充满形而上学的微妙和神学的怪诞。

卡·马克思：《资本论》第一卷第88页

人通过自己的活动按照对自己有用的方式来改变自然物质的形态。

卡·马克思：《资本论》第一卷第88页

桌子一旦作为商品出现，就转化为一个可感觉而又超感觉的物。它不仅用它的脚站在地上，而且在对其他一切商品的关系上用头倒立着，从它的木脑袋里生出比它自动跳舞还奇怪得多的狂想。

卡·马克思：《资本论》第一卷第88页

不管有用劳动或生产活动怎样不同，它们都是人体的机能，而每一种这样的机能不管内容和形式如何，实质上都是人的脑、神经、肌肉、感官等等的耗费。这是一个生理学上的真理。

卡·马克思：《资本论》第一卷第88页

劳动的量可以十分明显地同劳动的质区别开来。在一切社会状态下，人们对生产生活资料所耗费的劳动时间必然是关心的，虽然在不同的发展阶段上关心的程度不同。

卡·马克思：《资本论》第一卷第88—89页

一旦人们以某种方式彼此为对方劳动,他们的劳动也就取得社会的形式。

卡·马克思:《资本论》第一卷第89页

商品形式的奥秘不过在于:商品形式在人们面前把人们本身劳动的社会性质反映成劳动产品本身的物的性质,反映成这些物的天然的社会属性,从而把生产者同总劳动的社会关系反映成存在于生产者之外的物与物之间的社会关系。由于这种转换,劳动产品成了商品,成了可感觉而又超感觉的物或社会的物。正如一物在视神经中留下的光的印象,不是表现为视神经本身的主观兴奋,而是表现为眼睛外面的物的客观形式。

卡·马克思:《资本论》第一卷第89页

劳动产品一旦作为商品来生产,就带上拜物教性质,因此拜物教是同商品生产分不开的。

商品世界的这种拜物教性质,是来源于生产商品的劳动所特有的社会性质。

卡·马克思:《资本论》第一卷第90页

使用物品成为商品,只是因为它们是彼此独立进行的私人劳动的产品。这种私人劳动的总和形成社会总劳动。

卡·马克思:《资本论》第一卷第90页

私人劳动在事实上证实为社会总劳动的一部分,只是由于交换使劳动产品之间从而使生产者之间发生了关系。因此,在生产者面前,他们的私人劳动的社会关系就表现为现在这个样子,就是说,不是表现为人们在自己劳动中的直接的社会关系,而是表现为人们之间的物的关系和物之间的社会关系。

卡·马克思:《资本论》第一卷第90页

劳动产品分裂为有用物和价值物,实际上只是发生在交换已经十分广泛和十分重要的时候,那时有用物是为了交换而生产的,因而物的价值性质还在物本身的生产中就被注意到了。从那时起,生产者的私人劳动真正取得了二重的社会性质。一方面,生产者的私人劳动必须作为一定的有用劳动来满足一定的社会需要,从而证明它们是总劳动的一部分,是自然形成的社会分工体系的一部分。另一方面,只有在每一种特殊的有用的私人劳动可以同任何另一种有用的私人劳动相交换从而相等时,生产者的私人劳动才能满足生产者本人的多种需要。

卡·马克思:《资本论》第一卷第90—91页

完全不同的劳动所以能够相等,只是因为它们的实际差别已被抽去,它们已被化成它们作为人类劳动力的耗费、作为抽象的人类劳动所具有的共同性质。

卡·马克思:《资本论》第一卷第91页

(私人生产者的头脑)把他们的私人劳动的社会有用性,反映在劳动产品必须有用,而且是对别人有用的形式中;把不同种劳动的相等这种社会性质,反映在这些在物质上不同的物即劳动产品具有共同的价值性质的形式中。

卡·马克思:《资本论》第一卷第91页

价值没有在额上写明它是什么。不仅如此,价值还把每个劳动产品转化为社会的象形文字。

卡·马克思:《资本论》第一卷第91页

后来科学发现,劳动产品作为价值,只是生产它们时所耗费的人类劳动的物的表现,这一发现在人类发展史上划了一个时代,但它决没有消除劳动的社会性质的物的外观。

卡·马克思:《资本论》第一卷第91页

彼此独立的私人劳动的独特的社会性质在于它们作为人类劳动而彼此相等,并且采取劳动产品的价值性质的形式——商品生产这种特殊生产形式才具有的这种特点,对受商品生产关系束缚的人们来说,无论在上述发现以前或以后,都是永远不变的,正像空气形态在科学把空气分解为各种

元素之后，仍然作为一种物理的物态继续存在一样。

卡·马克思：《资本论》第一卷第91—92页

劳动产品的价值性质，只是通过劳动产品表现为价值量才确定下来。价值量不以交换者的意志、设想和活动为转移而不断地变动着。

卡·马克思：《资本论》第一卷第92页

在交换者看来，他们本身的社会运动具有物的运动形式。不是他们控制这一运动，而是他们受这一运动控制。

卡·马克思：《资本论》第一卷第92页

要有充分发达的商品生产，才能从经验本身得出科学的认识。

卡·马克思：《资本论》第一卷第92页

价值量由劳动时间决定是一个隐藏在商品相对价值的表面运动后面的秘密。这个秘密的发现，消除了劳动产品的价值量纯粹是偶然决定的这种假象，但是决没有消除价值量的决定所采取的物的形式。

卡·马克思：《资本论》第一卷第92—93页

对人类生活形式的思索，从而对这些形式的科学分析，总是采取同实际发展相反的道路。这种思索是从事后开始的，就是说，是从发展过程的完成的结果开始的。

卡·马克思：《资本论》第一卷第93页

给劳动产品打上商品烙印，因而成为商品流通的前提的那些形式，在人们试图了解它们的内容而不是了解它们的历史性质（这些形式在人们看来已经是不变的了）以前，就已经取得了社会生活的自然形式的固定性。

卡·马克思：《资本论》第一卷第93页

只有商品价格的分析才导致价值量的决定，只有商品共同的货币表现才导致商品的价值性质的确定。

卡·马克思：《资本论》第一卷第 94 页

正是商品世界的这个完成的形式——货币形式，用物的形式掩盖了私人劳动的社会性质以及私人劳动者的社会关系，而不是把它们揭示出来。

卡·马克思：《资本论》第一卷第 93 页

在商品生产者的社会里，一般的社会生产关系是这样的：生产者把他们的产品当做商品，从而当做价值来对待，而且通过这种物的形式，把他们的私人劳动当做等同的人类劳动来互相发生关系。

卡·马克思：《资本论》第一卷第 97 页

只有当实际日常生活的关系，在人们面前表现为人与人之间和人与自然之间极明白而合理的关系的时候，现实世界的宗教反映才会消失。

卡·马克思：《资本论》第一卷第 97 页

只有当社会生活过程即物质生产过程的形态，作为自由联合的人的产物，处于人的有意识有计划的控制之下的时候，它才会把自己的神秘的纱幕揭掉。但是，这需要有一定的社会物质基础或一系列物质生存条件，而这些条件本身又是长期的、痛苦的发展史的自然产物。

卡·马克思：《资本论》第一卷第 97 页

第二章　交换过程

商品是物，所以不能反抗人。如果它不乐意，人可以使用强力，换句话说，把它拿走。【在以虔诚著称的 12 世纪，商品行列里常常出现一些极妙之物。当时一位法国诗人所列举的朗迪市场上的商品中，除衣料、鞋子、皮革、农具、毛皮等物以外，还有"淫荡的女人"。——著者注】

卡·马克思：《资本论》第一卷第 103 页

为了使这些物作为商品彼此发生关系，商品监护人必须作为有自己的意志体现在这些物中的人彼此发生关系,因此,一方只有符合另一方的意志,就是说每一方只有通过双方共同一致的意志行为,才能让渡自己的商品,占有别人的商品。可见,他们必须彼此承认对方是私有者。这种具有契约形式的(不管这种契约是不是用法律固定下来的)法的关系,是一种反映着经济关系的意志关系。这种法的关系或意志关系的内容是由这种经济关系本身决定的。在这里,人们彼此只是作为商品的代表即商品占有者而存在。在研究进程中我们会看到,人们扮演的经济角色不过是经济关系的人格化,人们是作为这种关系的承担者而彼此对立着的。

卡·马克思:《资本论》第一卷第103—104页

  商品占有者与商品不同的地方,主要在于:对商品来说,每个别的商品体只是它本身的价值的表现形式。商品是天生的平等派和昔尼克派,它随时准备不仅用自己的灵魂而且用自己的肉体去换取任何别的商品,哪怕这个商品生得比马立托奈斯还丑。商品所缺乏的这种感知商品体的具体属性的能力,由商品占有者用他自己的五种和五种以上的感官补足了。【昔尼克派是公元前4世纪前后古希腊的主张自然主义的哲学学派,又译犬儒学派,由安提西尼所创立。这个学派崇尚自然,却把自然和社会对立起来,认为社会生活和文化生活是不自然的,无足轻重的,它蔑视财富,崇尚俭朴,反映了城邦贫民和被剥夺了部分权利的自由民对大奴隶主骄奢淫逸生活的消极反抗,昔尼克派最突出的表现是一种有意的伤风败俗和玩世不恭的行为。——译者注】

卡·马克思:《资本论》第一卷第104页

  商品占有者的商品对他没有直接的使用价值。否则,他就不会把它拿到市场上去。他的商品对别人有使用价值。对他来说,他的商品直接有的只是这样的使用价值:它是交换价值的承担者,从而是交换手段。所以,他愿意让渡他的商品来换取其使用价值为他所需要的商品。

卡·马克思:《资本论》第一卷第104页

  一切商品对它们的占有者是非使用价值,对它们的非占有者是使用价值。

卡·马克思:《资本论》第一卷第104页

商品必须全面转手。这种转手就形成商品交换,而商品交换使商品彼此作为价值发生关系并作为价值来实现。

卡·马克思:《资本论》第一卷第104页

商品在能够作为使用价值实现以前,必须先作为价值来实现。

卡·马克思:《资本论》第一卷第104页

商品在能够作为价值实现以前,必须证明自己是使用价值,因为耗费在商品上的人类劳动,只有耗费在对别人有用的形式上,才能算数。但是,这种劳动对别人是否有用,它的产品是否能够满足别人的需要,只有在商品交换中才能得到证明。

卡·马克思:《资本论》第一卷第105页

只有社会的行动才能使一个特定的商品成为一般等价物。因此,其他一切商品的社会的行动使一个特定的商品分离出来,通过这个商品来全面表现它们的价值。于是这个商品的自然形式就成为社会公认的等价形式。由于这种社会过程,充当一般等价物就成为被分离出来的商品的独特的社会职能。这个商品就成为货币。

卡·马克思:《资本论》第一卷第105—106页

货币结晶是交换过程的必然产物,在交换过程中,各种不同的劳动产品事实上彼此等同,从而事实上转化为商品。

卡·马克思:《资本论》第一卷第106页

交换的扩大和加深的历史过程,使商品本性中潜伏着的使用价值和价值的对立发展起来。为了交易,需要这一对立在外部表现出来,这就要求商品价值有一个独立的形式,这个需要一直存在,直到由于商品分为商品和货币这种二重化而最终取得这个形式为止。

卡·马克思:《资本论》第一卷第106页

随着劳动产品转化为商品,商品就在同一程度上转化为货币。

卡·马克思:《资本论》第一卷第106页

使用物品可能成为交换价值的第一步,就是它作为非使用价值而存在,作为超过它的占有者的直接需要的使用价值量而存在。

卡·马克思:《资本论》第一卷第106页

交换的不断重复使交换成为有规则的社会过程。因此,随着时间的推移,至少有一部分劳动产品必定是有意为了交换而生产的。从那时起,一方面,物满足直接需要的效用和物用于交换的效用的分离固定下来了。它们的使用价值同它们的交换价值分离开来。另一方面,它们互相交换的量的比例是由它们的生产本身决定的。习惯把它们作为价值量固定下来。

卡·马克思:《资本论》第一卷第107页

游牧民族最先发展了货币形式,因为他们的一切财产都具有可以移动的,因而可以直接让渡的形式,又因为他们的生活方式使他们经常和别的共同体接触,因而引起产品交换。

卡·马克思:《资本论》第一卷第108页

随着商品交换日益突破地方的限制,从而商品价值日益发展成为一般人类劳动的化身,货币形式也就日益转到那些天然适于执行一般等价物这种社会职能的商品身上,即转到贵金属身上。

卡·马克思:《资本论》第一卷第108页

"金银天然不是货币,但货币天然是金银",这句话已为金银的自然属性适于担任货币的职能而得到证明。但至此我们只知道货币的一种职能:它是商品价值的表现形式,或者是商品价值量借以取得社会表现的材料。

卡·马克思:《资本论》第一卷第108—109页

一种物质只有分成的每一份都是均质的,才能成为价值的适当的表现形式,或抽象的因而等同的人类劳动的化身。另一方面,因为价值量的差别纯粹是量的差别,所以货币商品必须只能有纯粹量的差别,就是说,必须能够随意分割,又能够随意把它的各部分合并起来。金和银就天然具有这种属性。

卡·马克思:《资本论》第一卷第109页

因为其他一切商品只是货币的特殊等价物,而货币是它们的一般等价物,所以它们是作为特殊商品来同作为一般商品的货币发生关系。

卡·马克思:《资本论》第一卷第109页

货币形式只是其他一切商品的关系固定在一种商品上面的反映。

卡·马克思:《资本论》第一卷第109页

对于交换过程使之转化为货币的那个商品,交换过程给予它的,不是它的价值,而是它的独特的价值形式。

卡·马克思:《资本论》第一卷第109—110页

由于货币在某些职能上可以用它本身的单纯的符号来代替,又产生了另一种误解,以为货币是一种单纯符号。但另一方面,在这种误解里面包含了一种预感:物的货币形式是物本身以外的东西,它只是隐藏在物后面的人的关系的表现形式。从这个意义上说,每个商品都是一个符号,因为它作为价值只是耗费在它上面的人类劳动的物质外壳。但是,当人们把物在一定的生产方式的基础上取得的社会性质,或者说,把劳动的社会规定在一定的生产方式的基础上取得的物质性质说成是单纯的符号时,他们就把这些性质说成是人随意思考的产物。这是18世纪流行的启蒙方法,其目的是要在人们还不能解释人的关系的谜一般的形态的产生过程时,至少暂时把这种形态的奇异外观除掉。

卡·马克思:《资本论》第一卷第110—111页

货币同任何商品一样,只能相对地通过别的商品来表现自己的价值量。它本身的价值是由生产它所需要的劳动时间决定的,并且是通过任何另一个凝结着同样多劳动时间的商品的量表现出来的。金的相对价值量是在金的产地通过直接的物物交换确定的。当它作为货币进入流通时,它的价值已经是既定的了。

卡·马克思：《资本论》第一卷第 111 页

困难不在于了解货币是商品，而在于了解商品怎样、为什么、通过什么成为货币。

卡·马克思：《资本论》第一卷第 112 页

一种商品成为货币，似乎不是因为其他商品都通过它来表现自己的价值，相反，似乎因为这种商品是货币，其他商品才都通过它来表现自己的价值。中介运动在它本身的结果中消失了，而且没有留下任何痕迹。商品没有出什么力就发现一个在它们之外、与它们并存的商品体是它们自身的现成的价值形态。这些物，即金和银，一从地底下出来，就是一切人类劳动的直接化身。货币的魔术就是由此而来的。

卡·马克思：《资本论》第一卷第 112—113 页

人们在自己的社会生产过程中的单纯原子般的关系，从而，人们自己的生产关系的不受他们控制和不以他们有意识的个人活动为转移的物的形式，首先就是通过他们的劳动产品普遍采取商品形式这一点而表现出来。因此，货币拜物教的谜就是商品拜物教的谜，只不过变得明显了，耀眼了。

卡·马克思：《资本论》第一卷第 113 页

第三章 货币或商品流通

1. 价值尺度

金的第一个职能是为商品世界提供表现价值的材料，或者说，是把商品价值表现为同名的量，使它们在质的方面相同，在量的方面可以比较。这样，金执行一般的价值尺度的职能，并且首先只是由于这个职能，金这个独特的等价商品才成为货币。

卡·马克思：《资本论》第一卷第 114 页

货币作为价值尺度,是商品内在的价值尺度即劳动时间的必然表现形式。

卡·马克思:《资本论》第一卷第114页

货币并没有价格。货币要参加其他商品的这个统一的相对价值形式,就必须把自己当做自己的等价物。

卡·马克思:《资本论》第一卷第115页

商品的价格或货币形式,同商品的价值形式本身一样,是一种与商品的可以捉摸的实在的物体形式不同的,因而只是观念的或想象的形式。

卡·马克思:《资本论》第一卷第115页

货币在执行价值尺度的职能时,只是想象的或观念的货币。这种情况引起了种种最荒谬的学说。尽管只是想象的货币执行价值尺度的职能,但是价格完全取决于实在的货币材料。

卡·马克思:《资本论》第一卷第116页

如果两个不同的商品,例如金和银,同时充当价值尺度,一切商品就会有两种不同的价格表现,即金价格和银价格;只要金和银的价值比例不变,例如总是1∶15,那么这两种价格就可以安然并存。但是,这种价值比例的任何变动,都会扰乱商品的金价格和银价格之间的比例,这就在事实上证明,价值尺度的二重化是同价值尺度的职能相矛盾的。

卡·马克思:《资本论》第一卷第116页

作为价值尺度和作为价格标准,货币执行着两种完全不同的职能。作为人类劳动的社会化身,它是价值尺度;作为规定的金属重量,它是价格标准。作为价值尺度,它用来使形形色色的商品的价值转化为价格,转化为想象的金量;作为价格标准,它计量这些金量。

卡·马克思:《资本论》第一卷第118页

价值尺度是用来计量作为价值的商品,相反,价格标准是用一个金量计量各种不同的金量,而不是用一个金量的重量计量另一个金量的

价值。

卡·马克思:《资本论》第一卷第118页

价格或商品价值在观念上转化成的金量,现在用金标准的货币名称或法定的计算名称来表现了。

卡·马克思:《资本论》第一卷第121页

在镑、塔勒、法郎、杜卡特等货币名称上,价值关系的任何痕迹都消失了。由于货币名称既表示商品价值,同时又表示某一金属重量即货币标准的等分,对这些神秘记号的秘密含义的了解就更加混乱了。另一方面,价值和商品世界的形形色色的物体不同,必然发展为这种没有概念的物的而又纯粹是社会的形式。

卡·马克思:《资本论》第一卷第121页

商品的价值量表现出一种必然的、商品形成过程内在的同社会劳动时间的关系。随着价值量转化为价格,这种必然的关系就表现为商品同在它之外存在的货币商品的交换比例。这种交换比例既可以表现商品的价值量,也可以表现比它大或小的量,在一定条件下,商品就是按这种较大或较小的量来让渡的。可见,价格和价值量之间的量的不一致的可能性,或者价格偏离价值量的可能性,已经包含在价格形式本身中。

卡·马克思:《资本论》第一卷第122—123页

价格形式不仅可能引起价值量和价格之间即价值量和它自身的货币表现之间的量的不一致,而且能够包藏一个质的矛盾,以致货币虽然只是商品的价值形式,但价格可以完全不是价值的表现。

卡·马克思:《资本论》第一卷第123页

有些东西本身并不是商品,例如良心、名誉等等,但是也可以被它们的占有者出卖以换取金钱,并通过它们的价格,取得商品形式。因此,没有价值的东西在形式上可以具有价格。

卡·马克思:《资本论》第一卷第123页

价格形式包含着商品为取得货币而让渡的可能性和这种让渡的必要性。

卡·马克思:《资本论》第一卷第124页

金所以充当观念的价值尺度，只是因为它在交换过程中已作为货币商品流通。因此，在观念的价值尺度中隐藏着坚硬的货币。

卡·马克思:《资本论》第一卷第124页

2. 流通手段

（a）商品的形态变化

商品的交换过程包含着矛盾的和互相排斥的关系。商品的发展并没有扬弃这些矛盾，而是创造这些矛盾能在其中运动的形式。一般说来，这就是实际矛盾赖以得到解决的方法。

卡·马克思:《资本论》第一卷第124页

交换过程使商品从把它们当做非使用价值的人手里转到把它们当做使用价值的人手里，就这一点说，这个过程是一种社会的物质变换。一种有用劳动方式的产品代替另一种有用劳动方式的产品。

卡·马克思:《资本论》第一卷第125页

商品一旦到达它充当使用价值的地方，就从商品交换领域转入消费领域。

卡·马克思:《资本论》第一卷第125页

一个商品的每次形式变换都是通过两个商品即一个普通商品和货币商品的交换实现的。如果我们只注意商品和金的交换这个物质因素，那就会恰恰看不到应该看到的东西，即形式发生了怎样的变化。我们就会看不到:金作为单纯的商品并不是货币，而其他的商品通过它们的价格才把金当做它们自己的货币形态。

卡·马克思:《资本论》第一卷第125页

交换过程造成了商品分为商品和货币这种二重化，即造成了商品得以表现自己的使用价值和价值之间的内在对立的一种外部对立。在这种外部对立中，作为使用价值的商品同作为交换价值的货币对立着。另一方面，对立的双方都是商品，也就是说，都是使用价值和价值的统一。但这种差别的统一按相反的方向表现在两极中的每一极上，并且由此同时表现出它们的相互关系。商品实际上是使用价值，它的价值存在只是观念地表现在价格上，价格使商品同对立着的金发生关系，把金当做自己的实际的价值形态。反之，金这种物质只是充当价值的化身，充当货币。因此金实际上是交换价值。金的使用价值只是观念地表现在相对价值表现的系列上，金通过这个相对价值表现的系列，同对立着的商品发生关系，把它们当做自己的实际使用形态的总和。商品的这些对立的形式就是它们的交换过程的实际的运动形式。

卡·马克思：《资本论》第一卷第125—126页

商品交换过程是在两个互相对立、互为补充的形态变化中完成的：从商品转化为货币，又从货币转化为商品。

卡·马克思：《资本论》第一卷第126页

商品形态变化的两个因素同时就是商品占有者的两种行为，一种是卖，把商品换成货币，一种是买，把货币换成商品，这两种行为的统一就是：为买而卖。

卡·马克思：《资本论》第一卷第126页

商品的交换过程是在下列的形式变换中完成的：
　　　　　　商品—货币—商品
　　　　　　W—G—W
从物质内容来说，这个运动是 W—W，是商品换商品，是社会劳动的物质变换，这种物质变换的结果一经达到，过程本身也就结束。

卡·马克思：《资本论》第一卷第127页

W—G。商品的第一形态变化或卖。

卡·马克思：《资本论》第一卷第127页

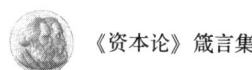《资本论》箴言集

商品价值从商品体跳到金体上,像我在别处说过的,是商品的惊险的跳跃。这个跳跃如果不成功,摔坏的不是商品,但一定是商品占有者。

卡·马克思:《资本论》第一卷第 127 页

社会分工使商品占有者的劳动成为单方面的,又使他的需要成为多方面的。正因为这样,他的产品对他来说仅仅是交换价值。这个产品只有在货币上,才取得一般的社会公认的等价形式,而货币又在别人的口袋里。

卡·马克思:《资本论》第一卷第 127 页

为了把货币吸引出来,商品首先应当对于货币占有者是使用价值,就是说,用在商品上的劳动应当是以社会有用的形式耗费的,或者说,应当证明自己是社会分工的一部分。但分工是自然形成的生产有机体,它的纤维在商品生产者的背后交织在一起,而且继续交织下去。

卡·马克思:《资本论》第一卷第 127 页

商品可能是一种新的劳动方式的产品,它声称要去满足一种新产生的需要,或者想靠它自己去唤起一种需要。

卡·马克思:《资本论》第一卷第 127 页

一种特殊的劳动操作,昨天还是同一个商品生产者许多职能中的一种职能,今天就可能脱离这种联系,独立起来,从而把它的局部产品当做独立商品送到市场上去。

卡·马克思:《资本论》第一卷第 127 页

某种产品今天满足一种社会需要,明天就可能全部地或部分地被一种类似的产品排挤掉。

卡·马克思:《资本论》第一卷第 127 页

我们把商品占有者可能发生的纯粹主观的计算错误撇开,因为这种错误在市场上马上可以得到客观的纠正。

卡·马克思:《资本论》第一卷第 128 页

商品爱货币,但是"真爱情的道路决不是平坦的"。把自己的"分散的肢体"表现为分工体系的社会生产有机体,它的量的构成,也像它的质的构成一样,是自发地偶然地形成的。所以我们的商品占有者发现:分工使他们成为独立的私人生产者,同时又使社会生产过程以及他们在这个过程中的关系不受他们自己支配;人与人的互相独立为物与物的全面依赖的体系所补充。

卡·马克思:《资本论》第一卷第129页

分工使劳动产品转化为商品,因而使它转化为货币成为必然的事情。同时,分工使这种转化能否成功成为偶然的事情。

卡·马克思:《资本论》第一卷第129页

商品价格的实现,或商品的仅仅是观念的价值形式的实现,同时就是货币的仅仅是观念的使用价值的实现。

卡·马克思:《资本论》第一卷第129页

商品转化为货币,同时就是货币转化为商品。这一个过程是两方面的:从商品占有者这一极看,是卖;从货币占有者这另一极看,是买。或者说,卖就是买,W—G 同时就是 G—W。

卡·马克思:《资本论》第一卷第129—130页

人与人之间的一种经济关系,即商品占有者之间的关系,在这种关系中,商品占有者只是由于让出自己的劳动产品,才占有别人的劳动产品。

卡·马克思:《资本论》第一卷第130页

一个商品占有者所以能够作为货币占有者同另一个商品占有者对立,或者是因为他的劳动产品天然具有货币形式,是货币材料,是金等等;或者是因为他自己的商品已经蜕皮,已经蜕掉它原来的使用形式。

卡·马克思:《资本论》第一卷第130页

金要执行货币的职能,自然就必须在某个地点进入商品市场。这个地点就在金的产地,在那里,金作为直接的劳动产品与另一种价值相同的劳动产品相交换。但是,从这个时候起,它就总是代表已经实现了的商品价格。

卡·马克思:《资本论》第一卷第 130 页

金在每个商品占有者手里都是他所让渡的商品的转换形态,都是卖的产物,或商品第一形态变化 W—G 的产物。

卡·马克思:《资本论》第一卷第 130 页

金成为观念的货币或价值尺度,是因为一切商品都用金来计量它们的价值,从而使金成为它们的使用形态的想象的对立面,成为它们的价值形态。

卡·马克思:《资本论》第一卷第 130 页

金成为实在的货币,是因为商品通过它们的全面让渡使金成为它们的实际转换或转化的使用形态,从而使金成为它们的实际的价值形态。

卡·马克思:《资本论》第一卷第 130 页

商品在它的价值形态上蜕掉了它的自然形成的使用价值的一切痕迹,蜕掉了创造它的那种特殊有用劳动的一切痕迹,蛹化为无差别的人类劳动的同样的社会化身。

卡·马克思:《资本论》第一卷第 130—131 页

从货币上看不出它是由哪种商品转化来的。在货币形式上,一种商品和另一种商品完全一样。因此,货币可以是粪土,虽然粪土并不是货币。

卡·马克思:《资本论》第一卷第 131 页

一个商品的第一形态变化,即从商品形式转化为货币,同时总是另一个商品的相反的第二形态变化,即从货币形式又转化为商品。

卡·马克思:《资本论》第一卷第 131 页

G—W。商品的第二形态变化,或最终的形态变化:买。

卡·马克思:《资本论》第一卷第 131 页

《资本论》箴言集

因为货币是其他一切商品的转换形态,或者说,是它们普遍让渡的产物,所以它是绝对可以让渡的商品。

卡·马克思:《资本论》第一卷第 131 页

货币把一切价格倒过来读,从而把自己反映在一切商品体上,即为货币本身变成商品而献身的材料上。

卡·马克思:《资本论》第一卷第 131 页

价格,即商品向货币送去的秋波,表明货币的转化能力的限度,即表明货币本身的量。

卡·马克思:《资本论》第一卷第 131 页

因为商品在变成货币后就消失了,所以,从货币上就看不出它究竟怎样落到货币占有者的手中,究竟是由什么东西转化来的。

卡·马克思:《资本论》第一卷第 131—132 页

货币没有臭味,无论它从哪里来。一方面,它代表已经卖掉的商品,另一方面,它代表可以买到的商品。

卡·马克思:《资本论》第一卷第 132 页

因为商品生产者只提供一种单方面的产品,所以他常常是大批地卖,而他的多方面的需要,又迫使他不断地把已经实现的价格,或得到的全部货币额,分散在许多次买上。因此,卖一次就要买许多次各种各样的商品。这样,一个商品的最终的形态变化,就是许多其他商品的第一形态变化的总和。

卡·马克思:《资本论》第一卷第 132 页

在商品的每一次转化中,商品的两种形式即商品形式和货币形式同时存在着,只不过是在对立的两极上,所以,对同一个商品占有者来说,当他是卖者时,有一个买者和他对立着,当他是买者时,有一个卖者和他对立着。正像同一个商品要依次经过两个相反的转化,由商品变为货币,由货币变为商品一样,同一个商品占有者也要由卖者的角色转换为买者的角色。

可见，这两种角色不是固定的，而是在商品流通中经常由人们交替扮演的。

卡·马克思：《资本论》第一卷第132—133页

一个商品的总形态变化，在其最简单的形式上，包含四个极和三个登场人物。最先，与商品对立着的是作为它的价值形态的货币，而后者在彼岸，在别人的口袋里，具有物的坚硬的现实性。因此，与商品占有者对立着的是货币占有者。商品一旦转化为货币，货币就成为商品的转瞬即逝的等价形式，这个等价形式的使用价值或内容在此岸，在其他的商品体中存在着。作为商品第一个转化的终点的货币，同时是第二个转化的起点。可见，在第一幕是卖者，在第二幕就成了买者，这里又有第三个商品占有者作为卖者同他对立着。

卡·马克思：《资本论》第一卷第133页

商品形态变化的两个相反的运动阶段组成一个循环：商品形式，商品形式的抛弃，商品形式的复归。

卡·马克思：《资本论》第一卷第133页

组成一个商品的循环的两个形态变化，同时是其他两个商品的相反的局部形态变化。

卡·马克思：《资本论》第一卷第133页

每个商品的形态变化系列所形成的循环，同其他商品的循环不可分割地交错在一起。这全部过程就表现为商品流通。

卡·马克思：《资本论》第一卷第133—134页

商品流通不仅在形式上，而且在实质上不同于直接的产品交换。

卡·马克思：《资本论》第一卷第134页

与直接的产品交换不同，流通过程在使用价值换位和转手之后并没有结束。货币并不因为它最终从一个商品的形态变化系列中退出来而消失。它不断地沉淀在商品空出来的流通位置上。

卡·马克思：《资本论》第一卷第134页

流通不断地把货币像汗一样渗出来。

卡·马克思：《资本论》第一卷第 134 页

有一种最愚蠢不过的教条：商品流通必然造成买和卖的平衡，因为每一次卖同时就是买，反过来也是一样。如果这是指实际完成的卖的次数等于买的次数，那是毫无意义的同义反复。

卡·马克思：《资本论》第一卷第 135 页

流通所以能够打破产品交换的时间、空间和个人的限制，正是因为它把这里存在的换出自己的劳动产品和换进别人的劳动产品这二者之间的直接的同一性，分裂成卖和买这二者之间的对立。

卡·马克思：《资本论》第一卷第 135 页

作为商品流通的中介，货币取得了流通手段的职能。

卡·马克思：《资本论》第一卷第 136 页

（b）货币的流通

劳动产品的物质变换借以完成的形式变换 W—G—W，要求同一个价值作为商品成为过程的起点，然后又作为商品回到这一点。因此，商品的这种运动就是循环。

卡·马克思：《资本论》第一卷第 136 页

货币不断地离开它的起点，不再回来。只要卖者还紧紧握着他的商品的转化形态即货币，这个商品就仍然处在第一形态变化的阶段，或者说，只通过了流通的前半段。如果为买而卖的过程已经完成，货币就会再从它原来的占有者手里离开。

卡·马克思：《资本论》第一卷第 136 页

商品流通直接赋予货币的运动形式，就是货币不断地离开起点，就是货币从一个商品占有者手里转到另一个商品占有者手里，或者说，就是货

币流通（currency, cours de la monnaie）。

卡·马克思：《资本论》第一卷第137页

货币流通表示同一个过程的不断的、单调的重复。商品总是在卖者方面，货币总是作为购买手段在买者方面。

卡·马克思：《资本论》第一卷第137页

货币作为购买手段执行职能，是在它实现商品的价格的时候。而货币在实现商品的价格的时候，把商品从卖者手里转到买者手里，同时自己也从买者手里离开，到了卖者手里，以便再去同另一个商品重复同样的过程。

卡·马克思：《资本论》第一卷第137页

货币运动的单方面形式来源于商品运动的两方面形式，这一点是被掩盖着的。

卡·马克思：《资本论》第一卷第137页

商品流通的性质本身造成了相反的外观。商品的第一形态变化表现出来的不仅是货币的运动，而且是商品本身的运动；而商品的第二形态变化表现出来的只是货币的运动。商品在流通的前半段同货币换了位置。同时，它的使用形态便离开流通，进入消费。

卡·马克思：《资本论》第一卷第137页

货币不断使商品离开流通领域，同时不断去占据商品在流通中的位置，从而不断离开自己的起点。因此，虽然货币运动只是商品流通的表现，但看起来商品流通反而只是货币运动的结果。

卡·马克思：《资本论》第一卷第138页

货币所以具有流通手段的职能，只因为货币是商品的独立出来的价值。因此，货币作为流通手段的运动，实际上只是商品本身的形式的运动。因而这种运动也必然明显地反映在货币流通上。麻布就是先把它的商品形式转化为它的货币形式。然后它的第一形态变化 W—G 的终极，即货币形式，成为它的第二形态变化 G—W（即再转化为圣经）的始极。但这两个形式

 《资本论》箴言集

变换的每一个都是通过商品和货币的交换,通过二者互相变换位置而实现的。

卡·马克思:《资本论》第一卷第138页

同一些货币反复不断地变换位置,不仅反映一个商品的形态变化的系列,而且反映整个商品世界的无数形态变化的交错联系。

卡·马克思:《资本论》第一卷第138—139页

每一个商品在流通中走第一步,即进行第一次形式变换,就退出流通,而总有新的商品进入流通。相反,货币作为流通手段却不断地留在流通领域,不断地在那里流动。

卡·马克思:《资本论》第一卷第139页

商品世界的流通过程所需要的流通手段量,已经由商品的价格总额决定了。

卡·马克思:《资本论》第一卷第139页

在商品价值不变的情况下,商品的价格会同金(货币材料)本身的价值一起变动,金的价值降低,商品的价格会相应地提高;金的价值提高,商品的价格会相应地降低。

卡·马克思:《资本论》第一卷第139页

随着商品价格总额这样增加或减少,流通的货币量必须以同一程度增加或减少。

卡·马克思:《资本论》第一卷第139页

流通手段量的变化都是由货币本身引起的,但不是由它作为流通手段的职能,而是由它作为价值尺度的职能引起的。先是商品价格同货币价值成反比例地变化,然后是流通手段量同商品价格成正比例地变化。

卡·马克思:《资本论》第一卷第139页

假设金的价值是既定的,实际上在估量价格的一瞬间,金的价值确实

也是既定的。所以,在这种前提下,流通手段量决定于待实现的商品价格总额。再假设每一种商品的价格都是既定的,显然,商品价格总额就决定于流通中的商品量。

卡·马克思:《资本论》第一卷第 140—141 页

假设商品量已定,流通货币量就随着商品价格的波动而增减。流通货币量之所以增减,是因为商品的价格总额随着商品价格的变动而增减。

卡·马克思:《资本论》第一卷第 141 页

无论商品价格的变动是反映实际的价值变动,或只是反映市场价格的波动,流通手段量所受的影响都是相同的。

卡·马克思:《资本论》第一卷第 141 页

同一些货币在一定时间内的流通次数可以用来计量货币流通的速度。

卡·马克思:《资本论》第一卷第 142 页

如果一个货币加快流通速度,另一个货币就会放慢流通速度,甚至完全退出流通领域,因为流通领域只能吸收这样一个金量,这个金量乘以它的单个元素的平均流通次数,等于待实现的价格总额。因此,货币的流通次数增加,流通的货币量就会减少。货币的流通次数减少,货币量就会增加。因为在平均流通速度一定时,能够执行流通手段职能的货币量也是一定的。

卡·马克思:《资本论》第一卷第 142—143 页

货币流通的迅速表现互相对立、互为补充的阶段——由使用形态转化为价值形态,再由价值形态转化为使用形态——的流水般的统一,即卖和买两个过程的流水般的统一。相反,货币流通的缓慢则表现这两个过程分离成互相对立的独立阶段,表现形式变换的停滞,从而表现物质变换的停滞。

卡·马克思:《资本论》第一卷第 143 页

在每一段时期内执行流通手段职能的货币的总量,一方面取决于流通

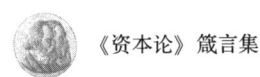

的商品世界的价格总额,另一方面取决于这个商品世界的互相对立的流通过程流动的快慢,这种流动决定着同一些货币能够实现价格总额的多大部分。但是,商品的价格总额又决定于每种商品的数量和价格。这三个因素,即价格的变动、流通的商品量、货币的流通速度,可能按不同的方向和不同的比例变动,因此,待实现的价格总额以及受价格总额制约的流通手段量,也可能有多种多样的组合。

卡·马克思:《资本论》第一卷第144页

在商品价格不变时,由于流通商品量增加,或者货币流通速度减低,或者这两种情况同时发生,流通手段量就会增加。反之,由于商品量减少,或者货币流通速度增加,流通手段量就会减少。

卡·马克思:《资本论》第一卷第144页

在商品价格普遍提高时,如果流通商品量的减少同商品价格的上涨保持相同的比例,或流通的商品量不变,而货币流通速度的增加同价格的上涨一样迅速,流通手段量就会不变。如果商品量的减少或货币流通速度的增加比价格的上涨更迅速,流通手段量就会减少。

卡·马克思:《资本论》第一卷第144页

在商品价格普遍下降时,如果商品量的增加同商品价格的跌落保持相同的比例,或货币流通速度的减低同价格的跌落保持相同的比例,流通手段量就会依然不变。如果商品量的增加或货币流通速度的减低比商品价格的跌落更迅速,流通手段量就会增加。

卡·马克思:《资本论》第一卷第144—145页

各种因素的变动可以互相抵消,所以尽管这些因素不断变动,待实现的商品价格总额,从而流通的货币量可以依然不变。

卡·马克思:《资本论》第一卷第145页

在每一国家中流通的货币量的平均水平比我们根据表面现象所预料的要稳定得多;除了周期地由生产危机和商业危机引起的,以及偶尔由货币价值本身的变动引起的强烈震动时期以外,流通的货币量偏离这一平均水平的程度,比我们根据表面现象所预料的要小得多。

卡·马克思:《资本论》第一卷第 145 页

流通手段量决定于流通商品的价格总额和货币流通的平均速度这一规律,还可以表述如下:已知商品价值总额和商品形态变化的平均速度,流通货币量或货币材料量决定于货币本身的价值。

卡·马克思:《资本论》第一卷第 145—146 页

(c) 铸币。价值符号

从货币作为流通手段的职能中产生出货币的铸币形式。

卡·马克思:《资本论》第一卷第 147 页

在商品的价格或货币名称中想象地表现出来的金重量,必须在流通中作为同名的金块或铸币同商品相对立。

卡·马克思:《资本论》第一卷第 147 页

正像确立价格标准一样,铸造硬币也是国家的事。

卡·马克思:《资本论》第一卷第 147 页

金银作为铸币穿着不同的国家制服,但它们在世界市场上又脱掉这些制服。这就表明,商品流通的国内领域或民族领域,同它们的普遍的世界市场领域是分开的。

卡·马克思:《资本论》第一卷第 147 页

金的名称和金的实体,名义含量和实际含量,开始了它们的分离过程。同名的金币具有了不同的价值,因为重量不同了。作为流通手段的金同作为价格标准的金偏离了,因此,金在实现商品的价格时不再是该商品的真正等价物。

卡·马克思:《资本论》第一卷第 148 页

《资本论》箴言集

中世纪和直到18世纪为止的近代的铸币史就是一部这样混乱的历史。

卡·马克思：《资本论》第一卷第148页

流通过程的自然倾向是要把铸币的金存在转化为金假象，或把铸币转化为它的法定金属含量的象征。这种倾向甚至为现代的法律所承认，这些法律规定，金币磨损到一定程度，便不能通用，失去通货资格。

卡·马克思：《资本论》第一卷第148页

既然货币流通本身使铸币的实际含量同名义含量分离，使铸币的金属存在同它的职能存在分离，那么在货币流通中就隐藏着一种可能性：可以用其他材料做的记号或用象征来代替金属货币执行铸币的职能。

卡·马克思：《资本论》第一卷第148页

事实历史地说明了银记号和铜记号可以扮演金币替身的角色。

卡·马克思：《资本论》第一卷第148页

银记号或铜记号的金属含量是由法律任意规定的。它们在流通中比金币磨损得还要快。因此，它们的铸币职能实际上与它们的重量完全无关，就是说，与价值完全无关。

卡·马克思：《资本论》第一卷第149页

金的铸币存在同它的价值实体完全分离了。因此，相对地说没有价值的东西，例如纸票，就能代替金来执行铸币的职能。在金属货币记号上，这种纯粹的象征性质还在一定程度上隐藏着。但在纸币上，这种性质就暴露无遗了。

卡·马克思：《资本论》第一卷第149页

正如本来意义的纸币是从货币作为流通手段的职能中产生出来一样，信用货币的自然根源是货币作为支付手段的职能。

卡·马克思：《资本论》第一卷第149页

纸币流通的特殊规律只能从纸币是金的代表这种关系中产生。这一规

律简单说来就是:纸币的发行限于它象征地代表的金(或银)的实际流通的数量。

卡·马克思:《资本论》第一卷第 150 页

如果纸币超过了自己的限度,即超过了能够流通的同名的金币量,那么,撇开有信用扫地的危险不说,它在商品世界仍然只是代表由商品世界的内在规律所决定的那个金量,即它所能代表的那个金量。……其结果无异于金在它作为价格尺度的职能上发生了变化。同一价值,原来用一镑的价格来表现,现在要用两镑的价格来表现了。

卡·马克思:《资本论》第一卷第 150 页

纸币是金的符号或货币符号。纸币同商品价值的关系只不过是:商品价值观念地表现在一个金量上,这个金量则由纸象征地可感觉地体现出来。纸币只有代表金量(金量同其他一切商品量一样,也是价值量),才是价值符号。

卡·马克思:《资本论》第一卷第 151 页

这个金量经常处在流通领域中,不断地执行流通手段的职能,从而只是作为这种职能的承担者而存在。因此,它的运动只表示商品形态变化 W—G—W 的两个互相对立过程的不断互相转化。在这种形态变化中,商品的价值形态与商品对立,只是为了马上又消失。在这里,商品的交换价值的独立表现只是转瞬即逝的要素。它马上又会被别的商品代替。因此,在货币不断转手的过程中,单有货币的象征存在就够了。

卡·马克思:《资本论》第一卷第 151—152 页

货币的职能存在可以说吞掉了它的物质存在。

卡·马克思:《资本论》第一卷第 152 页

货币作为商品价格的转瞬即逝的客观反映,只是当做它自己的符号来执行职能,因此也能够由符号来代替。

卡·马克思:《资本论》第一卷第 152 页

货币符号本身需要得到客观的社会公认,而纸做的象征是靠强制流通得到这种公认的。国家的这种强制行动，只有在一国范围内或国内的流通领域内才有效，也只有在这个领域内，货币才完全执行它的流通手段或铸币的职能，因而才能在纸币形式上取得一种同它的金属实体在外部相脱离的并纯粹是职能的存在形式。

卡·马克思：《资本论》第一卷第 152 页

3. 货币

作为价值尺度并因而以自身或通过代表作为流通手段来执行职能的商品，是货币。因此，金（或银）是货币。

卡·马克思：《资本论》第一卷第 152 页

金作为货币执行职能，一方面是在这样的场合：它必须以其金体（或银体）出现，因而作为货币商品出现，就是说，它不像在充当价值尺度时那样纯粹是观念的，也不像在充当流通手段时那样可以用别的东西来代表；另一方面是在这样的场合：它的职能——不论由它亲自执行，还是由它的代表执行——使它固定成为唯一的价值形态，成为交换价值的唯一适当的存在，而与其他一切仅仅作为使用价值的商品相对立。

卡·马克思：《资本论》第一卷第 152—153 页

（a）货币贮藏

两种对立的商品形态变化的不断循环，或卖与买的不息转换，表现在不停的货币流通上，或表现在货币作为流通的永动机的职能上。只要商品的形态变化系列一中断，卖之后没有继之以买，货币就会停止流动。

卡·马克思：《资本论》第一卷第 153 页

随着商品流通本身的最初发展，把第一形态变化的产物，商品的转化形态或它的金蛹保留在自己手中的必要性和欲望也发展起来了。

卡·马克思：《资本论》第一卷第 153 页

出售商品不是为了购买商品，而是为了用货币形式来代替商品形式。

这一形式变换从物质变换的单纯中介变成了目的本身。商品的转换形态受到阻碍，不能再作为商品的绝对可以让渡的形态或作为只是转瞬即逝的货币形式而起作用。于是货币硬化为贮藏货币，商品出售者成为货币贮藏者。

卡·马克思：《资本论》第一卷第 153 页

在商品流通的初期，只是使用价值的多余部分转化为货币。这样，金和银自然就成为这种多余部分或财富的社会表现。

卡·马克思：《资本论》第一卷第 153 页

自从有可能把商品当做交换价值来保持，或把交换价值当做商品来保持以来，求金欲就产生了。随着商品流通的扩展，货币——财富的随时可用的绝对社会形式——的权力增大了。

卡·马克思：《资本论》第一卷第 154 页

因为从货币身上看不出它是由什么东西转化成的，所以，一切东西，不论是不是商品，都可以转化成货币。一切东西都可以买卖。流通成了巨大的社会蒸馏器，一切东西抛到里面去，再出来时都成为货币的结晶。连圣徒的遗骨也不能抗拒这种炼金术，更不用说那些人间交易范围之外的不那么粗陋的圣物了。

卡·马克思：《资本论》第一卷第 155 页

正如商品的一切质的差别在货币上消灭了一样，货币作为激进的平均主义者把一切差别都消灭了。

卡·马克思：《资本论》第一卷第 155 页

但货币本身是商品，是可以成为任何人的私产的外界物。这样，社会权力就成为私人的私有权力。因此，古代社会咒骂货币是自己的经济秩序和道德秩序的瓦解者。还在幼年时期就抓着普路托的头发把他从地心里拖出来【"贪婪想把普路托从地心里拖出来。"（阿泰纳奥斯《哲人宴》）——著者注】的现代社会，则颂扬金的圣杯【圣杯，根据中世纪的传说，是耶稣的门徒用来承接耶稣自十字架上流下来的血的神圣杯子。中世纪后，教会规定圣杯（至少杯身）需用金或银制造。如果是银杯，里面还应镀金。

有些圣杯还要镶嵌珍珠宝石。——译者注】是自己最根本的生活原则的光辉体现。

卡·马克思：《资本论》第一卷第 155—156 页

贮藏货币的欲望按其本性是没有止境的。

卡·马克思：《资本论》第一卷第 156 页

货币在质的方面，或按其形式来说，是无限的，也就是说，是物质财富的一般代表，因为它能直接转化成任何商品。但是在量的方面，每一个现实的货币额又是有限的，因而只是作用有限的购买手段。

卡·马克思：《资本论》第一卷第 156 页

货币的这种量的有限性和质的无限性之间的矛盾，迫使货币贮藏者不断地从事息息法斯式的积累劳动。

卡·马克思：《资本论》第一卷第 156 页

要把金作为货币，从而作为贮藏货币的要素保存起来，就必须阻止它流通，不让它作为购买手段化为消费品。

卡·马克思：《资本论》第一卷第 157 页

货币贮藏者为了金偶像而牺牲自己的肉体享受。他虔诚地信奉禁欲的福音书。另一方面，他能够从流通中以货币形式取出的，只是他以商品形式投入流通的。他生产的越多，他能卖的也就越多。因此，勤劳、节俭、吝啬就成了他的主要美德。多卖少买就是他的全部政治经济学。

卡·马克思：《资本论》第一卷第 157 页

除直接的贮藏形式以外，还有一种美的贮藏形式，即占有金银制的商品。它是与资产阶级社会的财富一同增长的。"让我们成为富人或外表像富人吧。"（狄德罗）这样，一方面，形成了一个日益扩大的金银市场，这个市场不以金银的货币职能为转移，另一方面，也形成了一个潜在的货币供

应源泉,这个源泉特别在社会大风暴时期涌现出来。

卡·马克思:《资本论》第一卷第157页

货币贮藏在金属流通的经济中执行着种种不同的职能。它的第一个职能是从金银铸币的流通条件中产生的。我们已经知道,随着商品流通在范围、价格和速度方面的经常变动,流通的货币量也不断增减。因此,这个量必须能伸缩。有时货币必须当做铸币被吸收,有时铸币必须当做货币被排斥。为了使实际流通的货币量总是同流通领域的饱和程度相适应,一个国家的现有的金银量必须大于执行铸币职能的金银量。这个条件是靠货币的贮藏形式来实现的。

卡·马克思:《资本论》第一卷第157页

货币贮藏的蓄水池,对于流通中的货币来说,既是排水渠,又是引水渠,因此,流通中的货币永远不会溢出它的流通的渠道。

卡·马克思:《资本论》第一卷第157—158页

(b) 支付手段

一个商品占有者可以在另一个商品占有者作为买者出现之前,作为卖者出现。

卡·马克思:《资本论》第一卷第158页

当同样一些交易总是在同一些人中间反复进行时,商品的出售条件就按照商品的生产条件来调节。

卡·马克思:《资本论》第一卷第158页

某些种类的商品例如房屋的使用权是出卖一定期限的。买者只是在期满时才真正取得了商品的使用价值。因而他先购买商品,后对商品支付。一个商品占有者出售他现有的商品,而另一个商品占有者却只是作为货币的代表或作为未来货币的代表来购买这种商品。卖者成为债权人,买者成为债务人。由于商品的形态变化或商品的价值形式的发展在这里起了变化,货币也就取得了另一种职能。货币成了支付手段。

卡·马克思:《资本论》第一卷第158—159页

《资本论》箴言集

货币形式——债权人和债务人的关系具有货币关系的形式——所反映的不过是更深刻的经济生活条件的对抗。

卡·马克思:《资本论》第一卷第 159 页

在流通过程的每一个一定的时期内,到期的债务代表着产生这些债务的已售商品的价格总额。实现这一价格总额所必需的货币量,首先取决于支付手段的流通速度。它决定于两种情况:一是债权人和债务人的关系的锁链,即 A 从他的债务人 B 那里得到的货币,付给他的债权人 C 等等;一是各种不同的支付期限的间隔。

卡·马克思:《资本论》第一卷第 161 页

在流通手段的流通中,卖者和买者的联系不仅仅被表现出来,而且这种联系本身只是在货币流通中产生,并且是与货币流通一同产生的。相反地,支付手段的运动则表现了一种在这种运动之前已经现成地存在的社会联系。

卡·马克思:《资本论》第一卷第 161 页

若干卖的同时并行,使流通速度对铸币量的补偿作用受到了限制。反之,这种情况却为节省支付手段造成了新的杠杆。随着支付集中于同一地点,使这些支付互相抵消的专门机构和方法就自然地发展起来。例如中世纪里昂的转账处就是如此。只要把 A 对 B、B 对 C、C 对 A 等等所有的债权对照一下,就可以有一定的数额作为正数和负数互相抵消。这样需要偿付的只是债务差额。

卡·马克思:《资本论》第一卷第 161 页

支付越集中,差额相对地就越小,因而流通的支付手段量也相对地越小。

卡·马克思:《资本论》第一卷第 161 页

货币作为支付手段的职能包含着一个直接的矛盾。在各种支付互相抵消时,货币就只是在观念上执行计算货币或价值尺度的职能。而在必须进行实际支付时,货币又不是充当流通手段,不是充当物质变换的仅仅转瞬即逝的中介形式，而是充当社会劳动的单个化身，充当交换价值的独立存在，充当绝对商品。这种矛盾在生产危机和商业危机中称为货币危机的那一时刻暴露得特别明显。这种货币危机只有在一个接一个的支付的锁链和抵消支付的人为制度获得充分发展的地方，才会发生。当这一机制整个被打乱的时候，不问其原因如何，货币就会突然直接地从计算货币的纯粹观念形态转变成坚硬的货币。这时，它是不能由平凡的商品来代替的。商品的使用价值变得毫无价值，而商品的价值在它自己的价值形式面前消失了。昨天，资产者还被繁荣所陶醉，怀着启蒙的骄傲，宣称货币是空虚的幻想。只有商品才是货币。今天，他们在世界市场上到处叫嚷：只有货币才是商品！他们的灵魂渴求货币这唯一的财富，就像鹿渴求清水一样。

卡·马克思：《资本论》第一卷第161—162页

在危机时期，商品和它的价值形态（货币）之间的对立发展成绝对矛盾。因此，货币的表现形式在这里也是无关紧要的。不管是用金支付，还是用银行券这样的信用货币支付，货币荒都是一样的。

卡·马克思：《资本论》第一卷第162页

假定流通手段和支付手段的流通速度是已知的，这个总额就等于待实现的商品价格总额加上到期的支付总额，减去彼此抵消的支付，最后减去同一货币交替地时而作为流通手段、时而作为支付手段执行职能的流通次数。

卡·马克思：《资本论》第一卷第163页

信用货币是直接从货币作为支付手段的职能中产生的。由出售商品得到的债券本身又因债权的转移而流通。另一方面，随着信用事业的扩大，货币作为支付手段的职能也在扩大。作为支付手段的货币取得了它特有的各种存在形式，并以这些形式占据了大规模交易的领域，而金银铸币则主要被挤到小额贸易的领域中去。

卡·马克思：《资本论》第一卷第163—164页

在商品生产达到一定水平和规模时，货币作为支付手段的职能就越出商品流通领域。货币变成契约上的一般商品。地租、赋税等等由实物交纳

《资本论》箴言集

转化为货币支付。

卡·马克思：《资本论》第一卷第 164 页

在每个国家，都规定一定的总的支付期限。撇开再生产的其他周期不说，这些期限部分地是以同季节变化有关的生产的自然条件为基础的。这些期限还调节着那些不是直接由商品流通产生的支付，如赋税、地租等等。

卡·马克思：《资本论》第一卷第 165 页

分散在社会上各个地方的支付在一年的某些天所需的货币量，会在节省支付手段方面引起周期性的但完全是表面的混乱。

卡·马克思：《资本论》第一卷第 165 页

从支付手段的流通速度的规律中可以看出，一切周期性的支付（不问其起因如何）所必需的支付手段立，与支付期限的长短成反比。

卡·马克思：《资本论》第一卷第 165—166 页

由于充当支付手段的货币的发展，就必须积累货币，以便到期偿还债务。随着资产阶级社会的发展，作为独立的致富形式的货币贮藏消失了，而作为支付手段准备金的形式的货币贮藏却增长了。

卡·马克思：《资本论》第一卷第 166 页

（c）世界货币

货币一越出国内流通领域，便失去了在这一领域内获得的价格标准、铸币、辅币和价值符号等地方形式，又恢复原来的贵金属块的形式。

卡·马克思：《资本论》第一卷第 166 页

在世界贸易中，商品普遍地展开自己的价值。因此，在这里，商品独立的价值形态，也作为世界货币与商品相对立。

卡·马克思：《资本论》第一卷第 166 页

只有在世界市场上，货币才充分地作为这样一种商品执行职能，这种商品的自然形式同时就是抽象人类劳动的直接的社会实现形式。货币的存在方式与货币的概念相适合了。

卡·马克思：《资本论》第一卷第 166 页

在国内流通领域内，只能有一种商品充当价值尺度，从而充当货币。在世界市场上，占统治地位的是双重价值尺度，即金和银。

卡·马克思：《资本论》第一卷第 166—167 页

世界货币作为一般支付手段、一般购买手段和一般财富的绝对社会化身执行职能。它的最主要的职能，是作为支付手段平衡国际贸易差额。由此产生重商主义体系的口号——贸易差额。

卡·马克思：《资本论》第一卷第 167—168 页

金银充当国际购买手段，主要是在各国间通常的物质变换的平衡突然遭到破坏的时候。最后，它们充当财富的绝对社会化身是在这样的场合：不是要买或是要支付，而是要把财富从一个国家转移到另一个国家，同时商品市场的行情或者要达到的目的本身，不容许这种转移以商品形式实现。

卡·马克思：《资本论》第一卷第 168 页

每个国家，为了国内流通，需要有准备金，为了世界市场的流通，也需要有准备金。因此，货币贮藏的职能，一部分来源于货币作为国内流通手段和国内支付手段的职能，一部分来源于货币作为世界货币的职能。在后一种职能上，始终需要实在的货币商品，真实的金和银。

卡·马克思：《资本论》第一卷第 168—169 页

金银的流动是二重的。一方面，金银从产地分散到整个世界市场，在那里，在不同程度上为不同国家的流通领域所吸收，以便进入国内流通渠道，补偿磨损了的金银铸币，供给奢侈品的材料，并且凝固为贮藏货币。这第一种运动是以实现在商品上的本国劳动和实现在贵金属上的金银出产国的劳动之间的直接交换为中介的。另一方面，金银又不断往返于不同国家的流

通领域之间,这是一个随着汇率的不断变化而产生的运动。

卡·马克思:《资本论》第一卷第 169 页

资产阶级生产发达的国家把大量集中在银行准备库内的贮藏货币,限制在它执行各种特殊职能所必需的最低限度以内。除了某些例外,如果准备库内的货币贮藏大大超过平均水平,那就表明商品流通停滞了,或者商品形态变化的流动中断了。

卡·马克思:《资本论》第一卷第 170 页

第二篇 货币转化为资本

第四章 货币转化为资本

1. 资本的总公式

商品流通是资本的起点。

卡·马克思：《资本论》第一卷第 171 页

商品生产和发达的商品流通，即贸易，是资本产生的历史前提。

卡·马克思：《资本论》第一卷第 171 页

世界贸易和世界市场在 16 世纪揭开了资本的现代生活史。

卡·马克思：《资本论》第一卷第 171 页

如果撇开商品流通的物质内容，撇开各种使用价值的交换，只考察这一过程所造成的经济形式，我们就会发现，货币是这一过程的最后产物。商品流通的这个最后产物是资本的最初的表现形式。

卡·马克思：《资本论》第一卷第 171 页

资本在历史上起初到处是以货币形式，作为货币财产，作为商人资本和高利贷资本，与地产相对立。

卡·马克思：《资本论》第一卷第 171 页

以人身的奴役关系和统治关系为基础的地产权力和非人身的货币权力之间的对立，可以用两句法国谚语明白表示出来"没有一块土地没有地

主","货币没有主人"。

卡·马克思:《资本论》第一卷第171—172页

然而,为了认识货币是资本的最初的表现形式,不必回顾资本产生的历史。这个历史每天都在我们眼前重演。

卡·马克思:《资本论》第一卷第171—172页

现在每一个新资本最初仍然是作为货币出现在舞台上,也就是出现在市场上——商品市场、劳动市场或货币市场上,经过一定的过程,这个货币就转化为资本。

卡·马克思:《资本论》第一卷第172页

作为货币的货币和作为资本的货币的区别,首先只是在于它们具有不同的流通形式。

商品流通的直接形式是 W—G—W,商品转化为货币,货币再转化为商品,为买而卖。但除这一形式外,我们还看到具有不同特点的另一形式 G—W—G,货币转化为商品,商品再转化为货币,为卖而买。在运动中通过这后一种流通的货币转化为资本,成为资本,而且按它的使命来说,已经是资本。

卡·马克思:《资本论》第一卷第172页

现在我们较仔细地研究一下 G—W—G 这个流通。和简单商品流通一样,它也经过两个对立阶段。在第一阶段 G—W(买)上,货币转化为商品。在第二阶段 W—G(卖)上,商品再转化为货币。这两个阶段的统一是一个总运动:货币和商品交换,同一商品再和货币交换,即为卖商品而买商品;如果不管买和卖的形式上的区别,那就是用货币购买商品,又用商品购买货币。整个过程的结果,是货币和货币交换,G—G。

卡·马克思:《资本论》第一卷第172页

W—G—W 和 G—W—G 这两个循环从一开始就不同,是由于同样两个对立的流通阶段具有相反的次序。简单商品流通以卖开始,以买结束;作为资本的货币的流通以买开始,以卖结束。作为运动的起点和终点的,在

《资本论》箴言集

前一场合是商品,在后一场合是货币。在整个过程中起中介作用的,在前一形式是货币,在后一形式则是商品。

卡·马克思:《资本论》第一卷第 173 页

在 W—G—W 这个流通中,货币最后转化为充当使用价值的商品。于是,货币就最终花掉了。而在 G—W—G 这个相反的形式中,买者支出货币,却是为了作为卖者收入货币。他购买商品,把货币投入流通,是为了通过出卖这同一商品,从流通中再取回货币。他拿出货币时,就蓄意要重新得到它。因此,货币只是被预付出去。

卡·马克思:《资本论》第一卷第 173—174 页

在 W—G—W 循环中,始极是一种商品,终极是另一种商品,后者退出流通,转入消费。因此,这一循环的最终目的是消费,是满足需要,总之,是使用价值。相反,G—W—G 循环是从货币一极出发,最后又返回同一极。因此,这一循环的动机和决定目的是交换价值本身。

卡·马克思:《资本论》第一卷第 175 页

G—W—G 过程所以有内容,不是因为两极有质的区别(二者都是货币),而只是因为它们有量的不同。最后从流通中取出的货币,多于起初投入的货币。……因此,这个过程的完整形式是 G—W—G′。其中的 G′ = G + ΔG,即等于原预付货币额加上一个增殖额。我把这个增殖额或超过原价值的余额叫做剩余价值(surplus value)。可见,原预付价值不仅在流通中保存下来,而且在流通中改变了自己的价值量,加上了一个剩余价值,或者说增殖了。正是这种运动使价值转化为资本。

卡·马克思:《资本论》第一卷第 176 页

为买而卖的过程的重复或更新,与这一过程本身一样,以达到这一过程以外的最终目的,即消费或满足一定的需要为限。相反,在为卖而买的过程中,开端和终结是一样的,都是货币,都是交换价值,单是由于这一点,这种运动就已经是没有止境的了。

卡·马克思:《资本论》第一卷第 177 页

每一次为卖而买所完成的循环的终结，自然成为新循环的开始。

卡·马克思：《资本论》第一卷第177—178页

作为资本的货币的流通本身就是目的，因为只是在这个不断更新的运动中才有价值的增殖。因此，资本的运动是没有限度的。

卡·马克思：《资本论》第一卷第178页

这种绝对的致富欲，这种价值追逐狂，是资本家和货币贮藏者所共有的，不过货币贮藏者是发狂的资本家，资本家是理智的货币贮藏者。

卡·马克思：《资本论》第一卷第179页

在G—W—G流通中，商品和货币这二者仅仅是价值本身的不同存在方式：货币是它的一般存在方式，商品是它的特殊的也可以说只是化了装的存在方式。

卡·马克思：《资本论》第一卷第179页

资本家知道，一切商品，不管它们多么难看，多么难闻，在信仰上和事实上都是货币，是行过内部割礼的犹太人，并且是把货币变成更多的货币的奇妙手段。

卡·马克思：《资本论》第一卷第180页

G—W—G′事实上是直接在流通领域内表现出来的资本的总公式。

卡·马克思：《资本论》第一卷第181页

2. 总公式的矛盾

货币羽化为资本的流通形式，是和前面阐明的所有关于商品、价值、货币和流通本身的性质的规律相矛盾的。它和简单商品流通相区别的地方，在于同样两个对立过程（卖和买）的次序相反。

卡·马克思：《资本论》第一卷第182页

商品的物质区别是交换的物质动机，它使商品占有者互相依赖，因为他们双方都没有他们自己需要的物品，而有别人需要的物品。

卡·马克思：《资本论》第一卷第187页

除商品使用价值的这种物质区别以外，商品之间就只有一种区别，即商品的自然形式和它的转化形式之间的区别，商品和货币之间的区别。

卡·马克思：《资本论》第一卷第187页

商品占有者之间的区别，只不过是卖者即商品占有者和买者即货币占有者之间的区别。

卡·马克思：《资本论》第一卷第187页

商品占有者能够用自己的劳动创造价值，但是不能创造自行增殖的价值。他能够通过新的劳动给原有价值添加新价值，从而使商品的价值增大。例如把皮子制成皮靴就是这样。这时，同一个材料由于包含了更大的劳动量，也就有了更大的价值。

卡·马克思：《资本论》第一卷第193页

资本不能从流通中产生，又不能不从流通中产生。它必须既在流通中又不在流通中产生。

卡·马克思：《资本论》第一卷第193页

3. 劳动力的买和卖

要从商品的消费中取得价值，我们的货币占有者就必须幸运地在流通领域内即在市场上发现这样一种商品，它的使用价值本身具有成为价值源泉的独特属性，因此，它的实际消费本身就是劳动的对象化，从而是价值的创造。货币占有者在市场上找到了这样一种独特的商品，这就是劳动能力或劳动力。

卡·马克思：《资本论》第一卷第194—195页

我们把劳动力或劳动能力，理解为一个人的身体即活的人体中存在的、

《资本论》箴言集

每当他生产某种使用价值时就运用的体力和智力的总和。

卡·马克思：《资本论》第一卷第 195 页

商品交换本身除了包含由它自己的性质所产生的从属关系以外，不包含任何其他从属关系。

卡·马克思：《资本论》第一卷第 195 页

劳动力只有而且只是因为被它自己的占有者即有劳动力的人当做商品出售或出卖，才能作为商品出现在市场上。劳动力占有者要把劳动力当做商品出卖，他就必须能够支配它，从而必须是自己的劳动能力、自己人身的自由所有者。

卡·马克思：《资本论》第一卷第 195 页

货币占有者要把货币转化为资本，就必须在商品市场上找到自由的工人。这里所说的自由，具有双重意义：一方面，工人是自由人，能够把自己的劳动力当做自己的商品来支配，另一方面，他没有别的商品可以出卖，自由得一无所有，没有任何实现自己的劳动力所必需的东西。

卡·马克思：《资本论》第一卷第 197 页

产品要表现为商品，需要社会内部的分工发展到这样的程度：在直接的物物交换中开始的使用价值和交换价值的分离已经完成。

卡·马克思：《资本论》第一卷第 197—198 页

只有当生产资料和生活资料的占有者在市场上找到出卖自己劳动力的自由工人的时候，资本才产生；而单是这一历史条件就包含着一部世界史。因此，资本一出现，就标志着社会生产过程的一个新时代。

卡·马克思：《资本论》第一卷第 198 页

同任何其他商品的价值一样，劳动力的价值也是由生产从而再生产这种独特物品所必要的劳动时间决定的。就劳动力代表价值来说，它本身只

代表在它身上对象化的一定量的社会平均劳动。

卡·马克思:《资本论》第一卷第 198 页

劳动力的生产要以活的个人的存在为前提。假设个人已经存在,劳动力的生产就是这个个人本身的再生产或维持。活的个人要维持自己,需要有一定量的生活资料。因此,生产劳动力所必要的劳动时间,可以归结为生产这些生活资料所必要的劳动时间,或者说,劳动力的价值,就是维持劳动力占有者所必要的生活资料的价值。

卡·马克思:《资本论》第一卷第 198—199 页

和其他商品不同,劳动力的价值规定包含着一个历史的和道德的要素。

卡·马克思:《资本论》第一卷第 199 页

生产劳动力所必要的生活资料的总和,包括工人的补充者即工人子女的生活资料,只有这样,这种独特的商品占有者的种族才能在商品市场上永远延续下去。

卡·马克思:《资本论》第一卷第 199—200 页

劳动力的教育费用随着劳动力性质的复杂程度而不同。因此,这种教育费用——对于普通劳动力来说是微乎其微的——包括在生产劳动力所耗费的价值总和中。

卡·马克思:《资本论》第一卷第 200 页

劳动力的价值可以归结为一定量生活资料的价值。因此,它也随着这些生活资料的价值即生产这些生活资料所需要的劳动时间量的改变而改变。

卡·马克思:《资本论》第一卷第 200 页

劳动力价值的最低限度或最小限度,是劳动力的承担者即人每天得不到就不能更新他的生命过程的那个商品量的价值,也就是维持身体所必不可少的生活资料的价值。

卡·马克思:《资本论》第一卷第 201 页

在资本主义生产方式占统治地位的一切国家里,给劳动力支付报酬,是在劳动力按购买契约所规定的时间发挥作用以后,例如是在每周的周末。因此,到处都是工人把劳动力的使用价值预付给资本家;工人在得到买者支付他的劳动力价格以前,就让买者消费他的劳动力,因此,到处都是工人给资本家以信贷。

卡·马克思:《资本论》第一卷第202页

劳动力的消费过程,同时就是商品和剩余价值的生产过程。

卡·马克思:《资本论》第一卷第204页

劳动力的消费,像任何其他商品的消费一样,是在市场以外,或者说在流通领域以外进行的。

卡·马克思:《资本论》第一卷第204页

劳动力的买和卖是在流通领域或商品交换领域的界限以内进行的,这个领域确实是天赋人权的真正伊甸园。那里占统治地位的只是自由、平等、所有权和边沁。……一离开这个简单流通领域或商品交换领域,——庸俗的自由贸易论者用来判断资本和雇佣劳动的社会的那些观点、概念和标准就是从这个领域得出的,——就会看到,我们的剧中人的面貌已经起了某些变化。原来的货币占有者作为资本家,昂首前行;劳动力占有者作为他的工人,尾随于后。一个笑容满面,雄心勃勃;一个战战兢兢,畏缩不前,像在市场上出卖了自己的皮一样,只有一个前途——让人家来鞣。

卡·马克思:《资本论》第一卷第204—205页

第三篇　绝对剩余价值的生产

第五章　劳动过程和价值增殖过程

1. 劳动过程

　　劳动首先是人和自然之间的过程，是人以自身的活动来中介、调整和控制人和自然之间的物质变换的过程。

卡·马克思：《资本论》第一卷第207—208页

　　工人是作为他自己的劳动力的卖者出现在商品市场上。对于这种状态来说，人类劳动尚未摆脱最初的本能形式的状态已经是太古时代的事了。

卡·马克思：《资本论》第一卷第208页

　　除了从事劳动的那些器官紧张之外，在整个劳动时间内还需要有作为注意力表现出来的有目的的意志，而且，劳动的内容及其方式和方法越是不能吸引劳动者，劳动者越是不能把劳动当做他自己体力和智力的活动来享受，就越需要这种意志。

卡·马克思：《资本论》第一卷第208页

　　劳动过程的简单要素是：有目的的活动或劳动本身，劳动对象和劳动资料。

卡·马克思：《资本论》第一卷第208页

　　所有那些通过劳动只是同土地脱离直接联系的东西，都是天然存在的

《资本论》箴言集

劳动对象。

卡·马克思：《资本论》第一卷第209页

已经被以前的劳动可以说滤过的劳动对象，我们称为原料。

卡·马克思：《资本论》第一卷第209页

一切原料都是劳动对象，但并非任何劳动对象都是原料。劳动对象只有在它已经通过劳动而发生变化的情况下，才是原料。

卡·马克思：《资本论》第一卷第209页

劳动资料是劳动者置于自己和劳动对象之间、用来把自己的活动传导到劳动对象上去的物或物的综合体。……劳动者直接掌握的东西，不是劳动对象，而是劳动资料（这里不谈采集果实之类的现成的生活资料，在这种场合，劳动者身体的器官是唯一的劳动资料）。这样，自然物本身就成为他的活动的器官，他把这种器官加到他身体的器官上，不顾圣经的训诫，延长了他的自然的肢体。土地是他的原始的食物仓，也是他的原始的劳动资料库。例如，他用来投、磨、压、切等等的石块就是土地供给的。

卡·马克思：《资本论》第一卷第209页

"理性何等强大，就何等狡猾。理性的狡猾总是在于它的起中介作用的活动，这种活动让对象按照它们本身的性质互相影响，互相作用，它自己并不直接参与这个过程，而只是实现自己的目的。"（黑格尔《哲学全书》第1部《逻辑学》1840年柏林版第382页）

卡·马克思：《资本论》第一卷第209页

土地本身是劳动资料，但是它在农业上要起劳动资料的作用，还要以一系列其他的劳动资料和劳动力的较高的发展为前提。

卡·马克思：《资本论》第一卷第209—210页

一般说来，劳动过程只要稍有一点发展，就已经需要经过加工的劳动资料。

卡·马克思：《资本论》第一卷第210页

在人类历史的初期，除了经过加工的石块、木头、骨头和贝壳外，被驯服的，也就是被劳动改变的、被饲养的动物，也曾作为劳动资料起着主要的作用。

卡·马克思：《资本论》第一卷第210页

劳动资料的使用和创造，虽然就其萌芽状态来说已为某几种动物所固有，但是这毕竟是人类劳动过程独有的特征，所以富兰克林给人下的定义是"a toolmaking animal"，制造工具的动物。

卡·马克思：《资本论》第一卷第210页

动物遗骸的结构对于认识已经绝种的动物的机体有重要的意义，劳动资料的遗骸对于判断已经消亡的经济的社会形态也有同样重要的意义。

卡·马克思：《资本论》第一卷第210页

各种经济时代的区别，不在于生产什么，而在于怎样生产，用什么劳动资料生产。

卡·马克思：《资本论》第一卷第210页

劳动资料不仅是人类劳动力发展的测量器，而且是劳动借以进行的社会关系的指示器。

卡·马克思：《资本论》第一卷第210页

在劳动资料本身中，机械性的劳动资料（其总和可称为生产的骨骼系统和肌肉系统）远比只是充当劳动对象的容器的劳动资料（如管、桶、篮、罐等，其总和一般可称为生产的脉管系统）更能显示一个社会生产时代的具有决定意义的特征。后者只是在化学工业中才起着重要的作用。

卡·马克思：《资本论》第一卷第210—211页

广义地说，除了那些把劳动的作用传达到劳动对象，因而以这种或那种方式充当活动的传导体的物以外，劳动过程的进行所需要的一切物质条件也都算做劳动过程的资料。它们不直接加入劳动过程，但是没有它们，劳动过程就不能进行，或者只能不完全地进行。土地本身又是这类一般的

劳动资料，因为它给劳动者提供立足之地，给他的劳动过程提供活动场所。这类劳动资料中有的已经经过劳动的改造，例如厂房、运河、道路等等。

卡·马克思：《资本论》第一卷第211页

在劳动过程中，人的活动借助劳动资料使劳动对象发生预定的变化。过程消失在产品中。它的产品是使用价值，是经过形式变化而适合人的需要的自然物质。

卡·马克思：《资本论》第一卷第211页

劳动与劳动对象结合在一起。劳动对象化了，而对象被加工了。在劳动者方面曾以动的形式表现出来的东西，现在在产品方面作为静的属性，以存在的形式表现出来。

卡·马克思：《资本论》第一卷第211页

当一个使用价值作为产品退出劳动过程的时候，另一些使用价值，以前的劳动过程的产品，则作为生产资料进入劳动过程。同一个使用价值，既是这种劳动的产品，又是那种劳动的生产资料。

卡·马克思：《资本论》第一卷第212页

产品不仅是劳动过程的结果，同时还是劳动过程的条件。

卡·马克思：《资本论》第一卷第212页

尤其是说到劳动资料，那么就是最肤浅的眼光也会发现，它们的绝大多数都有过去劳动的痕迹。

卡·马克思：《资本论》第一卷第212页

原料可以构成产品的主要实体，也可以只是作为辅助材料参加产品的形成。

卡·马克思：《资本论》第一卷第212页

在同一劳动过程中，同一产品可以既充当劳动资料，又充当原料。

卡·马克思：《资本论》第一卷第213页

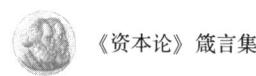

一个使用价值究竟表现为原料、劳动资料还是产品,完全取决于它在劳动过程中所起的特定的作用,取决于它在劳动过程中所处的地位,随着地位的改变,它的规定也就改变。

卡·马克思:《资本论》第一卷第213页

产品作为生产资料进入新的劳动过程,也就丧失产品的性质。它们只是作为活劳动的物质因素起作用。

卡·马克思:《资本论》第一卷第213页

如果说,现有的产品不仅是劳动过程的结果,而且是劳动过程的存在条件,那么另一方面,它们投入劳动过程,从而与活劳动相接触,则是使这些过去劳动的产品当做使用价值来保存和实现的唯一手段。

卡·马克思:《资本论》第一卷第214页

劳动消费它自己的物质要素,即劳动对象和劳动资料,把它们吞食掉,因而是消费过程。这种生产消费与个人消费的区别在于:后者把产品当做活的个人的生活资料来消费,而前者把产品当做劳动即活的个人发挥作用的劳动力的生活资料来消费。

卡·马克思:《资本论》第一卷第214页

个人消费的产物是消费者本身,生产消费的结果是与消费者不同的产品。

卡·马克思:《资本论》第一卷第214页

只要劳动资料和劳动对象本身已经是产品,劳动就是为创造产品而消耗产品,或者说,是把产品当做产品的生产资料来使用。

卡·马克思:《资本论》第一卷第214页

正如劳动过程最初只是发生在人和未经人的协助就已存在的土地之间一样,现在在劳动过程中也仍然有这样的生产资料,它们是天然存在的,不是自然物质和人类劳动的结合。

卡·马克思:《资本论》第一卷第215页

《资本论》箴言集

劳动过程，就我们在上面把它描述为它的简单的、抽象的要素来说，是制造使用价值的有目的的活动，是为了人类的需要而对自然物的占有，是人和自然之间的物质变换的一般条件，是人类生活的永恒的自然条件，因此，它不以人类生活的任何形式为转移，倒不如说，它为人类生活的一切社会形式所共有。

卡·马克思：《资本论》第一卷第215页

劳动过程的一般性质并不因为工人是为资本家劳动而不是为自己劳动就发生变化。

卡·马克思：《资本论》第一卷第216页

从资本家的观点看来，劳动过程只是消费他所购买的劳动力商品，而他只有把生产资料加到劳动力上才能消费劳动力。劳动过程是资本家购买的各种物之间的过程，是归他所有的各种物之间的过程。因此，这个过程的产品归他所有，正像他的酒窖内处于发酵过程的产品归他所有一样。

卡·马克思：《资本论》第一卷第216—217页

2. 价值增殖过程

产品——资本家的所有物——是一种使用价值，如棉纱、皮靴等等。

卡·马克思：《资本论》第一卷第217页

在商品生产中，使用价值决不是本身受人喜爱的东西。在这里，所以要生产使用价值，是因为而且只是因为使用价值是交换价值的物质基质，是交换价值的承担者。

卡·马克思：《资本论》第一卷第217页

我们的资本家所关心的是下述两点。第一，他要生产具有交换价值的使用价值，要生产用来出售的物品，商品。第二，他要使生产出来的商品的价值，大于生产该商品所需要的各种商品即生产资料和劳动力——为了购买它们，他已在商品市场上预付了宝贵的货币——的价值总和。他不仅要生产使用价值，而且要生产商品，不仅要生产使用价值，而且要生产价

值,不仅要生产价值,而且要生产剩余价值。

卡·马克思:《资本论》第一卷第217—218页

正如商品本身是使用价值和价值的统一一样,商品生产过程必定是劳动过程和价值形成过程的统一。

卡·马克思:《资本论》第一卷第218页

每个商品的价值都是由物化在该商品的使用价值中的劳动的量决定的,是由生产该商品的社会必要劳动时间决定的。

卡·马克思:《资本论》第一卷第218页

只有社会必要劳动时间才算是形成价值的劳动时间。

卡·马克思:《资本论》第一卷第221页

由经验确定的一定的产品量,现在只不过代表一定量的劳动,代表一定量凝固的劳动时间。它们只是一小时、两小时、一天的社会劳动的化身。

卡·马克思:《资本论》第一卷第221页

通向地狱的道路是由良好的意图铺成的。

卡·马克思:《资本论》第一卷第223页

在一无所有的地方,皇帝也会丧失他的权力。

卡·马克思:《资本论》第一卷第223—224页

包含在劳动力中的过去劳动和劳动力所能提供的活劳动,劳动力一天的维持费和劳动力一天的耗费,是两个完全不同的量。前者决定它的交换价值,后者构成它的使用价值。维持一个工人24小时的生活只需要半个工作日,这种情况并不妨碍工人劳动一整天。

卡·马克思:《资本论》第一卷第225页

劳动力的价值和劳动力在劳动过程中的价值增殖,是两个不同的量。

 《资本论》箴言集

资本家购买劳动力时，正是看中了这个价值差额。

卡·马克思：《资本论》第一卷第 225 页

劳动力的卖者，和任何别的商品的卖者一样，实现劳动力的交换价值而让渡劳动力的使用价值。他不交出后者，就不能取得前者。

卡·马克思：《资本论》第一卷第 226 页

劳动力的使用价值即劳动本身不归它的卖者所有，正如已经卖出的油的使用价值不归油商所有一样。货币占有者支付了劳动力的日价值，因此，劳动力一天的使用即一天的劳动就归他所有。劳动力维持一天只费半个工作日，而劳动力却能发挥作用或劳动一整天，因此，劳动力使用一天所创造的价值比劳动力自身一天的价值大一倍。这种情况对买者是一种特别的幸运，对卖者也决不是不公平。

我们的资本家早就预见到了这种情况，这正是他发笑的原因。

卡·马克思：《资本论》第一卷第 226 页

当资本家把货币转化为商品，使商品充当新产品的物质形成要素或劳动过程的因素时，当他把活的劳动力同这些商品的死的对象性合并在一起时，他就把价值，把过去的、对象化的、死的劳动转化为资本，转化为自行增殖的价值，转化为一个有灵性的怪物，它用"好像害了相思病"的劲头开始去"劳动"。

卡·马克思：《资本论》第一卷第 227 页

如果我们现在把价值形成过程和价值增殖过程比较一下，就会知道，价值增殖过程不外是超过一定点而延长了的价值形成过程。如果价值形成过程只持续到这样一点，即资本所支付的劳动力价值恰好为新的等价物所补偿，那就是单纯的价值形成过程。如果价值形成过程超过这一点而持续下去，那就成为价值增殖过程。

卡·马克思：《资本论》第一卷第 227 页

如果我们把价值形成过程和劳动过程比较一下，就会知道，劳动过程的实质在于生产使用价值的有用劳动。

卡·马克思：《资本论》第一卷第 227 页

在价值形成过程中，同一劳动过程只是表现出它的量的方面。所涉及的只是劳动操作所需要的时间，或者说，只是劳动力被有用地消耗的时间长度。

卡·马克思：《资本论》第一卷第228页

劳动只是在生产使用价值所耗费的时间是社会必要时间的限度内才被计算。这里包含下列各点。劳动力应该在正常的条件下发挥作用。如果纺纱机在纺纱业中是社会上通用的劳动资料，那就不能让工人使用手摇纺车。他所用的棉花也应该是正常质量的棉花，而不应该是经常断头的坏棉花。否则，在这两种情况下，他生产一磅棉纱所耗费的劳动时间就会超过社会必要劳动时间，而这些超过的时间并不形成价值或货币。不过，劳动的物质因素是否具有正常性质并不取决于工人，而是取决于资本家。再一个条件，就是劳动力本身的正常性质。劳动力在它被使用的专业中，必须具有在该专业占统治地位的平均的熟练程度、技巧和速度。而我们的资本家在劳动市场上也买到了正常质量的劳动力。这种劳动力必须以通常的平均的紧张程度，以社会上通常的强度来耗费。资本家小心翼翼地注视着这一点，正如他小心翼翼地注视着不让有一分钟不劳动而白白浪费掉一样。他购买的劳动力有一定的期限。他要得到属于他的东西。他不愿意被盗窃。最后，他不允许不合理地消费原料和劳动资料，——为此我们这位先生有他自己的刑法，——因为浪费了的材料或劳动资料是多耗费的对象化劳动量，不被计算，不加入形成价值的产品中。

卡·马克思：《资本论》第一卷第228—229页

作为劳动过程和价值形成过程的统一，生产过程是商品生产过程；作为劳动过程和价值增殖过程的统一，生产过程是资本主义生产过程，是商品生产的资本主义形式。

卡·马克思：《资本论》第一卷第229—230页

比社会的平均劳动较高级、较复杂的劳动，是这样一种劳动力的表现，这种劳动力比普通劳动力需要较高的教育费用，它的生产要花费较多的劳动时间，因此它具有较高的价值。既然这种劳动力的价值较高，它也就表现为较高级的劳动，也就在同样长的时间内对象化为较多的价值。

卡·马克思：《资本论》第一卷第230页

在每一个价值形成过程中，较高级的劳动总是要化为社会的平均劳动，例如一日较高级的劳动化为 x 日简单的劳动。

卡·马克思：《资本论》第一卷第 231 页

第六章　不变资本和可变资本

工人把一定量的劳动——撇开他的劳动所具有的特定的内容、目的和技术性质不说——加到劳动对象上，也就把新价值加到劳动对象上。

卡·马克思：《资本论》第一卷第 232 页

生产资料的价值由于转移到产品上而被保存下来。这种转移是在生产资料转化为产品时发生的，是在劳动过程中发生的。它是以劳动为中介的。

卡·马克思：《资本论》第一卷第 232 页

把新价值加到劳动对象上和把旧价值保存在产品中，是工人在同一时间内达到的两种完全不同的结果（虽然工人在同一时间内只劳动一次），因此很明显，这种结果的二重性只能用他的劳动本身的二重性来解释。在同一时间内，劳动就一种属性来说必然创造价值，就另一种属性来说必然保存或转移价值。

卡·马克思：《资本论》第一卷第 232 页

只要使用价值是有目的地用来生产新的使用价值，制造被用掉的使用价值所必要的劳动时间，就成为制造新的使用价值所必要的劳动时间的一部分，也就是说，这部分劳动时间从被用掉的生产资料转移到新产品上去。

卡·马克思：《资本论》第一卷第 233 页

工人保存被用掉的生产资料的价值，或者说，把它们作为价值组成部分转移到产品上去，并不是由于他们加进一般劳动，而是由于这种追加劳动的特殊的有用性质，由于它的特殊的生产形式。

卡·马克思：《资本论》第一卷第 233 页

新价值的加进,是由于劳动的单纯的量的追加;生产资料的旧价值在产品中的保存,是由于所追加的劳动的质。同一劳动由于它的二重性造成的这种二重作用,清楚地表现在不同的现象上。

卡·马克思:《资本论》第一卷第234页

在同一不可分割的过程中,劳动保存价值的属性和创造价值的属性在本质上是不同的。纺同量的棉花所必要的劳动时间越多,加到棉花上的新价值就越大;在同一劳动时间内纺的棉花磅数越多,保存在产品内的旧价值就越大。

卡·马克思:《资本论》第一卷第234页

从某种相对的意义上可以说,工人保存的旧价值同他加进的新价值总是保持同一比例。

卡·马克思:《资本论》第一卷第235页

把价值的纯粹象征性的表现——价值符号撇开,价值只是存在于某种使用价值中,存在于某种物中。

卡·马克思:《资本论》第一卷第235页

如果使用价值丧失,价值也就丧失。

卡·马克思:《资本论》第一卷第235页

生产资料在丧失自己的使用价值的同时并不丧失价值,因为它们通过劳动过程丧失自己原来的使用价值形态,实际上只是为了在产品上获得另一种使用价值形态。

卡·马克思:《资本论》第一卷第235—236页

在劳动过程中,只有生产资料丧失它的独立的使用价值同时也丧失它的交换价值,价值才从生产资料转移到产品上。生产资料转给产品的价值只是它作为生产资料而丧失的价值。

卡·马克思:《资本论》第一卷第236页

原料和辅助材料丧失了它们作为使用价值进入劳动过程时所具有的独立形态。真正的劳动资料却不是这样。工具、机器、厂房、容器等等，只有保持原来的形态，并且第二天以同前一天一样的形式进入劳动过程，才能在劳动过程中发挥作用。它们在生前，在劳动过程中，与产品相对保持着独立的形态，它们在死后也是这样。机器、工具、厂房等等的尸骸同在它们帮助下形成的产品总是分开而存在的。

卡·马克思：《资本论》第一卷第 236 页

一种劳动资料的生存期，包括若干不断重新用它来反复进行的劳动过程。在这方面，劳动资料同人的情况一样。

卡·马克思：《资本论》第一卷第 236 页

每人每天都死掉生命的 24 小时。但无论从谁身上都不能确切地看出，他已经死掉了生命的多少天。然而，这并不妨碍人寿保险公司从人的平均寿命中得出非常准确非常有利（这重要得多）的结论。劳动资料也是这样。根据经验可以知道，一种劳动资料，例如某种机器，平均能用多少时间。

卡·马克思：《资本论》第一卷第 236—237 页

生产资料转给产品的价值决不会大于它在劳动过程中因本身的使用价值的消灭而丧失的价值。

卡·马克思：《资本论》第一卷第 237 页

如果生产资料没有价值可以丧失，就是说，如果它本身不是人类劳动的产品，那么，它就不会把任何价值转给产品。它只是充当使用价值的形成要素，而不是充当交换价值的形成要素。一切未经人的协助就天然存在的生产资料，如土地、风、水、矿脉中的铁、原始森林中的树木等等，都是这样。

卡·马克思：《资本论》第一卷第 237 页

劳动过程的某个因素，某种生产资料，是全部进入劳动过程，但只是部分地进入价值增殖过程。在这里，劳动过程和价值增殖过程的区别反映

在它们的物质因素上：同一生产资料，作为劳动过程的要素，是全部加入同一生产过程；作为价值形成的要素，则只是部分加入同一生产过程。

另一方面正相反，一种生产资料能够全部进入价值增殖过程，而只是部分进入劳动过程。

卡·马克思：《资本论》第一卷第237—238页

生产资料只有在劳动过程中丧失掉存在于旧的使用价值形态中的价值，才把价值转移到新形态的产品上。

卡·马克思：《资本论》第一卷第239页

生产资料加到产品上的价值决不可能大于同它们所参加的劳动过程无关而具有的价值。它的价值不是由它作为生产资料进入的劳动过程决定的，而是由它作为产品被生产出来的劳动过程决定的。它在劳动过程中只是作为使用价值，作为具有有用属性的物起作用，因此，如果它在进入劳动过程之前没有价值，它就不会把任何价值转给产品。

卡·马克思：《资本论》第一卷第239页

当生产劳动把生产资料转化为新产品的形成要素时，生产资料的价值也就经过一次轮回。它从已消耗的躯体转到新形成的躯体。但是这种轮回似乎是在现实的劳动背后发生的。

卡·马克思：《资本论》第一卷第240页

工人不保存旧价值，就不能加进新劳动，也就不能创造新价值，因为他总是必须在一定的有用的形式上加进劳动；而他不把产品变为新产品的生产资料，从而把它们的价值转移到新产品上去，他就不能在有用的形式上加进劳动。

卡·马克思：《资本论》第一卷第240页

由于加进价值而保存价值，这是发挥作用的劳动力即活劳动的自然恩惠，这种自然恩惠不费工人什么，但对资本家却大有好处，使他能够保存原有的资本价值。当生意兴隆的时候，资本家埋头赚钱，觉察不到劳动的这种无偿的恩惠。但当劳动过程被迫中断的时候，当危机到来的时候，资本

《资本论》箴言集

家对此就有切肤之感了。

卡·马克思:《资本论》第一卷第 240 页

就生产资料来说,被消耗的是它们的使用价值,由于这种使用价值的消费,劳动制成产品。生产资料的价值实际上没有被消费,因而也不可能再生产出来。这个价值被保存下来,但不是因为在劳动过程中对这个价值本身进行了操作,而是因为这个价值原先借以存在的那种使用价值虽然消失,但只是消失在另一种使用价值之中。因此,生产资料的价值是再现在产品的价值中,确切地说,不是再生产出来。所生产出来的是旧交换价值借以再现的新使用价值。

卡·马克思:《资本论》第一卷第 241 页

劳动过程的主观因素,即发挥作用的劳动力,却不是这样。当劳动通过它的有目的的形式把生产资料的价值转移到产品上并保存下来的时候,它的运动的每时每刻都形成追加的价值,形成新价值。

卡·马克思:《资本论》第一卷第 242 页

一个价值用另一个价值来补偿是通过创造新价值来实现的。

卡·马克思:《资本论》第一卷第 242 页

劳动力发挥作用的结果,不仅再生产出劳动力自身的价值,而且生产出一个超额价值。这个剩余价值就是产品价值超过消耗掉的产品形成要素即生产资料和劳动力的价值而形成的余额。

卡·马克思:《资本论》第一卷第 242 页

产品的总价值超过产品的形成要素的价值总额而形成的余额,就是价值已经增殖的资本超过原预付资本价值而形成的余额。

卡·马克思:《资本论》第一卷第 242 页

一方的生产资料,另一方的劳动力,不过是原有资本价值在抛弃货币形式而转化为劳动过程的因素时所采取的不同的存在形式。

卡·马克思:《资本论》第一卷第 242—243 页

转变为生产资料即原料、辅助材料、劳动资料的那部分资本，在生产过程中并不改变自己的价值量。因此，我把它称为不变资本部分，或简称为不变资本。

卡·马克思：《资本论》第一卷第 243 页

相反，转变为劳动力的那部分资本，在生产过程中改变自己的价值。它再生产自身的等价物和一个超过这个等价物而形成的余额，剩余价值。这个剩余价值本身是可以变化的，是可大可小的。这部分资本从不变量不断转化为可变量。因此，我把它称为可变资本部分，或简称为可变资本。

卡·马克思：《资本论》第一卷第 243 页

资本的这两个组成部分，从劳动过程的角度看，是作为客观因素和主观因素，作为生产资料和劳动力相区别的；从价值增殖过程的角度看，则是作为不变资本和可变资本相区别的。

卡·马克思：《资本论》第一卷第 243 页

不变资本这个概念决不排斥它的组成部分发生价值变动的可能性。

卡·马克思：《资本论》第一卷第 243 页

生产资料价值的变动，虽然也会对已经进入生产过程的生产资料产生影响，但不会改变生产资料作为不变资本的性质。同样，不变资本和可变资本之间的比例的变动也不会影响它们在职能上的区别。

卡·马克思：《资本论》第一卷第 244 页

第七章　剩余价值率

1. 劳动力的剥削程度

预付资本 C 在生产过程中生出的剩余价值，或预付资本价值 C 的增殖额，首先表现为产品价值超过产品的各种生产要素的价值总和而形成

的余额。

卡·马克思:《资本论》第一卷第245页

资本 C 分为两部分,一部分是为购买生产资料而支出的货币额 c,另一部分是为购买劳动力而支出的货币额 v;c 代表转化为不变资本的价值部分,v 代表转化为可变资本的价值部分。因此,最初是 C = c + v……在生产过程结束时得到商品,它的价值 = $\overparen{c+v}$ + m(m 是剩余价值)……二者的差额 = m……

卡·马克思:《资本论》第一卷第245页

因为各种生产要素的价值等于预付资本的价值,所以,说产品价值超过产品的各种生产要素的价值而形成的余额,等于预付资本的价值增殖额,或等于生产出来的剩余价值,实际上是同义反复。

然而,对这个同义反复需要作进一步的规定。这里同产品价值相比较的,是产品形成过程中消耗的各种生产要素的价值。但是我们已经知道,由劳动资料构成的那部分被使用的不变资本只是把自己价值的一部分转给产品,而其余的部分仍然保留在原来的存在形式中。既然这后一部分在价值形成中不起任何作用,在这里就可以把它抽去。即使把它计算进去,也不会引起任何改变。

卡·马克思:《资本论》第一卷第245—246页

凡从上下文联系中得不出相反意思的地方,我们谈到为生产价值而预付的不变资本时,总只是指在生产中消耗的生产资料的价值。

卡·马克思:《资本论》第一卷第246页

要使资本的一部分转变为劳动力而增殖,就必须使资本的另一部分转化为生产资料。要使可变资本起作用,就必须根据劳动过程的一定的技术性质,按相应的比例来预付不变资本。

卡·马克思:《资本论》第一卷第248页

剩余价值的相对量,即可变资本价值增殖的比率,显然由剩余价值同可变资本的比率来决定,或者用 $\frac{m}{v}$ 来表示。……我把可变资本的这种相对

的价值增殖或剩余价值的相对量,称为剩余价值率。

卡·马克思:《资本论》第一卷第249页

工人在劳动过程的一段时间内,只是生产自己劳动力的价值,就是说,只是生产他的必要生活资料的价值。……因为工人在生产劳动力日价值(如三先令)的工作日部分内,只是生产资本家已经支付的劳动力价值的等价物,就是说,只是用新创造的价值来补偿预付的可变资本的价值,所以,这种价值的生产只是表现为再生产。因此,我把进行这种再生产的工作日部分称为必要劳动时间,把在这部分时间内耗费的劳动称为必要劳动。这种劳动对工人来说所以必要,是因为它不以他的劳动的社会的形式为转移。这种劳动对资本和资本世界来说所以必要,是因为工人的经常存在是它们的基础。

卡·马克思:《资本论》第一卷第249—251页

劳动过程的第二段时间,工人超出必要劳动的界限做工的时间,虽然耗费工人的劳动,耗费劳动力,但并不为工人形成任何价值。这段时间形成剩余价值,剩余价值以从无生有的全部魅力引诱着资本家。我把工作日的这部分称为剩余劳动时间,把这段时间内耗费的劳动称为剩余劳动(surplus labour)。

卡·马克思:《资本论》第一卷第251页

把价值看做只是劳动时间的凝结,只是对象化的劳动,这对于认识价值本身具有决定性的意义,同样,把剩余价值看做只是剩余劳动时间的凝结,只是对象化的剩余劳动,这对于认识剩余价值也具有决定性的意义。

卡·马克思:《资本论》第一卷第251页

使各种经济的社会形态例如奴隶社会和雇佣劳动的社会区别开来的,只是从直接生产者身上,劳动者身上,榨取这种剩余劳动的形式。

卡·马克思:《资本论》第一卷第251页

因为可变资本的价值等于它所购买的劳动力的价值,因为这个劳动力的价值决定工作日的必要部分,而剩余价值又由工作日的剩余部分决定,所以从这里可以得出结论：剩余价值和可变资本之比等于剩余劳动和必要劳动之比，或者说，剩余价值率 $\dfrac{m}{v} = \dfrac{剩余劳动}{必要劳动}$。这两个比率把同一种关系表现在不同的形式上：一种是对象化劳动的形式，另一种是流动劳动的形式。

卡·马克思：《资本论》第一卷第 251—252 页

剩余价值率是劳动力受资本剥削的程度或工人受资本家剥削的程度的准确表现。

卡·马克思：《资本论》第一卷第 252 页

计算剩余价值率的方法可以简述如下：我们把全部产品价值拿来，使其中只是再现的不变资本价值等于零。余下的价值额就是在商品形成过程中实际生产出来的唯一的价值产品。如果剩余价值已定，我们从这个价值产品中减去剩余价值，就可得出可变资本。如果可变资本已定，而我们要求出剩余价值，那就得从这个价值产品中减去可变资本。如果这二者已定，那就只须进行最后的运算，计算剩余价值同可变资本的比率 $\dfrac{m}{v}$。

卡·马克思：《资本论》第一卷第 252—253 页

4. 剩余产品

我们把代表剩余价值的那部分产品（在第 2 节举的例子中，是 20 磅棉纱的 $\dfrac{1}{10}$ 或 2 磅棉纱）称为剩余产品（surplus produce，produit net）。

卡·马克思：《资本论》第一卷第 265 页

决定剩余价值率的，不是剩余价值同资本总额的比率，而是剩余价值同资本的可变组成部分的比率，同样，决定剩余产品的水平的，也不是剩余产品同总产品的其余部分的比率，而是剩余产品同代表必要劳动的那部分产品的比率。

卡·马克思：《资本论》第一卷第 265 页

剩余价值的生产是资本主义生产的决定的目的,同样,富的程度不是由产品的绝对量来计量,而是由剩余产品的相对量来计量。

卡·马克思:《资本论》第一卷第 265 页

必要劳动和剩余劳动之和,工人生产他的劳动力的补偿价值的时间和生产剩余价值的时间之和,构成他的劳动时间的绝对量——工作日(working day)。

卡·马克思:《资本论》第一卷第 266 页

第八章 工作日

1. 工作日的界限

工作日不是一个不变量,而是一个可变量。它的一部分固然是由不断再生产工人本身所必需的劳动时间决定的,但是它的总长度随着剩余劳动的长度或持续时间而变化。因此,工作日是可以确定的,但是它本身是不定的。

卡·马克思:《资本论》第一卷第 268 页

工作日虽然不是固定的量,而是流动的量,但是它只能在一定的界限内变动。不过它的最低界限是无法确定的。

卡·马克思:《资本论》第一卷第 268 页

在资本主义生产方式的基础上,必要劳动始终只能是工人的工作日的一部分,因此,工作日决不会缩短到这个最低限度。

卡·马克思:《资本论》第一卷第 268 页

可是工作日有一个最高界限。它不能延长到超出某个一定的界限。一个人在 24 小时的自然日内只能支出一定量的生命力。正像一匹马天天干活,每天也只能干 8 小时。这种力每天必须有一部分时间休息、睡觉,人还必须有一部分时间满足身体的其他需要,如吃饭、盥洗、穿衣等等。除了这种纯粹身体的界限之外,工作日的延长还碰到道德界限。工人必须有时间满足精神需要和社会需要,这些需要的范围和数量由一般的文化状况决定。

因此，工作日是在身体界限和社会界限之内变动的。但是这两个界限都有极大的弹性，有极大的变动余地。

卡·马克思：《资本论》第一卷第268—269页

作为资本家，他只是人格化的资本。他的灵魂就是资本的灵魂。而资本只有一种生活本能，这就是增殖自身，创造剩余价值，用自己的不变部分即生产资料吮吸尽可能多的剩余劳动。

卡·马克思：《资本论》第一卷第269页

资本是死劳动，它像吸血鬼一样，只有吮吸活劳动才有生命，吮吸的活劳动越多，它的生命就越旺盛。

卡·马克思：《资本论》第一卷第269页

工人劳动的时间就是资本家消费他所购买的劳动力的时间。如果工人利用他的可供支配的时间来为自己做事，那他就是偷窃了资本家。

卡·马克思：《资本论》第一卷第269—270页

资本家是以商品交换规律作根据的。他和任何别的买者一样，力图从他的商品的使用价值中取得尽量多的利益。

卡·马克思：《资本论》第一卷第270页

商品交换的性质本身没有给工作日规定任何界限，因而没有给剩余劳动规定任何界限。

卡·马克思：《资本论》第一卷第271页

资本家要坚持他作为买者的权利，他尽量延长工作日，如果可能，就把一个工作日变成两个工作日。另一方面，这个已经卖出的商品的独特性质给它的买者规定了一个消费的界限，并且工人也要坚持他作为卖者的权利，他要求把工作日限制在一定的正常量内。于是这里出现了二律背反，权利同权利相对抗，而这两种权利都同样是商品交换规律所承认的。

卡·马克思：《资本论》第一卷第271—272页

在平等的权利之间,力量就起决定作用。所以,在资本主义生产的历史上,工作日的正常化过程表现为规定工作日界限的斗争,这是全体资本家即资本家阶级和全体工人即工人阶级之间的斗争。

卡·马克思:《资本论》第一卷第272页

2. 对剩余劳动的贪欲。工厂主和领主

资本并没有发明剩余劳动。

卡·马克思:《资本论》第一卷第272页

凡是社会上一部分人享有生产资料垄断权的地方,劳动者,无论是自由的或不自由的,都必须在维持自身生活所必需的劳动时间以外,追加超额的劳动时间来为生产资料的所有者生产生活资料,不论这些所有者是雅典的贵族,伊特鲁里亚的神权政治首领,罗马的市民,诺曼的男爵,美国的奴隶主,瓦拉几亚的领主,现代的地主,还是资本家。

卡·马克思:《资本论》第一卷第272页

如果在一个经济的社会形态中占优势的不是产品的交换价值,而是产品的使用价值,剩余劳动就受到或大或小的需求范围的限制,而生产本身的性质就不会造成对剩余劳动的无限制的需求。

卡·马克思:《资本论》第一卷第272页

在古代,只有在谋取具有独立的货币形式的交换价值的地方,即在金银的生产上,才有骇人听闻的过度劳动。在那里,累死人的强迫劳动是过度劳动的公开形式。这只要读一读西西里的狄奥多鲁斯的记载就可以知道。但是在古代世界,这只是一种例外。不过,那些还在奴隶劳动或徭役劳动等较低级形式上从事生产的民族,一旦卷入资本主义生产方式所统治的世界市场,而这个市场又使它们的产品的外销成为首要利益,那就会在奴隶制、农奴制等等野蛮暴行之上,再加上过度劳动的文明暴行。

卡·马克思:《资本论》第一卷第272—273页

在美国南部各州,当生产的目的主要是直接满足本地需要时,黑人劳

动还带有一种温和的家长制的性质。但是随着棉花出口变成这些州的切身利益，黑人所从事的有时只要七年就把生命耗尽的过度劳动，就成为一种事事都要加以盘算的制度的一个因素。问题已经不再是从黑人身上榨取一定量的有用产品。现在的问题是要生产剩余价值本身了。徭役劳动，例如多瑙河两公国的徭役劳动，也有类似的情形。

卡·马克思：《资本论》第一卷第 273 页

把多瑙河两公国对剩余劳动的贪欲和英国工厂对剩余劳动的贪欲比较一下特别有意思，因为徭役制度下的剩余劳动具有独立的、可以感觉得到的形式。

卡·马克思：《资本论》第一卷第 273 页

自由工人每周为资本家提供 6×6 小时即 36 小时的剩余劳动。这和他每周为自己劳动 3 天，又为资本家白白地劳动 3 天，完全一样。但是这种情形是觉察不出来的。剩余劳动和必要劳动融合在一起了。

卡·马克思：《资本论》第一卷第 273—274 页

而徭役劳动就不是这样。例如瓦拉几亚的农民为维持自身生活所完成的必要劳动和他为领主所完成的剩余劳动在空间上是分开的。他在自己的地里完成必要劳动，在主人的领地里完成剩余劳动。所以，这两部分劳动时间是各自独立的。

卡·马克思：《资本论》第一卷第 274 页

在徭役劳动形式中，剩余劳动和必要劳动截然分开。这种表现形式上的差别，显然丝毫不会改变剩余劳动和必要劳动之间的量的比率。每周三天的剩余劳动，无论是叫做徭役劳动还是叫做雇佣劳动，对劳动者自己来说始终是没有形成等价物的三天劳动。不过资本家对剩余劳动的贪欲表现为渴望无限度地延长工作日，而领主的贪欲则较简单地表现为直接追求徭役的天数。

卡·马克思：《资本论》第一卷第 274 页

在多瑙河两公国，徭役劳动是同实物地租和其他农奴制义务结合在一

起的,但徭役劳动是交纳给统治阶级的最主要的贡赋。凡是存在这种情形的地方,徭役劳动很少是由农奴制产生的,相反,农奴制倒多半是由徭役劳动产生的。罗马尼亚各州的情形就是这样。

卡·马克思:《资本论》第一卷第274页

"如果你允许我每天只让工人多干10分钟的话,那你一年就把1000镑放进了我的口袋。"【《工厂视察员报告。1856年10月31日》第48页——著者注】"时间的原子就是利润的要素。"【《工厂视察员报告。1860年4月30日》第56页——著者注】

卡·马克思:《资本论》第一卷第281页

人们把那些全天劳动的工人叫做"全日工",把13岁以下的只准劳动六小时的童工叫做"半日工"。在这里,工人不过是人格化的劳动时间。一切个人之间的区别都化成"全日工"和"半日工"的区别了。

卡·马克思:《资本论》第一卷第281页

3. 在剥削上不受法律限制的英国工业部门

一些部门中延长工作日的欲望,对剩余劳动的狼一般的贪婪,在这些部门中,无限度的压榨,正如一个英国资产阶级经济学家所说,比西班牙人对美洲红种人的暴虐有过之而无不及,因此,资本终于受到法律规定的约束。……另外一些生产部门,在那里,直到今天,或者直到不久以前,还在毫无拘束地压榨劳动力。

卡·马克思:《资本论》第一卷第282页

如果但丁还在,他会发现,他所想象的最残酷的地狱也赶不上这种制造业中的情景。【指火柴制造业工人的悲惨情景——编者注】

卡·马克思:《资本论》第一卷第286页

熟读圣经的英国人虽然清楚地知道,一个人除非由于上帝的恩赐而成为资本家、大地主或领干薪者,否则必须汗流满面来换取面包,但是他不知道,他每天吃的面包中含有一定量的人汗,并且混杂着脓血、蜘蛛网、

死蟑螂和发霉的德国酵母,更不用提明矾、砂粒以及其他可口的矿物质了。

卡·马克思:《资本论》第一卷第289页

4. 日工和夜工。换班制度

从价值增殖过程来看,不变资本即生产资料的存在,只是为了吮吸劳动,并且随着吮吸每一滴劳动吮吸一定比例的剩余劳动。如果它们不这样做,而只是闲在那里,就给资本家造成消极的损失,因为生产资料闲置起来就成了无用的预付资本;一旦恢复中断的生产必须追加开支,这种损失就成为积极的损失。

卡·马克思:《资本论》第一卷第297页

把工作日延长到自然日的界限以外,延长到夜间,只是一种缓和的办法,只能大致满足一下吸血鬼吮吸劳动鲜血的欲望。

卡·马克思:《资本论》第一卷第297页

在一昼夜24小时内都占有劳动,是资本主义生产的内在要求。但是日夜不停地榨取同一劳动力,从身体上说是不可能的,因此,为克服身体上的障碍,就要求白天被吸尽的劳动力和夜里被吸尽的劳动力换班工作。

卡·马克思:《资本论》第一卷第297页

5. 争取正常工作日的斗争。14世纪中叶至 17世纪末叶关于延长工作日的强制性法律

资本由于无限度地盲目追逐剩余劳动,像狼一般地贪求剩余劳动,不仅突破了工作日的道德极限,而且突破了工作日的纯粹身体的极限。它侵占人体的成长、发育和维持健康所需要的时间。它掠夺工人呼吸新鲜空气和接触阳光所需要的时间。它克扣吃饭时间,尽握把吃饭时间并入生产过程本身,因此对待工人就像对待单纯的生产资料那样,给他饭吃,就如同给锅炉加煤、给机器上油一样。

卡·马克思:《资本论》第一卷第306页

资本把积蓄、更新和恢复生命力所需要的正常睡眠,变成了恢复精疲力竭的有机体所必不可少的几小时麻木状态。

卡·马克思:《资本论》第一卷第 306 页

在这里,不是劳动力维持正常状态决定工作日的界限,相反地,是劳动力每天尽可能达到最大量的耗费(不论这是多么强制和多么痛苦)决定工人休息时间的界限。

卡·马克思:《资本论》第一卷第 306 页

资本是不管劳动力的寿命长短的。它唯一关心的是在一个工作日内最大限度地使用劳动力。它靠缩短劳动力的寿命来达到这一目的,正像贪得无厌的农场主靠掠夺土地肥力来提高收获量一样。

卡·马克思:《资本论》第一卷第 306—307 页

资本主义生产——实质上就是剩余价值的生产,就是剩余劳动的吮吸——通过延长工作日,不仅使人的劳动力由于被夺去了道德上和身体上正常的发展和活动的条件而处于萎缩状态,而且使劳动力本身未老先衰和过早死亡。它靠缩短工人的寿命,在一定期限内延长工人的生产时间。

卡·马克思:《资本论》第一卷第 307 页

劳动力的价值包含再生产工人或延续工人阶级所必需的商品的价值。既然资本无限度地追逐自行增殖,必然使工作日延长到违反自然的程度,从而缩短工人的寿命,缩短他们的劳动力发挥作用的时间,那么,已经消费掉的劳动力就必须更加迅速地得到补偿,这样,在劳动力的再生产上就要花更多的费用,正像一台机器磨损得越快,每天要再生产的那一部分机器价值也就越大。因此,资本为了自身的利益,看来也需要规定一种正常工作日。

卡·马克思:《资本论》第一卷第 307 页

一般说来,经验向资本家表明:过剩人口,即同当前资本增殖的需要相比较的过剩人口,是经常存在的,虽然这些人发育不良、寿命短促、更替迅速、可以说尚未成熟就被摘掉。

卡·马克思:《资本论》第一卷第 310 页

《资本论》箴言集

　　经验向有头脑的观察者表明：虽然从历史的观点看，资本主义生产几乎是昨天才诞生的，但是它已经多么迅速多么深刻地摧残了人民的生命根源；工业人口的衰退只是由于不断从农村吸收自然生长的生命要素，才得以缓慢下来；甚至农业工人，尽管他们可以吸到新鲜空气，尽管在他们中间自然选择的规律（按照这个规律，只有最强壮的人才能生存）起着无限的作用，也已经开始衰退了。

卡·马克思：《资本论》第一卷第310—311页

　　有如此"好理由"来否认自己周围一代工人的苦难的资本，在自己的实际运动中不理会人类在未来将退化并将不免终于灭绝的前途，就像它不理会地球可能和太阳相撞一样。

卡·马克思：《资本论》第一卷第311页

　　在每次证券投机中，每个人都知道暴风雨总有一天会到来，但是每个人都希望暴风雨在自己发了大财并把钱藏好以后，落到邻人的头上。我死后哪怕洪水滔天！【(Après moi féluge!)——据说这句话是法国国王路易十五回答他的亲信们的谏告时说的，他们劝他不要经常大办酒宴和举行节庆，认为这会使国债剧增，危及国家。——译者注】这就是每个资本家和每个资本家国家的口号。

卡·马克思：《资本论》第一卷第311页

　　资本是根本不关心工人的健康和寿命的，除非社会迫使它去关心。

卡·马克思：《资本论》第一卷第311页

　　人们为体力和智力的衰退、夭折、过度劳动的折磨而愤愤不平，资本却回答说：既然这种痛苦会增加我们的快乐（利润），我们又何必为此苦恼呢？

卡·马克思：《资本论》第一卷第311—312页

　　不过总的说来，这也并不取决于个别资本家的善意或恶意。自由竞争使资本主义生产的内在规律作为外在的强制规律对每个资本家起作用。

卡·马克思：《资本论》第一卷第312页

正常工作日的规定,是几个世纪以来资本家和工人之间斗争的结果。但在这个斗争的历史中,出现了两种对立的倾向。例如,我们对照一下英国现行的工厂立法和从14世纪起一直到18世纪中叶的劳工法。现代的工厂法强制地缩短工作日,而那些劳工法力图强制地延长工作日。

卡·马克思:《资本论》第一卷第312页

资本在它的萌芽时期,由于刚刚出世,不能单纯依靠经济关系的力量,还要依靠国家政权的帮助才能确保自己吮吸足够数量的剩余劳动的权利,它在那时提出的要求,同它在成年时期不得不忍痛做出的让步比较起来,诚然是很有限的。

卡·马克思:《资本论》第一卷第312页

只是过了几个世纪以后,"自由"工人由于资本主义生产方式的发展,才自愿地,也就是说,才在社会条件的逼迫下,按照自己的日常生活资料的价格出卖自己一生的全部能动时间,出卖自己的劳动能力本身,为了一碗红豆汤出卖自己的长子继承权。【"为了一碗红豆汤出卖自己的长子继承权"这一典故源于圣经故事:一天,雅各熬红豆汤,其兄以扫打猎回来,累得昏了,求雅各给他汤喝。雅各说,须把你的长子名分让给我,以扫就起了誓,出卖了自己的长子权(见《旧约全书·创世记》第25章第29—34节)。现已成为日常惯用的借喻语。——译者注】

卡·马克思:《资本论》第一卷第312—313页

从14世纪中叶至17世纪末,资本借助国家政权的力量力图迫使成年工人接受的工作日的延长程度,同19世纪下半叶国家在某些地方为了限制儿童血液变成资本而对劳动时间规定的界限大体相一致,这是很自然的了。

卡·马克思:《资本论》第一卷第313页

第一个劳工法(爱德华三世二十三年即1349年)的颁布,其直接借口(是借口而不是原因,因为这种法律在这个借口不再存在的情况下继续存在了几百年)是鼠疫猖獗,人口大大减少,用一个托利党著作家的话来说,当时"要用合理的价格〈即能保证雇主得到合理的剩余劳动量的价格〉雇用工人，已经困难到了实在难以忍受的地步"。

卡·马克思：《资本论》第一卷第 313 页

6. 争取正常工作日的斗争。对劳动时间的强制的法律限制。1833—1864 年英国的工厂立法

资本经历了几个世纪，才使工作日延长到正常的最大极限，然后越过这个极限，延长到十二小时自然日的界限。此后，自 18 世纪最后三十多年大工业出现以来，就开始了一个像雪崩一样猛烈的、突破一切界限的冲击。习俗和自然、年龄和性别、昼和夜的界限，统统被摧毁了。甚至旧法规中按农民的习惯规定的关于昼夜的简单概念，也变得如此模糊不清，以致一位英国法官还在 1860 年为了对昼和夜作出"有判决力的"解释，就不得不使出真正学究式的聪明。资本则狂欢痛饮来庆祝胜利。

卡·马克思：《资本论》第一卷第 320—321 页

被生产的轰隆声震晕了的工人阶级一旦稍稍清醒过来，就开始进行反抗，首先是在大工业的诞生地英国。但是 30 年来，工人所争得的让步完全是有名无实的。

卡·马克思：《资本论》第一卷第 321 页

现代工业中的正常工作日，只是从 1833 年颁布了有关棉、毛、麻、丝工厂的工厂法起才出现的。1833 年到 1864 年的英国工厂立法史，比任何东西都更能说明资本精神的特征！

卡·马克思：《资本论》第一卷第 321 页

从 1838 年以来，工厂工人把十小时工作日法案当做自己经济上的竞选口号，正像他们把宪章【指英国宪章运动的纲领性文件人民宪章，1837 年由下院六名议员和六名伦敦工人协会会员组成的一个委员会提出，并于 1838 年 5 月 8 日作为准备提交议会的一项草案在各地群众大会上公布。人民宪意包括宪章派的下列六项要求：普选权（年满 21 岁的男子）、议会每年改选一次、秘密投票、各选区一律平等、取消议会议员候选人的财产资格限制以及发给议员薪金。1839、1842 和 1849 年，议会三次会议否决了宪

茹派递交的要求通过人民宪章的请愿书。——译者注】当做自己政治上的竞选口号一样。

卡·马克思：《资本论》第一卷第 324 页

这些按照军队方式一律用钟声来指挥劳动的期间、界限和休息的细致的规定，决不是议会设想出来的。它们是作为现代生产方式的自然规律从现存的关系中逐渐发展起来的。它们的制定、被正式承认以及由国家予以公布，是长期阶级斗争的结果。

卡·马克思：《资本论》第一卷第 326 页

总的说来，在 1844—1847 年期间，受工厂立法约束的一切工业部门，都普遍一致地实行了十二小时工作日。

卡·马克思：《资本论》第一卷第 326 页

1846—1847 年在英国经济史上划了一个时代。谷物法废除了，棉花和其他原料的进口税取消了，自由贸易被宣布为立法的指路明灯！一句话，千年王国出现了。另一方面，宪章运动和争取十小时工作日的鼓动在这期间达到了顶点。它们在渴望报仇的托利党人那里找到了同盟者。尽管以布莱特和科布顿为首的言而无信的自由贸易派疯狂反抗，争取了很长时间的十小时工作日法案终于由议会通过了。

卡·马克思：《资本论》第一卷第 327 页

十小时工作日法令于 1848 年 5 月 1 日生效。但这时，宪章派也失败了。他们的领袖被关进监狱，他们的组织遭到破坏。宪章派的失败已经动摇了英国工人阶级的自信心。不久，巴黎的六月起义和对起义的血腥镇压，使欧洲大陆和英国的统治阶级的一切派别——土地所有者和资本家，交易所财狼和小商人，保护关税论者和自由贸易论者，政府和反对派，教士和自由思想者，年轻的娼妇和年老的修女——都在拯救财产、宗教、家庭和社会的共同口号下联合起来了！工人阶级到处被排除在法律保护之外，被革出教门，受到"嫌疑犯处治法"的迫害。

卡·马克思：《资本论》第一卷第 329 页

资本进行了两年的叛乱终于取得了胜利:英国四个高等法院之一,财务法院,于1850年2月8日判决一件案子时宣布,虽然工厂主违反了1844年法令的精神,但是这个法令本身的某些词句已经使法令变得毫无意义。"这种判决就是废除了十小时工作日法。"很多以前不敢对少年和女工实行换班制度的工厂主,现在都双手抓住换班制度不放了。

卡·马克思:《资本论》第一卷第337页

但是,随着资本获得表面上的最后胜利,情况立即又发生了变化。在此以前,工人虽然日复一日地进行不屈不挠的反抗,但是这种反抗一直采取守势。现在他们在兰开夏郡和约克郡召开声势浩大的集会表示抗议。他们提出,所谓十小时工作日法令只是一场骗局,只是议会的欺诈行为,根本就未存在过!工厂视察员急切地警告政府说,阶级对抗已经达到难以置信的紧张程度。

卡·马克思:《资本论》第一卷第337页

平等地剥削劳动力,是资本的首要的人权。

卡·马克思:《资本论》第一卷第338页

但是,原则战胜了,它在作为现代生产方式的特殊产物的大工业部门中胜利了。1853—1860年时期这些部门的惊人发展,以及同时出现的工厂工人体力和精神的复活,连瞎子也看得清清楚楚。连那些经过半个世纪的内战才被迫逐步同意在法律上限制和规定工作日的工厂主,也夸耀这些工业部门与那些仍旧是"自由的"剥削领域所形成的对照。"政治经济学"上的伪善者现在也宣称,认识在法律上规定工作日的必要性,是他们这门"科学"的突出的新成就。

卡·马克思:《资本论》第一卷第341—342页

不难了解,在工厂大亨们被迫服从不可避免的东西并且同它和解之后,资本的抵抗力量就逐渐削弱了,而同时,工人阶级的进攻力量则随着他们在没有直接利害关系的社会阶层中的同盟者的增加而加强了。这就是从1860年以来进步较快的原因。

卡·马克思:《资本论》第一卷第342页

7. 争取正常工作日的斗争。
英国工厂立法对其他国家的影响

读者会记得，不管生产方式本身由于劳动从属于资本而产生了怎样的变化，生产剩余价值或榨取剩余劳动，是资本主义生产的特定的内容和目的。读者会记得，从我们到目前为止所阐明的观点看来，只有独立的、因而在法律上是成年的工人，作为商品出卖者与资本家缔结契约。因此，如果说在我们的历史的概述中，起主要作用的一方面是现代工业，另一方面是身体上和法律上未成年的人的劳动，那么我们只是把前者看做榨取劳动的特殊领域，把后者看做这种榨取的特别鲜明的例子。

卡·马克思：《资本论》第一卷第344页

在最早依靠水力、蒸汽和机器而发生革命的工业部门中，即在现代生产方式的最初产物—棉、毛、麻、丝等纺织业中，资本无限度地、放肆地延长工作日的欲望首先得到了满足。物质生产方式的改变和生产者的社会关系的相应的改变，先是造成了无限度的压榨，后来反而引起了社会的监督，由法律来限制、规定和划一工作日及休息时间。因此，这种监督在19世纪上半叶只是作为例外情况由法律规定的。但是，当这种监督刚刚征服了新生产方式的已有领域时，它却发现，不仅许多别的生产部门采用了真正的工厂制度，而且那些采用或多或少陈旧的生产方式的手工工场（如陶器作坊、玻璃作坊等）、老式的手工业（如面包房），甚至那些分散的所谓家庭劳动（如制钉业等），也都像工厂一样早已处于资本主义剥削之下了。因此，立法不得不逐渐去掉它的例外性，或者在像英国这样在立法上仿效罗马决疑论的方式的地方，把有人在里面劳动的任何房屋都任意称为工厂。

卡·马克思：《资本论》第一卷第345页

某些生产部门中规定工作日的历史以及另一些生产部门中还在继续争取这种规定的斗争，清楚地证明：孤立的工人，"自由"出卖劳动力的工人，在资本主义生产的一定成熟阶段上，是无抵抗地屈服的。因此，正常工作日的确立是资本家阶级和工人阶级之间长期的多少隐蔽的内战的产物。斗争是在现代工业范围内开始的，所以它最先发生在现代工业的发源地

英国。

卡·马克思:《资本论》第一卷第345—346页

英国的工厂工人不仅是英国工人阶级的先进战士,而且是整个现代工人阶级的先进战士,最先向资本的理论挑战的也正是他们的理论家。所以,工厂哲学家尤尔咒骂说,英国工人阶级洗不掉的耻辱就是,他们面对勇敢地为"劳动的完全自由"而奋斗的资本,竟把"工厂法的奴隶制"写在自己的旗帜上。

卡·马克思:《资本论》第一卷第346页

法国在英国后面慢慢地跟了上来。在那里,十二小时工作日法律曾需要二月革命来催生,但是它比自己的英国原版更不完备得多。虽然如此,法国的革命方法还是显示了它的独特的优点。它一下子就给所有的作坊和工厂毫无区别地规定了同样的工作日界限,而英国立法却时而在这一点上,时而在那一点上被迫向环境的压力屈服,并且极容易制造出一起又一起的诉讼纠纷。另一方面,法国法律作为原则宣布的东西,在英国则只是以儿童、少年和妇女的名义争取的东西,并且这些东西直到最近才作为普遍的权利提了出来。

卡·马克思:《资本论》第一卷第347页

在北美合众国,只要奴隶制使共和国的一部分还是畸形的,任何独立的工人运动就仍然处于瘫痪状态。在黑人的劳动打上屈辱烙印的地方,白人的劳动也不能得到解放。但是,从奴隶制的死亡中,立刻萌发出一个重新变得年轻的生命。南北战争的第一个果实,就是争取八小时工作日运动,这个运动以特别快车的速度,从大西洋跨到太平洋,从新英格兰跨到加利福尼亚。在巴尔的摩召开的全国工人代表大会(1866年8月)宣布:

"为了把我国的劳动从资本主义的奴隶制下解放出来,当务之急是颁布一项法律,规定八小时工作日为美利坚联邦各州的正常工作日。我们誓以全力争取这一光荣的结果。"

卡·马克思:《资本论》第一卷第348页

与此同时(1866年9月初),在日内瓦召开的"国际工人代表大会",

根据伦敦总委员会的建议,通过决议:"限制工作日是一个先决条件,没有这个条件,一切进一步谋求工人解放的尝试都将遭到失败……我们建议通过立法手续把工作日限制为八小时。"

卡·马克思:《资本论》第一卷第348页

这样,大西洋两岸从生产关系本身中本能地成长起来的工人运动,就证实了英国工厂视察员罗·约·桑德斯的话:

"如果不先限制工作日,不严格地强制贯彻工作日的法定界限,要想在社会改革方面采取进一步的措施,是决不可能有任何成功希望的。"

卡·马克思:《资本论》第一卷第348页

必须承认,我们的工人在走出生产过程时同他进入生产过程时是不一样的。在市场上,他作为"劳动力"这种商品的占有者与其他商品的占有者相对立,即作为商品占有者与商品占有者相对立。他把自己的劳动力卖给资本家时所缔结的契约,可以说像白纸黑字一样表明了他可以自由支配自己。在成交以后却发现:实际上,他"只要还有一块肉、一根筋、一滴血可供榨取",吸血鬼就决不罢休。为了"抵御"折磨他们的毒蛇,工人必须把他们的头聚在一起,作为一个阶级来强行争得一项国家法律,一个强有力的社会屏障,使自己不致再通过自愿与资本缔结的契约而把自己和后代卖出去送死和受奴役。

卡·马克思:《资本论》第一卷第349页

从法律上限制工作日的朴素的大宪章【指英王"无地王约翰"被迫于1215年6月15日签署的自由大宪章,马克思在这里是指英国工人阶级经过长期顽强的反资本斗争而争得的限制工作日的法律。——译者注】,代替了"不可剥夺的人权"这种冠冕堂皇的条目,这个大宪章"终于明确地规定了,工人出卖的时间何时结束,属于工人自己的时间何时开始"。

卡·马克思:《资本论》第一卷第349—350页

第九章　剩余价值率和剩余价值量

假定劳动力的价值,从而再生产或维持劳动力所必要的工作日部分,

是一个已知的不变的量。在这个前提下,知道剩余价值率,同时也就知道一个工人在一定的时间内为资本家提供的剩余价值量。

卡·马克思:《资本论》第一卷第351页

可变资本是资本家同时使用的全部劳动力的总价值的货币表现。因此,可变资本的价值,等于一个劳动力的平均价值乘以所使用的劳动力的数目。因此,在已知劳动力价值的情况下,可变资本的量与同时雇用的工人人数成正比。

卡·马克思:《资本论》第一卷第351页

生产的剩余价值量,等于一个工人一个工作日所提供的剩余价值乘以所使用的工人人数。又因为在劳动力价值已定的情况下,一个工人所生产的剩余价值量是由剩余价值率决定的,由此就得出如下第一个规律:所生产的剩余价值量,等于预付的可变资本量乘以剩余价值率,或者说,是由同一个资本家同时剥削的劳动力的数目与单个劳动力受剥削的程度之间的复比决定的。

卡·马克思:《资本论》第一卷第352页

如果我们用 M 表示剩余价值量,用 m 表示一个工人每天平均提供的剩余价值,用 v 表示购买一个劳动力每天预付的可变资本,用 V 表示可变资本的总数,用 k 表示一个平均劳动力的价值,用 $\frac{a'}{a}$($\frac{剩余劳动}{必要劳动}$)表示一个平均劳动力受剥削的程度,用 n 表示所使用的工人人数,我们就得出:

$$M = \begin{cases} \dfrac{m}{v} \times V \\ k \times \dfrac{a'}{a} \times n \end{cases}。$$

卡·马克思:《资本论》第一卷第352页

在一定量剩余价值的生产上,一种因素的减少可以由另一种因素的增加来补偿。如果可变资本减少,同时剩余价值率却按同一比例提高,那么所生产的剩余价值量仍然不变。

卡·马克思:《资本论》第一卷第352页

可变资本的减少,可以由劳动力受剥削的程度的按比例的提高来抵偿,或者说,所雇用的工人人数的减少,可以由工作日的按比例的延长来抵偿。因此在一定限度内,资本所能榨取的劳动的供给,并不取决于工人的供给。反过来说,如果剩余价值率降低了,那么,只要可变资本量或雇用的工人人数按比例增加,所生产的剩余价值量就仍然不变。

卡·马克思:《资本论》第一卷第353页

靠提高剩余价值率或延长工作日来补偿工人人数或可变资本量的减少,是有不能超越的界限的。无论劳动力的价值如何,无论维持工人的必要劳动时间是2小时还是10小时,一个工人每天所能生产的总价值,总是小于24个劳动小时所对象化的价值,如果这24个对象化劳动小时的货币表现是12先令或4塔勒,那就总是小于12先令或4塔勒。

卡·马克思:《资本论》第一卷第353页

平均工作日(它天然总是小于24小时)的绝对界限,就是可变资本的减少可以由剩余价值率的提高来补偿的绝对界限,或者说,就是受剥削的工人人数的减少可以由劳动力受剥削的程度的提高来补偿的绝对界限。这个非常明白的第二个规律,对于解释资本要尽量减少自己所雇用的工人人数即减少转化为劳动力的可变资本部分的趋势(以后将谈到这种趋势)所产生的许多现象,是十分重要的,而这种趋势是同资本要生产尽可能多的剩余价值量的另一种趋势相矛盾的。

卡·马克思:《资本论》第一卷第354页

如果所使用的劳动力数量增加了,或可变资本量增加了,但是它的增加和剩余价值率的降低不成比例,那么所生产的剩余价值量就会减少。

卡·马克思:《资本论》第一卷第354页

第三个规律是从所生产的剩余价值量取决于剩余价值率和预付的可变资本量这两个因素而得出来的。如果剩余价值率或劳动力受剥削的程度已定，劳动力价值或必要劳动时间量已定，那么不言而喻，可变资本越大，所生产的价值量和剩余价值撤也就越大。

卡·马克思：《资本论》第一卷第 354 页

如果工作日的界限及其必要组成部分的界限已定，那么，一个资本家所生产的价值量和剩余价值量，显然就只取决于他所推动的劳动量。但根据以上假设，他所推动的劳动量取决于他所剥削的劳动力的数量，或他所剥削的工人人数，而工人的人数又是由他所预付的可变资本量决定的。因此，在剩余价值率和劳动力价值已定的情况下，所生产的剩余价值量同预付的可变资本量成正比。

卡·马克思：《资本论》第一卷第 354 页

在同一生产方式的基础上，在不同生产部门中，资本划分为不变组成部分和可变组成部分的比例是不同的。在同一生产部门内，这一比例是随着生产过程的技术基础和社会结合的变化而变化的。

卡·马克思：《资本论》第一卷第 355 页

在劳动力的价值已定和劳动力受剥削的程度相同的情况下，不同的资本所生产的价值量和剩余价值量，同这些资本的可变组成部分即转化为活劳动力的组成部分的量成正比。

卡·马克思：《资本论》第一卷第 355 页

我们可以把社会总资本每天所使用的劳动看成一个唯一的工作日。例如，如果工人人数为 100 万，一个工人的平均工作日为 10 小时，那么社会工作日就是 1000 万小时。在这个工作日的长度已定时，不管它的界限是由生理条件还是由社会条件决定，只有工人人数即工人人口增加，剩余价值量才能增加。在这里，人口的增加形成社会总资本生产剩余价值的数学界限。反之，在人口数量已定时，这种界限就由工作日的可能的延长来决定。……这个规律只适用于以上所考察的剩余价值形式。

卡·马克思：《资本论》第一卷第 356 页

不是任何一个货币额或价值额都可以转化为资本。相反地，这种转化

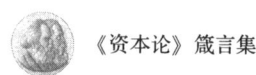

的前提是单个货币占有者或商品占有者手中有一定的最低限额的货币或交换价值。可变资本的最低限额,就是为取得剩余价值全年逐日使用的一个劳动力的成本价格。

卡·马克思:《资本论》第一卷第356页

资本主义生产发展到一定高度,就要求资本家能够把他作为资本家即人格化的资本执行职能的全部时间,都用来占有从而控制他人的劳动,用来出售这种劳动的产品。

卡·马克思:《资本论》第一卷第357页

货币或商品的占有者,只有当他在生产上预付的最低限额大大超过了中世纪的最高限额时,才真正变为资本家。在这里,也像在自然科学上一样,证明了黑格尔在他的《逻辑学》中所发现的下列规律的正确性,即单纯的量的变化到一定点时就转变为质的区别。

卡·马克思:《资本论》第一卷第357—358页

单个的货币占有者或商品占有者要蛹化为资本家而必须握有的最低限度价值额,在资本主义生产的不同发展阶段上是不同的,而在一定的发展阶段上,在不同的生产部门内,也由于它们的特殊的技术条件而各不相同。

卡·马克思:《资本论》第一卷第358页

还在资本主义生产初期,某些生产部门所需要的最低限额的资本就不是在单个人手中所能找到的。这种情况一方面引起国家对私人的补助,如柯尔培尔时代的法国和直到目前的德意志若干邦就是这样。另一方面,促使对某些工商业部门的经营享有合法垄断权的公司的形成,这种公司就是现代股份公司的前驱。

卡·马克思:《资本论》第一卷第358页

在生产过程中,资本发展成为对劳动,即对发挥作用的劳动力或工人本身的指挥权。人格化的资本即资本家,监督工人有规则地并以应有的强度工作。

卡·马克思:《资本论》第一卷第359页

资本发展成为一种强制关系，迫使工人阶级超出自身生活需要的狭隘范围而从事更多的劳动。作为他人辛勤劳动的制造者，作为剩余劳动的榨取者和劳动力的剥削者，资本在精力、贪婪和效率方面，远远超过了以往一切以直接强制劳动为基础的生产制度。

卡·马克思：《资本论》第一卷第 359 页

资本起初是在历史上既有的技术条件下使劳动服从自己的。因此，它并没有直接改变生产方式。

卡·马克思：《资本论》第一卷第 359 页

如果我们从劳动过程的观点来考察生产过程，那么工人并不是把生产资料当做资本，而只是把它当做自己有目的的生产活动的手段和材料。……可是，只要我们从价值增殖过程的观点来考察生产过程，情形就不同了。生产资料立即转化为吮吸他人劳动的手段。不再是工人使用生产资料，而是生产资料使用工人了。不是工人把生产资料当做自己生产活动的物质要素来消费，而是生产资料把工人当做自己的生活过程的酵母来消费，并且资本的生活过程只是资本作为自行增殖的价值的运动。

卡·马克思：《资本论》第一卷第 359—360 页

货币单纯地转化为生产过程的物质因素，转化为生产资料，就使生产资料转化为占有他人劳动和剩余劳动的合法权和强制权。

卡·马克思：《资本论》第一卷第 360 页

第四篇　相对剩余价值的生产

第十章　相对剩余价值的概念

　　工作日的一部分只是生产出资本所支付的劳动力价值的等价物。到现在为止，工作日的这一部分被看做不变量，而在一定的生产条件下，在社会现有的经济发展阶段上，它实际上也是这样的。在这个必要劳动时间之外，工人还能劳动2小时、3小时、4小时、6小时等。剩余价值率和工作日的长度就取决于这个延长的量。

卡·马克思：《资本论》第一卷第363页

　　如果必要劳动时间是不变的，那么相反，整个工作日是可变的。

卡·马克思：《资本论》第一卷第363页

　　必要劳动的缩短要与剩余劳动的延长相适应，或者说，工人实际上一直为自己耗费的劳动时间的一部分，要转化为资本家耗费的劳动时间。这里，改变的不是工作日的长度，而是工作日中必要劳动和剩余劳动的划分。

卡·马克思：《资本论》第一卷第364页

　　知道工作日的量和劳动力的价值，显然也就知道剩余劳动量本身。

卡·马克思：《资本论》第一卷第364页

　　劳动力的价值，即生产劳动力所需要的劳动时间，决定再生产劳动力价值所必要的劳动时间。

卡·马克思：《资本论》第一卷第364页

知道这些生活资料的价值,也就知道工人劳动力的价值,知道工人劳动力的价值,也就知道他的必要劳动时间的量。

卡·马克思:《资本论》第一卷第 364 页

从整个工作日中减去必要劳动时间,就得到剩余劳动的量。

卡·马克思:《资本论》第一卷第 364 页

在工作日长度已定的情况下,剩余劳动的延长必然是由于必要劳动时间的缩短,而不是相反,必要劳动时间的缩短是由于剩余劳动的延长。……要做到这一点,不提高劳动生产力是不可能的。

卡·马克思:《资本论》第一卷第 365—366 页

劳动生产力的提高,我们在这里一般是指劳动过程中的这样一种变化,这种变化能缩短生产某种商品的社会必需的劳动时间,从而使较小量的劳动获得生产较大量使用价值的能力。

卡·马克思:《资本论》第一卷第 366 页

我把通过延长工作日而生产的剩余价值,叫做绝对剩余价值;相反,我把通过缩短必要劳动时间、相应地改变工作日的两个组成部分的量的比例而生产的剩余价值,叫做相对剩余价值。

卡·马克思:《资本论》第一卷第 366 页

商品的价值不仅取决于使商品取得最终形式的那种劳动的量,而且还取决于该商品的生产资料所包含的劳动量。

卡·马克思:《资本论》第一卷第 367 页

那些为生产必要生活资料提供不变资本物质要素(劳动资料和劳动材料)的产业部门中生产力的提高,以及它们的商品相应的便宜,也会降低劳动力的价值。相反,那些既不提供必要生活资料,也不为制造必要生活资料提供生产资料的生产部门中生产力的提高,不会影响劳动力的价值。

卡·马克思:《资本论》第一卷第 367 页

 《资本论》箴言集

变得便宜的商品当然只是相应地,即只是按照该商品在劳动力的再生产中所占的比例,降低劳动力的价值。

卡·马克思:《资本论》第一卷第 367 页

必要生活资料的总和是由各种商品、各个特殊产业部门的产品构成的,每一种这样的商品的价值总是劳动力价值的一个相应部分。

卡·马克思:《资本论》第一卷第 367 页

劳动力价值随着它的再生产所必要的劳动时间的缩短而降低,这种必要劳动时间的全部缩短等于所有这些特殊生产部门中这种劳动时间缩短的总和。在这里我们把这个总结果看成好像是每个个别场合的直接结果和直接目的。

卡·马克思:《资本论》第一卷第 367 页

只有了解了资本的内在本性,才能对竞争进行科学的分析,正像只有认识了天体的实际的、但又直接感觉不到的运动的人,才能了解天体的表面上的运动一样。

卡·马克思:《资本论》第一卷第 368 页

每个资本家都抱有提高劳动生产力来使商品便宜的动机。

卡·马克思:《资本论》第一卷第 369 页

采用改良的生产方式的资本家,比同行业的其余资本家在一个工作日中占有更大的部分作为剩余劳动。他个别地所做的,就是资本全体在生产相对剩余价值的场合所做的。

卡·马克思:《资本论》第一卷第 370 页

当新的生产方式被普遍采用,因而比较便宜地生产出来的商品的个别价值和它的社会价值之间的差额消失的时候,这个超额剩余价值也就消失。

卡·马克思:《资本论》第一卷第 370 页

价值由劳动时间决定这同一规律,既会使采用新方法的资本家感觉到,

他必须低于商品的社会价值来出售自己的商品,又会作为竞争的强制规律,迫使他的竞争者也采用新的生产方式。

卡·马克思:《资本论》第一卷第370—371页

商品的价值与劳动生产力成反比。劳动力的价值也是这样,因为它是由商品价值决定的。相反,相对剩余价值与劳动生产力成正比。它随着生产力提高而提高,随着生产力降低而降低。

卡·马克思:《资本论》第一卷第371页

提高劳动生产力来使商品便宜,并通过商品便宜来使工人本身便宜,是资本的内在的冲动和经常的趋势。

卡·马克思:《资本论》第一卷第371页

商品的绝对价值本身,是生产商品的资本家所不关心的。他关心的只是商品所包含的、在出售时实现的剩余价值。

卡·马克思:《资本论》第一卷第371—372页

剩余价值的实现自然就包含着预付价值的补偿。因为相对剩余价值的增加和劳动生产力的发展成正比,而商品价值的降低和劳动生产力的发展成反比,也就是说,因为同一过程使商品便宜,并使商品中包含的剩余价值提高。

卡·马克思:《资本论》第一卷第372页

在资本主义生产条件下,通过发展劳动生产力来节约劳动,目的决不是为了缩短工作日。它的目的只是为了缩短生产一定量商品所必要的劳动时间。

卡·马克思:《资本论》第一卷第372—373页

在资本主义生产中,发展劳动生产力的目的,是为了缩短工人必须为自己劳动的工作日部分,以此来延长工人能够无偿地为资本家劳动的工作日的另一部分。

卡·马克思:《资本论》第一卷第373页

第十一章　协作

资本主义生产实际上是在同一个资本同时雇用人数较多的工人,因而劳动过程扩大了自己的规模并提供了较大量的产品的时候才开始的。

卡·马克思:《资本论》第一卷第374页

人数较多的工人在同一时间、同一空间(或者说同一劳动场所),为了生产同种商品,在同一资本家的指挥下工作,这在历史上和概念上都是资本主义生产的起点。

卡·马克思:《资本论》第一卷第374页

一定的资本所生产的剩余价值量,等于一个工人所提供的剩余价值乘以同时雇用的工人人数。工人人数本身丝毫不会改变剩余价值率或劳动力的剥削程度,而且,就商品价值的生产来说,劳动过程的任何质的变化,看来是没有关系的。这是由价值的性质得出来的。

卡·马克思:《资本论》第一卷第374页

对象化为价值的劳动,是社会平均性质的劳动,也就是平均劳动力的表现。但是平均量始终只是作为同种的许多不同的个别量的平均数而存在的。在每个产业部门,个别工人,彼得或保罗,都同平均工人多少相偏离。这种在数学上叫做"误差"的个人偏离,只要把较多的工人聚集在一起,就会互相抵消,归于消失。

卡·马克思:《资本论》第一卷第375页

如果一个工人生产一种商品所花费的时间显著地超出社会必需的时间,他的个人必要劳动时间显著地偏离社会必要劳动时间或平均劳动时间,那么,他的劳动就不能当做平均劳动,他的劳动力就不能当做平均劳动力。这样的劳动力不是根本卖不出去,就是只能低于劳动力的平均价值出卖。

卡·马克思:《资本论》第一卷第376页

因此要有一定的最低限度的劳动熟练程度作为前提,以后我们会看到:资本主义生产找到了衡量这个最低限度的办法。不过这个最低限度是会偏离平均水平的,虽然另一方面,劳动力必须按平均价值支付。

卡·马克思:《资本论》第一卷第376页

对单个生产者来说,只有当他作为资本家进行生产,同时使用许多工人,从而一开始就推动社会平均劳动的时候,价值增殖规律才会完全实现。

卡·马克思:《资本论》第一卷第376页

即使劳动方式不变,同时使用人数较多的工人,也会在劳动过程的物质条件上引起革命。

卡·马克思:《资本论》第一卷第376—377页

许多人在同一生产过程中,或在不同的但互相联系的生产过程中,有计划地一起协同劳动,这种劳动形式叫做协作。

卡·马克思:《资本论》第一卷第378页

在大多数生产劳动中,单是社会接触就会引起竞争心和特有的精力振奋,从而提高每个人的个人工作效率。

卡·马克思:《资本论》第一卷第379页

人即使不像亚里士多德所说的那样,天生是政治动物,无论如何也天生是社会动物。

卡·马克思:《资本论》第一卷第379页

尽管许多人同时协同完成同一或同种工作,但是每个人的个人劳动,作为总劳动的一部分,仍可以代表劳动过程本身的不同阶段。由于协作,劳动对象可以更快地通过这些阶段。

卡·马克思:《资本论》第一卷第379页

许多互相补充的劳动者做同一或同种工作,是因为这种最简单的共同劳动的形式即使在最发达的协作形态中也起着重大作用。

卡·马克思：《资本论》第一卷第380页

如果劳动过程是复杂的，只要有大量的人共同劳动，就可以把不同的操作分给不同的人，因而可以同时进行这些操作，这样，就可以缩短制造总产品所必要的劳动时间。

卡·马克思：《资本论》第一卷第380页

一方面，协作可以扩大劳动的空间范围，因此，某些劳动过程由于劳动对象空间上的联系就需要协作；例如排水、筑堤、灌溉、开凿运河、修筑道路、铺设铁路等等。另一方面，协作可以与生产规模相比相对地在空间上缩小生产领域。

卡·马克思：《资本论》第一卷第381页

在劳动的作用范围扩大的同时劳动空间范围的这种缩小，会节约非生产费用（faux frais），这种缩小是由劳动者的集结、不同劳动过程的靠拢和生产资料的积聚造成的。

卡·马克思：《资本论》第一卷第381—382页

和同样数量的单干的个人工作日的总和比较起来，结合工作日可以生产更多的使用价值，因而可以减少生产一定效用所必要的劳动时间。

卡·马克思：《资本论》第一卷第382页

不论在一定的情况下结合工作日怎样达到生产力的这种提高：是由于提高劳动的机械力，是由于扩大这种力量在空间上的作用范围，是由于与生产规模相比相对地在空间上缩小生产场所，是由于在紧急时期短时间内动用大量劳动，是由于激发个人的竞争心和振奋他们的精力，是由于使许多人的同种作业具有连续性和多面性，是由于同时进行不同的操作，是由于共同使用生产资料而达到节约，是由于使个人劳动具有社会平均劳动的性质，在所有这些情形下，结合工作日的特殊生产力都是社会的劳动生产力或社会劳动的生产力。这种生产力是由协作本身产生的。

卡·马克思：《资本论》第一卷第382页

劳动者在有计划地同别人共同工作中，摆脱了他的个人局限，并发挥出他的种属能力。

卡·马克思：《资本论》第一卷第 382 页

协作工人的人数或协作的规模，首先取决于单个资本家能支出多大资本量来购买劳动力，也就是取决于每一个资本家在多大规模上拥有供许多工人用的生活资料。

卡·马克思：《资本论》第一卷第 383 页

共同使用的劳动资料在价值量和物质量方面都不会同雇用的工人人数按同一程度增加，但是它们的增加还是很显著的。因此，较大量的生产资料积聚在单个资本家手中，是雇佣工人进行协作的物质条件，而且协作的范围或生产的规模取决于这种积聚的程度。

卡·马克思：《资本论》第一卷第 383 页

起初，为了有足够的同时被剥削的工人人数，从而有足够的生产出来的剩余价值数量，以便使雇主本身摆脱体力劳动，由小业主变成资本家，从而使资本关系在形式上建立起来，需要有一定的最低限额的单个资本。现在，这个最低限额又表现为使许多分散的和互不依赖的单个劳动过程转化为一个结合的社会劳动过程的物质条件。

卡·马克思：《资本论》第一卷第 383 页

起初资本指挥劳动只是表现为这样一个事实的形式上的结果：工人不是为自己劳动，而是为资本家，因而是在资本家的支配下劳动。随着许多雇佣工人的协作，资本的指挥发展成为劳动过程本身的进行所必要的条件，成为实际的生产条件。

卡·马克思：《资本论》第一卷第 383—384 页

一切规模较大的直接社会劳动或共同劳动，都或多或少地需要指挥，以协调个人的活动，并执行生产总体的运动——不同于这一总体的独立器官的运动——所产生的各种一般职能。

卡·马克思：《资本论》第一卷第 384 页

一旦从属于资本的劳动成为协作劳动,这种管理、监督和调节的职能就成为资本的职能。这种管理的职能作为资本的特殊职能取得了特殊的性质。

卡·马克思:《资本论》第一卷第384页

资本家的管理不仅是一种由社会劳动过程的性质产生并属于社会劳动过程的特殊职能,它同时也是剥削一种社会劳动过程的职能,因而也是由剥削者和他所剥削的原料之间不可避免的对抗决定的。

卡·马克思:《资本论》第一卷第384页

随着作为他人的财产而同雇佣工人相对立的生产资料的规模的增大,对这些生产资料的合理使用进行监督的必要性也增加了。

卡·马克思:《资本论》第一卷第384—385页

雇佣工人的协作只是资本同时使用他们的结果。他们的职能上的联系和他们作为生产总体所形成的统一,存在于他们之外,存在于把他们集合和联结在一起的资本中。因此,他们的劳动的联系,在观念上作为资本家的计划,在实践中作为资本家的权威,作为他人意志——他们的活动必须服从这个意志的目的——的权力,而和他们相对立。

卡·马克思:《资本论》第一卷第385页

如果说资本主义的管理就其内容来说是二重的,——因为它所管理的生产过程本身具有二重性:一方面是制造产品的社会劳动过程,另一方面是资本的价值增殖过程,——那么,资本主义的管理就其形式来说是专制的。随着大规模协作的发展,这种专制也发展了自己特有的形式。

卡·马克思:《资本论》第一卷第385页

正如起初当资本家的资本一达到开始真正的资本主义生产所需要的最低限额时,他便摆脱体力劳动一样,现在他把直接和经常监督单个工人和工人小组的职能交给了特种的雇佣工人。正如军队需要军官和军士一样,在同一资本指挥下共同工作的大量工人也需要工业上的军官(经理)和军士(监工),在劳动过程中以资本的名义进行指挥。监督工作固定为他们的

《资本论》箴言集

专职。

卡·马克思：《资本论》第一卷第 385 页

政治经济学家在拿独立的农民或独立的手工业者的生产方式同以奴隶制为基础的种植园经济作比较时，把这种监督工作算做非生产费用。相反地，他在考察资本主义生产方式时，却把从共同的劳动过程的性质产生的管理职能，同从这一过程的资本主义的、从而对抗的性质产生的管理职能混为一谈。

卡·马克思：《资本论》第一卷第 385—386 页

资本家所以是资本家，并不是因为他是工业的管理者，相反，他所以成为工业的司令官，因为他是资本家。工业上的最高权力成了资本的属性，正像在封建时代，战争中和法庭裁判中的最高权力是地产的属性一样。

卡·马克思：《资本论》第一卷第 386 页

工人作为独立的人是单个的人，他们和同一资本发生关系，但是彼此不发生关系。他们的协作是在劳动过程中才开始的，但是在劳动过程中他们已经不再属于自己了。他们一进入劳动过程，便并入资本。作为协作的人，作为一个工作有机体的肢体，他们本身只不过是资本的一种特殊存在方式。

卡·马克思：《资本论》第一卷第 386—387 页

工人作为社会工人所发挥的生产力，是资本的生产力。

卡·马克思：《资本论》第一卷第 387 页

只要把工人置于一定的条件下，劳动的社会生产力就无须支付报酬而发挥出来，而资本正是把工人置于这样的条件之下的。因为劳动的社会生产力不费资本分文，另一方面，又因为工人在他的劳动本身属于资本以前不能发挥这种生产力，所以劳动的社会生产力好像是资本天然具有的生产力，是资本内在的生产力。

卡·马克思：《资本论》第一卷第 387 页

古代的亚洲人、埃及人、伊特鲁里亚人等等的庞大建筑，显示了简单协作的巨大作用。

卡·马克思：《资本论》第一卷第 387 页

亚洲和埃及的国王或伊特鲁里亚的神权政治的首领等等的这种权力，在现代社会已经转到资本家手里，不管他是单个资本家，还是像在股份公司里那样，是结合资本家。

卡·马克思：《资本论》第一卷第 387—388 页

在人类文化初期，在狩猎民族中，或者例如在印度公社的农业中，我们所看到的那种在劳动过程中占统治地位的协作，一方面以生产条件的公有制为基础，另一方面，正像单个蜜蜂离不开蜂房一样，以个人尚未脱离氏族或公社的脐带这一事实为基础。这两点使得这种协作不同于资本主义协作。

卡·马克思：《资本论》第一卷第 388 页

在古代世界、中世纪和现代的殖民地偶尔采用的大规模协作，以直接的统治关系和奴役关系为基础，大多数以奴隶制为基础。

卡·马克思：《资本论》第一卷第 388 页

资本主义的协作形式一开始就以出卖自己的劳动力给资本的自由雇佣工人为前提。

卡·马克思：《资本论》第一卷第 388 页

历史地说，资本主义的协作形式是同农民经济和独立的手工业生产（不管是否具有行会形式）相对立而发展起来的。对农民经济和独立的手工业生产来说，资本主义协作不是表现为协作的一个特殊的历史形式，而协作本身倒是表现为资本主义生产过程所固有的并表示其特征的历史形式。

卡·马克思：《资本论》第一卷第 388 页

正如协作发挥的劳动的社会生产力表现为资本的生产力一样，协作本身表现为同单个的独立劳动者或小业主的生产过程相对立的资本主义生产过程的特有形式。这是实际的劳动过程由于从属于资本而经受的第一个变化。这种变化是自然发生的。这一变化的前提，即在同一个劳动过程中同时雇用人数较多的雇佣工人，构成资本主义生产的起点。这个起点是和资本本身的存在结合在一起的。

卡·马克思：《资本论》第一卷第388—389页

一方面，资本主义生产方式表现为劳动过程转化为社会过程的历史必然性，另一方面，劳动过程的这种社会形式表现为资本通过提高劳动过程的生产力来更有利地剥削劳动过程的一种方法。

卡·马克思：《资本论》第一卷第389页

上面所考察的简单形态的协作，是同规模较大的生产结合在一起的，但是并不构成资本主义生产方式的一个特殊发展时代的固定的具有特征的形式。它至多不过在仍然保持手工业性质的初期工场手工业中，在那种和工场手工业时期相适应的、仅仅由于同时使用的工人的数量和所积聚的生产资料的规模才和农民经济有本质区别的大农业中，近似地表现出来。

卡·马克思：《资本论》第一卷第389页

简单协作在那些大规模运用资本而分工或机器还不起重大作用的生产部门，始终是占统治的形式。

卡·马克思：《资本论》第一卷第389页

虽然协作的简单形态本身表现为同它的更发展的形式并存的特殊形式，协作仍然是资本主义生产方式的基本形式。

卡·马克思：《资本论》第一卷第389页

第十二章　分工和工场手工业

1. 工场手工业的二重起源

以分工为基础的协作，在工场手工业上取得了自己的典型形态。这种

协作,作为资本主义生产过程的具有特征的形式,在真正的工场手工业时期占统治地位。这个时期大约从16世纪中叶到18世纪最后30多年。

卡·马克思:《资本论》第一卷第390页

工场手工业是以两种方式产生的。一种方式是:不同种的独立手工业的工人在同一个资本家的指挥下联合在一个工场里,产品必须经过这些工人之手才能最后制成。……

但是,工场手工业也以相反的方式产生。许多从事同一个或同一类工作(例如造纸、铸字或制针)的手工业者,同时在同一个工场里为同一个资本所雇用。

卡·马克思:《资本论》第一卷第390—391页

工场手工业的产生方式,它由手工业形成的方式,是二重的。一方面,它以不同种的独立手工业的结合为出发点,这些手工业非独立化和片面化到了这种程度,以致它们在同一个商品的生产过程中成为只是互相补充的局部操作。另一方面,工场手工业以同种手工业者的协作为出发点,它把这种个人手工业分成各种不同的特殊操作,使之孤立和独立化到这种程度,以致每一种操作成为一个特殊工人的专门职能。

卡·马克思:《资本论》第一卷第392页

一方面工场手工业在生产过程中引进了分工,或者进一步发展了分工,另一方面它又把过去分开的手工业结合在一起。但是不管它的特殊的出发点如何,它的最终形态总是一样的:一个以人为器官的生产机构。

卡·马克思:《资本论》第一卷第392页

为了正确地理解工场手工业的分工,重要的是把握住下列各点。首先,在这里生产过程分解为各个特殊阶段是同手工业活动分成各种不同的局部操作完全一致的。不管操作是复杂还是简单,它仍然是手工业性质的,因而仍然取决于每个工人使用工具时的力量、熟练、速度和准确。手工业仍旧是基础。这种狭隘的技术基础使生产过程得不到真正科学的分解,因为产品所经过的每一个局部过程都必须能够作为局部的手工业劳动来完成。正因为手工业的熟练仍旧是生产过程的基础,所以每一个工人都只适合于从事一种局部职能,他的劳动力就转化为终身从事这种局部职能的器官。最后,这种分工是特殊种类的协作,它的许多优越性都是由协作的一般性质产生的,而不是由协作的这种特殊形式产生的。

卡·马克思:《资本论》第一卷第392—393页

2. 局部工人及其工具

与独立的手工业比较,在较短时间内能生产出较多的东西,或者说,劳动生产力提高了。

卡·马克思:《资本论》第一卷第393页

在局部劳动独立化为一个人的专门职能之后,局部劳动的方法也就完善起来。经常重复做同一种有限的动作,并把注意力集中在这种有限的动作上,就能够从经验中学会消耗最少的力量达到预期的效果。又因为总是有好几代工人同时在一起生活,在同一些手工工场内共同劳动,所以,这样获得的技术上的诀窍就能巩固、积累并迅速地传下去。

卡·马克思:《资本论》第一卷第393—394页

工场手工业在工场内部把社会上现存的各种手工业的自然形成的分立再生产出来,并系统地把它发展到极端,从而在实际上生产出局部工人的技艺。

卡·马克思:《资本论》第一卷第394页

工场手工业把局部劳动转化为一个人的终生职业,符合以前社会的如下倾向:使手工业变成世袭职业,使它固定为种姓,或当一定历史条件产生与种姓制度相矛盾的个人变化时,使它硬化为行会。

卡·马克思:《资本论》第一卷第394页

种姓和行会由以产生的自然规律,就是调节动植物分化为种和亚种的那个自然规律。不同的只是,种姓的世袭性和行会的排他性发展到一定程度会当做社会法令来颁布。

卡·马克思:《资本论》第一卷第394页

《资本论》箴言集

一个在制品的生产中依次完成各个局部过程的手工业者,必须时而变更位置,时而调换工具。由一种操作转到另一种操作会打断他的劳动流程,造成他的工作日中某种空隙。一旦手工业者整天不断地从事同一种操作,这些空隙就会缩小,或者说会随着他的操作变化的减少而趋于消失。在这里,劳动生产率的提高,或者是由于增加了一定时间内劳动力的支出,也就是提高了劳动强度,或者是由于减少了劳动力的非生产耗费。

卡·马克思:《资本论》第一卷第395页

不断从事单调的劳动,会妨碍精力的振奋和焕发,因为精力是在活动本身的变换中得到恢复和刺激的。

卡·马克思:《资本论》第一卷第395页

工具形式变化的方向,是根据从工具原来形式带来的特殊困难中得出的经验决定的。劳动工具的分化和劳动工具的专门化,是工场手工业的特征,前者使同类的工具获得了适合于每种特殊用途的特殊的固定形式,后者使每种这样的特殊的工具只有在专门的局部工人的手中才能充分发挥作用。

卡·马克思:《资本论》第一卷第396页

工场手工业时期通过劳动工具适合于局部工人的专门的特殊职能,使劳动工具简化、改进和多样化。这样,工场手工业时期也就同时创造了机器的物质条件之一,因为机器就是由许多简单工具结合而成的。

卡·马克思:《资本论》第一卷第396页

局部工人及其工具构成工场手工业的简单要素。

卡·马克思:《资本论》第一卷第396页

3. 工场手工业的两种基本形式——混成的工场手工业和有机的工场手工业

制品或者是由各个独立的局部产品纯粹机械地装配而成,或者是依次

经过一系列互相关联的过程和操作而取得完成的形态。

卡·马克思：《资本论》第一卷第397页

工场手工业不只是发现了现成的协作条件，而且还通过把手工业的活动加以分解而部分地创造出协作条件。

卡·马克思：《资本论》第一卷第399—400页

工场手工业所以能够达到劳动过程的这种社会组织，只是因为同一个工人固定在同一局部工作上。

卡·马克思：《资本论》第一卷第400页

工场手工业总机构是以一定的劳动时间内取得一定的结果为前提的。只有在这个前提下，互相补充的各个劳动过程才能不间断地、同时地、空间上并存地进行下去。

卡·马克思：《资本论》第一卷第400页

各种劳动因而各个工人之间的这种直接的互相依赖，迫使每个工人在自己的职能上只使用必要的时间，因此在这里形成了和独立手工业中，甚至和简单协作中完全不同的连续性、划一性、规则性、秩序性，特别是劳动强度。

卡·马克思：《资本论》第一卷第400页

在工场手工业中，在一定劳动时间内提供一定量的产品，成了生产过程本身的技术规律。

卡·马克思：《资本论》第一卷第400页

要使同一个工人每天总是只从事同一种操作，不同的操作就必须使用不同比例数的工人。

卡·马克思：《资本论》第一卷第400—401页

工场手工业的分工不仅使社会总体工人的不同质的器官简单化和多样化，而且也为这些器官的数量大小，即为从事每种专门职能的工人小组的相对人数或相对量，创立了数学上固定的比例。工场手工业的分工在发展

社会劳动过程的质的组成的同时,也发展了它的量的规则和比例性。

卡·马克思:《资本论》第一卷第401页

正如工场手工业部分地由不同手工业结合而成一样,工场手工业又能发展为不同的工场手工业的结合。

卡·马克思:《资本论》第一卷第402页

结合的工场手工业虽有某些优点,但它不能在自己的基础上达到真正的技术上的统一。这种统一只有在工场手工业转化为机器生产时才能产生。

卡·马克思:《资本论》第一卷第403页

工场手工业时期很快就表明减少生产商品所必要的劳动时间是自觉的原则,因此也就间或发展了机器的使用,特别是在某些需要大量人力、费力很大的简单的最初的过程。

卡·马克思:《资本论》第一卷第403页

手工业时期留下了指南针、火药、印刷术和自鸣钟这些伟大的发明。但总的来说,正如亚当·斯密指出的,机器在分工之旁起着次要的作用。

卡·马克思:《资本论》第一卷第403—404页

机器在17世纪的间或应用是非常重要的,因为它为当时的大数学家们创立现代力学提供了实际的支点和刺激。

卡·马克思:《资本论》第一卷第404页

工场手工业时期所特有的机器始终是由许多局部工人结合成的总体工人本身。

卡·马克思:《资本论》第一卷第404页

一种商品的生产者顺序地完成的、在其全部劳动过程中交织在一起的各种操作,向商品生产者提出各种不同的要求。在一种操作中,他必须使出较大的体力;在另一种操作中,他必须比较灵巧;在第三种操作中,他必须更加集中注意力,等等;而同一个人不可能在相同的程度上具备这些素质。在各种操作分离、独立和孤立之后，工人就按照他们的特长分开、分类和分组。

卡·马克思：《资本论》第一卷第404页

如果说工人的天赋特性是分工赖以生长的基础，那么工场手工业一经建立，就会使生来只适宜于从事片面的特殊职能的劳动力发展起来。

卡·马克思：《资本论》第一卷第404页

现在总体工人具备了技艺程度相同的一切生产素质，同时能最经济地使用它们，因为他使自己的所有器官个体化而成为特殊的工人或工人小组，各自担任一种专门的职能。

卡·马克思：《资本论》第一卷第404页

局部工人作为总体工人的一个肢体，他的片面性甚至缺陷就成了他的优点。从事片面职能的习惯，使他转化为本能地准确地起作用的器官，而总机构的联系迫使他以机器部件的规则性发生作用。

卡·马克思：《资本论》第一卷第404—405页

因为总体工人的各种职能有的比较简单，有的比较复杂，有的比较低级，有的比较高级，所以他的器官，即各个劳动力，需要极不相同的教育程度，从而具有极不相同的价值。因此，工场手工业发展了一种劳动力的等级制度，与此相适应的是一种工资的等级制度。一方面，单个工人适应于一种片面的职能，终生从事这种职能；另一方面，各种劳动操作，也要适应这种由先天的和后天的技能构成的等级制度。

卡·马克思：《资本论》第一卷第405页

每一个生产过程都需要有一些任何人都能胜任的简单操作。现在，这一类操作也断绝了同内容较充实的活动要素的流动的联系，硬化为专门职能。

卡·马克思：《资本论》第一卷第405页

工场手工业在它掌握的每种手工业中，造成了一类所谓的非熟练工人，这些工人是手工业生产极端排斥的。

卡·马克思：《资本论》第一卷第405—406页

如果说工场手工业靠牺牲完整的劳动能力使非常片面的专长发展成技艺，那么它又使没有任何发展开始成为专长。与等级制度的阶梯相并列，工人简单地分为熟练工人和非熟练工人。对后者说来完全不需要学习费用，而对前者说来，由于职能的简化，学习费用比手工业者要低。在这两种场合，劳动力的价值都降低了。

卡·马克思：《资本论》第一卷第406页

由学习费用的消失或减少所引起的劳动力的相对贬值，直接包含着资本的更大的增殖，因为凡是缩短劳动力再生产所必要的时间的事情，都会扩大剩余劳动的领域。

卡·马克思：《资本论》第一卷第406页

4. 工场手工业内部的分工和社会内部的分工

单就劳动本身来说，可以把社会生产分为农业、工业等大类，叫做一般的分工；把这些生产大类分为种和亚种，叫做特殊的分工；把工场内部的分工，叫做个别的分工。

卡·马克思：《资本论》第一卷第406—407页

社会内部的分工以及个人被相应地限制在特殊职业范围内的现象，同工场手工业内部的分工一样，是从相反的两个起点发展起来的。

卡·马克思：《资本论》第一卷第407页

产品交换是在不同的家庭、氏族、共同体互相接触的地方产生的，因为在文化的初期，以独立资格互相接触的不是个人，而是家庭、氏族等等。不同的共同体在各自的自然环境中，找到不同的生产资料和不同的生活资料。因此，它们的生产方式、生活方式和产品，也就各不相同。这种自然的差别，在共同体互相接触时引起了产品的互相交换，从而使这些产品逐渐转化为商品。

卡·马克思:《资本论》第一卷第 407 页

交换没有造成生产领域之间的差别,而是使不同的生产领域发生关系,从而使它们转化为社会总生产的多少互相依赖的部门。

卡·马克思:《资本论》第一卷第 407—408 页

在这里,社会分工是由原来不同而又互不依赖的生产领域之间的交换产生的。而在那里,在以生理分工为起点的地方,直接互相联系的整体的各个特殊器官互相分开和分离,——这个分离过程的主要推动力是同其他共同体交换商品,——并且独立起来,以致不同的劳动的联系是以产品作为商品的交换为中介的。

卡·马克思:《资本论》第一卷第 408 页

在一种场合,原来独立的东西丧失了独立,在另一种场合,原来非独立的东西获得了独立。

卡·马克思:《资本论》第一卷第 408 页

一切发达的、以商品交换为中介的分工的基础,都是城乡的分离。可以说,社会的全部经济史,都概括为这种对立的运动。

卡·马克思:《资本论》第一卷第 408 页

一定量同时使用的工人,是工场手工业内部分工的物质前提,同样,人口数量和人口密度是社会内部分工的物质前提,在这里,人口密度代替了工人在同一个工场内的密集。但是人口密度是一种相对的东西。人口较少但交通工具发达的国家,比人口较多但交通工具不发达的国家有更加密集的人口。

卡·马克思:《资本论》第一卷第 408 页

因为商品生产和商品流通是资本主义生产方式的一般前提,所以工场手工业的分工要求社会内部的分工已经达到一定的发展程度。相反地,工场手工业分工又会发生反作用,发展并增加社会分工。

卡·马克思:《资本论》第一卷第409页

随着劳动工具的分化,生产这些工具的行业也日益分化。一旦工场手工业的生产扩展到这样一种行业,即到目前为止作为主要行业或辅助行业和其他行业联系在一起、并由同一生产者经营的行业,分离和互相独立的现象就会立即发生。一旦工场手工业的生产扩展到某种商品的一个特殊的生产阶段,该商品的各个生产阶段就转化为各种独立的行业。

卡·马克思:《资本论》第一卷第409页

为了使工场手工业内部的分工更完善,同一个生产部门,根据其原料的不同,根据同一种原料可能具有的不同形式,而分成不同的有时是崭新的工场手工业。

卡·马克思:《资本论》第一卷第409页

把特殊生产部门固定在一个国家的特殊地区的地域分工,由于利用各种特点的工场手工业生产的出现,获得了新的推动力。

卡·马克思:《资本论》第一卷第409—410页

在工场手工业时期,世界市场的扩大和殖民制度(二者属于工场手工业时期的一般存在条件),为社会内部的分工提供了丰富的材料。

卡·马克思:《资本论》第一卷第410页

社会内部的分工以不同劳动部门的产品的买卖为中介;工场手工业内部各局部劳动之间的联系,以不同的劳动力出卖给同一个资本家,而这个资本家把它们作为一个结合劳动力来使用为中介。

卡·马克思:《资本论》第一卷第411—412页

工场手工业分工以生产资料集中在一个资本家手中为前提;社会分工则以生产资料分散在许多互不依赖的商品生产者中间为前提。

卡·马克思:《资本论》第一卷第412页

《资本论》箴言集

在工场手工业中,保持比例数或比例的铁的规律使一定数量的工人从事一定的职能;而在商品生产者及其生产资料在社会不同劳动部门中的分配上,偶然性和任意性发挥着自己的杂乱无章的作用。

卡·马克思:《资本论》第一卷第412页

不同的生产领域经常力求保持平衡,一方面因为,每一个商品生产者都必须生产一种使用价值,即必须满足一种特殊的社会需要,而这种需要的范围在量上是不同的,一种内在联系把各种不同的需要量联结成一个自然的体系;另一方面因为,商品的价值规律决定社会在它所支配的全部劳动时间中能够用多少时间去生产每一种特殊商品。

卡·马克思:《资本论》第一卷第412页

但是不同生产领域的这种保持平衡的经常趋势,只不过是对这种平衡经常遭到破坏的一种反作用。

卡·马克思:《资本论》第一卷第412页

在工场内部的分工中预先地、有计划地起作用的规则,在社会内部的分工中只是在事后作为一种内在的、无声的自然必然性起着作用,这种自然必然性只能在市场价格的晴雨表式的变动中觉察出来,并克服着商品生产者的无规则的任意行动。

卡·马克思:《资本论》第一卷第412页

工场手工业分工的前提是资本家对于只是作为他所拥有的总机构的各个肢体的人们享有绝对的权威;社会分工则使独立的商品生产者互相对立,他们不承认任何别的权威,只承认竞争的权威,只承认他们互相利益的压力加在他们身上的强制,正如在动物界中一切反对一切的战争多少是一切物种的生存条件一样。

卡·马克思:《资本论》第一卷第412页

资产阶级意识一方面称颂工场手工业分工,工人终生固定从事某种局部操作,局部工人绝对服从资本,把这些说成是为提高劳动生产力的劳动组织,同时又同样高声责骂对社会生产过程的任何有意识的社会监督和调

节，把这说成是侵犯资本家个人的不可侵犯的财产权、自由和自决的"独创性"。

卡·马克思：《资本论》第一卷第412—413页

在资本主义生产方式的社会中，社会分工的无政府状态和工场手工业分工的专制是互相制约的，相反地，在职业的分离自然地发展起来、随后固定下来、最后由法律加以巩固的早期社会形式中，一方面，呈现出一幅有计划和有权威地组织社会劳动的图画，另一方面，工场内部的分工还完全受到排斥，或者只是在很狭小的范围内，或者只是间或和偶然地得到发展。

卡·马克思：《资本论》第一卷第413页

亚洲各国不断瓦解、不断重建和经常改朝换代，与此截然相反，亚洲的社会却没有变化。这种社会的基本经济要素的结构，不为政治领域中的风暴所触动。

卡·马克思：《资本论》第一卷第415页

行会的规章通过严格限制一个行会师傅所能雇用的帮工的人数，有计划地阻止了行会师傅转化为资本家。同样，行会师傅只能在他本人是师傅的那个手工业中雇用帮工。

卡·马克思：《资本论》第一卷第415页

行会竭力抵制商人资本这种与它对立的、唯一自由的资本形式的任何侵入。商人可以购买任何商品，但是不能购买作为商品的劳动。他只许充当手工业产品的订购人。如果外部情况引起进一步的分工，现存的行会就分为几个亚种，或者在原有行会之外建立新的行会，但是各种手工业并不联合在一个工场内。

卡·马克思：《资本论》第一卷第415页

虽然行会组织造成的手工业的分离、孤立和发展是工场手工业时期的物质存在条件，但行会组织排斥了工场手工业的分工。

卡·马克思：《资本论》第一卷第415页

《资本论》箴言集

总的说来，工人和他的生产资料还是互相结合的，就像蜗牛和它的甲壳互相结合一样，因而工场手工业的起码基础还不具备，也就是说，生产资料还没有独立化为资本而同工人相对立。

卡·马克思：《资本论》第一卷第415页

整个社会内的分工，不论是否以商品交换为中介，是各种经济的社会形态所共有的，而工场手工业分工却完全是资本主义生产方式的独特创造。

卡·马克思：《资本论》第一卷第415—416页

5. 工场手工业的资本主义性质

人数较多的工人受同一资本指挥，既是一般协作的自然起点，也是工场手工业的自然起点。反过来，工场手工业的分工又使所使用的工人人数的增加成为技术上的必要。

卡·马克思：《资本论》第一卷第416页

现在，单个资本家所必须使用的最低限额的工人人数，要由现有的分工来规定。另一方面，要得到进一步分工的利益，就必须进一步增加工人人数，而且只能按倍数来增加。但是随着资本的可变组成部分的增加，资本的不变组成部分也必须增加，建筑物、炉子等共同生产条件的规模要扩大，原料尤其要增加，而且要比工人人数快得多地增加。

卡·马克思：《资本论》第一卷第416页

由于分工，劳动生产力提高了，一定劳动量在一定时间内消耗的原料数量也就按比例增大。因此，单个资本家手中的资本最低限额越来越增大，或者说，社会的生活资料和生产资料越来越多地转化为资本，这是由工场手工业的技术性质产生的一个规律。

卡·马克思：《资本论》第一卷第416页

在工场手工业中，也和在简单协作中一样，执行职能的劳动体是资本的一种存在形式。由许多单个的局部工人组成的社会生产机构是属于资本家的。因此,由各种劳动的结合所产生的生产力也就表现为资本的生产力。

卡·马克思:《资本论》第一卷第 417 页

真正的工场手工业不仅使以前独立的工人服从资本的指挥和纪律,而且还在工人自己中间造成了等级的划分。简单协作大体上没有改变个人的劳动方式,而工场手工业却使它彻底地发生了革命,从根本上侵袭了个人的劳动力。

卡·马克思:《资本论》第一卷第 417 页

工场手工业把工人变成畸形物,它压抑工人的多种多样的生产志趣和生产才能,人为地培植工人片面的技巧,这正像在拉普拉塔各国【拉普拉塔各国指阿根廷、乌拉圭、巴拉圭。——译者注】人们为了得到牲畜的毛皮或油脂而屠宰整只牲畜一样。不仅各种特殊的局部劳动分配给不同的个体,而且个体本身也被分割开来,转化为某种局部劳动的自动的工具,这样,梅涅尼·阿格利巴把人说成只是人身体的一个片断这种荒谬的寓言【据传说,公元前494年罗马的平民和贵族之间第一次发生了大冲突,贵族梅涅尼·阿格利巴为了劝说举行起义并上圣山反对贵族压迫的平民,向他们讲了一则人体四肢反抗胃的寓言,使平民同意和解。阿格利巴把当时的社会比做有生命的机体,把平民比做这个机体的手,把贵族比做供养这个机体的胃。手和胃分离开来,就要引起生命机体的必然死亡,同样,平民拒绝履行他们的义务,就等于古罗马国家的灭亡。——译者注】就实现了。

卡·马克思:《资本论》第一卷第 417 页

起初,工人因为没有生产商品的物质资料,把劳动力卖给资本,现在,他个人的劳动力不卖给资本,就得不到利用。它只有在一种联系中才发挥作用,这种联系只有在它出卖以后,在资本家的工场中才存在。工场手工业工人按其自然的性质没有能力做一件独立的工作,他只能作为资本家工场的附属物展开生产活动。正像耶和华的选民的额上写着他们是耶和华的财产一样,分工在工场手工业工人的身上打上了他们是资本的财产的烙印。

卡·马克思:《资本论》第一卷第 417—418 页

工场手工业分工的一个产物，就是物质生产过程的智力作为他人的财产和统治工人的力量同工人相对立。这个分离过程在简单协作中开始，在工场手工业中得到发展，在大工业中完成。在简单协作中，资本家在单个工人面前代表社会劳动体的统一和意志，工场手工业使工人畸形发展，变成局部工人，大工业则把科学作为一种独立的生产能力与劳动分离开来，并迫使科学为资本服务。

卡·马克思：《资本论》第一卷第 418 页

在工场手工业中，总体工人从而资本在社会生产力上的富有，是以工人在个人生产力上的贫乏为条件的。

卡·马克思：《资本论》第一卷第 418 页

某种智力上和身体上的畸形化，甚至同整个社会的分工也是分不开的。

卡·马克思：《资本论》第一卷第 420 页

以分工为基础的协作或工场手工业，最初是自发地形成的。一旦它得到一定的巩固和扩展，它就成为资本主义生产方式的有意识的、有计划的和系统的形式。

卡·马克思：《资本论》第一卷第 421 页

真正工场手工业的历史表明，工场手工业所特有的分工最初是如何根据经验，好像背着当事人获得适当的形式，但后来是如何像行会手工业那样，力图根据传统把一度找到的形式保持下来，在个别场合甚至把它保持了几百年。这种形式的变化，除了在次要事情上的变化以外，始终只是由于劳动工具的革命。

卡·马克思：《资本论》第一卷第 421 页

工场手工业分工通过手工业活动的分解，劳动工具的专门化，局部工人的形成以及局部工人在一个总机构中的分组和结合，造成了社会生产过程的质的划分和量的比例，从而创立了社会劳动的一定组织，这样就同时发展了新的、社会的劳动生产力。

卡·马克思：《资本论》第一卷第 421—422 页

《资本论》箴言集

工场手工业分工作为社会生产过程的特殊的资本主义形式,——它在当时的基础上只能在资本主义的形式中发展起来,——只是生产相对剩余价值即靠牺牲工人来加强资本（人们把它叫做社会财富,"国民财富"等等）自行增殖的一种特殊方法。

卡·马克思:《资本论》第一卷第422页

工场手工业分工不仅只是为资本家而不是为工人发展社会的劳动生产力,而且靠使各个工人畸形化来发展社会的劳动生产力。它生产了资本统治劳动的新条件。因此,一方面,它表现为社会的经济形成过程中的历史进步和必要的发展因素,另一方面,它表现为文明的和精巧的剥削手段。

卡·马克思:《资本论》第一卷第422页

政治经济学作为一门独立的科学,是在工场手工业时期才产生的,它只是从工场手工业分工的观点把社会分工一般看成是用同量劳动生产更多商品,从而使商品便宜和加速资本积累的手段。

卡·马克思:《资本论》第一卷第422页

在真正的工场手工业时期,即在工场手工业成为资本主义生产方式的统治形式的时期,工场手工业所特有的倾向的充分实现遇到了多方面的障碍。

卡·马克思:《资本论》第一卷第425页

因为手工业的熟练仍然是工场手工业的基础,同时在工场手工业中执行职能的总机构没有任何不依赖工人本身的客观骨骼,所以资本不得不经常同工人的不服从行为作斗争。

卡·马克思:《资本论》第一卷第425页

工场手工业既不能掌握全部社会生产,也不能根本改造它。工场手工业作为经济上的艺术品,耸立在城市手工业和农村家庭工业的广大基础之上。工场手工业本身的狭隘的技术基础发展到一定程度,就和它自身创造出来的生产需要发生矛盾。

卡·马克思:《资本论》第一卷第426页

工场手工业最完善的产物之一,是生产劳动工具本身特别是生产当时已经采用的复杂的机械装置的工场。

卡·马克思:《资本论》第一卷第426页

工场手工业分工的这一产物,又生产出机器。机器使手工业的活动不再成为社会生产的支配原则。因此,一方面,工人终生固定从事某种局部职能的技术基础被消除了。另一方面,这个原则加于资本统治身上的限制也消失了。

卡·马克思:《资本论》第一卷第426页

第十三章 机器和大工业

1. 机器的发展

机器是生产剩余价值的手段。

卡·马克思:《资本论》第一卷第427页

生产方式的变革,在工场手工业中以劳动力为起点,在大工业中以劳动资料为起点。

卡·马克思:《资本论》第一卷第427页

数学家和力学家说,工具是简单的机器,机器是复杂的工具,某些英国经济学家也重复这种说法。他们看不到二者之间的本质区别,甚至把简单的机械力如杠杆、斜面、螺旋、楔等等也叫做机器。的确,任何机器都是由这些简单的力构成的,不管它怎样改装和组合。但是从经济学的观点来看,这种说明毫无用处,因为其中没有历史的要素。

卡·马克思:《资本论》第一卷第428页

所有发达的机器都由三个本质上不同的部分组成:发动机,传动机构,

工具机或工作机。

卡·马克思:《资本论》第一卷第 429 页

机器的这一部分——工具机,是 18 世纪工业革命的起点。在今天,每当手工业或工场手工业生产过渡到机器生产时,工具机也还是起点。

卡·马克思:《资本论》第一卷第 429 页

工具机是这样一种机构,它在取得适当的运动后,用自己的工具来完成过去工人用类似的工具所完成的那些操作。至于动力是来自人还是本身又来自另一台机器,这并不改变问题的实质。

卡·马克思:《资本论》第一卷第 430 页

在真正的工具从人那里转移到机构上以后,机器就代替了单纯的工具。

卡·马克思:《资本论》第一卷第 430 页

人能够同时使用的工具的数量,受到人天生的生产工具的数量,即他自己身体的器官数量的限制。

卡·马克思:《资本论》第一卷第 430 页

同一工作机同时使用的工具的数量,一开始就摆脱了一个工人的手工业工具所受到的器官的限制。

卡·马克思:《资本论》第一卷第 430—431 页

作为单纯动力的人和作为真正操作工人的人之间的区别,在许多手工业工具上表现得格外明显。

卡·马克思:《资本论》第一卷第 431 页

正是手工工具的这后一部分,首先受到了工业革命的侵袭。最初,工业革命除了使人从事用眼看管机器和用手纠正机器的差错这种新劳动外,还使人发挥纯机械的动力作用。

卡·马克思:《资本论》第一卷第 431 页

正是工具机的创造才使蒸汽机的革命成为必要。一旦人不再用工具作用于劳动对象，而只是作为动力作用于工具机，人的肌肉充当动力的现象就成为偶然的了，人就可以被风、水、蒸汽等等代替了。

卡·马克思：《资本论》第一卷第 432 页

作为工业革命起点的机器，是用这样一个机构代替只使用一个工具的工人，这个机构用许多同样的或同种的工具一起作业，由一个单一的动力来推动，而不管这个动力具有什么形式。在这里我们就有了机器，但它还只是机器生产的简单要素。

卡·马克思：《资本论》第一卷第 432 页

假定人只是作为简单的动力起作用，也就是说，一种工具机已经代替了人的工具，那么现在自然力也可以作为动力代替人。

卡·马克思：《资本论》第一卷第 432 页

在工场手工业时期遗留下来的一切大动力中，马力是最坏的一种，这部分地是因为马有它自己的头脑，部分地是因为它十分昂贵，而且能在工厂内使用的范围很有限。但在大工业的童年时期，马是常被使用的。除了当时的农业家的怨言外，一直到今天仍沿用马力来表示机械力这件事，就是证明。

卡·马克思：《资本论》第一卷第 432—433 页

直到瓦特发明第二种蒸汽机，即所谓双向蒸汽机后，才找到了一种原动机，它消耗煤和水而自行产生动力，它的能力完全受人控制，它可以移动，同时它本身又是推动的一种手段；这种原动机是在城市使用的，不像水车那样是在农村使用的，它可以使生产集中在城市，不像水车那样使生产分散在农村，它在工艺上可得到普遍的应用，在地址选择上不太受地点条件的限制。

卡·马克思：《资本论》第一卷第 434 页

只是在工具由人的有机体的工具转化为一个机械装置即工具机的工具以后，发动机才取得了一种独立的、完全摆脱人力限制的形式。

卡·马克思：《资本论》第一卷第 434 页

现在,必须把许多同种机器的协作和机器体系这两件事区别开来。

卡·马克思:《资本论》第一卷第435页

只有在劳动对象顺次通过一系列互相联结的不同的阶段过程,而这些过程是由一系列各不相同而又互为补充的工具机来完成的地方,真正的机器体系才代替了各个独立的机器。

卡·马克思:《资本论》第一卷第436页

在最先采用机器体系的部门中,工场手工业本身大体上为机器体系对生产过程的划分和组织提供了一个自然基础。

卡·马克思:《资本论》第一卷第436页

但在工场手工业生产和机器生产之间一开始就出现了一个本质的区别。在工场手工业中,单个的或成组的工人,必须用自己的手工工具来完成每一个特殊的局部过程。……在机器生产中,这个主观的分工原则消失了。……在工场手工业中,局部工人的直接协作,使各个特殊工人小组形成一定的比例数,同样,在有组织的机器体系中,各局部机器不断地互相交接工作,也使各局部机器的数目、规模和速度形成一定的比例。

卡·马克思:《资本论》第一卷第436—437页

结合工作机——现在是各种单个工作机和各组工作机的一个有组织的体系——所完成的整个过程越是连续不断,即原料从整个过程的最初阶段转到最后阶段的中断越少,从而,原料越是不靠人的手而靠机构本身从一个生产阶段传送到另一个生产阶段,结合工作机就越完善。

卡·马克思:《资本论》第一卷第437页

如果说,在工场手工业中,各特殊过程的分离是一个由分工本身得出的原则,那么相反地,在发达的工厂中,起支配作用的是各特殊过程的连续性。

卡·马克思:《资本论》第一卷第437页

一个机器体系,无论是像织布业那样,以同种工作机的单纯协作为基

《资本论》箴言集

础,还是像纺纱业那样,以不同种工作机的结合为基础,一旦它由一个自动的原动机来推动,它本身就形成一个大自动机。整个体系可以由例如蒸汽机来推动,虽然个别工具机在某些动作上还需要工人,……或者,机器的某些部分必须像工具一样,靠工人操纵才能进行工作。

卡·马克思:《资本论》第一卷第437—438页

当工作机不需要人的帮助就能完成加工原料所必需的一切运动,而只需要人从旁照料时,我们就有了自动的机器体系。

卡·马克思:《资本论》第一卷第438页

通过传动机由一个中央自动机推动的工作机的有组织的体系,是机器生产的最发达的形态。

卡·马克思:《资本论》第一卷第438页

随着发明的增多和对新发明的机器的需求的增加,一方面机器制造业日益分为多种多样的独立部门,另一方面制造机器的工场手工业内的分工也日益发展。这样,在这里,在工场手工业中,我们看到了大工业的直接的技术基础。

卡·马克思:《资本论》第一卷第439页

工场手工业生产了机器,而大工业借助于机器,在它首先占领的那些生产领域排除了手工业生产和工场手工业生产。因此,机器生产是在与它不相适应的物质基础上自然兴起的。机器生产发展到一定程度,就必定推翻这个最初是现成地遇到的、后来又在其旧形式中进一步发展了的基础本身,建立起与它自身的生产方式相适应的新基础。

卡·马克思:《资本论》第一卷第439页

一个工业部门生产方式的变革,会引起其他部门生产方式的变革。这首先涉及因社会分工而孤立起来以致各自生产一种独立的商品、但又作为一个总过程的各阶段而紧密联系在一起的那些工业部门。

卡·马克思:《资本论》第一卷第440页

工农业生产方式的革命,尤其使社会生产过程的一般条件即交通运输手段的革命成为必要。

卡·马克思:《资本论》第一卷第441页

大工业必须掌握它特有的生产资料,即机器本身,必须用机器来生产机器。这样,大工业才建立起与自己相适应的技术基础,才得以自立。

卡·马克思:《资本论》第一卷第441页

用机器制造机器的最重要的生产条件,是要有能供给各种强度的力量同时又完全受人控制的发动机。蒸汽机已经是这样的机器。

卡·马克思:《资本论》第一卷第442页

劳动资料取得机器这种物质存在方式,要求以自然力来代替人力,以自觉应用自然科学来代替从经验中得出的成规。

卡·马克思:《资本论》第一卷第443页

在工场手工业中,社会劳动过程的组织纯粹是主观的,是局部工人的结合;在机器体系中,大工业具有完全客观的生产有机体,这个有机体作为现成的物质生产条件出现在工人面前。

卡·马克思:《资本论》第一卷第443页

在简单协作中,甚至在因分工而专业化的协作中,社会化的工人排挤单个的工人还多少是偶然的现象。而机器,除了下面要谈的少数例外,则只有通过直接社会化的或共同的劳动才发生作用。因此,劳动过程的协作性质,现在成了由劳动资料本身的性质所决定的技术上的必要了。

卡·马克思:《资本论》第一卷第443页

2. 机器的价值向产品的转移

我们已经知道,由协作和分工产生的生产力,不费资本分文。它是社

《资本论》箴言集

会劳动的自然力。

卡·马克思:《资本论》第一卷第 443 页

用于生产过程的自然力,如蒸汽、水等等,也不费分文。

卡·马克思:《资本论》第一卷第 443—444 页

如果说大工业把巨大的自然力和自然科学并入生产过程,必然大大提高劳动生产率,这一点是一目了然的,那么生产力的这种提高并不是靠增加另一方面的劳动消耗换来的,这一点却决不是同样一目了然的。

卡·马克思:《资本论》第一卷第 444 页

像不变资本的任何其他组成部分一样,机器不创造价值,但它把自身的价值转移到由它的服务所生产的产品上。

卡·马克思:《资本论》第一卷第 444 页

就机器具有价值,从而把价值转给产品来说,它是产品价值的一个组成部分。机器不是使产品变便宜,而是按照它自身的价值使产品变贵。很明显,机器和发达的机器体系这种大工业特有的劳动资料,在价值上比手工业生产和工场手工业生产的劳动资料增大得无可比拟。

卡·马克思:《资本论》第一卷第 444 页

机器总是全部地进入劳动过程,始终只是部分地进入价值增殖过程。它加进的价值,决不会大于它由于磨损而平均丧失的价值。

卡·马克思:《资本论》第一卷第 444—445 页

机器的价值和机器定期转给产品的价值部分,有很大的差别。作为价值形成要素的机器和作为产品形成要素的机器,有很大的差别。同一机器在同一劳动过程中反复使用的时期越长,这种差别就越大。

卡·马克思:《资本论》第一卷第 445 页

每一种真正的劳动资料或生产工具,总是全部地进入劳动过程,始终只是按照它每天平均的损耗而部分地进入价值增殖过程。但是,使用和磨

损之间的这种差别,在机器上比在工具上大得多,因为机器是由比较耐用的材料制成的,寿命较长;因为机器的使用要遵照严格的科学规律,能够更多地节约它的各个组成部分和它的消费资料的消耗;最后,因为机器的生产范围比工具的生产范围广阔无比。

卡·马克思:《资本论》第一卷第445页

机器的生产作用范围越是比工具大,它的无偿服务的范围也就越是比工具大。只是在大工业中,人才学会让自己过去的、已经对象化的劳动的产品大规模地、像自然力那样无偿地发生作用。

卡·马克思:《资本论》第一卷第445页

共同消费某些共同的生产条件(如建筑物等),比单个工人消费分散的生产条件要节约,因而能使产品便宜一些。在机器生产的场合,不仅一个工作机的许多工具共同消费一个工作机的躯体,而且许多工作机共同消费同一个发动机和一部分传动机构。

卡·马克思:《资本论》第一卷第446页

如果机器的价值和机器转给日产品的价值部分之间的差额已定,那么这个价值部分使产品变贵的程度,首先取决于产品的数量,就像是取决于产品的面积。

卡·马克思:《资本论》第一卷第446页

如果工作机的作用范围已定,也就是说,工作机的工具数量已定,或者在涉及力的时候,工作机工具的规模已定,那么产品的数量就取决于工作机作业的速度。

卡·马克思:《资本论》第一卷第447页

如果机器转给产品的价值的比率已定,那么这个价值部分的大小就取决于机器本身价值的大小。机器本身包含的劳动越少,它加到产品上的价值也就越小。它转移的价值越小,它的生产效率就越高,它的服务就越接近自然力的服务。而用机器生产机器,会使机器的价值同机器的规模和作

 《资本论》箴言集

用相对而言降低下来。

卡·马克思：《资本论》第一卷第447—448页

在机器产品中，由劳动资料转来的价值组成部分相对地说是增大了，但绝对地说是减少了。这就是说，它的绝对量是减少了，但它同产品（如一磅棉纱）的总价值相比较的量是增大了。

卡·马克思：《资本论》第一卷第448页

很明显，如果生产一台机器所费的劳动，与使用该机器所节省的劳动相等，那么这只不过是劳动的变换，就是说，生产一个商品所需要的劳动总量没有减少，或者说，劳动生产力没有提高。

卡·马克思：《资本论》第一卷第448—449页

机器的生产率是由它代替人类劳动力的程度来衡量的。

卡·马克思：《资本论》第一卷第449页

即使机器的所值和它所代替的劳动力的所值相等，对象化在机器本身中的劳动，总是比它所代替的活劳动少得多。

卡·马克思：《资本论》第一卷第451页

如果只把机器看做使产品便宜的手段，那么使用机器的界限就在于：生产机器所费的劳动要少于使用机器所代替的劳动。可是对资本说来，这个界限表现得更为狭窄。因为资本支付的不是所使用的劳动，而是所使用的劳动力的价值，所以，对资本说来，只有在机器的价值和它所代替的劳动力的价值之间存在差额的情况下，机器才会被使用。因为工作日中必要劳动和剩余劳动的比例，在不同的国家是不同的，而且在同一国家不同的时期，或者在同一时期不同的生产部门，也是不同的；其次，因为工人的实际工资有时降到他的劳动力价值以下，有时升到他的劳动力价值以上，所以，机器的价格和它所要代替的劳动力的价格之间的差额，可以有很大的变动，即使生产机器所必需的劳动量和机器所代替的劳动总量之间的差额保持不变。但是，对资本家本身来说，只有前一种差额才决定商品的生

产费用,并通过竞争的强制规律对他发生影响。

卡·马克思:《资本论》第一卷第451页

在一些较老的发达国家,机器本身在某些产业部门的使用,会造成其他部门的劳动过剩(李嘉图用的是 redundancy of labour),以致其他部门的工资降到劳动力价值以下,从而阻碍机器的应用,并且使机器的应用在资本看来是多余的,甚至往往是不可能的,因为资本的利润本来不是靠减少所使用的劳动得来的,而是靠减少有酬劳动得来的。

卡·马克思:《资本论》第一卷第452页

在英国,直到现在还有时不用马而用妇女在运河上拉纤等等,因为生产马和机器所需要的劳动是一个数学上的已知量,而维持过剩人口中的妇女所需要的劳动,却是微不足道的。因此,恰恰是英国这个机器国家,比任何地方都更无耻地为了卑鄙的目的而浪费人力。

卡·马克思:《资本论》第一卷第453页

3. 机器生产对工人的直接影响

前面已经指出,大工业的起点是劳动资料的革命,而经过变革的劳动资料,在工厂的有组织的机器体系中获得了最发达的形态。

卡·马克思:《资本论》第一卷第453页

(a) 资本对补充劳动力的占有。 妇女劳动和儿童劳动

就机器使肌肉力成为多余的东西来说,机器成了一种使用没有肌肉力或身体发育不成熟而四肢比较灵活的工人的手段。

卡·马克思:《资本论》第一卷第453页

资本主义使用机器的第一个口号是妇女劳动和儿童劳动!这样一来,这种代替劳动和工人的有力手段,就立即转化为这样一种手段,它使工人家庭全体成员不分男女老少都受资本的直接统治,从而使雇佣工人人数

增加。

卡·马克思:《资本论》第一卷第453—454页

为资本家进行的强制劳动,不仅夺去了儿童游戏的时间,而且夺去了家庭本身惯常需要的、在家庭范围内从事的自由劳动的时间。

卡·马克思:《资本论》第一卷第454页

劳动力的价值不只是决定于维持成年工人个人所必需的劳动时间,而且决定于维持工人家庭所必需的劳动时间。机器把工人家庭的全体成员都抛到劳动市场上,就把男劳动力的价值分到他全家人身上了。因此,机器使男劳动力贬值了。购买例如有四个劳动力的一家人,也许比以前购买家长一个劳动力花费得多些,但现在四个工作日代替了原来的一个工作日,劳动力的价格按照四个工作日的剩余劳动超过一个工作日的剩余劳动的比例而下降了。现在,一家人要维持生活,四口人不仅要给资本提供劳动,而且要给资本提供剩余劳动。因此,机器从一开始,在增加人身剥削材料,即扩大资本固有的剥削领域的同时,也提高了剥削程度。

卡·马克思:《资本论》第一卷第454—455页

机器还从根本上使资本关系的形式上的中介,即工人和资本家之间的契约发生了革命。

卡·马克思:《资本论》第一卷第455页

在商品交换的基础上,第一个前提是资本家和工人作为自由人,作为独立的商品占有者而互相对立:一方是货币和生产资料的占有者,另一方是劳动力的占有者。

卡·马克思:《资本论》第一卷第455页

资本购买未成年人或半成年人。从前工人出卖他作为形式上自由的人所拥有的自身的劳动力。现在他出卖妻子儿女。他成了奴隶贩卖者。

卡·马克思:《资本论》第一卷第455页

机器引起的劳动力买者和卖者之间的法的关系的革命,使全部交易本

身失去了自由人之间的契约的外表,这就为后来英国议会提供了国家干涉工厂事务的法律上的根据。

卡·马克思:《资本论》第一卷第457页

把未成年人变成单纯制造剩余价值的机器,就人为地造成了智力的荒废,——和自然的无知完全不同,后者把智力闲置起来,并没有损坏它的发展能力、它的自然肥力本身,——这种智力的荒废甚至使英国议会最后不得不宣布,在一切受工厂法约束的工业中,受初等教育是"在生产上"使用14岁以下儿童的法定条件。

卡·马克思:《资本论》第一卷第460页

机器使儿童和妇女以压倒的多数加入结合劳动人员中,终于打破了男工在工场手工业时期仍在进行的对资本专制的反抗。

卡·马克思:《资本论》第一卷第463页

(b) 工作日的延长

如果说机器是提高劳动生产率,即缩短生产商品的必要劳动时间的最有力的手段,那么,它作为资本的承担者,首先在它直接占领的工业中,成了把工作日延长到超过一切自然界限的最有力的手段。一方面,它创造了新条件,使资本能够任意发展自己这种一贯的倾向,另一方面,它创造了新动机,使资本增强了对他人劳动的贪欲。

卡·马克思:《资本论》第一卷第463页

在机器上,劳动资料的运动和活动离开工人而独立了。

卡·马克思:《资本论》第一卷第464页

劳动资料本身成为一种工业上的永动机,如果它不是在自己的助手——人的身上遇到一定的自然界限,即人的身体的虚弱和人的意志,它就会不停顿地进行生产。因此,劳动资料作为资本——而且作为资本,自动机在资本家身上获得了意识和意志——就受这样一种欲望的激励,即力图把有反抗性但又有弹性的人的自然界限的反抗压到最低限度。而且,由于在机器上劳动看来很容易,由于妇女和儿童比较温顺驯服,这种反抗无疑减

小了。

卡·马克思:《资本论》第一卷第464页

机器的生产率同机器转移到制品上的价值组成部分的大小成反比。机器执行职能的期限越长,分担机器加进的价值的产品量就越大,机器加到单个商品上的价值部分就越小。而机器的有效寿命,显然取决于工作日的长度或每天劳动过程的长度乘以劳动过程反复进行的日数。

卡·马克思:《资本论》第一卷第464—465页

机器总价值的再生产时期越短,无形损耗的危险就越小,而工作日越长,这个再生产时期就越短。

卡·马克思:《资本论》第一卷第466页

在其他条件不变和工作日已定的情况下,要剥削双倍的工人,就必须把投在机器和厂房上的不变资本部分和投在原料、辅助材料等等上的不变资本部分增加一倍。随着工作日的延长,生产的规模会扩大,而投在机器和厂房上的资本部分却保持不变。因此,不仅剩余价值增加了,而且榨取剩余价值所必需的开支减少了。

卡·马克思:《资本论》第一卷第466页

机器生产的发展使资本中越来越大的组成部分固定在这样一种形式上,在这种形式上,一方面资本可以不断地增殖,另一方面,一旦资本同活劳动的接触被中断,它就会丧失使用价值和交换价值。英国棉纺织业巨头阿什沃思先生曾教训纳索·威·西尼耳教授说:

"当一个农夫放下自己的铁锹时,他使一笔18便士的资本在这个时期内变成无用的东西。当我们的人〈即工厂工人〉有一个离开工厂时,他使一笔值10万镑的资本变成无用的东西。"

请想一想吧!把一笔值10万镑的资本变成了——即使在一瞬间——"无用的东西"!我们的人有一个竟然随便在什么时候离开工厂,这真是骇人听闻的事!在被阿什沃思教训过的西尼耳看来,机器规模的扩大,使工作日的不断延长成为"合乎愿望的事情"。

卡·马克思:《资本论》第一卷第467页

机器生产相对剩余价值，不仅由于它直接地使劳动力贬值，使劳动力再生产所必需的商品便宜，从而间接地使劳动力便宜，而且还由于它在最初偶尔被采用时，会把机器占有者使用的劳动转化为高效率的劳动，把机器产品的社会价值提高到它的个别价值以上，从而使资本家能够用日产品中较小的价值部分来补偿劳动力的日价值。因此，在机器生产还处于垄断状况的这个过渡时期，利润特别高，而资本家也就企图尽量延长工作日来彻底利用这个"初恋时期"。

卡·马克思：《资本论》第一卷第467—468页

高额的利润激起对更多利润的贪欲。

卡·马克思：《资本论》第一卷第468页

随着机器在同一生产部门内普遍应用，机器产品的社会价值就降低到它的个别价值的水平，于是下面这个规律就会发生作用：剩余价值不是来源于资本家用机器所代替的劳动力，而是相反地来源于资本家雇来使用机器的劳动力。

卡·马克思：《资本论》第一卷第468页

剩余价值只是来源于资本的可变部分，而且我们已经知道，剩余价值量取决于两个因素，即剩余价值率和同时使用的工人人数。在工作日的长度已定时，剩余价值率取决于工作日分为必要劳动和剩余劳动的比例。同时使用的工人人数则取决于资本的可变部分和不变部分的比例。现在很明显，不管机器生产怎样靠减少必要劳动来提高劳动生产力，而以此扩大剩余劳动，它只有减少一定资本所使用的工人人数，才能产生这样的结果。

卡·马克思：《资本论》第一卷第468页

利用机器生产剩余价值包含着一个内在的矛盾：在一定量资本所提供的剩余价值的两个因素中，机器要提高一个因素，要提高剩余价值率，就只有减少另一个因素，减少工人人数。一旦机器生产的商品的价值随着机器在一个工业部门普遍应用而成为所有同类商品的起调节作用的社会价值，这个内在的矛盾就会表现出来；但正是这个资本没有意识到的矛盾又重新推动资本拼命延长工作日，以便不仅增加相对剩余劳动，而且增加绝对剩

余劳动,来弥补被剥削的工人人数的相对减少。

卡·马克思:《资本论》第一卷第468—469页

机器的资本主义应用,一方面创造了无限度地延长工作日的新的强大动机,并且使劳动方式本身和社会劳动体的性质发生这样的变革,以致打破对这种趋势的抵抗;另一方面,部分地由于使资本过去无法染指的那些工人阶层受资本的支配,部分地由于使那些被机器排挤的工人游离出来,制造了过剩的劳动人口,这些人不得不听命于资本强加给他们的规律。

卡·马克思:《资本论》第一卷第469页

由此产生了现代工业史上一种值得注意的现象,即机器消灭了工作日的一切道德界限和自然界限。

卡·马克思:《资本论》第一卷第469页

由此产生了经济学上的悖论,即缩短劳动时间的最有力的手段,竟变为把工人及其家属的全部生活时间转化为受资本支配的增殖资本价值的劳动时间的最可靠的手段。

卡·马克思:《资本论》第一卷第469页

(c) 劳动的强化

资本手中的机器所造成的工作日的无限度的延长,使社会的生命根源受到威胁,结果像我们所看到的那样,引起了社会的反应,从而产生了受法律限制的正常工作日。

卡·马克思:《资本论》第一卷第470—471页

在正常工作日的基础上,我们前面已经看到的劳动强化现象,就获得了决定性的重要意义。在分析绝对剩余价值时,首先涉及的是劳动的外延量,而劳动的强度则是假定不变的。

卡·马克思:《资本论》第一卷第471页

不言而喻,随着机器的进步和机器工人这一特殊类别工人的经验积累,

劳动的速度,从而劳动的强度,自然也会增加。

卡·马克思:《资本论》第一卷第471页

  在一种劳动不是一时的发作,而是日复一日有规律地划一地反复进行的情况下,必定会出现这样一个时刻,这时工作日的延长和劳动的强化会互相排斥,以致要延长工作日就只有降低劳动强度,或者反过来,要提高劳动强度就只有缩短工作日。

卡·马克思:《资本论》第一卷第471页

  自从工人阶级逐渐增长的反抗迫使国家强制缩短劳动时间,并且首先为真正的工厂强行规定正常工作日以来,也就是说,自从剩余价值的生产永远不能通过延长工作日来增加以来,资本就竭尽全力一心一意加快发展机器体系来生产相对剩余价值。同时,相对剩余价值的性质也发生了变化。

卡·马克思:《资本论》第一卷第471页

  一般地说,生产相对剩余价值的方法是:提高劳动生产力,使工人能够在同样的时间内以同样的劳动消耗生产出更多的东西。同样的劳动时间加在总产品上的价值,仍然和以前同样多,虽然这个不变的交换价值现在表现为较多的使用价值,从而使单个商品的价值下降。但是,一旦强制缩短工作日,情况就不同了。

卡·马克思:《资本论》第一卷第471页

  强制缩短工作日,大大地推动了生产力的发展和生产条件的节约,同时迫使工人在同样的时间内增加劳动消耗,提高劳动力的紧张程度,更紧密地填满劳动时间的空隙,也就是说,使劳动疑缩到只有在缩短了的工作日中才能达到的程度。这种压缩在一定时间内的较大量的劳动,现在是算做较大的劳动量,而实际上也是如此。

卡·马克思:《资本论》第一卷第471—472页

  现在,计量劳动时间的,除了它的"外延量"以外,还有它的密度。

卡·马克思:《资本论》第一卷第472页

工作日缩短的第一个结果，是基于一个显而易见的规律，即劳动力的活动能力同它的活动时间成反比。因此，在一定的限度内，力的作用的持续时间上的损失，可由力的作用程度来弥补。资本也会通过付酬的办法，设法使工人在实际上付出更多的劳动力。

卡·马克思：《资本论》第一卷第 472 页

在工场手工业中，例如，在机器不起作用或只起很小作用的陶器业中，工厂法的实行令人信服地证明，单单缩短工作日，就惊人地增加了劳动的规则性、划一性、秩序性、连续性和效能。

卡·马克思：《资本论》第一卷第 472—473 页

缩短工作日，这种起初创造了使劳动凝缩的主观条件，也就是使工人有可能在一定时间内付出更多力量的办法，一旦由法律强制实行，资本手中的机器就成为一种客观的和系统地利用的手段，用来在同一时间内榨取更多的劳动。这是通过两种方法达到的：一种是提高机器的速度，另一种是扩大同一个工人看管的机器数量，即扩大他的劳动范围。

卡·马克思：《资本论》第一卷第 474 页

改进机器结构，一方面是对工人施加更大的压力所必需的，另一方面，这本身又是和劳动的强化伴随在一起的，因为工作日的限制，迫使资本家在生产费用上面精打细算。

卡·马克思：《资本论》第一卷第 474 页

虽然工厂视察员不倦地、十分正当地颂扬 1844 年和 1850 年的工厂法的好处，但他们也承认，缩短工作日，已使劳动的强度达到损害工人健康，从而破坏劳动力本身的地步。

卡·马克思：《资本论》第一卷第 480 页

毫无疑问，当法律使资本永远不能延长工作日时，资本就力图不断提高劳动强度来补偿，并且把机器的每一改进变成一种加紧吮吸劳动力的手段，资本的这种趋势很快又必定达到一个转折点，使劳动时间不可避免地再一次缩短。

卡·马克思：《资本论》第一卷第 480 页

4. 工厂

在自动工厂里，代替工场手工业所特有的专业化工人的等级制度的，是机器的助手所要完成的各种劳动的平等化或均等化的趋势，代替局部工人之间的人为差别的，主要是年龄和性别的自然差别。

卡·马克思：《资本论》第一卷第 483 页

一切在机器上从事的劳动，都要求训练工人从小就学会使自己的动作适应自动机的划一的连续的运动。只要总机器本身是一个由各种各样的同时动作并结合在一起的机器构成的体系，以它为基础的协作也就要求把各种不同的工人小组分配到各种不同的机器上去。

卡·马克思：《资本论》第一卷第 484 页

机器生产不需要像工场手工业那样，使同一些工人始终从事同一种职能，从而把这种分工固定下来。因为工厂的全部运动不是从工人出发，而是从机器出发，所以不断更换人员也不会使劳动过程中断。

卡·马克思：《资本论》第一卷第 484—485 页

在工厂里，单纯的下手干的活一方面可以用机器来代替，另一方面由于这种活十分简单，从事这种苦役的人员可以迅速地经常地更换。

卡·马克思：《资本论》第一卷第 485 页

虽然机器从技术上废弃了旧的分工制度，但是这种旧制度最初由于习惯，仍然作为工场手工业的传统在工厂里延续着，后来被资本当做剥削劳动力的手段，在更令人厌恶的形式上得到了系统的恢复和巩固。过去是终生专门使用一种局部工具，现在是终生专门服侍一台局部机器。

卡·马克思：《资本论》第一卷第 485—486 页

滥用机器的目的是要使工人自己从小就转化为局部机器的一部分。这样，不仅工人自身再生产所必需的费用大大减少，而且工人终于毫无办法，

《资本论》箴言集

只有依赖整个工厂,从而依赖资本家。

卡·马克思:《资本论》第一卷第486页

在工场手工业和手工业中,是工人利用工具,在工厂中,是工人服侍机器。在前一种场合,劳动资料的运动从工人出发,在后一种场合,则是工人跟随劳动资料的运动。在工场手工业中,工人是一个活机构的肢体。在工厂中,死机构独立于工人而存在,工人被当做活的附属物并入死机构。

卡·马克思:《资本论》第一卷第486页

机器劳动极度地损害了神经系统,同时它又压抑肌肉的多方面运动,夺去身体上和精神上的一切自由活动。甚至减轻劳动也成了折磨人的手段,因为机器不是使工人摆脱劳动,而是使工人的劳动毫无内容。

卡·马克思:《资本论》第一卷第486—487页

一切资本主义生产既然不仅是劳动过程,而且同时是资本的增殖过程,就有一个共同点,即不是工人使用劳动条件,相反地,而是劳动条件使用工人,不过这种颠倒只是随着机器的采用才取得了在技术上很明显的现实性。

卡·马克思:《资本论》第一卷第487页

由于劳动资料转化为自动机,它就在劳动过程本身中作为资本,作为支配和吮吸活劳动力的死劳动而同工人相对立。正如前面已经指出的那样,生产过程的智力同体力劳动相分离,智力转化为资本支配劳动的权力,是在以机器为基础的大工业中完成的。

卡·马克思:《资本论》第一卷第487页

变得空虚了的单个机器工人的局部技巧,在科学面前,在巨大的自然力面前,在社会的群众性劳动面前,作为微不足道的附属品而消失了;科学、巨大的自然力、社会的群众性劳动都体现在机器体系中,并同机器体系一道构成"主人"的权力。因此,当这位主人(在他的头脑中,机器和他对机器的垄断已经不可分割地结合在一起)同"人手"发生冲突时,他

《资本论》箴言集

就轻蔑地对他们说:

"工厂工人们应当牢牢记住,他们的劳动实际上是一种极低级的熟练劳动;没有一种劳动比它更容易学会,按质量来说比它报酬更高;没有一种劳动能通过对最无经验的人进行短期训练而在这样短的时间这样大量地得到。在生产事务中,主人的机器所起的作用,实际上比工人的劳动和技巧所起的作用重要得多,因为工人的劳动和技巧六个月就可以教完,任何一个雇农六个月就可以学会。"【《纱厂工头和厂主的保护基金。委员会的报告》1854年曼彻斯特版第17、19页。后面可以看到当"主人"感到他们的"活的"自动机有丧失的危险的时候,他们就唱完全不同的调子。——著者注】

卡·马克思:《资本论》第一卷第487—488页

工人在技术上服从劳动资料的划一运动以及由各种年龄的男女个体组成的劳动体的特殊构成,创造了一种兵营式的纪律。这种纪律发展成为完整的工厂制度,并且使前面已经提到的监督劳动得到充分发展,同时使那种把工人划分为劳工和监工,划分为普通工业士兵和工业军士的现象得到充分发展。

卡·马克思:《资本论》第一卷第488页

资产阶级通常十分喜欢分权制,特别是喜欢代议制,但资本在工厂法典中却通过私人立法独断地确立了对工人的专制。这种法典只是对劳动过程实行社会调节,即对大规模协作和使用共同的劳动资料,特别是使用机器所必需的社会调节的一幅资本主义讽刺画。

卡·马克思:《资本论》第一卷第488页

奴隶监督者的鞭子被监工的罚金簿代替了。自然,一切处罚都简化成罚款和扣工资。

卡·马克思:《资本论》第一卷第488—489页

在这里我们只提一下进行工厂劳动的物质条件。人为的高温,充满原料碎屑的空气,震耳欲聋的喧器等等,都同样地损害人的一切感官,更不用说在密集的机器中间所冒的生命危险了。这些机器像四季更迭那样规则

地发布自己的工业伤亡公报。

卡·马克思:《资本论》第一卷第 490 页

社会生产资料的节约只是在工厂制度的温和适宜的气候下才成熟起来的,这种节约在资本手中却同时变成了对工人在劳动时的生活条件系统的掠夺,也就是对空间、空气、阳光以及对保护工人在生产过程中人身安全和健康的设备系统的掠夺,至于工人的福利设施就根本谈不上了。

卡·马克思:《资本论》第一卷第 491 页

5. 工人和机器之间的斗争

资本家和雇佣工人之间的斗争是同资本关系本身一起开始的。在整个工场手工业时期,这场斗争一直如火如荼地进行着。但只是在采用机器以后,工人才开始反对劳动资料本身,即反对资本的物质存在方式。

卡·马克思:《资本论》第一卷第 492 页

工人奋起反对作为资本主义生产方式的物质基础的这种一定形式的生产资料。

卡·马克思:《资本论》第一卷第 492 页

工人要学会把机器和机器的资本主义应用区别开来,从而学会把自己的攻击从物质生产资料本身转向物质生产资料的社会使用形式,是需要时间和经验的。

卡·马克思:《资本论》第一卷第 493 页

工场手工业内部为工资而进行的斗争,是以工场手工业为前提的,根本不反对它的存在。至于说工场手工业的建立遭到反对,那么,这种反对是来自行会师傅和享有特权的城市,而不是来自雇佣工人。

卡·马克思:《资本论》第一卷第 493—494 页

工场手工业时期的著作家认为,分工主要是潜在地代替工人的手段,而不是现实地排挤工人的手段。这个区别是不言自明的。

卡·马克思：《资本论》第一卷第 494 页

中世纪遗留下来的城市工人相对来说是不多的,不能满足新的殖民地市场的需要;同时,真正的工场手工业为那些由于封建制度的解体而被赶出土地的农村居民开辟了新的生产领域。因此,当时工场内的分工和协作更多地显示了自己的积极方面,即提高在业工人的生产效率。

卡·马克思：《资本论》第一卷第 494 页

在许多国家中,早在大工业时期以前很久,协作和劳动资料在少数人手中的结合,当应用于农业时,确实使农村居民的生产方式,从而使他们的生活条件和就业手段发生了巨大的、突然的和强烈的革命。

卡·马克思：《资本论》第一卷第 494—495 页

这种斗争最初与其说是在资本和雇佣劳动之间发生的,不如说是在大土地所有者和小土地所有者之间发生的;另一方面,就劳动者被劳动资料(羊、马等等)排挤来说,那么在这里,直接的暴力行为首先形成工业革命的前提。先是劳动者被赶出土地,然后羊进去了。

卡·马克思：《资本论》第一卷第 495 页

像在英国发生的那种大规模盗窃土地的现象,才为大农业开辟了活动场所。因此,农业的这个变革一开始就更具有政治革命的外观。

卡·马克思：《资本论》第一卷第 495 页

劳动资料一作为机器出现,就立刻成了工人本身的竞争者。

卡·马克思：《资本论》第一卷第 495 页

资本借助机器进行的自行增殖,同生存条件被机器破坏的工人的人数成正比。

卡·马克思：《资本论》第一卷第 495 页

资本主义生产的整个体系,是建立在工人把自己的劳动力当做商品出卖的基础上的。分工使这种劳动力片面化，使它只具有操纵局部工具的特定技能。

卡·马克思：《资本论》第一卷第495页

一旦工具由机器来操纵，劳动力的交换价值就随同它的使用价值一起消失。工人就像停止流通的纸币一样卖不出去。工人阶级的一部分就这样被机器转化为过剩的人口，也就是不再为资本的自行增殖所直接需要的人口，这些人一部分在旧的手工业和工场手工业生产反对机器生产的力量悬殊的斗争中毁灭，另一部分则涌向所有比较容易进去的工业部门，充斥劳动市场，从而使劳动力的价格降低到它的价值以下。

卡·马克思：《资本论》第一卷第495—496页

在机器逐渐地占领某一生产领域的地方，它给同它竞争的工人阶层造成慢性的贫困。在过渡迅速进行的地方，机器的影响则是广泛的和急性的。世界历史上再没有比英国手工织布工人缓慢的毁灭过程更为可怕的景象了，这个过程拖延了几十年之久，直到1838年才结束。在这些织布工人中，许多人饿死了，许多人长期地每天靠 $2\frac{1}{2}$ 便士维持一家人的生活。

卡·马克思：《资本论》第一卷第496页

诚然，就这些织工短暂一生的结束来说，机器带给他们的只是"短暂的不便"。然而，由于机器不断占领新的生产领域，机器的"短暂的"影响也就成为长期的了。

卡·马克思：《资本论》第一卷第497页

资本主义生产方式使劳动条件和劳动产品具有的与工人相独立和相异化的形态，随着机器的发展而发展成为完全的对立。因此，随着机器的出现，才第一次发生工人对劳动资料的粗暴的反抗。

卡·马克思：《资本论》第一卷第497页

劳动资料扼杀工人。当然，这种直接的对立，在新采用的机器同传统的手工业生产或工场手工业生产发生竞争时，表现得最明显。但在大工业本身内，机器的不断改良和自动体系的发展也发生类似的作用。

卡·马克思：《资本论》第一卷第 497 页

机器体系在工作日缩短的压力下的飞速发展向我们表明，由于实际经验的积累，由于机械手段的现有规模以及技术的不断进步，机器体系具有极大的弹性。

卡·马克思：《资本论》第一卷第 498 页

机器不仅是一个极强大的竞争者，随时可以使雇佣工人"过剩"。它还被资本公开地有意识地宣布为一种和雇佣工人敌对的力量并加以利用。机器成了镇压工人反抗资本专制的周期性暴动和罢工等等的最强有力的武器。用加斯克尔的话来说，蒸汽机一开始就是"人力"的对头，它使资本家能够粉碎工人日益高涨的、可能使刚刚开始的工厂制度陷入危机的那些要求。

卡·马克思：《资本论》第一卷第 501 页

可以写出整整一部历史，说明 1830 年以来的许多发明，都只是作为资本对付工人暴动的武器而出现的。我们首先想到的是自动走锭纺纱机，因为它开辟了自动体系的新时代。

卡·马克思：《资本论》第一卷第 501 页

6. 关于被机器排挤的工人会得到补偿的理论

詹姆斯·穆勒、麦克库洛赫、托伦斯、西尼耳、约翰·斯图亚特·穆勒等一整批资产阶级经济学家断言，所有排挤工人的机器，总是同时地而且必然地游离出相应的资本，去如数雇用这些被排挤的工人。……

事实上，那些辩护士也并不是指用这种方式游离资本。他们指的是被游离出来的工人的生活资料。……机器把工人从生活资料中游离出来这一简单而又毫不新奇的事实，用经济学家的话一说，就成了机器替工人游离出生活资料，或机器把生活资料转化为用来雇用工人的资本。可见，一切事情全看你怎么说。真是：好话能遮丑。

卡·马克思：《资本论》第一卷第 504—506 页

辩护士先生并没有证明,机器由于把工人从生活资料中游离出来,同时就把这些生活资料转化为雇用这些工人的资本;反而用自己经过考验的供求规律证明了,机器不仅在采用它的生产部门,而且还在没有采用它的生产部门把工人抛向街头。

卡·马克思:《资本论》第一卷第506—507页

被经济学上的乐观主义所歪曲的事实真相是:受机器排挤的工人从工场被抛到劳动市场,增加了那里已可供资本主义剥削支配的劳动力的数量。……机器的这种作用,在这里被说成是对工人阶级的补偿,其实正相反,是对工人的极端可怕的鞭笞。

卡·马克思:《资本论》第一卷第507页

从一个工业部门被抛出来的工人,当然可以在另外一个工业部门找职业。如果他们找到了职业,从而在他们和同他们一道被游离出来的生活资料之间重新建立了联系,那么,在这里起中介作用的,是正在挤入投资场所的新追加的资本,而决不是过去已经执行职能的并且现在转化为机器的资本。并且,即使如此,他们的前途也是多么渺茫!这些因为分工而变得畸形的可怜人,离开他们原来的劳动范围就不值钱了,只能在少数低级的、因而始终是人员充斥和工资微薄的劳动部门去找出路。

卡·马克思:《资本论》第一卷第507页

每个工业部门每年都吸收一批新人,供该部门用于人员的正常补充和扩充。一旦机器把一部分至今在一定工业部门就业的工人游离出来,这些补充人员也要重新分配,由其他劳动部门来吸收,不过,原来的那些牺牲者大部分在过渡期间堕落丧亡。

卡·马克思:《资本论》第一卷第507—508页

一个毫无疑问的事实是:机器本身对于工人从生活资料中"游离"出来是没有责任的。机器使它所占领的那个部门的产品便宜,产量增加,而且最初也没有使其他工业部门生产的生活资料的数量发生变化。因此,完全撇开年产品中被非劳动者挥霍掉的巨大部分不说,在应用机器以后,社会拥有的可供被解雇的工人用的生活资料同以前一样多,或者更多。而这

《资本论》箴言集

正是经济学辩护论的主要点!

卡·马克思:《资本论》第一卷第508页

同机器的资本主义应用不可分离的矛盾和对抗是不存在的,因为这些矛盾和对抗不是从机器本身产生的,而是从机器的资本主义应用产生的!因为机器就其本身来说缩短劳动时间,而它的资本主义应用延长工作日;因为机器本身减轻劳动,而它的资本主义应用提高劳动强度;因为机器本身是人对自然力的胜利,而它的资本主义应用使人受自然力奴役;因为机器本身增加生产者的财富,而它的资本主义应用使生产者变成需要救济的贫民,如此等等,所以资产阶级经济学家就简单地宣称,对机器本身的考察确切地证明,所有这些显而易见的矛盾都不过是平凡现实的假象,而就这些矛盾本身来说,因而从理论上来说,都是根本不存在的。于是,他们就用不着再动脑筋了,并且还指责他们的反对者愚蠢,说这些人不是反对机器的资本主义应用,而是反对机器本身。

卡·马克思:《资本论》第一卷第508页

资产阶级经济学家决不否认,在机器的资本主义应用中也出现短暂的不便;但是哪个徽章没有反面呢!对他们说来,机器除了资本主义的利用以外不可能有别的利用。因此,在他们看来,机器使用工人和工人使用机器是一回事。所以,谁要是揭露机器的资本主义应用的真相,谁就是根本不愿意有机器的应用,就是社会进步的敌人!

卡·马克思:《资本论》第一卷第508—509页

虽然机器在应用它的劳动部门必然排挤工人,但是它能引起其他劳动部门就业的增加。不过,这种作用同所谓的补偿理论毫无共同之处。因为任何一种机器产品,例如一码机织布总是比被它排挤的同种手工产品便宜,所以就产生一条绝对的规律:如果机器生产的物品的总量同它所代替的手工业或工场手工业生产的物品的总量相等,那么,所使用的劳动总量就要减少。

卡·马克思:《资本论》第一卷第509页

生产劳动资料本身如机器、煤炭等等所需要的劳动量的增加,同使用机器而引起的劳动量的减少相比,必然较小。不然的话,机器产品就会同

手工产品一样贵,或者更贵。但是事实上,人数减少了的工人所生产的机器制品总量不是不变,而是远远超过被排挤的手工业制品的总量。

卡·马克思:《资本论》第一卷第 509 页

随着机器生产在一个工业部门的扩大,给这个工业部门提供生产资料的那些部门的生产首先会增加。就业工人数量会因此增加多少,在工作日长度和劳动强度已定的情况下,取决于所使用的资本的构成,也就是取决于资本不变组成部分和可变组成部分的比例。这个比例又随着机器在这些行业中已经占领或者正在占领的范围不同而有很大变化。

卡·马克思:《资本论》第一卷第 510 页

一种新工人随着机器出现了,这就是机器的生产者。我们已经知道,机器生产以越来越大的规模占领这个生产部门本身。

卡·马克思:《资本论》第一卷第 510 页

如果机器占领了某一劳动对象在取得最终形式前所必须经过的初期阶段或中间阶段,那么,在这种机器制品进入的那些仍保持手工业或工场手工业生产方式的部门中,对劳动的需求就随着劳动材料的增加而增加。

卡·马克思:《资本论》第一卷第 511 页

机器生产用相对少的工人人数所提供的原料、半成品、劳动工具等等的数量不断增加,与此相适应,对这些原料和半成品的加工也就分成无数的部门,因而社会生产部门的多样性也就增加。机器生产同工场手工业相比使社会分工获得无比广阔的发展,因为它使它所占领的行业的生产力得到无比巨大的增长。

卡·马克思:《资本论》第一卷第 512 页

采用机器的直接结果是,增加了剩余价值,同时也增加了体现这些剩余价值的产品量,从而,在增加供资本家阶级及其仆从消费的物质时,也增加了这些社会阶层本身。这些社会阶层的财富的增加和生产必要生活资料所需要的工人人数的不断相对减少,一方面产生出新的奢侈要求,另一方面又产生出满足这些要求的新手段。

卡·马克思:《资本论》第一卷第 512 页

社会产品中有较大的部分转化为剩余产品,而剩余产品中又有较大的部分以精致和多样的形式再生产出来和消费掉。换句话说,奢侈品的生产在增长。

卡·马克思:《资本论》第一卷第 512 页

大工业造成的新的世界市场关系也引起产品的精致和多样化。不仅有更多的外国消费品同本国的产品相交换,而且还有更多的外国原料、材料、半成品等作为生产资料进入本国工业。

卡·马克思:《资本论》第一卷第 512 页

随着这种世界市场关系的发展,运输业对劳动的需求增加了,而且运输业又分成许多新的下属部门。

卡·马克思:《资本论》第一卷第 512 页

在工人人数相对减少的情况下生产资料和生活资料的增加,使那些生产在较远的将来才能收效的产品(如运河、船坞、隧道、桥梁等等)的工业部门中的劳动扩大了。

卡·马克思:《资本论》第一卷第 512—513 页

一些全新的生产部门,从而一些新的劳动领域,或者直接在机器体系的基础上,或者在与机器体系相适应的一般工业变革的基础上形成起来。不过,它们在总生产中所占的比重,即使在最发达的国家,也不是很大的。它们所雇用的工人人数的增加,同它们重新造成的对最粗笨的手工劳动的需求成正比。

卡·马克思:《资本论》第一卷第 513 页

大工业领域内生产力的极度提高,以及随之而来的所有其他生产部门对劳动力的剥削在内涵和外延两方面的加强,使工人阶级中越来越大的部分有可能被用于非生产劳动,特别是使旧式家庭奴隶在"仆役阶级"(如仆人、使女、侍从等等)的名称下越来越大规模地被再生产出来。

卡·马克思:《资本论》第一卷第 513 页

7. 工人随机器生产的发展而被排斥和吸引。棉纺织业的危机

政治经济学上一切头脑健全的代表人物都承认,新采用机器,对那些首先成为机器竞争对象的旧有手工业和工场手工业中的工人产生灾难性的影响。

卡·马克思:《资本论》第一卷第 514—515 页

政治经济学正沉醉于一个令人厌恶的定理,一个连每个相信资本主义生产方式的永恒的自然必然性的"慈善家"都感到厌恶的定理:甚至已经建立在机器生产的基础上的工厂,经过一定的发展时期,经过或长或短的"过渡时期",也会让比它当初抛向街头的更多的工人进厂受苦!

卡·马克思:《资本论》第一卷第 515 页

尽管机器生产实际地排挤和潜在地代替了大量工人,但随着机器生产本身的发展(这种发展表现为同种工厂数目的增多或现有工厂规模的扩大),工厂工人的人数最终可以比被他们排挤的工场手工业工人或手工业工人的人数多。

卡·马克思:《资本论》第一卷第 517 页

就业工人人数的相对减少和绝对增加是并行不悖的。

卡·马克思:《资本论》第一卷第 517 页

上面假定,随着总资本的增加,资本的构成保持不变,因为生产条件保持不变。然而我们已经知道,随着机器体系的每一进步,由机器、原料等构成的不变资本部分不断增加,而用于劳动力的可变资本部分则不断减少,同时我们还知道,在任何其他的生产方式下,改良都不是这样经常进行,因而总资本的构成也不是这样经常变化。然而这种经常的变化也经常地被间歇时期和在既定技术基础上的单纯量的扩大所中断。因此就业工人的人数也就增加。

卡·马克思:《资本论》第一卷第 517—518 页

《资本论》箴言集

只要机器生产在一个工业部门内靠牺牲旧有的手工业或工场手工业来扩展，它就一定取得成功，就像用针发枪装备的军队在对付弓箭手的军队时一定取得成功一样。

卡·马克思：《资本论》第一卷第518页

机器刚刚为自己夺取活动范围的这个初创时期，由于借助机器生产出异常高的利润而具有决定性的重要意义。这些利润本身不仅形成加速积累的源泉，而且把不断新生的并正在寻找新的投资场所的很大一部分社会追加资本吸引到有利的生产领域。

卡·马克思：《资本论》第一卷第518页

突飞猛进的初创时期的这种特殊利益，不断地在新采用机器的生产部门重现。但是，一旦工厂制度达到一定的广度和一定的成熟程度，特别是一旦它自己的技术基础即机器本身也用机器来生产，一旦煤和铁的采掘、金属加工以及交通运输业都发生革命，总之，一旦与大工业相适应的一般生产条件形成起来，这种生产方式就获得一种弹性，一种突然地跳跃式地扩展的能力，只有原料和销售市场才是它的限制。一方面，机器直接引起原料的增加，例如轧棉机使棉花生产增加。另一方面，机器产品的便宜和交通运输业的变革是夺取国外市场的武器。

卡·马克思：《资本论》第一卷第518—519页

机器生产摧毁国外市场的手工业产品，迫使这些市场变成它的原料产地。例如东印度就被迫为大不列颠生产棉花、羊毛、大麻、黄麻、靛蓝等。

卡·马克思：《资本论》第一卷第519页

大工业国工人的不断"过剩"，大大促进了国外移民和外国的殖民地化，而这些外国变成宗主国的原料产地，例如澳大利亚就变成羊毛产地。一种与机器生产中心相适应的新的国际分工产生了，它使地球的一部分转变为主要从事农业的生产地区，以服务于另一部分主要从事工业的生产地区。这种革命是同农业中的各种变革联系在一起的。

卡·马克思：《资本论》第一卷第519—520页

《资本论》箴言集

工厂制度的巨大的跳跃式的扩展能力和它对世界市场的依赖，必然造成热病似的生产，并随之造成市场商品充斥，而当市场收缩时，就出现瘫痪状态。

卡·马克思：《资本论》第一卷第 522 页

工业的生命按照中常活跃、繁荣、生产过剩、危机、停滞这几个时期的顺序而不断地转换。

卡·马克思：《资本论》第一卷第 522 页

由于工业循环的这种周期变换，机器生产使工人在就业上并从而在生活状况上遭遇的没有保障和不稳定性，成为正常的现象。

卡·马克思：《资本论》第一卷第 522 页

除了繁荣时期以外，资本家之间总是进行十分激烈的斗争，以争夺各自在市场上的份额。这个份额同产品的便宜程度成正比。除了由此造成的资本家竞相采用代替劳动力的改良机器和新的生产方法以外，每次都出现这样的时刻：为了追求商品便宜，强制地把工资压低到劳动力价值以下。

卡·马克思：《资本论》第一卷第 522 页

可见，工厂工人人数的增加以投入工厂的总资本在比例上更迅速得多的增加为条件。但是，这个过程只是在工业循环的退潮期和涨潮期内实现。它还经常被技术进步所打断，这种进步有时潜在地代替工人，有时实际地排挤工人。机器生产中这种质的变化，不断地把工人逐出工厂，或者把新的补充人员的队伍拒之门外，而工厂的单纯的量的扩大在把被逐出的工人吸收进来的同时，还把新的人员吸收进来。工人就这样不断被排斥又被吸引，被赶来赶去，而且被招募来的人的性别、年龄和熟练程度也不断变化。

卡·马克思：《资本论》第一卷第 523 页

生产过程的革命是靠牺牲工人来进行的。

卡·马克思：《资本论》第一卷第 526 页

不列颠棉纺织工业在最初的 45 年中，即从 1770 年到 1815 年，只有 5

年是危机和停滞状态,但这 45 年是它垄断世界的时期。在第二个时期,即从 1815 年到 1863 年的 48 年间,只有 20 年是复苏和繁荣时期,却有 28 年是不振和停滞时期。从 1815 年到 1830 年,开始同欧洲大陆和美国竞争。从 1833 年起,靠"毁灭人种"的办法强行扩大亚洲市场。谷物法废除之后,从 1846 年到 1863 年,有八年是中常活跃和繁荣时期,却有九年是不振和停滞时期。

卡·马克思:《资本论》第一卷第 527—528 页

8. 大工业所引起的工场手工业、手工业和家庭劳动的革命

(a) 以手工业和分工为基础的协作的消灭

如果一台单个的工作机代替了协作或工场手工业,那么,工作机本身又可以成为手工业生产的基础。但是,手工业生产在机器基础上的再现只是向工厂生产的过渡,只要机械动力(蒸汽或水)代替人的肌肉来推动机器,工厂生产通常就会出现。

卡·马克思:《资本论》第一卷第 529 页

小生产可以间或地并且也只能是暂时地同机械动力结合起来,那或是靠租用蒸汽,如伯明翰的某些工场手工业,或是靠采用小型热力机,如织布业等的某些部门。

卡·马克思:《资本论》第一卷第 529 页

(b) 工厂制度对于工场手工业和家庭劳动的反作用

随着工厂制度的发展和随之而来的农业的变革,不仅所有其他工业部门的生产规模扩大了,而且它们的性质也发生了变化。

卡·马克思:《资本论》第一卷第 531 页

机器生产的原则是把生产过程分解为各个组成阶段,并且应用力学、

化学等等,总之应用自然科学来解决由此产生的问题。这个原则到处都起着决定性的作用。因此,机器时而挤进工场手工业的这个局部过程,时而又挤进那个局部过程。这样一来,从旧的分工中产生的工场手工业组织的坚固结晶就发生溶解,并给不断变化腾出位置。

卡·马克思:《资本论》第一卷第531页

总体工人即结合工人的构成也发生了根本的变革。同工场手工业时期相反,现在,只要可行,分工的计划总是把基点放在使用妇女劳动、各种年龄的儿童劳动和非熟练工人劳动上,总之,放在使用英国人所谓的"廉价劳动"上。这一情况不仅适用于使用机器或者不使用机器的一切大规模结合的生产,而且适用于在工人的私人住宅或者在小工场中进行生产的所谓家庭工业。

卡·马克思:《资本论》第一卷第531页

资本除了把工厂工人、手工工场工人和手工业工人大规模地集中在一起,并直接指挥他们,它还通过许多无形的线调动着另一支居住在大城市和散居在农村的家庭工人大军。例如,蒂利先生在爱尔兰的伦敦德里所开设的衬衫工厂,就雇用着1000个工厂工人和9000个散居在农村的家庭工人。

卡·马克思:《资本论》第一卷第531页

现代工场手工业中对廉价劳动力和未成熟劳动力的剥削,比在真正的工厂中还要无耻,因为工厂所拥有的技术基础,即代替肌肉力的机器和轻便的劳动,在现代工场手工业中大多是不存在的;同时,在现代工场手工业中,女工或未成熟工人的身体还被丧尽天良地置于有毒物质等等的侵害之下。而这种剥削在所谓的家庭劳动中,又比在工场手工业中更加无耻,这是因为:工人的反抗力由于分散而减弱,在真正的雇主和工人之间挤进了一大批贪婪的寄生虫,家庭劳动到处和同一生产部门的机器生产或者至少是工场手工业生产进行竞争,贫困剥夺了工人必不可少的劳动条件——空间、光线、通风设备等等,就业越来越不稳定,最后,在这些由大工业和大农业所造成的"过剩"人口的最后避难所里,工人之间的竞争必然达到顶点。

卡·马克思:《资本论》第一卷第532页

由于采用机器生产才系统地实现的生产资料的节约,一开始就同时是对劳动力的最无情的浪费和对劳动发挥作用的正常条件的剥夺,而现在,在一个工业部门中,社会劳动生产力和结合的劳动过程的技术基础越不发达,这种节约就越暴露出它的对抗性的和杀人的一面。

卡·马克思:《资本论》第一卷第 532 页

(c) 现代工场手工业

关于现代工场手工业(这里指除真正的工厂之外的一切大规模的工场)中劳动条件的资本主义的节约,可以在《公共卫生报告》第 4 号(1861年)和第 6 号(1863 年)中找到大量的官方材料。报告中关于工场,特别是关于伦敦印刷业和裁缝业工场的描绘,超过了我们的小说家的最可怕的幻想。对工人健康状况的影响,是不言而喻的。

卡·马克思:《资本论》第一卷第 534—535 页

(e) 现代工场手工业和家庭劳动向大工业的过渡。这一革命由于工厂法在这两种生产方式中的实行而加速

单靠滥用妇女劳动力和未成年劳动力,单靠掠夺一切正常的劳动条件和生活条件,单靠残酷的过度劳动和夜间劳动来实现的劳动力的便宜化,终究会遇到某些不可逾越的自然界限,而以此为基础的商品的便宜化和整个资本主义的剥削,随着也会发生这种情形。当这一点终于达到时(这需要很长的时间),采用机器和把分散的家庭劳动(还有工场手工业)迅速转化为工厂生产的时刻就来到了。

卡·马克思:《资本论》第一卷第 541 页

从事"服饰"生产的有手工工场,它们只是把具有现成的分散的肢体的分工在手工工场内部再生产出来;还有较小的手工业师傅,不过他们已不再像从前那样为个别消费者劳动,而是为手工工场和商店劳动,这样一来,往往整个城市和整个地区都专门从事某种行业,像制鞋业等等;最后,有所谓的家庭工人,他们生产大部分产品,成了手工工场、商店、甚至较小的手工业师傅的分支机构。

卡·马克思:《资本论》第一卷第 542 页

大量的劳动材料、原料、半成品等由大工业供给，大量的廉价的任人摆布的人身材料则由大工业和大农业"游离"出来的人组成。这一领域中的手工工场所以会产生，主要是因为资本家需要在自己手里拥有一支能适应需求的每一变动的后备军。但这些手工工场又允许分散的手工业生产和家庭生产作为自己的广阔基础与自己一起并存下去。在这些劳动部门中所以能大量地生产剩余价值，同时能使产品越来越便宜，这在过去和现在都主要是因为工资被降到仅够糊口的最低限度，而劳动时间却延长到人能忍受的最高限度。

卡·马克思：《资本论》第一卷第542页

正是由于转化为商品的人的血和汗变得便宜，销售市场不断地扩大并且仍在一天天扩大，而对英国来说，盛行英国习俗和爱好的殖民地市场尤其是如此。

卡·马克思：《资本论》第一卷第542—543页

最后，转折点来到了。旧方法的基础是单纯对工人材料进行残酷的剥削，同时多少采用一些系统发展起来的分工。这种基础已经不再能适应日益发展的市场和更加迅速地发展着的资本家之间的竞争了。采用机器的时刻来到了。同等地占领这一生产领域所有部门（如女时装业，裁缝业，制鞋业，缝纫业，制帽业等）的具有决定性革命意义的机器，是缝纫机。

卡·马克思：《资本论》第一卷第543页

社会的生产方式的变革，生产资料改革的这一必然产物，是在各种错综复杂的过渡形式中完成的。这些过渡形式的变化，取决于缝纫机占领这一或那一工业部门的范围的大小和时间的长短，取决于工人当时的状况，取决于工场手工业生产、手工业生产或家庭生产三者谁占优势，取决于工场的租金，等等。

卡·马克思：《资本论》第一卷第544页

过渡形式的错综复杂并不能掩盖向真正的工厂生产转化的趋势。

卡·马克思：《资本论》第一卷第545页

《资本论》箴言集

工厂生产的重要条件,就是生产结果具有正常的保证,也就是说,在一定的时间里生产出一定量的商品,或取得预期的有用效果,特别在工作日被规定以后更是如此。其次,被规定的工作日的法定休息时间,要求劳动能够突然地和周期地停顿下来,而不损害正处在生产过程中的制品。

卡·马克思:《资本论》第一卷第547页

只要不受限制的工作日、夜工以及对人力的肆意糟蹋照旧存在,每一种自然发生的障碍都会很快被看做生产上的永恒的"自然界限"。

卡·马克思:《资本论》第一卷第547页

没有一种毒药消灭害虫能比工厂法消灭这类"自然界限"更有把握。没有任何人比陶器业的先生们叫喊"不可能"叫得更响亮的了。1864年,工厂法强制施行到他们身上,过了16个月以后,一切不可能都消失了。

卡·马克思:《资本论》第一卷第547页

但是,如果说工厂法就这样像在温室里那样使工场手工业生产转化为工厂生产所必需的物质要素成熟起来,那么,它又由于使扩大资本支出成为必要而加速了小师傅的破产和资本的积聚。

卡·马克思:《资本论》第一卷第549页

撇开纯技术上的和技术上可以排除的障碍不说,对工作日的规定还遇到工人本身的不规则的生活习惯的障碍,这特别是发生在这样的地方,那里盛行计件工资,在一天或一星期中所旷费的时间可以由以后的过度劳动或做夜工来补偿,这种方法使成年工人变得野蛮,使他们的未成年的和女性的伙伴遭到毁灭。劳动力耗费方面的这种毫无规则的情形,虽然是对单调乏味的苦役的一种自发的粗暴反应,但在极大程度上是由生产本身的无政府状态引起的,而这种无政府状态又是以资本对劳动力的不受限制的剥削为前提的。

卡·马克思:《资本论》第一卷第549—550页

除了工业周期的一般的周期变动和每个生产部门的特殊的市场波动外,还出现一种因航海季节的周期性或因赶时髦而形成的所谓旺季,此外,还

会突然出现必须在最短期限内完成大批订货的情况。这种短期订货的习惯随着铁路和电报的发展越来越变得经常了。

卡·马克思：《资本论》第一卷第550页

这些所谓"商业习惯"（"usages which have grown with the growth of trade"），同技术上的障碍一样，过去和现在都被有利害关系的资本家硬说成是生产上的"自然界限"，这是棉纺织业巨头们在最初受到工厂法威胁时最喜欢叫喊的口号。虽然他们的工业比任何其他工业更依赖于世界市场，从而也更依赖于航海业，但是经验已经揭露了他们的谎言。从此以后，任何一种所谓的"商业障碍"都被英国的工厂视察员看成是一种无聊的借口了。

卡·马克思：《资本论》第一卷第551页

事实上，童工调查委员会的极其认真的调查证明：在某些工业中，规定工作日只不过是把已经使用的劳动量较均衡地分配在全年；这种规定，对于那种害死人的、毫无意义的、本身同大工业制度不相适应的、变化无常的赶时髦的风气，是第一个合理的约束；远洋航行和一般交通工具的发展已经打破了季节性劳动的固有的技术基础；一切其他所谓不能控制的条件，也由于厂房的扩大、机器的增加、同时使用的工人人数的增长以及这些变化对批发商业制度自然产生的反作用而消除了。

卡·马克思：《资本论》第一卷第551—552页

但是，正像资本通过自己代表的嘴屡次宣布的那样，要资本同意这种变革，"只有在一项普遍适用的议会法令的压力下"，即用法律强制规定工作日的情况下，才能办到。

卡·马克思：《资本论》第一卷第552—553页

9. 工厂立法（卫生条款和教育条款）。 它在英国的普遍实行

工厂立法是社会对其生产过程自发形态的第一次有意识、有计划的反作用。正如我们讲过的，它像棉纱、走锭纺纱机和电报一样，是大工业的

必然产物。

卡·马克思：《资本论》第一卷第553页

为了迫使资本主义生产方式建立最起码的清洁卫生设施，必须由国家颁布强制性的法律。还有什么比这一点能更好地说明资本主义生产方式的特点呢？

卡·马克思：《资本论》第一卷第554页

资本主义生产方式按其本质来说，只要超过一定的限度就拒绝任何合理的改良。

卡·马克思：《资本论》第一卷第554页

好了！既然工厂法通过它的各种强制性规定间接地加速了较小的工场向工厂的转化，从而间接地侵害了较小的资本家的所有权，并确保了大资本家的垄断权，那么，法律关于工场中的每个工人应占有必要空间的强制规定，就会一下子直接剥夺成千上万的小资本家！就会动摇资本主义生产方式的根基，也就是说，会破坏大小资本通过劳动力的"自由"购买和消费而实现自行增殖。因此，工厂立法在500立方英尺的空间面前碰壁了。卫生机关、工业调查委员会、工厂视察员，都一再强调500立方英尺的必要性，又一再述说不可能强迫资本接受这一点。这样，他们实际上就是宣布，工人的肺结核和其他肺部疾病是资本生存的一个条件。

卡·马克思：《资本论》第一卷第555页

尽管工厂法的教育条款整个说来是不足道的，但还是把初等教育宣布为劳动的强制性条件。这一条款的成就第一次证明了智育和体育同体力劳动相结合的可能性，从而也证明了体力劳动同智育和体育相结合的可能性。

卡·马克思：《资本论》第一卷第555—556页

大工业从技术上消灭了那种使一个完整的人终生固定从事某种局部操作的工场手工业分工，而同时，大工业的资本主义形式又更可怕地再生产了这种分工：在真正的工厂中，是由于把工人转化为局部机器的有自我意识的附件；在其他各处，一部分是由于间或地使用机器和机器劳动，一部

分是由于采用妇女劳动、儿童劳动和非熟练劳动作为分工的新基础。

卡·马克思:《资本论》第一卷第557页

现代工厂和手工工场雇用的大部分儿童从最年幼的时期起就被束缚在最简单的操作上,多年遭受着剥削,却没有学会任何一种哪怕以后只是在同一手工工场或工厂中能用得上的手艺。

卡·马克思:《资本论》第一卷第557—558页

各种特殊的手艺直到18世纪还称为mysteries(mystères)[秘诀],只有经验丰富的内行才能洞悉其中的奥妙。这层帷幕在人们面前掩盖他们自己的社会生产过程,使各种自然形成的分门别类的生产部门彼此成为哑谜,甚至对每个部门的内行都成为哑谜。

卡·马克思:《资本论》第一卷第559页

大工业撕碎了这层帷幕。大工业的原则是,首先不管人的手怎样,把每一个生产过程本身分解成各个构成要素,从而创立了工艺学这门完全现代的科学。

卡·马克思:《资本论》第一卷第559页

社会生产过程的五光十色的、似无联系的和已经固定化的形态,分解成为自然科学的自觉按计划的和为取得预期有用效果而系统分类的应用。工艺学也揭示了为数不多的重大的基本运动形式,尽管所使用的工具多种多样,人体的一切生产活动必然在这些形式中进行,正像机器虽然异常复杂,力学仍会看出它们不过是简单机械力的不断重复一样。

卡·马克思:《资本论》第一卷第559—560页

现代工业从来不把某一生产过程的现存形式看成和当做最后的形式。因此,现代工业的技术基础是革命的,而所有以往的生产方式的技术基础本质上是保守的。

卡·马克思:《资本论》第一卷第560页

现代工业通过机器、化学过程和其他方法,使工人的职能和劳动过程的社会结合不断地随着生产的技术基础发生变革。这样，它也同样不断地使社会内部的分工发生革命，不断地把大量资本和大批工人从一个生产部门投到另一个生产部门。因此，大工业的本性决定了劳动的变换、职能的更动和工人的全面流动性。另一方面，大工业在它的资本主义形式上再生产出旧的分工及其固定化的专业。这个绝对的矛盾怎样破坏着工人生活的一切安宁、稳定和保障，使工人面临这样的威胁：在劳动资料被夺走的同时，生活资料也不断被夺走，在他的局部职能变成过剩的同时，他本身也变成过剩的东西；这个矛盾怎样通过工人阶级的不断牺牲、劳动力的无限度的浪费和社会无政府状态造成的灾难而放纵地表现出来。这是消极的方面。

卡·马克思：《资本论》第一卷第560—561页

如果说劳动的变换现在只是作为不可克服的自然规律并且带着自然规律在任何地方遇到障碍时都有的那种盲目破坏作用而为自己开辟道路，那么，大工业又通过它的灾难本身使下面这一点成为生死攸关的问题：承认劳动的变换，从而承认工人尽可能多方面的发展是社会生产的普遍规律，并且使各种关系适应于这个规律的正常实现。

卡·马克思：《资本论》第一卷第561页

大工业还使下面这一点成为生死攸关的问题：用适应于不断变动的劳动需求而可以随意支配的人，来代替那些适应于资本的不断变动的剥削需要而处于后备状态的可供支配的、大量的贫穷工人人口；用那种把不同社会职能当做互相交替的活动方式的全面发展的个人，来代替只是承担一种社会局部职能的局部个人。

卡·马克思：《资本论》第一卷第561页

综合技术学校和农业学校是这种变革过程在大工业基础上自然发展起来的一个要素；职业学校是另一个要素，在这种学校里，工人的子女受到一些有关工艺学和各种生产工具的实际操作的教育。

卡·马克思：《资本论》第一卷第561页

如果说工厂立法作为从资本那里争取来的最初的微小让步，只是把初

等教育同工厂劳动结合起来,那么毫无疑问,工人阶级在不可避免地夺取政权之后,将使理论的和实践的工艺教育在工人学校中占据应有的位置。

卡·马克思:《资本论》第一卷第561—562页

生产的资本主义形式和与之相适应的工人的经济关系,是同这种变革酵母及其目的——消灭旧分工——直接矛盾的。但是,一种历史生产形式的矛盾的发展,是这种形式瓦解和新形式形成的唯一的历史道路。

卡·马克思:《资本论》第一卷第562页

当工厂立法规定工厂、工场手工业等的劳动时,这最初仅仅表现为对资本的剥削权利的干涉。相反地,对所谓家庭劳动的任何规定都立即表现为对父权(用现代语言来说是亲权)的直接侵犯。温和的英国议会对于采取这一步骤长期来一直装腔作势,畏缩不前。但是事实的力量终于迫使人们承认,大工业在瓦解旧家庭制度的经济基础以及与之相适应的家庭劳动的同时,也瓦解了旧的家庭关系本身。

卡·马克思:《资本论》第一卷第562页

资本主义的剥削方式通过消灭与亲权相适应的经济基础,造成了亲权的滥用。不论旧家庭制度在资本主义制度内部的解体表现得多么可怕和可厌,但是由于大工业使妇女、男女少年和儿童在家庭范围以外,在社会地组织起来的生产过程中起着决定性的作用,它也就为家庭和两性关系的更高级的形式创造了新的经济基础。

卡·马克思:《资本论》第一卷第563页

由各种年龄的男女个人组成的结合劳动人员这一事实,尽管在其自发的、野蛮的资本主义的形式中,也就是在工人为生产过程而存在,不是生产过程为工人而存在的那种形式中,是造成毁灭和奴役的祸根,但在适当的条件下,必然会反过来转变成人道的发展的源泉。

卡·马克思:《资本论》第一卷第563页

工厂法从一项在机器生产的最初产物即纺纱业和织布业中实行的特殊法,发展成为整个社会生产中普遍实行的法律,这种必然性,正如我们已经看到的,是从大工业的历史发展进程中产生的。

卡·马克思:《资本论》第一卷第564页

在大工业的背景下,工场手工业、手工业和家庭劳动的传统形态经历着彻底的变革:工场手工业不断地转变为工厂;手工业不断地转变为工场手工业;最后,手工业和家庭劳动领域在相对说来短得惊人的时间内变成了苦难窟,骇人听闻的最疯狂的资本主义剥削在那里为所欲为。

卡·马克思:《资本论》第一卷第564页

经验不断反复证明,如果资本只是在社会范围的个别点上受到国家的监督,它就会在其他点上更加无限度地把损失捞回来。

卡·马克思:《资本论》第一卷第564页

资本家自己叫喊着要求平等的竞争条件,即要求对劳动的剥削实行平等的限制。

卡·马克思:《资本论》第一卷第564页

在1867年的这次英国立法中引人注意的地方是:一方面,统治阶级的议会不得不被迫在原则上采取非常的和广泛的措施,来防止资本主义剥削的过火现象;另一方面,议会在真正实现这些措施时又很不彻底、很不自愿、很少诚意。

卡·马克思:《资本论》第一卷第568页

1872年的法令尽管有很大缺陷,但它无论如何是对矿山雇用的儿童的劳动时间作出规定,并在一定程度上使矿山经营者和采矿业主要对所谓的事故负责的第一个法令。

卡·马克思:《资本论》第一卷第576页

1867年调查农业中儿童、少年、妇女的劳动情况的皇家委员会公布了几个很重要的报告。为了把工厂立法的原则在形式上加以改变而应用到农业方面去,曾有过各种尝试,但直到今天这些尝试都完全失败了。可是我在这里必须提醒注意的一点是:普遍应用这些原则的不可抗拒的趋势已经存在。

卡·马克思:《资本论》第一卷第 576 页

如果说，作为工人阶级的身体和精神的保护手段的工厂立法的普遍化已经不可避免，那么，另一方面，正如前面讲到的，这种普遍化使小规模的分散的劳动过程向大的社会规模的结合的劳动过程的转化也普遍化和加速起来，从而使资本的积聚和工厂制度的独占统治也普遍化和加速起来。它破坏一切还部分地掩盖着资本统治的陈旧的过渡的形式，而代之以直接的、无掩饰的资本统治。这样，它也就使反对这种统治的直接斗争普遍化。它迫使单个的工场实行划一性、规则性、秩序和节约，同时，它又通过对工作日的限制和规定所造成的对技术的巨大刺激而加重整个资本主义生产的无政府状态和灾难，提高劳动强度并扩大机器与工人的竞争。它在消灭小生产和家庭劳动的领域的同时，也消灭了"过剩人口"的最后避难所，从而消灭了整个社会机制的迄今为止的安全阀。它在使生产过程的物质条件和社会结合成熟的同时，也使生产过程的资本主义形式的矛盾和对抗成熟起来，因此也同时使新社会的形成要素和旧社会的变革要素成熟起来。

卡·马克思:《资本论》第一卷第 576—577 页

10. 大工业和农业

如果说机器在农业中的使用大多避免了机器使工厂工人遭到的那种身体上的损害，那么机器在农业中的使用在造成工人"过剩"方面却发生了更为强烈的作用，而且没有遇到什么抵抗。

卡·马克思:《资本论》第一卷第 578 页

在农业领域内，就消灭旧社会的堡垒——"农民"，并代之以雇佣工人来说，大工业起了最革命的作用。这样，农村中社会变革的需要和社会对立，就和城市相同了。最墨守成规和最不合理的经营，被科学在工艺上的自觉应用代替了。农业和工场手工业的原始的家庭纽带，也就是把二者的幼年未发展的形态联结在一起的那种纽带，被资本主义生产方式撕断了。但资本主义生产方式同时为一种新的更高级的综合，即农业和工业在它们

《资本论》箴言集

对立发展的形态的基础上的联合,创造了物质前提。

卡·马克思:《资本论》第一卷第578—579页

资本主义生产使它汇集在各大中心的城市人口越来越占优势,这样一来,它一方面聚集着社会的历史动力,另一方面又破坏着人和土地之间的物质变换,也就是使人以衣食形式消费掉的土地的组成部分不能回归土地,从而破坏土地持久肥力的永恒的自然条件。这样,它同时就破坏城市工人的身体健康和农村工人的精神生活。

卡·马克思:《资本论》第一卷第579页

但是资本主义生产通过破坏这种物质变换的纯粹自发形成的状况,同时强制地把这种物质变换作为调节社会生产的规律,并在一种同人的充分发展相适合的形式上系统地建立起来。

卡·马克思:《资本论》第一卷第579页

在农业中,像在工场手工业中一样,生产过程的资本主义转化同时表现为生产者的殉难史,劳动资料同时表现为奴役工人的手段、剥削工人的手段和使工人贫穷的手段,劳动过程的社会结合同时表现为对工人个人的活力、自由和独立的有组织的压制。

卡·马克思:《资本论》第一卷第579页

农业工人在广大土地上的分散,同时破坏了他们的反抗力量,而城市工人的集中却增强了他们的反抗力量。

卡·马克思:《资本论》第一卷第579页

在现代农业中,像在城市工业中一样,劳动生产力的提高和劳动量的增大是以劳动力本身的破坏和衰退为代价的。

卡·马克思:《资本论》第一卷第579页

资本主义农业的任何进步,都不仅是掠夺劳动者的技巧的进步,而且是掠夺土地的技巧的进步,在一定时期内提高土地肥力的任何进步,同时也是破坏土地肥力持久源泉的进步。一个国家,例如北美合众国,越是以

《资本论》箴言集

大工业作为自己发展的基础,这个破坏过程就越迅速。

卡·马克思:《资本论》第一卷第579—580页

资本主义生产发展了社会生产过程的技术和结合,只是由于它同时破坏了一切财富的源泉——土地和工人。

卡·马克思:《资本论》第一卷第580页

第五篇　绝对剩余价值和相对剩余价值的生产

第十四章　绝对剩余价值和相对剩余价值

就劳动过程是纯粹个人的劳动过程来说，同一劳动者是把后来彼此分离开来的一切职能结合在一起的。当他为了自己的生活目的对自然物实行个人占有时，他是自己支配自己的。后来他成为被支配者。

卡·马克思：《资本论》第一卷第581—582页

单个人如果不在自己的头脑的支配下使自己的肌肉活动起来，就不能对自然发生作用。正如在自然机体中头和手组成一体一样，劳动过程把脑力劳动和体力劳动结合在一起了。后来它们分离开来，直到处于敌对的对立状态。

卡·马克思：《资本论》第一卷第582页

产品从个体生产者的直接产品转化为社会产品，转化为总体工人即结合劳动人员的共同产品。总体工人的各个成员较直接地或者较间接地作用于劳动对象。

卡·马克思：《资本论》第一卷第582页

随着劳动过程的协作性质本身的发展，生产劳动和它的承担者即生产工人的概念也就必然扩大。为了从事生产劳动，现在不一定要亲自动手；只要成为总体工人的一个器官，完成他所属的某一种职能就够了。

卡·马克思：《资本论》第一卷第582页

资本主义生产不仅是商品的生产,它实质上是剩余价值的生产。工人不是为自己生产,而是为资本生产。因此,工人单是进行生产已经不够了。他必须生产剩余价值。只有为资本家生产剩余价值或者为资本的自行增殖服务的工人,才是生产工人。

卡·马克思:《资本论》第一卷第582页

生产工人的概念决不只包含活动和效果之间的关系,工人和劳动产品之间的关系,而且还包含一种特殊社会的、历史地产生的生产关系。这种生产关系把工人变成资本增殖的直接手段。所以,成为生产工人不是一种幸福,而是一种不幸。

卡·马克思:《资本论》第一卷第582页

古典政治经济学一直把剩余价值的生产看做生产工人的决定性的特征。因此,古典政治经济学对生产工人所下的定义,随着它对剩余价值性质的看法的改变而改变。例如,重农学派认为,只有农业劳动才是生产劳动,因为只有农业劳动才提供剩余价值。在重农学派看来,剩余价值只存在于地租形式中。

卡·马克思:《资本论》第一卷第582—583页

把工作日延长,使之超出工人只生产自己劳动力价值的等价物的那个点,并由资本占有这部分剩余劳动,这就是绝对剩余价值的生产。

卡·马克思:《资本论》第一卷第583页

绝对剩余价值的生产构成资本主义制度的一般基础,并且是相对剩余价值生产的起点。

卡·马克思:《资本论》第一卷第583页

就相对剩余价值的生产来说,工作日一开始就分成必要劳动和剩余劳动这两个部分。为了延长剩余劳动,就要通过以较少的时间生产出工资的等价物的各种方法来缩短必要劳动。

卡·马克思:《资本论》第一卷第583页

《资本论》箴言集

绝对剩余价值的生产只同工作日的长度有关;相对剩余价值的生产使劳动的技术过程和社会组织发生彻底的革命。

卡·马克思:《资本论》第一卷第583页

相对剩余价值的生产以特殊的资本主义的生产方式为前提;这种生产方式连同它的方法、手段和条件本身,最初是在劳动在形式上从属于资本的基础上自发地产生和发展的。劳动对资本的这种形式上的从属,又让位于劳动对资本的实际上的从属。

卡·马克思:《资本论》第一卷第583页

至于各种中间形式,在这里只要提一下就够了。在这些中间形式中,剩余劳动不是用直接强制的办法从生产者那里榨取的,生产者也没有在形式上从属于资本。资本在这里还没有直接支配劳动过程。在那些用古老传统的生产方式从事手工业或农业的独立生产者的身旁,有高利贷者或商人,有高利贷资本或商业资本,他们像寄生虫似地吮吸着这些独立生产者。这种剥削形式在一个社会内占统治地位,就排斥资本主义的生产方式,不过另一方面,这种剥削形式又可以成为通向资本主义生产方式的过渡,例如中世纪末期的情况就是这样。最后,正如现代家庭劳动的例子所表明的,某些中间形式还会在大工业的基础上在某些地方再现出来,虽然它的样子完全改变了。

卡·马克思:《资本论》第一卷第583—584页

对于绝对剩余价值的生产来说,只要劳动在形式上从属于资本就够了,例如,只要从前为自己劳动或者作为行会师傅的帮工的手工业者变成受资本家直接支配的雇佣工人就够了;另一方面却可以看到,生产相对剩余价值的方法同时也是生产绝对剩余价值的方法。

卡·马克思:《资本论》第一卷第584页

无限度地延长工作日正是表现为大工业的特有的产物。

卡·马克思:《资本论》第一卷第584页

特殊的资本主义的生产方式一旦掌握整整一个生产部门,它就不再是

单纯生产相对剩余价值的手段,而一旦掌握所有决定性的生产部门,那就更是如此。这时它成了生产过程的普遍的、在社会上占统治地位的形式。现在它作为生产相对剩余价值的特殊方法,只在下面两种情况下还起作用:第一,以前只在形式上从属于资本的那些产业为它所占领,也就是说,它扩大作用范围;第二,已经受它支配的产业由于生产方法的改变不断发生革命。

卡·马克思:《资本论》第一卷第584页

　　从一定观点看来,绝对剩余价值和相对剩余价值之间的区别似乎完全是幻想的。相对剩余价值是绝对的,因为它以工作日超过工人本身生存所必要的劳动时间的绝对延长为前提。绝对剩余价值是相对的,因为它以劳动生产率发展到能够把必要劳动时间限制为工作日的一个部分为前提。但是,如果注意一下剩余价值的运动,这种表面上的同一性就消失了。

卡·马克思:《资本论》第一卷第584页

　　在资本主义生产方式一旦确立并成为普遍的生产方式的情况下,只要涉及剩余价值率的提高,绝对剩余价值和相对剩余价值之间的差别就可以感觉到了。

卡·马克思:《资本论》第一卷第584页

　　假定劳动力按其价值支付,那么,我们就会面临这样的抉择:如果劳动生产力和劳动的正常强度已定,剩余价值率就只有通过工作日的绝对延长才能提高;另一方面,如果工作日的界限已定,剩余价值率就只有通过工作日两个组成部分即必要劳动和剩余劳动的相对量的变化才能提高,而这种变化在工资不降低到劳动力价值以下的情况下,又以劳动生产率或劳动强度的变化为前提。

卡·马克思:《资本论》第一卷第584—585页

　　如果工人需要用他的全部时间来生产维持他自己和他的家庭所必要的生活资料,那么他就没有时间来无偿地为第三者劳动。没有一定程度的劳动生产率,工人就没有这种可供支配的时间,而没有这种剩余时间,就不可能有剩余劳动,从而不可能有资本家,而且也不可能有奴隶主,不可能

有封建贵族,一句话,不可能有大占有者阶级。

卡·马克思:《资本论》第一卷第585页

可以说剩余价值有一个自然基础,但这只是从最一般的意义来说,即没有绝对的自然障碍会妨碍一个人把维持自身生存所必要的劳动从自身解脱下来并转嫁给别人,比如,同样没有绝对的自然障碍会妨碍一个人去把别人的肉当做食物。决不应该像有时发生的情况那样,把各种神秘的观念同这种自然发生的劳动生产率联系起来。

卡·马克思:《资本论》第一卷第585页

只有当人类通过劳动摆脱了最初的动物状态,从而他们的劳动本身已经在一定程度上社会化的时候,一个人的剩余劳动成为另一个人的生存条件的关系才会出现。

卡·马克思:《资本论》第一卷第585页

在文化初期,已经取得的劳动生产力很低,但是需要也很低,需要是同满足需要的手段一同发展的,并且是依靠这些手段发展的。其次,在这个文化初期,社会上依靠他人劳动来生活的那部分人的数量,同直接生产者的数量相比,是微不足道的。随着社会劳动生产力的增进,这部分人也就绝对地和相对地增大起来。

卡·马克思:《资本论》第一卷第585—586页

资本关系就是在作为一个长期发展过程的产物的经济土壤之上产生的。作为资本关系的基础和起点的现有的劳动生产率,不是自然的恩惠,而是几十万年历史的恩惠。

卡·马克思:《资本论》第一卷第586页

撇开社会生产的形态的发展程度不说,劳动生产率是同自然条件相联系的。这些自然条件都可以归结为人本身的自然(如人种等等)和人的周围的自然。

卡·马克思:《资本论》第一卷第586页

外界自然条件在经济上可以分为两大类：生活资料的自然富源，例如土壤的肥力，渔产丰富的水域等等；劳动资料的自然富源，如奔腾的瀑布、可以航行的河流、森林、金属、煤炭等等。

卡·马克思：《资本论》第一卷第586页

在文化初期，第一类自然富源具有决定性的意义；在较高的发展阶段，第二类自然富源具有决定性的意义。

卡·马克思：《资本论》第一卷第586页

绝对必须满足的自然需要的数量越少，土壤自然肥力越大，气候越好，维持和再生产生产者所必要的劳动时间就越少。因而，生产者在为自己从事的劳动之外来为别人提供的剩余劳动就可以越多。

卡·马克思：《资本论》第一卷第586页

单个工人的必要劳动时间越少，他能提供的剩余劳动就越多；同样，工人人口中为生产必要生活资料所需要的部分越小，可以用于其他事情的部分就越大。

卡·马克思：《资本论》第一卷第587页

资本主义生产一旦成为前提，在其他条件不变和工作日保持一定长度的情况下，剩余劳动量随劳动的自然条件，特别是随土壤的肥力而变化。但决不能反过来说，最肥沃的土壤最适于资本主义生产方式的生长。

卡·马克思：《资本论》第一卷第587页

资本主义生产方式以人对自然的支配为前提。过于富饶的自然"使人离不开自然的手，就像小孩子离不开引带一样"。它不能使人自身的发展成为一种自然必然性。

卡·马克思：《资本论》第一卷第587页

资本的祖国不是草木繁茂的热带，而是温带。不是土壤的绝对肥力，而是它的差异性和它的自然产品的多样性，形成社会分工的自然基础，并且通过人所处的自然环境的变化,促使他们自己的需要、能力、劳动资料和劳动方式趋于多样化。

卡·马克思:《资本论》第一卷第587页

社会地控制自然力,从而节约地利用自然力,用人力兴建大规模的工程占有或驯服自然力,——这种必要性在产业史上起着最有决定性的作用。如埃及、伦巴第、荷兰等地的治水工程就是例子。或者如印度、波斯等地,在那里人们利用人工渠道进行灌溉,不仅使土地获得必不可少的水,而且使矿物质肥料同淤泥一起从山上流下来。兴修水利是阿拉伯人统治下的西班牙和西西里岛产业繁荣的秘密。

卡·马克思:《资本论》第一卷第587—588页

良好的自然条件始终只提供剩余劳动的可能性,从而只提供剩余价值或剩余产品的可能性,而决不能提供它的现实性。

卡·马克思:《资本论》第一卷第588页

劳动的不同的自然条件使同一劳动量在不同的国家可以满足不同的需要量,因而在其他条件相似的情况下,使得必要劳动时间各不相同。这些自然条件只作为自然界限对剩余劳动发生影响,就是说,它们只确定开始为别人劳动的起点。产业越进步,这一自然界限就越退缩。

卡·马克思:《资本论》第一卷第589页

在西欧社会中,工人只有靠剩余劳动才能买到为维持自己生存而劳动的许可,因此容易产生一种错觉,似乎提供剩余产品是人类劳动的一种天生的性质。

卡·马克思:《资本论》第一卷第589页

同历史地发展起来的社会劳动生产力一样,受自然制约的劳动生产力也表现为合并劳动的资本的生产力。

卡·马克思:《资本论》第一卷第589页

这些资产阶级经济学家实际上具有正确的本能,懂得过于深入地研究剩余价值的起源这个爆炸性问题是非常危险的。

卡·马克思：《资本论》第一卷第590页

如果鸟巢存在的时间不比造巢所需的时间长，鸟只好不要巢了。

卡·马克思：《资本论》第一卷第590页

平地上的一堆土，看起来也像座小山；现代资产阶级的平庸，从它的"大思想家"的水平上就可以测量出来。

卡·马克思：《资本论》第一卷第592页

第十五章 劳动力价格和剩余价值的量的变化

劳动力价值是由平均工人通常必要的生活资料的价值决定的。这些生活资料在形式上虽然可能有变化，但是在一定社会的一定时代，它们的量是一定的，所以可以看做是一个不变量。变化的是这个量的价值。

卡·马克思：《资本论》第一卷第593页

还有两个因素决定劳动力的价值。一个是劳动力的发展费用，这种费用是随生产方式的变化而变化的；另一个是劳动力的自然差别：是男劳动力还是女劳动力，是成年劳动力还是未成年劳动力。这些不同劳动力的使用（这又是由生产方式决定的）在工人家庭的再生产费用上和在成年男工的价值上都造成很大的差别。

卡·马克思：《资本论》第一卷第593页

我们假定：1. 商品是按照它的价值出售的；2. 劳动力的价格有时可能比它的价值高，但从不比它的价值低。

在这种假定下，我们看到，劳动力价格和剩余价值的相对量取决于三种情况：1. 工作日的长度，或劳动的外延量；2. 正常的劳动强度，或劳动的内涵量，即一定时间内耗费一定量的劳动；3. 最后，劳动生产力，即由于生产条件发展程度的不同，等量的劳动在同样时间内会提供较多或较少的产品量。显然，这三个因素可以有各种各样的组合：或者是其中一个因素不变，其他两个因素可变；或者两个因素不变，一个因素可变；最后，或者三个因素同时变化。这些因素同时变化时，又因为变化的大小和方向可以不同，组合也就更加多种多样了。

卡·马克思：《资本论》第一卷第593—594页

I. 工作日的长度和劳动强度不变（已定），劳动生产力可变

在这个假定下【指"工作日的长度和劳动强度不变（已定），劳动生产力可变"——编者注】，劳动力的价值和剩余价值是由三个规律决定的：

第一，不论劳动生产率如何变化，从而不论产品量和单个商品的价格如何变化，一定长度的工作日总表现为相同的价值产品。

第二，劳动力的价值和剩余价值按照相反的方向变化。劳动生产力的变化，它的提高或降低，按照相反的方向影响劳动力的价值，按照相同的方向影响剩余价值。

第三，剩余价值的增加或减少始终是劳动力价值相应的减少或增加的结果，而决不是这种减少或增加的原因。

卡·马克思：《资本论》第一卷第594—596页

按照第三个规律，剩余价值量的变化是以劳动生产力的变化所引起的劳动力价值的变动为前提的。剩余价值量变化的界限是由劳动力价值的新的界限决定的。但是，即使在情况允许这个规律发生作用的条件下，也会发生各种中间的变动。

卡·马克思：《资本论》第一卷第597页

劳动力的价值是由一定量的生活资料的价值决定的。随着劳动生产力的变化而变化的，是这些生活资料的价值，而不是它们的量。

卡·马克思：《资本论》第一卷第597页

同剩余价值比较起来，劳动力的价值还是不断下降，从而工人和资本

家的生活状况之间的鸿沟越来越深。

卡·马克思:《资本论》第一卷第597—598页

II. 工作日和劳动生产力不变，劳动强度可变

劳动强度的提高是以在同一时间内劳动消耗的增加为前提的。因此，一个强度较大的工作日比一个时数相同但强度较小的工作日体现为更多的产品。

卡·马克思:《资本论》第一卷第599页

在劳动时数不变的情况下，强度较大的工作日就体现为较多的价值产品，因而，在货币的价值不变的情况下，也就体现为较多的货币。

卡·马克思:《资本论》第一卷第599页

强度较大的工作日的价值产品随着它的强度同社会的正常强度的偏离程度而变化。

卡·马克思:《资本论》第一卷第599页

不论劳动量在外延上还是在内涵上发生变化，劳动的价值产品量总要与劳动量的变化相适应而发生变化，而不管这个价值借以体现的物品有怎样的性质。

卡·马克思:《资本论》第一卷第600页

如果一切产业部门的劳动强度都同时相等地提高，新的提高了的强度就成为普通的社会的正常强度，因而不再被算做外延量。但是甚至在这种情况下，平均的劳动强度在不同的国家仍然是不同的，因而会使价值规律在不同国家的工作日上的应用有所变化。一个国家的强度较大的工作日，比另一个国家的强度较小的工作日，表现为更大的货币额。

卡·马克思:《资本论》第一卷第600页

III. 劳动生产力和劳动强度不变，工作日可变

工作日可以向两个方向变化。它可以缩短或延长。

卡·马克思:《资本论》第一卷第 601 页

在假定的条件下，即在劳动生产力和劳动强度不变时，工作日的缩短不会使劳动力价值，从而不会使必要劳动时间发生变化。它会缩小剩余劳动和剩余价值。随着剩余价值的绝对量的下降，它的相对量，即它同劳动力价值的不变量相比的量也就下降。资本家只有把劳动力价格压低到它的价值以下，才能避免损失。

一切反对缩短工作日的陈词滥调，都认定这种现象是在这里所假设的条件下发生的。然而实际上正好相反：劳动生产率和劳动强度的变化，或者是在工作日缩短以前，或者是紧接着在工作日缩短以后发生的。

卡·马克思:《资本论》第一卷第 601 页

工作日的延长：假定必要劳动时间是 6 小时，或劳动力价值是 3 先令，剩余劳动也是 6 小时，剩余价值是 3 先令。那么，整个工作日就是 12 小时，并表现为 6 先令的价值产品。如果工作日延长 2 小时，劳动力价格不变，那么剩余价值的相对量就随同它的绝对量一同增加。虽然劳动力价值按其绝对量来说没有变化，但按其相对量来说却降低了。

卡·马克思:《资本论》第一卷第 601 页

劳动力价值的相对量的变化，是剩余价值的绝对量的变化的结果。

卡·马克思:《资本论》第一卷第 601—602 页

因为工作日借以表现的价值产品随着工作日的延长而增加，所以劳动力的价格和剩余价值可以同时等量地或不等量地增长。这种同时增长可以发生在下述两种场合：工作日绝对延长，或者工作日没有绝对延长，但是劳动强度增加了。

卡·马克思:《资本论》第一卷第 602 页

《资本论》箴言集

随着工作日的延长,劳动力的价格尽管名义上不变,甚至有所提高,还是可能降到它的价值以下。

卡·马克思:《资本论》第一卷第602页

劳动力的日价值是根据劳动力的正常的平均持续时间或工人的正常的寿命来计算的,并且是根据从生命物质到运动的相应的、正常的、适合人体性质的转变来计算的。与工作日的延长密不可分的劳动力的更大损耗,在一定点内,可以用增多的报酬来补偿。超过这一点,损耗便以几何级数增加,同时劳动力再生产和发挥作用的一切正常条件就遭到破坏。劳动力的价格和劳动力的剥削程度就不再是可通约的量了。

卡·马克思:《资本论》第一卷第602页

IV. 劳动的持续时间、劳动生产力和劳动强度同时变化

在劳动生产力降低和工作日同时延长的情况下,即使剩余价值的比例量降低,它的绝对量仍可保持不变;即使剩余价值的绝对量增加,它的比例量仍可保持不变;并且,工作日延长到一定的程度时,剩余价值的比例量和绝对量都可能增加。

卡·马克思:《资本论》第一卷第603页

劳动生产力的提高和劳动强度的增加,从一方面来说,起着同样的作用。二者都会增加任何一段时间内所生产的产品总额。因此,二者都能缩短工人生产自己的生活资料或其等价物所需要的工作日部分。

卡·马克思:《资本论》第一卷第605页

工作日的绝对最低界限,总是由工作日的这个必要的但能缩减的部分形成。如果整个工作日缩小到这个必要的部分,那么剩余劳动就消失了,这在资本的制度下是不可能发生的。只有消灭资本主义生产形式,才允许把工作日限制在必要劳动上。

卡·马克思:《资本论》第一卷第605页

在其他条件不变的情况下,必要劳动将会扩大自己的范围。一方面,是因为工人的生活条件将会更加丰富,他们的生活要求将会增大。另一方面,是因为现在的剩余劳动的一部分将会列入必要劳动,即形成社会准备基金和社会积累基金所必要的劳动。

卡·马克思:《资本论》第一卷第 605 页

劳动生产力越是增长,工作日就越能缩短;而工作日越是缩短,劳动强度就越能增加。

卡·马克思:《资本论》第一卷第 605 页

从社会的角度来看,劳动生产率还随同劳动的节约而增长。这种节约不仅包括生产资料的节约,而且还包括一切无用劳动的免除。

卡·马克思:《资本论》第一卷第 605 页

资本主义生产方式迫使每一个企业实行节约,但是它的无政府状态的竞争制度却造成社会生产资料和劳动力的最大的浪费,而且也产生了无数现在是必不可少的、但就其本身来说是多余的职能。

卡·马克思:《资本论》第一卷第 605 页

在劳动强度和劳动生产力已定的情况下,劳动在一切有劳动能力的社会成员之间分配得越平均,一个社会阶层把劳动的自然必然性从自身上解脱下来并转嫁给另一个社会阶层的可能性越小,社会工作日中用于物质生产的必要部分就越小,从而用于个人的自由活动,脑力活动和社会活动的时间部分就越大。从这一方面来说,工作日的缩短的绝对界限就是劳动的普遍化。

卡·马克思:《资本论》第一卷第 605 页

在资本主义社会里,一个阶级享有自由时间,是由于群众的全部生活时间都转化为劳动时间了。

卡·马克思:《资本论》第一卷第 605—606 页

第十六章 剩余价值率的各种公式

剩余价值率是用下列公式来表示的：

I. $\dfrac{\text{剩余价值}}{\text{可变资本}} \left(\dfrac{m}{v}\right) = \dfrac{\text{剩余价值}}{\text{劳动力价值}} = \dfrac{\text{剩余劳动}}{\text{必要劳动}}$。

前两个公式是价值的比率，第三个公式是生产这些价值所需要的时间的比率，它们表示同一个东西。这些互相替代的公式在概念上是严格的。因此，我们看到，在古典政治经济学中，这些公式诚然在实质上已经制定出来，但是还不是有意识地制定的。在那里我们看到的是下列派生的公式：

II. $\dfrac{\text{剩余劳动}}{\text{工作日}} = \dfrac{\text{剩余价值}}{\text{产品价值}} = \dfrac{\text{剩余产品}}{\text{总产品}}$。

这里，同一个比率交替地在劳动时间的形式上，在劳动时间借以体现的价值的形式上，在这些价值借以存在的产品的形式上表现出来。不言而喻，这里所说的产品价值只能理解为工作日的价值产品，产品价值的不变部分不包括在内。

卡·马克思：《资本论》第一卷第607—608页

在所有这些公式中，实际的劳动剥削程度或剩余价值率是虚假地被表现出来的。假定工作日为12小时。根据我们前面例子的其他各项假设，在这种情况下，实际的劳动剥削程度就表现为如下的比率：

$\dfrac{6\text{ 小时剩余劳动}}{6\text{ 小时必要劳动}} = \dfrac{3\text{ 先令剩余价值}}{3\text{ 先令可变资本}} = 100\%$。

但是，根据公式 II，我们却得出：

$\dfrac{6\text{ 小时剩余劳动}}{12\text{ 小时工作日}} = \dfrac{3\text{ 先令剩余价值}}{6\text{ 先令价值产品}} = 50\%$。

这两个派生的公式实际上表示工作日或其价值产品按怎样的比例在资本家和工人之间进行分配。因此，如果把这些公式看做资本自行增殖程度的直接表现，就会得出一个虚假的规律：剩余劳动或剩余价值决不能达到100%。因为剩余劳动始终只能是工作日的一个部分，或剩余价值始终只能是价值产品的一个部分，所以剩余劳动必然始终小于工作日，或剩余价值必然始终小于价值产品。二者必须相等，才能达到 $\dfrac{100}{100}$ 的比率。

卡·马克思：《资本论》第一卷第608—609页

剩余劳动要吞掉整个工作日（这里指一周劳动或一年劳动等等的平均日），必要劳动就必须减到零。但是，如果必要劳动消失了，剩余劳动也就消失了，因为后者只是前者的函数。因此，$\frac{剩余劳动}{工作日} = \frac{剩余价值}{价值产品}$这个比率永远不能达到$\frac{100}{100}$的界限，更不能提高到$\frac{100+x}{100}$。但剩余价值率或实际的劳动剥削程度完全能够达到这种程度。

卡·马克思：《资本论》第一卷第 609 页

把剩余价值和劳动力价值表现为价值产品的两部分——顺便提一下，这种表现方式是从资本主义生产方式本身中产生的，它的意义将在以后加以说明——掩盖了资本关系的特殊性质，即掩盖了可变资本与活劳动力的交换，以及与此相适应的工人与产品的分离。代替的是一种协同关系的假象，仿佛工人和资本家在这种协同关系中是按照产品的不同的形成要素的比例来分配产品的。

卡·马克思：《资本论》第一卷第 610 页

但是，公式 II 总是能再转化成公式 I。例如，如果我们知道$\frac{6\ 小时剩余劳动}{12\ 小时工作日}$，那么，必要劳动时间 = 12 小时工作日减掉 6 小时剩余劳动，并得出：

$$\frac{6\ 小时剩余劳动}{6\ 小时必要劳动} = \frac{100}{100}。$$

卡·马克思：《资本论》第一卷第 610 页

我在前面已经顺便提到的第三个公式是：

III. $\frac{剩余价值}{劳动力价值} = \frac{剩余劳动}{必要劳动} = \frac{无酬劳动}{有酬劳动}$。

$\frac{无酬劳动}{有酬劳动}$这个公式会引起一种误解，好像资本家是向劳动而不是向劳动力支付报酬，但是这种误解经过前面的说明已经消除了。$\frac{无酬劳动}{有酬劳动}$这个公式只是$\frac{剩余劳动}{必要劳动}$这个公式的通俗的表述。

卡·马克思：《资本论》第一卷第 610—611 页

 《资本论》箴言集

资本家支付劳动力价值或偏离这一价值的劳动力价格，在交换中取得对活劳动力本身的支配权。他对这种劳动力的利用分为两个时期。在一个时期，工人只生产一个等于他的劳动力价值的价值，因而只生产一个等价物。这样，资本家预付出劳动力的价格，得到一个价格相等的产品。这就好像资本家是在市场上购买现成的产品。而在剩余劳动期间，劳动力的利用为资本家创造出无须他付出代价的价值。他无偿地获得了劳动力的这种利用。在这个意义上，剩余劳动可以称为无酬劳动。

卡·马克思：《资本论》第一卷第611页

因此，资本不仅像亚·斯密所说的那样，是对劳动的支配权。按其本质来说，它是对无酬劳动的支配权。一切剩余价值，不论它后来在利润、利息、地租等等哪种特殊形态上结晶起来，实质上都是无酬劳动时间的化身。资本自行增殖的秘密归结为资本对别人的一定数量的无酬劳动的支配权。

卡·马克思：《资本论》第一卷第611页

第六篇 工资

第十七章 劳动力的价值或价格转化为工资

在资产阶级社会的表面上,工人的工资表现为劳动的价格,表现为对一定量劳动支付的一定量货币。在这里,人们说劳动的价值,并把它的货币表现叫做劳动的必要价格或自然价格。另一方面,人们说劳动的市场价格,也就是围绕着劳动的必要价格上下波动的价格。

卡·马克思:《资本论》第一卷第 613 页

但什么是商品的价值呢?这就是耗费在商品生产上的社会劳动的对象形式。

卡·马克思:《资本论》第一卷第 613 页

我们又用什么来计量商品的价值量呢?用它所包含的劳动量来计量。

卡·马克思:《资本论》第一卷第 613 页

劳动要作为商品在市场上出卖,无论如何必须在出卖以前就已存在。但是,如果工人能使他的劳动独立存在,他出卖的就是商品,而不是劳动。

卡·马克思:《资本论》第一卷第 614 页

撇开这些矛盾不说,货币即对象化劳动同活劳动的直接交换,也会或者消灭那个正是在资本主义生产的基础上才自由展开的价值规律,或者消灭那种正是以雇佣劳动为基础的资本主义生产本身。举例来说,假定一个十二小时工作日表现为6先令的货币价值。或者是等价物相交换，这样，工人以12小时劳动获得6先令。他的劳动的价格就会等于他的产品的价格。在这种情形下，他没有为他的劳动的购买者生产剩余价值，这6先令不转化为资本，资本主义生产的基础就会消失，然而正是在这个基础上，工人才出卖他的劳动，而他的劳动才成为雇佣劳动。或者工人在12小时劳动中获得的少于6先令，就是说，少于12小时劳动。12小时劳动同10小时劳动、6小时劳动等等相交换。不等量的这种相等，不仅消灭了价值规定。这种自我消灭的矛盾甚至根本不可能当做规律来阐明或表述。

卡·马克思：《资本论》第一卷第614—615页

从劳动分为对象化劳动和活劳动这一形式上的区别而引出较多量劳动同较少量劳动相交换，这是徒劳无益的。因为商品的价值不是由实际对象化在商品中的劳动量来决定，而是由生产该商品所必要的活劳动的量来决定，所以这种做法就更加荒谬了。

卡·马克思：《资本论》第一卷第615页

实际上，在商品市场上同货币占有者直接对立的不是劳动，而是工人。工人出卖的是他的劳动力。当工人的劳动实际上开始了的时候，它就不再属于工人了，因而也就不再能被工人出卖了。劳动是价值的实体和内在尺度，但是它本身没有价值。

卡·马克思：《资本论》第一卷第615页

在"劳动的价值"这个用语中，价值概念不但完全消失，而且转化为它的反面。这是一个虚幻的用语，就像土地的价值一样。但是这类虚幻的用语是从生产关系本身中产生的。它们是本质关系的表现形式的范畴。

卡·马克思：《资本论》第一卷第616页

事物在其现象上往往颠倒地表现出来，这是几乎所有的科学都承认的，只有政治经济学例外。

卡·马克思：《资本论》第一卷第616页

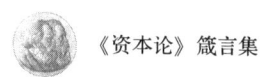

政治经济学称为劳动的价值的东西,实际上就是劳动力的价值;劳动力存在于工人身体内,它不同于它的职能即劳动,正如机器不同于机器的运转一样。

卡·马克思:《资本论》第一卷第617页

既然劳动的价值只是劳动力的价值的不合理的用语,那么不言而喻,劳动的价值必定总是小于劳动的价值产品,因为资本家总是使劳动力执行职能的时间超过再生产劳动力本身的价值所需要的时间。

卡·马克思:《资本论》第一卷第618页

全部劳动都表现为有酬劳动。

卡·马克思:《资本论》第一卷第619页

在徭役劳动下,服徭役者为自己的劳动和为地主的强制劳动在空间上和时间上都是明显地分开的。在奴隶劳动下,连奴隶只是用来补偿他本身的生活资料的价值的工作日部分,即他实际上为自己劳动的工作日部分,也表现为为主人的劳动。他的全部劳动都表现为无酬劳动。相反地,在雇佣劳动下,甚至剩余劳动或无酬劳动也表现为有酬劳动。

卡·马克思:《资本论》第一卷第619页

在奴隶劳动下,所有权关系掩盖了奴隶为自己的劳动,而在雇佣劳动下,货币关系掩盖了雇佣工人的无代价劳动。

卡·马克思:《资本论》第一卷第619页

因此可以懂得,为什么劳动力的价值和价格转化为工资形式,即转化为劳动本身的价值和价格,具有决定性的重要意义。这种表现形式掩盖了现实关系,正好显示出它的反面。工人和资本家的一切法的观念,资本主义生产方式的一切神秘性,这一生产方式所产生的一切自由幻觉,庸俗经济学的一切辩护遁词,都是以这个表现形式为依据的。

卡·马克思:《资本论》第一卷第619页

劳动的价值是不变的,虽然生活资料的价值会变化,因而对工人来说,

 《资本论》箴言集

同一个工作日会表现为较多或较少的货币。

卡·马克思：《资本论》第一卷第 621 页

  拿资本家来说。他无疑希望用尽量少的货币换取尽量多的劳动。因此，他实际上所关心的只是劳动力的价格和劳动力执行职能时所创造的价值之间的差额。但是，他力图尽可能便宜地购买一切商品，并且总是把低于价值购买和高于价值出售这一纯粹欺诈行为说成是他的利润的来源。因而，他理解不到，如果劳动的价值这种东西确实存在，而且他确实支付了这一价值，那么资本就不会存在，他的货币也就不会转化为资本。

卡·马克思：《资本论》第一卷第 621 页

  此外，工资的实际运动显示出一些现象，似乎证明被支付的不是劳动力的价值，而是它的职能即劳动本身的价值。这些现象可以归纳为两大类：第一，工资随着工作日长度的变化而变化。如果是这样，我们同样可以说，因为租用机器一周的费用比租用一天要贵，所以被支付的不是机器的价值，而是机器运转的价值。第二，执行同一职能的不同工人的工资之间存在着个人的差别。这种个人的差别在奴隶制度下也可以看到，但是在那里劳动力本身是赤裸裸地、不加任何掩饰地出卖的，这种差别没有引起任何幻觉。区别只是在于：劳动力因超过平均水平而获得的利益或因低于平均水平而遭到的损失，在奴隶制度下落到奴隶主身上，而在雇佣劳动制度下则落到工人自己身上，因为在后一种场合，劳动力是由工人自己出卖的，而在前一种场合，是由第三者出卖的。

卡·马克思：《资本论》第一卷第 621 页

第十八章　计时工资

  劳动力总是按一定时期来出卖的。因此，直接表现劳动力的日价值、周价值等等的转化形式，就是"计时工资"的形式，也就是日工资等等。

卡·马克思：《资本论》第一卷第 623 页

  劳动力的交换价值和由这个价值转变成的生活资料的量之间的区别，

现在表现为名义工资和实际工资之间的区别。

卡·马克思：《资本论》第一卷第 623 页

即使劳动价格不断下降，日工资、周工资等等仍然可以保持不变。……反之，即使劳动价格不变或甚至下降，日工资或周工资也可以增加。……因此，在名义上的日工资或周工资提高的同时，劳动价格可以不变或下降。这也适用于工人家庭的收入，只要家长提供的劳动量是靠家庭成员的劳动而增加的。因此，存在着不减少名义上的日工资或周工资而降低劳动价格的各种方法。

卡·马克思：《资本论》第一卷第 624—625 页

一般的规律就是：如果日劳动、周劳动等等的量已定，那么日工资或周工资就决定于劳动价格，而劳动价格本身或者是随着劳动力的价值而变化，或者是随着劳动力的价格与其价值的偏离而变化。反之，如果劳动价格已定，那么日工资或周工资就决定于日劳动或周劳动的量。

卡·马克思：《资本论》第一卷第 625—626 页

资本家不让工人做满维持自身生存所必要的劳动时间，也能从工人身上榨取一定量的剩余劳动。他可以破坏就业方面的任何规则性，完全按照自己的方便、意愿和眼前利益，使最惊人的过度劳动同相对的或完全的失业互相交替。他可以在支付"正常的劳动价格"的借口下，把工作日延长到超过正常的限度，而不给工人任何相应的补偿。

卡·马克思：《资本论》第一卷第 627 页

在一个产业部门内，工作日越长，工资就越低，这是人所共知的事实。

卡·马克思：《资本论》第一卷第 629 页

从"在劳动价格已定时，日工资或周工资决定于所提供的劳动量"这一规律中首先可以得出这样的结论：劳动价格越低，工人为了保证得到哪怕是可怜的平均工资而付出的劳动量必然越大，或者说，工作日必然越长。劳动价格的低廉在这里起了刺激劳动时间延长的作用。

卡·马克思：《资本论》第一卷第 629 页

《资本论》箴言集

劳动时间的延长反过来又会引起劳动价格的下降,从而引起日工资或周工资的下降。

卡·马克思:《资本论》第一卷第630页

劳动价格由 $\dfrac{\text{劳动力的日价值}}{\text{一定小时数的工作日}}$ 来决定这个事实表明:如果没有任何补偿,单是工作日的延长就会降低劳动价格。但是那些使资本家能够长期延长工作日的情况,最初使他能够,最后则迫使他也在名义上降低劳动价格,以致劳动时数增加了,但总价格即日工资或周工资却下降了。

卡·马克思:《资本论》第一卷第630页

如果一个人完成一个半人或两个人的工作,那么即使市场上劳动力的供给不变,劳动的供给还是增加了。由此造成的工人之间的竞争,使资本家能够压低劳动价格,而劳动价格的降低反过来又使他能够更加延长劳动时间。但是这种对异常的即超过社会平均水平的无酬劳动量的支配权,很快就会成为资本家本身之间的竞争手段。

卡·马克思:《资本论》第一卷第630页

商品价格的一部分是由劳动价格构成的。劳动价格的无酬部分不需要计算在商品价格内。它可以赠送给商品购买者。这是竞争促成的第一步。竞争迫使完成的第二步是,至少把延长工作日而产生的异常的剩余价值的一部分也不包括在商品的出售价格中。异常低廉的商品出售价格就是以这样的方式形成的,最初是偶然的,以后就逐渐固定下来,并且从此成为劳动时间过长而工资极低的不变基础,而原先这种出售价格却是这些情况所造成的结果。

卡·马克思:《资本论》第一卷第630页

反映在资本家头脑中的只是生产关系的假象。资本家不知道,劳动的正常价格也包含着一定量的无酬劳动,并且正是这种无酬劳动是他的利润的正常源泉。剩余劳动时间这个范畴对他说来是根本不存在的,因为剩余劳动时间包含在正常的工作日之内,而这个正常工作日在他看来已经以日工资支付了。但是,额外时间,即工作日超过与普通的劳动价格相适应的

界限的延长部分,对他来说却是存在的。为了对付他的低价出售的竞争者,他甚至主张对这种额外时间支付额外报酬。但是他仍然不知道,这种额外报酬,和普通的劳动小时的价格一样,也包含着无酬劳动。

卡·马克思:《资本论》第一卷第631—632页

第十九章　计件工资

计件工资无非是计时工资的转化形式,正如计时工资是劳动力的价值或价格的转化形式一样。

卡·马克思:《资本论》第一卷第633页

工资支付形式的区别丝毫没有改变工资的本质,虽然其中一种形式可以比另一种形式更有利于资本主义生产的发展。

卡·马克思:《资本论》第一卷第634页

计件工资的形式同计时工资的形式一样是不合理的。例如,两件商品,扣除其中耗费掉的生产资料的价值,作为一个劳动小时的产品,值6便士,而工人由此得到3便士的价格。

卡·马克思:《资本论》第一卷第635页

计件工资实际上不直接表现价值关系。在这里,不是一件商品的价值由体现在其中的劳动时间来计量,相反地,工人耗费的劳动是由他们生产的产品的件数来计量。

卡·马克思:《资本论》第一卷第635页

在实行计时工资的情况下,劳动由劳动的直接的持续时间来计量;在实行计件工资的情况下,则由在一定时间内劳动所凝结成的产品的数量来计量。

卡·马克思:《资本论》第一卷第635页

劳动时间本身的价格最终决定于这个等式:日劳动价值＝劳动力的日

 《资本论》箴言集

价值。因此，计件工资只是计时工资的转化形式。

卡·马克思：《资本论》第一卷第 635 页

劳动的质量是由产品本身来控制的，产品必须具有平均的质量，计件价格才能得到完全的支付。从这方面说，计件工资是克扣工资和进行资本主义欺诈的最丰富的源泉。

卡·马克思：《资本论》第一卷第 635—636 页

计件工资给资本家提供了一个十分确定的计算劳动强度的尺度。只有体现在一个预先规定的并由经验确定的商品量中的劳动时间，才被看做是社会必要劳动时间，并当做这种劳动时间来支付报酬。

卡·马克思：《资本论》第一卷第 636 页

既然劳动的质量和强度在这里是由工资形式本身来控制的，那么对劳动的监督大部分就成为多余的了。因此，计件工资的形式既形成前面所说的现代家庭劳动的基础，也形成层层剥削和压迫的制度的基础。后一种制度有两种基本形式。一方面，计件工资使资本家和雇佣工人之间的寄生者的中间盘剥即包工制（subletting of labour）更容易实行。中间人的利润完全来自资本家支付的劳动价格和中间人实际付给工人的那部分劳动价格之间的差额。在英国，这种制度有一个特别的称呼"sweating-system"（血汗制度）。另一方面，计件工资使资本家能与工头（在手工工场是组长，在矿井是采煤工人等等，在工厂是真正的机器工人）签订按件计酬的合同，工头按照合同规定的价格自己负责招募帮手和支付给他们工资。在这里，资本对工人的剥削是通过工人对工人的剥削来实现的。

卡·马克思：《资本论》第一卷第 636—637 页

实行了计件工资，很自然，工人的个人利益就会使他尽可能紧张地发挥自己的劳动力，而这使资本家容易提高劳动强度的正常程度。

卡·马克思：《资本论》第一卷第 637 页

同样，延长工作日也是工人的个人利益之所在，因为这样可以提高他

的日工资或周工资。

卡·马克思：《资本论》第一卷第637—638页

在实行计时工资的情况下，除少数例外，通常是对同样的职能支付同样多的工资；在实行计件工资的情况下，虽然劳动时间的价格是由一定量的产品来计量的，但日工资或周工资却因工人的个人差别而变化，因为某一工人在一定时间内只提供最低限额的产品，另一工人提供平均数额的产品，第三个工人则提供超过平均数额的产品。

卡·马克思：《资本论》第一卷第638页

计件工资给个性提供的较大的活动场所，一方面促进了工人个性的发展，从而促进了自由精神、独立性和自我监督能力的发展；但另一方面也促进了他们之间的互相竞争。

卡·马克思：《资本论》第一卷第639页

计件工资有一种趋势，就是在把个别工资提高到平均水平以上的同时，把这个水平本身降低。

卡·马克思：《资本论》第一卷第639页

在某种计件工资根据长期的传统已经固定下来，因而特别难以降低的地方，雇主就会破例地把计件工资强行转化为计时工资。

卡·马克思：《资本论》第一卷第639页

计件工资是上一章叙述的计时制的一个主要支柱。

卡·马克思：《资本论》第一卷第639页

计件工资是最适合资本主义生产方式的工资形式。虽然计件工资决不是什么新东西，在14世纪，它就已经与计时工资一起正式列入英法两国的劳工法中，但是只是在真正工场手工业时期，它才得到比较广阔的活动场所。在大工业的狂飙时期，特别是从1797年至1815年，计件工资成了延长

劳动时间和降低工资的手段。

卡·马克思:《资本论》第一卷第640页

在受工厂法约束的工场内,一般采用的是计件工资,因为在这里,资本只能在内涵上扩大工作日。

卡·马克思:《资本论》第一卷第641页

随着劳动生产率的改变,同一产品量所代表的劳动时间也会改变。于是计件工资也会改变,因为计件工资是一定劳动时间的价格表现。……计件工资的这种变动虽然纯粹是名义上的,但也会引起资本家和工人之间的经常不断的斗争;或者是因为资本家以此为借口来实际降低劳动的价格;或者是因为在劳动生产力提高的同时劳动强度也提高了;或者是因为工人当真看待计件工资的假象,认为被支付的是他的产品,而不是他的劳动力,因此反对在商品的出售价格没有相应地降低的情况下降低工资。

卡·马克思:《资本论》第一卷第641—642页

资本有权拒绝这种要求,认为这是对雇佣劳动的性质的粗暴歪曲。它大骂这种要对产业进步课税的狂妄企图,并且断然宣称劳动生产率与工人毫不相干。

卡·马克思:《资本论》第一卷第642—643页

第二十章 工资的国民差异

每一个国家都有一个中等的劳动强度,在这个强度以下的劳动,在生产一个商品时所耗费的时间要多于社会必要劳动时间,所以不能算做正常质量的劳动。

卡·马克思:《资本论》第一卷第645页

在一个国家内,只有超过国民平均水平的强度,才会改变单纯按劳动的持续时间进行的价值计量。

卡·马克思:《资本论》第一卷第645页

在以各个国家作为组成部分的世界市场上,情形就不同了。国家不同,劳动的中等强度也就不同;有的国家高些,有的国家低些。于是各国的平均数形成一个阶梯,它的计量单位是世界劳动的平均单位。因此,强度较大的国民劳动比强度较小的国民劳动,会在同一时间内生产出更多的价值,从而表现为更多的货币。

卡·马克思:《资本论》第一卷第 645 页

但是,价值规律在其国际范围的应用,还会由于下述情况而发生更大的变化:只要生产效率较高的国家没有因竞争而被迫把它们的商品的出售价格降低到和商品的价值相等的程度,生产效率较高的国民劳动在世界市场上也被算做强度较大的劳动。

卡·马克思:《资本论》第一卷第 645 页

一个国家的资本主义生产越发达,那里的国民劳动的强度和生产率,就越超过国际水平。因此,不同国家在同一劳动时间内所生产的同种商品的不同量,有不同的国际价值,从而表现为不同的价格,即表现为按各自的国际价值而不同的货币额。

卡·马克思:《资本论》第一卷第 645 页

货币的相对价值在资本主义生产方式较发达的国家里,比在资本主义生产方式不太发达的国家里要小。名义工资,即表现为货币的劳动力的等价物,在前一种国家会比在后一种国家高;但这决不是说,实际工资即供工人支配的生活资料也是这样。

但是即使撇开不同国家货币价值的这种相对的差异,也常常可以发现,日工资、周工资等等在前一种国家比在后一种国家高,而相对的劳动价格,即同剩余价值和同产品价值相比较的劳动价格,在后一种国家却比在前一种国家高。

卡·马克思:《资本论》第一卷第 645—646 页

即使工资水平多少同中等劳动强度是相符合的,但是劳动的相对价格(同产品相比较的价格)通常是按相反方向变动的。

卡·马克思:《资本论》第一卷第 648 页

《资本论》箴言集

英国对世界市场的恶魔般的影响（似乎这种影响不是从资本主义生产的自然规律中产生的），使国家干涉即通过国家来保护那些"自然规律和理性规律"成为必要，换句话说，就是使实行保护关税制度成为必要。

卡·马克思：《资本论》第一卷第649页

破坏资本主义生产方式天生的优美与和谐的，归根到底是贸易。

卡·马克思：《资本论》第一卷第649页

资本主义生产的唯一祸害就是资本本身。

卡·马克思：《资本论》第一卷第649页

只有一个如此惊人地缺乏批判能力和如此假装博学的人——尽管他持有保护关税的异端邪说——，才配成为一位名叫巴师夏的人和现代自由贸易派其他一切乐观主义者的和谐智慧的秘密源泉。

卡·马克思：《资本论》第一卷第649页

《资本论》箴言集

第七篇　资本的积累过程

　　一个货币额转化为生产资料和劳动力,这是要执行资本职能的价值量所完成的第一个运动。这个运动是在市场上,在流通领域内进行的。运动的第二阶段,生产过程,在生产资料转化为商品时就告结束,这些商品的价值大于其组成部分的价值,也就是包含原预付资本加上剩余价值。接着,这些商品必须再投入流通领域。必须出售这些商品,把它们的价值实现在货币上,把这些货币又重新转化为资本,这样周而复始地不断进行。这种不断地通过同一些连续阶段的循环,就形成资本流通。

卡·马克思:《资本论》第一卷第651页

　　积累的第一个条件,是资本家能够卖掉自己的商品,并把由此得到的绝大部分货币再转化为资本。

卡·马克思:《资本论》第一卷第651页

　　生产剩余价值即直接从工人身上榨取无酬劳动并把它固定在商品上的资本家,是剩余价值的第一个占有者,但决不是剩余价值的最后所有者。以后他还必须同在整个社会生产中执行其他职能的资本家,同土地所有者等等,共同瓜分剩余价值。因此,剩余价值分为各个不同的部分。它的各部分归不同类的人所有,并具有不同的、互相独立的形式,如利润、利息、商业利润、地租等等。

卡·马克思:《资本论》第一卷第651页

　　只要积累在进行,资本家就是在出售所生产的商品,并把出售商品所取得的货币再转化为资本。

卡·马克思:《资本论》第一卷第652页

剩余价值分为各个不同的部分，丝毫也不会改变它的性质以及使它成为积累要素的那些必要条件。

卡·马克思：《资本论》第一卷第 652 页

不管资本主义生产者自己握有的或分给别人的剩余价值的比例如何，他总是最先占有剩余价值。

卡·马克思：《资本论》第一卷第 652 页

第二十一章 简单再生产

不管生产过程的社会的形式怎样，生产过程必须是连续不断的，或者说，必须周而复始地经过同样一些阶段。

卡·马克思：《资本论》第一卷第 653 页

一个社会不能停止消费，同样，它也不能停止生产。因此，每一个社会生产过程，从经常的联系和它不断更新来看，同时也就是再生产过程。

卡·马克思：《资本论》第一卷第 653 页

生产的条件同时也就是再生产的条件。

卡·马克思：《资本论》第一卷第 653 页

任何一个社会，如果不是不断地把它的一部分产品再转化为生产资料或新生产的要素，就不能不断地生产，即再生产。

卡·马克思：《资本论》第一卷第 653 页

在其他条件不变的情况下，社会在例如一年里所消费的生产资料，即劳动资料、原料和辅助材料，只有在实物形式上为数量相等的新物品所替换，社会才能在原有的规模上再生产或保持自己的财富，这些新物品要从年产品总量中分离出来，重新并入生产过程。因此，一定量的年产品是属于生产的。这部分本来供生产消费之用的产品，就采取的实物形式来说，

《资本论》箴言集

大多数不适于个人消费。

卡·马克思:《资本论》第一卷第 653 页

生产具有资本主义的形式,再生产也就具有同样的形式。

卡·马克思:《资本论》第一卷第 653 页

在资本主义生产方式下,劳动过程只表现为价值增殖过程的一种手段,同样,再生产也只表现为把预付价值作为资本即作为自行增殖的价值来再生产的一种手段。

卡·马克思:《资本论》第一卷第 653 页

某个人之所以扮演资本家的经济角色,只是因为他的货币不断地执行资本的职能。

卡·马克思:《资本论》第一卷第 653 页

生产过程是以购买一定时间的劳动力作为开端的,每当劳动的售卖期限届满,从而一定的生产期间(如一个星期,一个月等等)已经过去,这种开端就又更新。

卡·马克思:《资本论》第一卷第 654 页

工人只是在自己的劳动力发挥了作用,把它的价值和剩余价值实现在商品上以后,才得到报酬。

卡·马克思:《资本论》第一卷第 654 页

工人既生产了我们暂时只看做资本家的消费基金的剩余价值,也生产了付给他自己报酬的基金即可变资本,而后者是在它以工资形式流回到工人手里之前生产的,只有当他不断地再生产这种基金的时候,他才被雇用。

卡·马克思:《资本论》第一卷第 654 页

当工人把一部分生产资料转化为产品的时候,他以前的一部分产品就再转化为货币。工人今天的劳动或下半年的劳动是用他上星期的劳动或上半

 《资本论》箴言集

年的劳动来支付的。

卡·马克思:《资本论》第一卷第 655 页

资本家阶级不断地以货币形式发给工人阶级票据,让工人阶级用来领取由它生产而为资本家阶级所占有的产品中的一部分。工人也不断地把这些票据还给资本家阶级,以便从资本家阶级那里取得他自己的产品中属于他自己的那一部分。产品的商品形式和商品的货币形式掩饰了这种交易。

卡·马克思:《资本论》第一卷第 655 页

可变资本不过是工人为维持和再生产自己所必需的生活资料基金或劳动基金的一种特殊的历史的表现形式;这种基金在一切社会生产制度下都始终必须由劳动者本身来生产和再生产。

卡·马克思:《资本论》第一卷第 655 页

劳动基金所以不断以工人劳动的支付手段的形式流回到工人手里,只是因为工人自己的产品不断以资本的形式离开工人。但是劳动基金的这种表现形式丝毫没有改变这样一个事实:资本家把工人自己的对象化劳动预付给工人。

卡·马克思:《资本论》第一卷第 655 页

资产阶级经济学家由于头脑狭隘不能区别表现形式和它所表现的东西,他们无视这样一个事实:甚至今天,劳动基金在地球上也只是例外地表现为资本的形式。

卡·马克思:《资本论》第一卷第 656 页

诚然,只有从生产过程的不断更新来考察资本主义生产过程,可变资本才会失去从资本家私人基金中预付的价值的性质。但是,这一过程总要从某地某时开始。因此,从我们上面所持的观点来看,下面的情况是可能的:资本家曾经一度依靠某种与无酬的他人劳动无关的原始积累而成为货币占有者,因而能够作为劳动力的购买者进入市场。然而,资本主义生产过程的单纯连续或者说简单再生产,还会引起其他一些特殊的变化,这些

变化不仅影响资本的可变部分,而且影响整个资本。

卡·马克思:《资本论》第一卷第 656—657 页

预付资本价值除以每年所消费的剩余价值,就可以求出,经过若干年或者说经过若干个再生产期间,原预付资本就会被资本家消费掉,因而消失了。资本家认为,他所消费的是他人无酬劳动的产品即剩余价值,而保存了原资本价值,但这种看法绝对不能改变事实。经过若干年以后,资本家占有的资本价值就等于他在这若干年不付等价物而占有的剩余价值额,而他所消费的价值额就等于原有资本价值。诚然,他手中握有一笔数量没有改变的资本,而且其中一部分如厂房、机器等等,在他开始经营的时候就已经存在。但是,这里问题在于资本的价值,而不在于资本的物质组成部分。如果某人借了等于自己全部财产的价值的债务而把全部财产耗尽,那么他的全部财产正好只代表他的全部债务的总额。同样,如果资本家把自己预付资本的等价物消费掉,那么这些资本的价值不过只代表他无偿占有的剩余价值的总额。他的原有资本的任何一个价值原子都不复存在了。

卡·马克思:《资本论》第一卷第 657 页

生产过程的单纯连续或者说简单再生产,经过一个或长或短的时期以后,必然会使任何资本都转化为积累的资本或资本化的剩余价值。即使资本在进入生产过程的时候是资本使用者本人挣得的财产,它迟早也要成为不付等价物而被占有的价值,成为无酬的他人劳动在货币形式或其他形式上的化身。

卡·马克思:《资本论》第一卷第 657—658 页

要使货币转化为资本,只有商品生产和商品流通的存在还是不够的。为此首先必须有下列双方作为买者和卖者相对立:一方是价值或货币的占有者,另一方是创造价值的实体的占有者;一方是生产资料和生活资料的占有者,另一方是除了劳动力以外一无所有的占有者。所以,劳动产品和劳动本身的分离,客观劳动条件和主观劳动力的分离,是资本主义生产过程事实上的基础或起点。

卡·马克思:《资本论》第一卷第 658 页

但是,起初仅仅是起点的东西,后来通过过程的单纯连续,即通过简单再生产,就作为资本主义生产本身的结果而不断重新生产出来,并且永久化了。一方面,生产过程不断地把物质财富转化为资本,转化为资本家的价值增殖手段和消费品。另一方面,工人不断地像进入生产过程时那样又走出这个过程:他是财富的人身源泉,但被剥夺了为自己实现这种财富的一切手段。因为在他进入过程以前,他自己的劳动就同他相异化而为资本家所占有,并入资本中了,所以在过程中这种劳动不断对象化在为他人所有的产品中。因为生产过程同时就是资本家消费劳动力的过程,所以工人的产品不仅不断地转化为商品,而且也转化为资本,转化为吮吸创造价值的力的价值,转化为购买人身的生活资料,转化为使用生产者的生产资料。

卡·马克思:《资本论》第一卷第658页

工人本身不断地把客观财富当做资本,当做同他相异己的、统治他和剥削他的权力来生产,而资本家同样不断地把劳动力当做主观的同它本身对象化在其中和借以实现的资料相分离的、抽象的、只存在于工人身体中的财富源泉来生产,一句话,就是把工人当做雇佣工人来生产。

卡·马克思:《资本论》第一卷第659页

工人的这种不断再生产或永久化是资本主义生产的必不可少的条件。

卡·马克思:《资本论》第一卷第659页

工人的消费有两种。在生产本身中他通过自己的劳动消费生产资料,并把生产资料转化为价值高于预付资本价值的产品。这是他的生产消费。同时这也是购买他的劳动力的资本家对他的劳动力的消费。另一方面,工人把购买他的劳动力而支付给他的货币用于生活资料:这是他的个人消费。

卡·马克思:《资本论》第一卷第659页

可见,工人的生产消费和个人消费是完全不同的。在前一种消费下,工人起资本动力的作用,属于资本家;在后一种消费下,他属于自己,在生产过程以外执行生活职能。前一种消费的结果是资本家的生存,后一种消费的结果是工人自己的生存。

卡·马克思:《资本论》第一卷第659页

《资本论》箴言集

工人往往被迫把自己的个人消费变成生产过程的纯粹附带的事情。在这种情况下,他给自己添加生活资料,是为了维持自己劳动力的运转,正像给蒸汽机添煤加水,给机轮上油一样。在这里,他的消费资料只是一种生产资料的消费资料,他的个人消费是直接生产的消费。

卡·马克思:《资本论》第一卷第659—660页

当资本家把自己一部分资本转变为劳动力时,他就由此增殖了自己的总资本。他一举两得。他不仅从他由工人那里取得的东西中,而且从他给工人的东西中获取利益。

卡·马克思:《资本论》第一卷第660页

用来交换劳动力的资本转化为生活资料,这种生活资料的消费是为了再生产现有工人的肌肉、神经、骨骼、脑髓和生出新的工人。因此,工人阶级的个人消费,在绝对必要的限度内,只是把资本用来交换劳动力的生活资料再转化为可供资本重新剥削的劳动力。这种消费是资本家最不可少的生产资料即工人本身的生产和再生产。

卡·马克思:《资本论》第一卷第660页

工人的个人消费,不论在工场、工厂等以内或以外,在劳动过程以内或以外进行,总是资本生产和再生产的一个要素,正像擦洗机器,不论在劳动过程中或劳动过程的一定间歇进行,总是生产和再生产的一个要素一样。虽然工人实现自己的个人消费是为自己而不是为资本家,但事情并不因此有任何变化。役畜的消费并不因为役畜自己享受食物而不成为生产过程的一个必要的要素。

卡·马克思:《资本论》第一卷第660页

工人阶级的不断维持和再生产始终是资本再生产的条件。资本家可以放心地让工人维持自己和繁殖后代的本能去实现这个条件。他所操心的只是把工人的个人消费尽量限制在必要的范围之内,这种做法同南美洲那种强迫工人吃营养较多的食物,不吃营养较少的食物的粗暴行为,真有天壤之别。

卡·马克思:《资本论》第一卷第660—661页

资本家及其意识形态家即政治经济学家认为,只有为了使工人阶级永久化而必需的,也就是为了使资本消费劳动力而实际必须消费的那部分工人个人消费,才是生产消费。除此以外,工人为了自己享受而消费的一切都是非生产消费。如果资本积累引起工资的提高,从而引起工人消费资料的增加,但资本并没有消费更多的劳动力,那么追加资本就会非生产地消费掉。

卡·马克思:《资本论》第一卷第 661 页

实际上,工人的个人消费对他自己来说是非生产的,因为这种消费仅仅是再生产贫困的个人;而对资本家和国家来说是生产的,因为它生产了创造他人财富的力量。

卡·马克思:《资本论》第一卷第 661 页

从社会角度来看,工人阶级,即使在直接劳动过程以外,也同死的劳动工具一样是资本的附属物。甚至工人阶级的个人消费,在一定限度内,也不过是资本再生产过程的一个要素。不过,这个过程关心的是,它不让这些有自我意识的生产工具在它不断使他们的劳动产品从他们这一极移到资本那一极时跑掉。个人消费一方面保证他们维持自己和再生产自己,另一方面通过生活资料的耗费来保证他们不断重新出现在劳动市场上。

卡·马克思:《资本论》第一卷第 661—662 页

罗马的奴隶是由锁链,雇佣工人则由看不见的线系在自己的所有者手里。他的独立性这种假象是由雇主的经常更换以及契约的法律拟制来保持的。

卡·马克思:《资本论》第一卷第 662 页

从前,资本在它认为必要的时候,就通过强制性法律来实现它对自由工人的所有权。例如在 1815 年以前,英国禁止机器工人移居国外,违者予以严惩。

卡·马克思:《资本论》第一卷第 662 页

工人阶级的再生产,同时也包括技能的世代传授和积累。

卡·马克思:《资本论》第一卷第 662 页

资本家竭力把这种熟练的工人阶级的存在算做属于自己的生产条件，并且实际上把这种熟练的工人阶级看做自己的可变资本的实际存在，每当危机使这种工人阶级有丧失的危险时，这一点就会表现出来。

卡·马克思：《资本论》第一卷第 662 页

资本主义生产过程在本身的进行中，再生产出劳动力和劳动条件的分离。这样，它就再生产出剥削工人的条件，并使之永久化。它不断迫使工人为了生活而出卖自己的劳动力，同时不断使资本家能够为了发财致富而购买劳动力。

卡·马克思：《资本论》第一卷第 665—666 页

现在已经不再是偶然的事情使资本家和工人作为买者和卖者在商品市场上相对立。过程本身必定把工人不断地当做自己劳动力的卖者投回商品市场，并把工人自己的产品不断地转化为资本家的购买手段。实际上，工人在把自己出卖给资本家以前就已经属于资本了。工人在经济上的从属地位，是通过他的卖身行为的周期更新、雇主的更换和劳动的市场价格的变动来实现的，同时又被这些事实所掩盖。

卡·马克思：《资本论》第一卷第 666 页

资本主义生产过程，在联系中加以考察，或作为再生产过程加以考察时，不仅生产商品，不仅生产剩余价值，而且还生产和再生产资本关系本身：一方面是资本家，另一方面是雇佣工人。

卡·马克思：《资本论》第一卷第 666—667 页

第二十二章　剩余价值转化为资本

1. 规模扩大的资本主义生产过程。
商品生产所有权规律转变为资本主义占有规律

把剩余价值当做资本使用，或者说，把剩余价值再转化为资本，叫做

资本积累。

卡·马克思：《资本论》第一卷第 668 页

资本价值最初是以货币形式预付的；相反，剩余价值一开始就作为总产品的一定部分的价值而存在。如果总产品卖出去，转化为货币，那么资本价值就又取得了自己最初的形式，而剩余价值则改变了自己最初的存在方式。但是从这时候起，资本价值和剩余价值二者都成了货币额，并且以完全相同的方式重新转化为资本。资本家把这二者都用来购买商品，以便能够重新开始制造自己的产品，而这次是在扩大规模上进行的。

卡·马克思：《资本论》第一卷第 669 页

他自己的棉纱所以能流通，只是因为他把自己的年产品投入市场，正像其他所有的资本家也把自己的商品投入市场一样。但这些商品在进入市场以前，就已经存在于年生产基金中了，也就是说，已经存在于由各个单个资本的总额或社会总资本在一年中转化成的各种物品的总额中了，而每个资本家只占其中的一个相应部分。

卡·马克思：《资本论》第一卷第 669 页

市场上的过程只是实现年生产的各个组成部分的交换，使它们从一个人的手里转到另一人的手里，但它既不能增大年生产的总额，也不能改变所生产的物品的本性。可见，全部年产品能有什么用途，取决于它本身的构成，而决不取决于流通。

卡·马克思：《资本论》第一卷第 669—670 页

年生产必须提供用来补偿一年中所消费的资本的物质组成部分的一切物品（使用价值）。扣除这一部分以后，剩下的就是包含剩余价值的纯产品或剩余产品。

卡·马克思：《资本论》第一卷第 670 页

要积累，就必须把一部分剩余产品转化为资本。但是，如果不是出现了奇迹，能够转化为资本的，只是在劳动过程中可使用的物品，即生产资料，以及工人用以维持自身的物品，即生活资料。所以，一部分年剩余劳动必须用来制造追加的生产资料和生活资料，它们要超过补偿预付资本所需的数量。总之，剩余价值所以能转化为资本，只是因为剩余产品（它的价值就是剩余价值）已经包含了新资本的物质组成部分。

卡·马克思：《资本论》第一卷第670页

但要使这些组成部分真正执行资本的职能，资本家阶级还需要追加劳动。如果从外延方面或内涵方面都不能增加对已经就业的工人的剥削，那就必须雇用追加的劳动力。而资本主义生产的机制也已经考虑到了这一点，因为它把工人阶级当做靠工资过活的阶级再生产出来，让他们的通常的工资不仅够用来维持自己，而且还够用来进行繁殖。

卡·马克思：《资本论》第一卷第670—671页

资本只要把工人阶级每年向它提供的各种年龄的追加劳动力同已经包含在年产品中的追加生产资料合并起来，剩余价值向资本的转化就完成了。具体说来，积累就是资本以不断扩大的规模进行的再生产。简单再生产的循环改变了，按照西斯蒙第的说法，变成螺旋形了。

卡·马克思：《资本论》第一卷第671页

在新形成的资本旁边，原有资本仍在继续再生产自己，并生产剩余价值，而且每一个积累的资本就它同自己所创造的追加资本的关系来说，也是这样。

卡·马克思：《资本论》第一卷第671页

合并追加劳动力的生产资料，以及维持这种劳动力的生活资料，都不外是剩余产品的不可缺少的组成部分，即资本家阶级每年从工人阶级那里夺取的贡品的不可缺少的组成部分。如果资本家阶级用贡品的一部分从工人阶级那里购买追加劳动力，甚至以十足的价格来购买，就是说，用等价物交换等价物，那还是征服者的老把戏，用从被征服者那里掠夺来的货币去购买被征服者的商品。

卡·马克思：《资本论》第一卷第672页

如果追加资本所雇用的就是把它生产出来的人，那么他们首先必须继续使原有资本增殖,其次要对自己过去劳动的产品用比它所费劳动更多的劳动买回来。如果我们把这看做资本家阶级和工人阶级之间的交易,那么,即使用从前雇用的工人的无酬劳动来雇用追加的工人,问题的实质也不会有丝毫改变。资本家也许还把追加资本转化为机器,而机器又把这种追加资本的生产者抛向街头,用几个儿童来代替他们。不管怎样,工人阶级总是用他们这一年的剩余劳动创造了下一年雇用追加劳动的资本。这就是所谓"资本生资本"。

卡·马克思:《资本论》第一卷第 672 页

现在,对过去无酬劳动的所有权,成为现今以日益扩大的规模占有活的无酬劳动的唯一条件。资本家积累得越多,他就越能更多地积累。

卡·马克思:《资本论》第一卷第 673 页

资本家和工人之间的交换关系,仅仅成为属于流通过程的一种表面现象,成为一种与内容本身无关的并只是使它神秘化的形式。劳动力的不断买卖是形式。其内容则是,资本家用他总是不付等价物而占有的他人的已经对象化的劳动的一部分,来不断再换取更大量的他人的活劳动。

卡·马克思:《资本论》第一卷第 673 页

最初,在我们看来,所有权似乎是以自己的劳动为基础的。至少我们应当承认这样的假定,因为互相对立的仅仅是权利平等的商品占有者,占有他人商品的手段只能是让渡自己的商品,而自己的商品又只能是由劳动创造的。现在,所有权对于资本家来说,表现为占有他人无酬劳动或它的产品的权利,而对于工人来说,则表现为不能占有自己的产品。所有权和劳动的分离,成了似乎是一个以它们的同一性为出发点的规律的必然结果。

卡·马克思:《资本论》第一卷第 673—674 页

因此,不论资本主义占有方式好像同最初的商品生产规律如何矛盾,但这种占有方式的产生决不是由于这些规律遭到违反,相反地,是由于这些规律得到应用。

卡·马克思:《资本论》第一卷第 674 页

《资本论》箴言集

货币最初转化为资本，是完完全全符合商品生产的经济规律以及由此产生的所有权的。尽管这样，这种转化仍然有以下的结果：

1. 产品属于资本家，而不属于工人；
2. 这一产品的价值除包含预付资本的价值外，还包含剩余价值，后者要工人耗费劳动，而不要资本家耗费任何东西，但它却成为资本家的合法财产；
3. 工人保持了自己的劳动力，只要找到买者就可以重新出卖。

简单再生产仅仅是这种最初的活动的周期反复。货币总是一次又一次地重新转化为资本。因此，规律并没有遭到违反，相反地，只是得到不断发生作用的机会。

卡·马克思：《资本论》第一卷第 675 页

剩余价值是资本家的财产，它从来不属于别人。

卡·马克思：《资本论》第一卷第 676 页

只有当雇佣劳动成为商品生产的基础时，商品生产才强加于整个社会；但也只有这时，它才能发挥自己的全部潜力。说雇佣劳动的介入使商品生产变得不纯，那就等于说，商品生产要保持纯粹性，它就不该发展。

卡·马克思：《资本论》第一卷第 677 页

商品生产按自己本身内在的规律越是发展成为资本主义生产，商品生产的所有权规律也就越是转变为资本主义的占有规律。

卡·马克思：《资本论》第一卷第 677—678 页

政治经济学一般都把资本说成是"用来重新生产剩余价值的积累起来的财富"（转化了的剩余价值或收入），或把资本家说成是"剩余产品的占有者"。只不过这同一种看法还有另一种表达方式，即全部现存的资本都是积累起来的或资本化的利息，因为利息不过是剩余价值的一部分。

卡·马克思：《资本论》第一卷第 678 页

2. 政治经济学关于规模扩大的再生产的错误见解

资本家为自己消费而用一部分剩余价值购买的商品，对他不起生产资

料和价值增殖手段的作用,同样,他为满足自己的自然需要和社会需要而购买的劳动,也不起生产劳动的作用。

卡·马克思:《资本论》第一卷第679页

在资产阶级经济学看来,具有决定性重要意义的是,宣布资本积累是每个公民的首要义务,并谆谆告诫人们,如果把全部收入吃光用尽,而不把其中相当的一部分用来雇用追加的生产工人,让他们带来的东西超过他们耗费的东西,那就不能积累。

卡·马克思:《资本论》第一卷第679页

另一方面,资产阶级经济学又不得不同一般人的偏见作斗争,这种偏见把资本主义生产和货币贮藏混为一谈,以为积累的财富会使财富现有的实物形式免遭破坏,也就是不被消费掉,或者说,使财富避免进入流通。其实,把货币贮藏起来不投入流通,同把货币作为资本而增殖,恰恰是相反的两回事,从货币贮藏的意义上进行商品积累,是十足的愚蠢行为。

卡·马克思:《资本论》第一卷第679—680页

大量商品的积累是流通停滞或生产过剩的结果。

卡·马克思:《资本论》第一卷第680页

在一般人的观念中是把下面这两种现象混在一起了:一方面是富人消费基金中积累的供慢慢消费的财物,另一方面是一切生产方式所共有的储备。

卡·马克思:《资本论》第一卷第680页

古典经济学强调指出,积累过程的特点是,剩余产品由生产工人消费,而不由非生产工人消费,这一点是对的。但它的错误也正是从这里开始。亚·斯密使人们形成一种流行的看法,把积累仅仅看成剩余产品由生产工人消费,或者说,把剩余价值的资本化仅仅看成剩余价值转变为劳动力。……李嘉图和一切以后的经济学家追随亚·斯密一再重复地说:"加入资本的那部分收入,是由生产工人消费的",这就大错特错了。根据这种看法,所有转化为资本的剩余价值都要成为可变资本了。其实,剩余价值和原预付价

值一样,分成不变资本和可变资本,分成生产资料和劳动力。劳动力是可变资本在生产过程中的存在形式。在这个过程中,它本身被资本家消费了。它通过自己的职能——劳动——消费生产资料。同时,购买劳动力所付出的货币,转化为不是由"生产劳动"而是由"生产工人"消费的生活资料。

卡·马克思:《资本论》第一卷第680—681页

亚·斯密根据自己根本错误的分析得出了以下的荒谬结论:虽然每一单个资本分成不变组成部分和可变组成部分,但社会资本只分解为可变资本,或者说,只用来支付工资。例如,一个呢绒厂主把2000镑转化为资本。他把这些货币的一部分用来雇织工,另一部分用来购买毛纱和织毛机等等。而把毛纱和织毛机卖给他的人,又把其中的一部分用来支付劳动,依此类推,直到2000镑完全用于支付工资,或者这2000镑所代表的全部产品都由生产工人消费掉。我们看到,这个论据的全部力量就在于把我们推来推去的"依此类推"这几个字。事实上,亚当·斯密正是在困难开始的地方中止了他的研究。

要是我们只考察年总生产基金,每年的再生产过程是容易理解的。但年生产的各个组成部分都必须投入商品市场,而困难就在这里开始。各个资本的运动和个人收入的运动交错混合在一起,消失在普遍的换位中,即消失在社会财富的流通中,这就迷惑了人们的视线,给我们的研究提出了极其复杂的问题需要解决。……重农学派最大的功劳,就在于他们在自己的《经济表》中,首次试图画出一幅通过流通表现出来的年生产的图画。

卡·马克思:《资本论》第一卷第681—682页

不言而喻,政治经济学不会不利用亚·斯密的所谓纯产品中转化为资本的部分完全由工人阶级消费这一论点,来为资本家阶级的利益服务。

卡·马克思:《资本论》第一卷第682页

3. 剩余价值分为资本和收入。节欲论

在前一章里,我们把剩余价值或剩余产品只是看做资本家的个人消费基金,在这一章里,我们到现在为止把它只是看做积累基金。但是,剩余价值不仅仅是前者,也不仅仅是后者,而是二者兼而有之。剩余价值一部

分由资本家作为收入消费,另一部分用做资本或积累起来。

在剩余价值量已定时,这两部分中的一部分越大,另一部分就越小。在其他一切条件不变的情况下,这种分割的比例决定着积累量。而谁进行这种分割呢?是剩余价值的所有者资本家。因此,这是他的意志行为。至于他所征收的贡品中由他积累的部分,据说是他节约下来的,因为他没有把它吃光用尽,也就是说,因为他执行了他作为资本家的职能,即执行使自己致富的职能。

卡·马克思:《资本论》第一卷第682—683页

资本家只有作为人格化的资本,他才有历史的价值,才有像聪明的利希诺夫斯基所说的"没有任何日期"的历史存在权。也只有这样,他本身的暂时必然性才包含在资本主义生产方式的暂时必然性中。但既然这样,他的动机,也就不是使用价值和享受,而是交换价值和交换价值的增殖了。作为价值增殖的狂热追求者,他肆无忌惮地迫使人类去为生产而生产,从而去发展社会生产力,去创造生产的物质条件;而只有这样的条件,才能为一个更高级的、以每一个个人的全面而自由的发展为基本原则的社会形式建立现实基础。

卡·马克思:《资本论》第一卷第683页

只有作为资本的人格化,资本家才受到尊敬。作为资本的人格化,他同货币贮藏者一样,具有绝对的致富欲。

卡·马克思:《资本论》第一卷第683页

在货币贮藏者那里表现为个人的狂热的事情,在资本家那里却表现为社会机制的作用,而资本家不过是这个社会机制中的一个主动轮罢了。

卡·马克思:《资本论》第一卷第683页

资本主义生产的发展,使投入工业企业的资本有不断增长的必要,而竞争使资本主义生产方式的内在规律作为外在的强制规律支配着每一个资本家。竞争迫使他不断扩大自己的资本来维持自己的资本,而他扩大资本只能靠累进的积累。

卡·马克思:《资本论》第一卷第683页

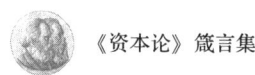

所以，就资本家的一切行动只是那个通过他才有了意志和意识的资本的职能而论，他的私人消费，对他来说也就成了对他的资本积累的掠夺，就像在意大利式簿记中资本家的私人开支被记在资本家的借方来同资本相对立一样。积累是对社会财富世界的征服。它在扩大被剥削的人身材料的数量的同时，也扩大了资本家直接和间接的统治。

卡·马克思：《资本论》第一卷第683—684页

但是，原罪到处发生作用。随着资本主义生产方式、积累和财富的发展，资本家不再仅仅是资本的化身。他对自己的亚当具有"人的同情感"，而且他所受的教养使他把禁欲主义的热望嘲笑为旧式货币贮藏者的偏见。

卡·马克思：《资本论》第一卷第684—685页

古典的资本家谴责个人消费是违背他的职能的罪恶，是对积累的"节制"，而现代化的资本家却能把积累看做是对自己的享受冲动的"禁欲"。

卡·马克思：《资本论》第一卷第685页

在资本主义生产方式的历史初期，——而每个资本主义的暴发户都个别地经过这个历史阶段，——致富欲和贪欲作为绝对的欲望占统治地位。

卡·马克思：《资本论》第一卷第685页

但资本主义生产的进步不仅创立了一个享乐世界；随着投机和信用事业的发展，它还开辟了千百个突然致富的源泉。在一定的发展阶段上，已经习以为常的挥霍，作为炫耀富有从而取得信贷的手段，甚至成了"不幸的"资本家营业上的一种必要。奢侈被列入资本的交际费用。

卡·马克思：《资本论》第一卷第685页

资本家财富的增长，不是像货币贮藏者那样同自己的个人劳动和个人消费的节约成比例，而是同他榨取别人的劳动力的程度和强使工人放弃一切生活享受的程度成比例的。

卡·马克思：《资本论》第一卷第685页

虽然资本家的挥霍从来不像放荡的封建主的挥霍那样是直截了当的，相反地，在它的背后总是隐藏着最肮脏的贪欲和最小心的盘算；但是资本家的挥霍仍然和积累一同增加，一方决不会妨害另一方。因此，在资本家个人的崇高的心胸中同时展开了积累欲和享受欲之间的浮士德式的冲突。

卡·马克思：《资本论》第一卷第685页

积累啊，积累啊！这就是摩西和先知们！"勤劳提供物资，而节俭把它积累起来"。【亚·斯密《国富论》第2卷第3章。——著者注】因此，节俭啊，节俭啊，也就是把剩余价值或剩余产品中尽可能大的部分重新转化为资本！为积累而积累，为生产而生产——古典经济学用这个公式表达了资产阶级时期的历史使命。它从未低估过财富分娩带来的痛苦，而对历史必然性伤心流泪又有什么用处呢？在古典经济学看来，无产者不过是生产剩余价值的机器，而资本家也不过是把这剩余价值转化为追加资本的机器。它非常严肃地对待资本家的历史职能。

卡·马克思：《资本论》第一卷第686—687页

为了使资本家的内心摆脱享受欲和致富欲之间的不幸的冲突，马尔萨斯在本世纪20年代初期曾维护这样一种分工：让实际从事生产的资本家承担积累的任务，而让另一些参加剩余价值分配的人，如土地贵族、领受国家和教会俸禄的人等等承担挥霍的任务。他说，最重要的就是"把支出欲和积累欲分开"。那些早就变得享乐成性和沉湎于交际的资本家先生们不由得大叫起来。他们的代言人之一，一个李嘉图派叫道：马尔萨斯先生鼓吹高额地租、高额税收等等，难道是为了让非生产消费者来不断地刺激工业家！……

尽管他认为靠吸掉工业资本家汤里的油水这种办法来刺激工业资本家去积累是不公正的，但是他觉得，"要使工人勤勉地劳动"，必须尽可能地把工人的工资减到最低限度。他从来也不隐瞒生财之道就在于占有无酬劳动。

卡·马克思：《资本论》第一卷第687页

"社会越进步，就越要求节欲"，也就是越要求那些以占有别人劳动及其产品为业的人实行节欲。从此劳动过程的一切条件就如数转化为资本家的节欲行为了。

卡·马克思：《资本论》第一卷第689页

谷物不只是吃掉，而且还用来播种，这是资本家的节欲！葡萄酒保留一段时间进行发酵，这是资本家的节欲！资本家"把生产工具贷给〈！〉工人"，也就是说，把生产工具同劳动力合并在一起作为资本来增殖，而不把蒸汽机、棉花、铁路、肥料、挽马等等吃光，或者按照庸俗经济学家的幼稚说法，不把"它们的价值"变成奢侈品和其他消费资料挥霍掉，这就是资本家在掠夺自己的欲望。资本家阶级究竟怎样能做到这一点，至今仍然是庸俗经济学严加保守的秘密。够了，世界之所以能生存，无非全靠这个在毗湿奴神前的现代赎罪者资本家的自我修行。不仅是积累，就是单纯的"保存资本也要求不断地努力克服把资本吃光用尽的诱惑"。

卡·马克思：《资本论》第一卷第689—690页

所以很明显，单是人道就要求把资本家从殉道和诱惑中解救出来，其办法同不久前佐治亚州的奴隶主所采取的一样，后者通过废除奴隶制而摆脱了这样一种左右为难的境地：是把鞭打黑奴所得的全部剩余产品消耗在香槟酒上，还是把其中一部分再转化为更多的黑人和更多的土地。

在极不相同的经济的社会形态中，不仅都有简单再生产，而且都有规模扩大的再生产，虽然程度不同。生产和消费会累进地增加，因此，转化为生产资料的产品也会累进地增加。但是，只要工人的生产资料，从而他的产品和生活资料，还没有以资本形式同他相对立，这个过程就不会表现为资本积累，因而也不会表现为资本家的职能。

卡·马克思：《资本论》第一卷第690页

4. 几种同剩余价值分为资本和收入的比例无关但决定积累量的情况：劳动力的剥削程度；劳动生产力；所使用的资本和所消费的资本之间差额的扩大；预付资本的量

假设剩余价值分为资本和收入的比例已定，积累的资本量显然取决于剩余价值的绝对量。假定80%资本化，20%被消费掉，那么，积累的资本是2400镑还是1200镑，就要看剩余价值的总额是3000镑还是1500镑。可见，决定剩余价值量的一切情况也影响着积累的量。在这里我们对这些情况再作一次总括的说明，但是只限于它们在积累方面会提供新

 《资本论》箴言集

观点的范围。

卡·马克思:《资本论》第一卷第691页

政治经济学非常重视剥削程度的这种作用,以致有时把由于提高劳动生产力而造成的积累的加速和由于加强对工人的剥削而造成的积累的加速等同起来。

卡·马克思:《资本论》第一卷第691—692页

在论述剩余价值的生产的那几篇里,我们总是假定工资至少和劳动力的价值相等。但是,把工资强行压低到这一价值以下,在实际运动中起着极为重要的作用,因此我们不能不对这一点略加考察。在一定限度内,这实际上是把工人的必要消费基金转化为资本的积累基金。

卡·马克思:《资本论》第一卷第692页

工人不费分文是一个数学意义上的极限:虽然可以逐渐接近,但永远无法达到。资本的经常趋势是使工人降到这种不费分文的地步。我常引用的一个18世纪著作家、《论手工业和商业》的作者声称,英国的重大历史任务是把英国的工资降低到法国和荷兰的水平,他不过是泄露了英国资本灵魂深处的秘密。

卡·马克思:《资本论》第一卷第692—693页

虽然在一切产业部门里,由劳动资料构成的不变资本部分,必须足够供由设备规模决定的一定数量的工人使用,但是它完全不必总是同所使用的劳动量按同一比例增加。……由提高劳动力的紧张程度而获得的追加劳动,没有不变资本部分的相应增加,也能够增加剩余产品和剩余价值,即积累的实体。

卡·马克思:《资本论》第一卷第696页

总的结论是:资本一旦合并了形成财富的两个原始要素——劳动力和土地,它便获得了一种扩张的能力,这种能力使资本能把它的积累的要素扩展到超出似乎是由它本身的大小所确定的范围,即超出由体现资本存在

的、已经生产的生产资料的价值和数量所确定的范围。

卡·马克思：《资本论》第一卷第 697 页

资本积累的另一个重要的因素是社会劳动生产率的水平。

卡·马克思：《资本论》第一卷第 697 页

随着劳动生产力的提高，表现一定价值从而一定量剩余价值的产品量也会提高。在剩余价值率不变甚至下降，但其下降比劳动生产力的提高缓慢的情况下，剩余产品量也会增加。因此，在剩余产品分为收入和追加资本的比例保持不变的情况下，资本家的消费可以增加，而积累基金并不减少。积累基金的相对量甚至可以靠牺牲消费基金而增加，而由于商品变得便宜，资本家享用的消费品仍和过去相等甚至比过去还多。但是我们已经知道，工人之变得便宜，从而剩余价值率的增加，是同劳动生产率的提高携手并进的，即使在实际工资提高的情况下也是如此。

卡·马克思：《资本论》第一卷第 697—698 页

实际工资从来不会和劳动生产率按同一比例增加。

卡·马克思：《资本论》第一卷第 698 页

同一可变资本价值会推动更多的劳动力，从而推动更多的劳动。同一不变资本价值会表现为更多的生产资料，即表现为更多的劳动资料、劳动材料和辅助材料，从而会提供更多的形成产品和价值的要素，或者说，提供更多的吮吸劳动的要素。因此，在追加资本的价值不变甚至降低的情况下，积累仍然可以加快。不仅再生产的规模在物质上扩大了，而且剩余价值的生产也比追加资本的价值增长得更快。

卡·马克思：《资本论》第一卷第 698 页

劳动生产力的发展也会对原资本或已经处于生产过程中的资本发生反作用。

卡·马克思：《资本论》第一卷第 698 页

执行职能的不变资本的一部分是由劳动资料如机器等等构成的，这些劳动资料只有经过一个较长的时期，才会被消费掉，因而被再生产出来或被同一种新的物品所替换。但是，这些劳动资料每年都有一部分死亡，或者说，达到了它的生产职能的终点。因此，每年都有一部分是处在周期的再生产或被同一种新的物品所替换的阶段。

卡·马克思：《资本论》第一卷第 698 页

如果生产这些劳动资料的部门的劳动生产力发展了，而劳动生产力是随着科学和技术的不断进步而不断发展的，那么旧的机器、工具、器械等等就会被效率更高的、从功效来说更便宜的机器、工具和器械等等所代替。撇开现有的劳动资料在细节上的不断改进不说，旧的资本也会以生产效率更高的形式再生产出来。不变资本的另一部分，即原料和辅助材料在一年当中不断地再生产出来，而其中由农业生产的大多是一年再生产一次。因此，改良方法等等的每次采用，在这里对追加资本和已在执行职能的资本几乎同时发生影响。

卡·马克思：《资本论》第一卷第 698 页

化学的每一个进步不仅增加有用物质的数量和已知物质的用途，从而随着资本的增长扩大投资领域。同时，它还教人们把生产过程和消费过程中的废料投回到再生产过程的循环中去，从而无须预先支出资本，就能创造新的资本材料。正像只要提高劳动力的紧张程度就能加强对自然财富的利用一样，科学和技术使执行职能的资本具有一种不以它的一定量为转移的扩张能力。同时，这种扩张能力对原资本中已进入更新阶段的那一部分也发生反作用。

卡·马克思：《资本论》第一卷第 698—699 页

资本以新的形式无代价地合并了在它的旧形式背后所实现的社会进步。当然，生产力的这种发展同时会使正在执行职能的资本部分地贬值。只要这种贬值通过竞争被人们痛切地感觉到，主要负担就会落到工人身上，资本家力图用加强对工人剥削的办法来弥补自己的损失。

卡·马克思：《资本论》第一卷第 699 页

劳动把它所消费的生产资料的价值转移到产品上去。另一方面，一定

量的劳动所推动的生产资料的价值和数量是同劳动的生产效率的提高成比例地增加的。因此，虽然同量的劳动始终只是给自己的产品增加同量的新价值，但是，随着劳动生产率的提高，同时由劳动转移到产品上的旧资本的价值仍会增加。

卡·马克思：《资本论》第一卷第 699 页

随着劳动的生产资料的效能、规模和价值的增长，从而随着由劳动生产力的发展而造成的积累的增长，劳动在不断更新的形式中把不断膨胀的资本的价值保存下来并使之永久化。劳动的这种自然能力表现为合并劳动的资本所固有的自我保存的能力，正像劳动的社会生产力表现为资本的属性，资本家对剩余劳动的不断占有表现为资本的不断自行增殖一样。

卡·马克思：《资本论》第一卷第 700—701 页

劳动的一切力量都显现为资本的力量，正像商品价值的一切形式都显现为货币的形式一样。

卡·马克思：《资本论》第一卷第 701 页

随着资本的增长，所使用的资本和所消费的资本之间的差额也在增大。换句话说，劳动资料如建筑物、机器、排水管、役畜以及各种器械的价值量和物质量都会增加，这些劳动资料在或长或短的一个时期里，在不断反复进行的生产过程中，用自己的整体执行职能，或者说，为达到某种有用的效果服务，而它们本身却是逐渐损耗的，因而是一部分一部分地丧失自己的价值，也就是一部分一部分地把自己的价值转移到产品中去。

卡·马克思：《资本论》第一卷第 701—702 页

这些劳动资料越是作为产品形成要素发生作用而不把价值加到产品中去，也就是说，它们越是整个地被使用而只是部分地被消费，那么，它们就越是像我们在上面说过的自然力如水、蒸汽、空气、电力等等那样，提供无偿的服务。被活劳动抓住并赋予生命的过去劳动的这种无偿服务，会随着积累规模的扩大而积累起来。

卡·马克思：《资本论》第一卷第 702 页

因为过去劳动总是装扮成资本，也就是说，A、B、C 等人的劳动的被人所有总是装扮成非劳动者 X 的自己所有，所以资产者和政治经济学家们对过去劳动的功绩赞扬备至；苏格兰的天才麦克库洛赫甚至认为，过去劳动应当得到特殊的报酬（利息、利润等等）。

卡·马克思：《资本论》第一卷第 702 页

那种以生产资料的形式参与活劳动过程的过去劳动所取得的不断增长的重要性，就被归功于这种劳动的同工人本身相异化的形态，即它的资本的形态，虽然这种劳动是工人的过去的和无酬的劳动。就像奴隶主不能把劳动者本身和他的奴隶身份分开来考虑一样，资本主义生产的实际当事人及其胡说八道的思想家不能把生产资料和它们今天所具有的对抗性的社会化装分开来考虑。

卡·马克思：《资本论》第一卷第 702 页

在劳动力的剥削程度已定的情况下，剩余价值量就取决于同时被剥削的工人人数，而工人人数和资本的量是相适应的，虽然它们的比例是变动着的。

卡·马克思：《资本论》第一卷第 702—703 页

资本由于连续的积累而增加得越多，分为消费基金和积累基金的价值额也就增加得越多。因此，资本家既能过更优裕的生活，又能更加"禁欲"。最后，生产的规模越是随着预付资本量一同扩大，生产的全部发条也就运作得越是有力。

卡·马克思：《资本论》第一卷第 703 页

5. 所谓劳动基金

资本不是一个固定的量，而是社会财富中一个有弹性的、随着剩余价值分为收入和追加资本的比例而不断变化的部分。

卡·马克思：《资本论》第一卷第 703 页

即使执行职能的资本的量已定，资本所合并的劳动力、科学和土地

（经济学上所说的土地是指未经人的协助而自然存在的一切劳动对象），也会成为资本的有弹性的能力，这种能力在一定的限度内使资本具有一个不依赖于它本身的量的作用范围。

卡·马克思：《资本论》第一卷第 703 页

从英国工人那里不付等价物而窃取的、逐年都在增长的剩余产品的一大部分，不是在英国而是在其他国家资本化的。但是同追加资本一起输出的，还有上帝和边沁所发明的"劳动基金"的一部分。

卡·马克思：《资本论》第一卷第 706 页

第二十三章 资本主义积累的一般规律

1. 在资本构成不变时，对劳动力的需求随积累的增长而增长

在（资本的增长对工人阶级的命运产生的影响）研究中，最重要的因素是资本的构成和它在积累过程进行中所起的变化。

卡·马克思：《资本论》第一卷第 707 页

资本的构成要从双重的意义上来理解。从价值方面来看，资本的构成是由资本分为不变资本和可变资本的比例，或者说，分为生产资料的价值和劳动力的价值即工资总额的比例来决定的。从在生产过程中发挥作用的物质方面来看，每一个资本都分为生产资料和活的劳动力；这种构成是由所使用的生产资料量和为使用这些生产资料而必需的劳动量之间的比例来决定的。我把前一种构成叫做资本的价值构成，把后一种构成叫做资本的技术构成。二者之间有密切的相互关系。为了表达这种关系，我把由资本技术构成决定并且反映技术构成变化的资本价值构成，叫做资本的有机构成。凡是简单地说资本构成的地方，始终应当理解为资本的有机构成。

卡·马克思：《资本论》第一卷第 707 页

投入一定生产部门的许许多多单个资本，在构成上或多或少是不同的。

把这些资本的一个个构成加以平均,就得出这个生产部门的总资本的构成。最后,把一切生产部门的平均构成加以总平均,就得出一个国家的社会资本的构成,我们以下要谈的归根到底只是这种构成。

卡·马克思:《资本论》第一卷第 708 页

资本的增长包含它的可变组成部分,即转变为劳动力的组成部分的增长。转化为追加资本的剩余价值总要有一部分再转化为可变资本,或追加的劳动基金。假定资本的构成不变,也就是说,为了推动一定量的生产资料或不变资本始终需要同量劳动力,同时其他情况也不变,那么,对劳动的需要和工人的生存基金,显然按照资本增长的比例而增长,而且资本增长得越快,它们也增长得越快。因为资本每年都生产出剩余价值,其中的一部分每年都并入原资本,因为这种增殖额本身随着已经执行职能的资本的规模的扩大每年都在增长,最后,因为在致富欲的特殊刺激下,例如,在由于新发展起来的社会需要而开辟了新的市场、新的投资领域等等的情况下,只要改变剩余价值或剩余产品分为资本和收入的比例,积累的规模就能突然扩大,所以,资本的积累需要,能够超过劳动力或工人人数的增加,对工人的需要,能够超过工人的供给,这样一来,工资就会提高。只要上述假定一直不变,这种情况最终一定会发生。因为雇用的工人一年比一年多,所以迟早必定会出现这样的时候:积累的需要开始超过通常的劳动供给,于是工资提高。在整个 15 世纪和 18 世纪上半叶,在英国就可以听到这方面的怨言。但是这些多少有利于雇佣工人的维持和繁殖的情况,丝毫不会改变资本主义生产的基本性质。

卡·马克思:《资本论》第一卷第 708 页

简单再生产不断地再生产出资本关系本身:一方面是资本家,另一方面是雇佣工人;同样,规模扩大的再生产或积累再生产出规模扩大的资本关系:一极是更多的或更大的资本家,另一极是更多的雇佣工人。

卡·马克思:《资本论》第一卷第 708 页

劳动力必须不断地作为价值增殖的手段并入资本,不能脱离资本,它对资本的从属关系只是由于它时而卖给这个资本家,时而卖给那个资本家

才被掩盖起来,所以,劳动力的再生产实际上是资本本身再生产的一个因素。因此,资本的积累就是无产阶级的增加。

卡·马克思:《资本论》第一卷第708—709页

在以上所假定的对工人最有利的积累条件下,工人对资本的从属关系是采取可以忍受的,或者如伊登所说的"安适和宽松的"形式。随着资本的增长,这种关系不是更为加强,而只是更为扩大,也就是说,资本的剥削和统治的范围只是随着它本身的规模和它的臣民人数的增大而扩大。

卡·马克思:《资本论》第一卷第712—713页

在工人自己所生产的日益增加的并且越来越多地转化为追加资本的剩余产品中,会有较大的部分以支付手段的形式流回到工人手中,使他们能够扩大自己的享受范围,有较多的衣服、家具等消费基金,并且积蓄一小笔货币准备金。但是,吃穿好一些,待遇高一些,特有财产多一些,不会消除奴隶的从属关系和对他们的剥削,同样,也不会消除雇佣工人的从属关系和对他们的剥削。

卡·马克思:《资本论》第一卷第713—714页

由于资本积累而提高的劳动价格,实际上不过表明,雇佣工人为自己铸造的金锁链已经够长够重,容许把它略微放松一点。在关于这一问题的争中,大都把主要的东西,即资本主义生产的具有代表性的特征忽略了。

卡·马克思:《资本论》第一卷第714页

在这里,购买劳动力,不是为了用它的服务或它的产品来满足买者的个人需要。买者的目的是增殖他的资本,是生产商品,使其中包含的劳动比他支付了报酬的劳动多,也就是包含一个不花费他什么,但会通过商品的出售得到实现的价值部分。生产剩余价值或赚钱,是这个生产方式的绝对规律。劳动力只有在它会把生产资料当做资本来保存,把自身的价值当做资本再生产出来,并且以无酬劳动提供追加资本的源泉的情况下,才能够卖出去。

卡·马克思:《资本论》第一卷第714页

劳动力的出卖条件不管对工人怎样有利,总要使劳动力不断地再出卖,使财富作为资本不断地扩大再生产。

卡·马克思:《资本论》第一卷第714页

工资按其本性来说,要求工人不断地提供一定数量的无酬劳动。即使完全撇开工资提高而劳动价格同时下降等情况不说,工资的增大至多也不过说明工人必须提供的无酬劳动量的减少。这种减少永远也不会达到威胁制度本身的程度。

卡·马克思:《资本论》第一卷第714—715页

撇开关于工资率的暴力冲突不说,——亚当·斯密也早就指出过,在这种冲突中,一般说来雇主始终是雇主,——由资本积累而引起的劳动价格的提高不外是下列两种情况之一:

一种情况是,劳动价格继续提高,因为它的提高不会妨碍积累的进展;……在这种情况下,很显然,无酬劳动的减少决不会妨碍资本统治的扩大。另一种情况是,积累由于劳动价格的提高而削弱,因为利润的刺激变得迟钝了。积累减少了。但是随着积累的减少,使积累减少的原因,即资本和可供剥削的劳动力之间的不平衡,也就消失了。所以,资本主义生产过程的机制会自行排除它暂时造成的障碍。劳动价格重新降到适合资本增殖需要的水平,而不管这个水平现在是低于、高于还是等于工资提高前的正常水平。可见,在第一种情况下,并不是劳动力或工人人口绝对增加或相对增加的减缓引起资本的过剩,相反地,是资本的增长引起可供剥削的劳动力的不足。在第二种情况下,并不是劳动力或工人人口绝对增加或相对增加的加速引起资本的不足,相反地,是资本的减少使可供剥削的劳动力过剩,或者不如说使劳动力价格过高。

卡·马克思:《资本论》第一卷第715页

正是资本积累的这些绝对运动反映为可供剥削的劳动力数量的相对运动,因而看起来好像是由后者自身的运动引起的。用数学上的术语来说:积累量是自变量,工资量是因变量,而不是相反。

卡·马克思:《资本论》第一卷第715页

《资本论》箴言集

同样,在工业周期的危机阶段,商品价格的普遍降低表现为货币相对价值的提高,而在繁荣阶段,商品价格的普遍提高表现为货币相对价值的降低。所谓通货学派就从这里得出结论说,物价高时,流通的货币太多;物价低时,流通的货币太少。他们的无知和对事实的完全误解,有这样一些经济学家现在可以与之媲美,这些经济学家把积累的上述现象说成是:在一种情况下是雇佣工人太少,在另一种情况下是雇佣工人太多。

卡·马克思:《资本论》第一卷第715—716页

作为所谓"自然人口规律"的基础的资本主义生产规律,可以简单地归结如下:资本、积累同工资率之间的关系,不外是转化为资本的无酬劳动和为推动追加资本所必需的追加劳动之间的关系。因此,这决不是两个彼此独立的量,即资本量和工人人口数量之间的关系;相反地,归根到底这只是同一工人人口所提供的无酬劳动和有酬劳动之间的关系。如果工人阶级提供的并由资本家阶级所积累的无酬劳动量增长得十分迅速,以致只有大大追加有酬劳动才能转化为资本,那么,工资就会提高,而在其他一切情况不变时,无酬劳动就会相应地减少。但是,一旦这种减少达到这样一点,即滋养资本的剩余劳动不再有正常数量的供应时,反作用就会发生:收入中资本化的部分减少,积累削弱,工资的上升运动受到反击。

卡·马克思:《资本论》第一卷第716页

劳动价格的提高被限制在这样的界限内,这个界限不仅使资本主义制度的基础不受侵犯,而且还保证资本主义制度的规模扩大的再生产。可见,被神秘化为一种自然规律的资本主义积累规律,实际上不过表示:资本主义积累的本性,决不允许劳动剥削程度的任何降低或劳动价格的任何提高有可能严重地危及资本关系的不断再生产和它的规模不断扩大的再生产。

卡·马克思:《资本论》第一卷第716页

在一种不是物质财富为工人的发展需要而存在,相反是工人为现有价值的增殖需要而存在的生产方式下,事情也不可能是别的样子。正像人在宗教中受他自己头脑的产物的支配一样,人在资本主义生产中受他自己双手的产物的支配。

卡·马克思:《资本论》第一卷第716—717页

2. 在积累和伴随积累的积聚的进程中资本可变部分相对减少

按照经济学家们自己的见解,引起工资提高的,既不是社会财富的现有量,也不是已经取得的资本量,而仅仅是积累的不断增长和它的增长速度(亚·斯密《国富论》第1篇第8章)。

卡·马克思:《资本论》第一卷第717页

一旦资本主义制度的一般基础奠定下来,在积累过程中就一定会出现一个时刻,那时社会劳动生产率的发展成为积累的最强有力的杠杆。

卡·马克思:《资本论》第一卷第717页

劳动生产率的增长,表现为劳动的量比它所推动的生产资料的量相对减少,或者说,表现为劳动过程的主观因素的量比它的客观因素的量相对减少。

卡·马克思:《资本论》第一卷第718页

资本技术构成的这一变化,即生产资料的量比推动它的劳动力的量相对增长,又反映在资本的价值构成上,即资本价值的不变组成部分靠减少它的可变组成部分而增加。

卡·马克思:《资本论》第一卷第718页

资本可变部分比不变部分的相对减少,或资本价值构成的变化,只是近似地表示出资本的物质组成部分构成上的变化。

卡·马克思:《资本论》第一卷第719页

随着劳动生产率的增长,不仅劳动所消费的生产资料的量增大了,而且生产资料的价值比生产资料的量相对地减小了。这样一来,生产资料的价值绝对地增长了,但不是同它的量按比例增长。因此,不变资本和可变资本之间的差额的增大,同不变资本转变成的生产资料的量和可变资本转变成的劳动力的量之间的差额的增大相比,要慢得多。随着后一个差额的增长,前一个差额也增长,但是增长的程度较小。

卡·马克思:《资本论》第一卷第719页

积累的增进虽然使资本可变部分的相对量减少,但是决不因此排斥它的绝对量的增加。

卡·马克思:《资本论》第一卷第719页

商品生产的基础只有在资本主义的形式上才能担负起大规模的生产。

卡·马克思:《资本论》第一卷第720页

单个商品生产者手中一定程度的资本积累,是特殊的资本主义的生产方式的前提。因此,在从手工业到资本主义生产的过渡中,我们必须假定已经有这种积累。这种积累可以叫做原始积累,因为它不是特殊的资本主义的生产的历史结果,而是这种生产的历史基础。这种积累本身是怎样发生的,我们还用不着在这里研究。只要知道它是起点就行了。但是,一切在这个基础上生长起来的提高社会劳动生产力的方法,同时也就是提高剩余价值或剩余产品的生产的方法,而剩余价值或剩余产品又是积累的形成要素。因此,这些方法同时也就是资本生产资本或资本加速积累的方法。

卡·马克思:《资本论》第一卷第720页

剩余价值不断再转化为资本,表现为进入生产过程的资本量的不断增长。这种增长又成为一种扩大的生产规模以及随之出现的提高劳动生产力和加速剩余价值生产的方法的基础。

卡·马克思:《资本论》第一卷第720页

一定程度的资本积累表现为特殊的资本主义的生产方式的条件,而特殊的资本主义的生产方式又反过来引起资本的加速积累。因此,特殊的资本主义的生产方式随着资本积累而发展,资本积累又随着特殊的资本主义的生产方式而发展。这两种经济因素由于这种互相推动的复合关系,引起资本技术构成的变化,从而使资本的可变组成部分同不变组成部分相比越来越小。

卡·马克思:《资本论》第一卷第720—721页

《资本论》箴言集

  每一单个资本都是生产资料的或大或小的积聚,并且相应地指挥着一支或大或小的劳动军。每一个积累都成为新的积累的手段。这种积累随着执行资本职能的财富数量的增多而扩大这种财富在单个资本家手中的积聚,从而扩大大规模生产和特殊的资本主义的生产方法的基础。

卡·马克思:《资本论》第一卷第721页

  社会资本的增长是通过许多单个资本的增长来实现的。

卡·马克思:《资本论》第一卷第721页

  直接以积累为基础的或不如说和积累等同的积聚,有两个特征。第一,在其他条件不变的情况下,社会生产资料在单个资本家手中积聚的增进,受社会财富增长程度的限制。第二,社会资本中固定在每个特殊生产部门的部分,分在许多资本家身上,他们作为独立的和互相竞争的商品生产者彼此对立着。所以,积累和伴随积累的积聚不仅分散在许多点上,而且执行职能的资本的增长还同新资本的形成和旧资本的分裂交错在一起。

卡·马克思:《资本论》第一卷第721页

  积累一方面表现为生产资料和对劳动的支配权的不断增长的积聚,另一方面,表现为许多单个资本的互相排斥。

卡·马克思:《资本论》第一卷第721页

  社会总资本这样分散为许多单个资本,或它的各部分间的互相排斥,又遇到各部分间的互相吸引的反作用。这已不再是生产资料和对劳动的支配权的简单的、和积累等同的积聚。这是已经形成的各资本的积聚,是它们的个体独立性的消灭,是资本家剥夺资本家,是许多小资本转化为少数大资本。这一过程和前一过程不同的地方就在于,它仅仅以已经存在的并且执行职能的资本在分配上的变化为前提,因而,它的作用范围不受社会财富的绝对增长或积累的绝对界限的限制。资本所以能在这里,在一个人手中膨胀成很大的童,是因为它在那里,在许多人手中丧失了。这是不同于积累和积聚的本来意义的集中。

卡·马克思:《资本论》第一卷第721—722页

竞争斗争是通过使商品便宜来进行的。在其他条件不变时，商品的便宜取决于劳动生产率，而劳动生产率又取决于生产规模。因此，较大的资本战胜较小的资本。

卡·马克思：《资本论》第一卷第722页

随着资本主义生产方式的发展，在正常条件下经营某种行业所需要的单个资本的最低限量提高了。因此，较小的资本挤到那些大工业还只是零散地或不完全地占领的生产领域中去。在那里，竞争的激烈程度同互相竞争的资本的多少成正比，同互相竞争的资本的大小成反比。竞争的结果总是许多较小的资本家垮台，他们的资本一部分转入胜利者手中，一部分归于消灭。

卡·马克思：《资本论》第一卷第722页

一种崭新的力量——信用事业，随同资本主义的生产而形成起来。起初，它作为积累的小小的助手不声不响地挤了进来，通过一根根无形的线把那些分散在社会表面上的大大小小的货币资金吸引到单个的或联合的资本家手中；但是很快它就成了竞争斗争中的一个新的可怕的武器；最后，它转化为一个实现资本集中的庞大的社会机构。

卡·马克思：《资本论》第一卷第722页

随着资本主义生产和积累的发展，竞争和信用——集中的两个最强有力的杠杆，也以同样的程度发展起来。

卡·马克思：《资本论》第一卷第722页

积累的增进又使可以集中的材料即单个资本增加，而资本主义生产的扩大，又替那些要有资本的预先集中才能建立起来的强大工业企业，一方面创造了社会需要，另一方面创造了技术手段。

卡·马克思：《资本论》第一卷第722页

现在单个资本的互相吸引力和集中的趋势比以往任何时候都更加强烈。虽然集中运动的相对广度和强度在一定程度上由资本主义财富已经达到的数量和经济机构的优越程度来决定，但是集中的进展决不取决于社会资本

 《资本论》箴言集

的实际增长量。这正是集中与积聚——它不过是规模扩大的再生产的另一种表现——特别不同的地方。集中可以通过单纯改变既有资本的分配，通过单纯改变社会资本各组成部分的量的组合来实现。

卡·马克思：《资本论》第一卷第 722 页

资本所以能在这里，在一个人手中增长成巨大的量，是因为它在那里，在许多单个人的手中被夺走了。在一个生产部门中，如果投入的全部资本已融合为一个单个资本时，集中便达到了极限。在一个社会里，只有当社会总资本或者合并在唯一的资本家手中，或者合并在唯一的资本家公司手中的时候，集中才算达到极限。

卡·马克思：《资本论》第一卷第 723 页

集中补充了积累的作用，使工业资本家能够扩大自己的经营规模。

卡·马克思：《资本论》第一卷第 723 页

工业企业规模的扩大，对于更广泛地组织许多人的总体劳动，对于更广泛地发展这种劳动的物质动力，也就是说，对于使分散的、按习惯进行的生产过程不断地变成社会结合的、用科学处理的生产过程来说，到处都成为起点。

卡·马克思：《资本论》第一卷第 723—724 页

不过很明显，积累，即由圆形运动变为螺旋形运动的再生产所引起的资本的逐渐增大，同仅仅要求改变社会资本各组成部分的量的组合的集中比较起来，是一个极缓慢的过程。……但是，集中通过股份公司转瞬之间就把这件事完成了。集中在这样加强和加速积累作用的同时，又扩大和加速资本技术构成的变革，即减少资本的可变部分来增加它的不变部分，从而减少对劳动的相对需求。

卡·马克思：《资本论》第一卷第 724 页

通过集中而在一夜之间集合起来的资本量，同其他资本量一样，不断再生产和增大，只是速度更快，从而成为社会积累的新的强有力的杠杆。因此，当人们谈到社会积累的增进时，今天已经默默地把集中的作用包括

《资本论》箴言集

在内。

卡·马克思:《资本论》第一卷第724页

在正常的积累进程中形成的追加资本,主要是充当利用新发明和新发现的手段,总之,是充当利用工业改良的手段。

卡·马克思:《资本论》第一卷第724页

随着时间的推移,旧资本总有一天也会从头到尾地更新,会脱皮,并且同样会以技术上更加完善的形态再生出来,在这种形态下,用较少量的劳动就足以推动较多量的机器和原料。由此必然引起对劳动需求的绝对减少,不言而喻,经历这种更新过程的资本越是由于集中运动而大量聚集,对劳动需求的绝对减少也就越厉害。

卡·马克思:《资本论》第一卷第724页

可见,一方面,在积累进程中形成的追加资本,同它自己的量比较起来,会越来越少地吸引工人。另一方面,周期地按新的构成再生产出来的旧资本,会越来越多地排斥它以前所雇用的工人。

卡·马克思:《资本论》第一卷第724页

3. 相对过剩人口或产业后备军的累进生产

资本积累最初只是表现为资本的量的扩大,但是以上我们看到,它是通过资本构成不断发生质的变化,通过减少资本的可变组成部分来不断增加资本的不变组成部分而实现的。

卡·马克思:《资本论》第一卷第725页

特殊的资本主义的生产方式,与之相适应的劳动生产力的发展以及由此引起的资本有机构成的变化,不只是同积累的增进或社会财富的增长保持一致的步伐。它们的进展要快得多,因为简单的积累即总资本的绝对扩大,伴随有总资本的各个分子的集中,追加资本的技术变革,也伴随有原资本的技术变革。因此,随着积累的进程,资本的不变部分和可变部分的比例会发生变化;假定原来是1∶1,后来会变成2∶1、3∶1、4∶1、5∶1、7∶1等

等，因而随着资本的增长，资本总价值转变为劳动力的部分不是 $\frac{1}{2}$，而是递减为 $\frac{1}{3}$、$\frac{1}{4}$、$\frac{1}{5}$、$\frac{1}{6}$、$\frac{1}{8}$ 等等，转变为生产资料的部分则递增为 $\frac{2}{3}$、$\frac{3}{4}$、$\frac{4}{5}$、$\frac{5}{6}$、$\frac{7}{8}$ 等等。因为对劳动的需求，不是由总资本的大小决定的，而是由总资本可变组成部分的大小决定的，所以它随着总资本的增长而递减，而不像以前假定的那样，随着总资本的增长而按比例增加。对劳动的需求，同总资本量相比相对地减少，并且随着总资本量的增长以递增的速度减少。

卡·马克思：《资本论》第一卷第 725—726 页

  随着总资本的增长，总资本的可变组成部分即并入总资本的劳动力也会增加，但是增加的比例越来越小。积累作为生产在一定技术基础上的单纯扩大而发生作用的那种间歇时间缩短了。为了吸收一定数目的追加工人，甚至为了在旧资本不断发生形态变化的情况下继续雇用已经在职的工人，就不仅要求总资本以不断递增的速度加快积累。而且，这种不断增长的积累和集中本身，又成为使资本构成发生新的变化的一个源泉，也就是成为使资本的可变组成部分和不变组成部分相比再次迅速减少的一个源泉。

卡·马克思：《资本论》第一卷第 726 页

  总资本的可变组成部分的相对减少随着总资本的增长而加快，而且比总资本本身的增长还要快这一事实，在另一方面却相反地表现为，好像工人人口的绝对增长总是比可变资本即工人人口的就业手段增长得快。事实是，资本主义积累不断地并且同它的能力和规模成比例地生产出相对的，即超过资本增殖的平均需要的，因而是过剩的或追加的工人人口。

卡·马克思：《资本论》第一卷第 726 页

  就社会总资本来考察，时而它的积累运动引起周期的变化，时而这个运动的各个因素同时分布在各个不同的生产部门。在某些部门，由于单纯的积聚，资本的构成发生变化而资本的绝对量没有增长；在有些部门，资本的绝对增长同它的可变组成部分或它所吸收的劳动力的绝对减少结合在一起；在另一些部门，资本时而在一定的技术基础上持续增长，并按照它增长的比例吸引追加的劳动力，时而发生有机的变化，资本的可变组成部分缩小；在一切部门中，资本可变部分的增长，从而就业工人人数的增长，总是同过剩人口的激烈波动，同过剩人口的暂时产生结合在一起，而不管这种产生采取排斥就业工人这个较明显的形式，还是采取使追加的工人人口难于被吸入它的通常水道这个不大明显但作用相同的形式。

卡·马克思：《资本论》第一卷第 726—727 页

随着已经执行职能的社会资本量的增长及其增长程度的提高，随着生产规模和所使用的工人人数的扩大，随着他们劳动的生产力的发展，随着财富的一切源流的更加广阔和更加充足，资本对工人的更大的吸引力和更大的排斥力互相结合的规模也不断扩大，资本有机构成和资本技术形式的变化速度也不断加快，那些时而同时地时而交替地被卷入这些变化的生产部门的范围也不断增大。因此，工人人口本身在生产出资本积累的同时，也以日益扩大的规模生产出使他们自身成为相对过剩人口的手段。这就是资本主义生产方式所特有的人口规律，事实上，每一种特殊的历史的生产方式都有其特殊的、历史地发生作用的人口规律。抽象的人口规律只存在于历史上还没有受过人干涉的动植物界。

卡·马克思：《资本论》第一卷第 727—728 页

过剩的工人人口是积累或资本主义基础上的财富发展的必然产物，但是这种过剩人口反过来又成为资本主义积累的杠杆，甚至成为资本主义生产方式存在的一个条件。

卡·马克思：《资本论》第一卷第 728 页

过剩的工人人口形成一支可供支配的产业后备军，它绝对地从属于资本，就好像它是由资本出钱养大的一样。

卡·马克思：《资本论》第一卷第 728—729 页

过剩的工人人口不受人口实际增长的限制，为不断变化的资本增殖需要创造出随时可供剥削的人身材料。

卡·马克思：《资本论》第一卷第 729 页

随着积累和伴随积累而来的劳动生产力的发展，资本的突然膨胀力也增长了，这不仅是因为执行职能的资本的弹性和绝对财富——资本不过是其中一个有弹性的部分——增长了，也不仅是因为信用每当遇到特殊刺激会在转眼之间把这种财富的非常大的部分作为追加资本交给生产支配。这还因为生产过程本身的技术条件，机器、运输工具等等，有可能以最大的规模最迅速地把剩余产品转化为追加的生产资料。随着积累的增进而膨胀起来的并且可以转化为追加资本的大量社会财富，疯狂地涌入那些市场突然扩大的旧生产部门，或涌入那些由旧生产部门的发展而引起需要的新兴生产部门，如铁路等等。在所有这些场合，都必须有大批的人可以突然地被投到决定性的地方去，而又不致影响其他部门的生产规模。这些人就由过剩人口来提供。

卡·马克思：《资本论》第一卷第729页

现代工业特有的生活过程，由中常活跃、生产高度繁忙、危机和停滞这几个时期构成的、穿插着较小波动的十年一次的周期形式，就是建立在产业后备军或过剩人口的不断形成、或多或少地被吸收、然后再形成这样的基础之上的。而工业周期的阶段变换又使过剩人口得到新的补充，并且成为过剩人口再生产的最有力的因素之一。

卡·马克思：《资本论》第一卷第729页

现代工业这种独特的生活过程，我们在人类过去的任何时代都是看不到的，即使在资本主义生产的幼年时期也不可能出现。

卡·马克思：《资本论》第一卷第729页

那时资本构成的变化还极其缓慢。因此，对劳动的需求的增长，总的说来是同资本的积累相适应的。不管那时资本积累的增进同现代相比是多么缓慢，它还是碰到了可供剥削的工人人口的自然限制，这些限制只有通过以后将要谈到的暴力手段才能清除。

卡·马克思：《资本论》第一卷第729页

生产规模突然的跳跃式的膨胀是它突然收缩的前提；而后者又引起前者，但是没有可供支配的人身材料，没有不取决于人口绝对增长的工人的增加，前者是不可能的。工人的这种增加，是通过使一部分工人不断地被

"游离"出来的简单过程,通过使就业工人人数比扩大的生产相对减少的方法造成的。

卡·马克思:《资本论》第一卷第729—730页

现代工业的整个运动形式来源于一部分工人人口不断地转化为失业的或半失业的人手。政治经济学的肤浅性也表现在,它把信用的膨胀和收缩,把工业周期各个时期更替的这种单纯的征兆,看做是造成这种更替的原因。正如天体一经投入一定的运动就会不断地重复这种运动一样,社会生产一经进入交替发生膨胀和收缩的运动,也会不断地重复这种运动。而结果又会成为原因,于是不断地再生产出自身条件的整个过程的阶段变换就采取周期性的形式。这种周期性一经固定下来,那么,就连政治经济学也会把相对的,即超过资本增殖的平均需要的过剩人口的生产,看做是现代工业的生活条件。

卡·马克思:《资本论》第一卷第730页

对资本主义生产来说,人口自然增长所提供的可供支配的劳动力数量是绝对不够的。为了能够自由地活动,它需要有一支不以这种自然限制为转移的产业后备军。

卡·马克思:《资本论》第一卷第731页

资本主义生产方式和劳动生产力的发展——既是积累的原因,又是积累的结果——使资本家能够通过从外延方面或内涵方面加强对单个劳动力的剥削,在支出同样多的可变资本的情况下推动更多的劳动。

卡·马克思:《资本论》第一卷第732页

资本家越来越用不大熟练的工人排挤较熟练的工人,用未成熟的劳动力排挤成熟的劳动力,用女劳动力排挤男劳动力,用少年或儿童劳动力排挤成年劳动力,这样,他就用同样多的资本价值买到更多的劳动力。

卡·马克思:《资本论》第一卷第732页

在积累的进程中,一方面,较大的可变资本无须招收更多的工人就可以推动更多的劳动;另一方面,同样数量的可变资本用同样数量的劳动力

《资本论》箴言集

就可以推动更多的劳动；最后，通过排挤较高级的劳动力可以推动更多较低级的劳动力。

卡·马克思：《资本论》第一卷第732页

相对过剩人口的生产或工人的游离，比生产过程随着积累的增进而加速的技术变革，比与此相适应的资本可变部分比不变部分的相对减少，更为迅速。

卡·马克思：《资本论》第一卷第732—733页

如果说生产资料在扩大规模和作用的同时，在越来越小的程度上成为工人的就业手段，那么，这种情况本身又会由于下述事实而有所变化：劳动生产力越是增长，资本造成的劳动供给比资本对工人的需求越是增加得快。

卡·马克思：《资本论》第一卷第733页

工人阶级中就业部分的过度劳动，扩大了它的后备军的队伍，而后者通过竞争加在就业工人身上的增大的压力，又反过来迫使就业工人不得不从事过度劳动和听从资本的摆布。

卡·马克思：《资本论》第一卷第733页

工人阶级的一部分从事过度劳动迫使它的另一部分无事可做，反过来，它的一部分无事可做迫使它的另一部分从事过度劳动，这成了各个资本家致富的手段，同时又按照与社会积累的增进相适应的规模加速了产业后备军的生产。

卡·马克思：《资本论》第一卷第733—734页

大体说来，工资的一般变动仅仅由同工业周期各个时期的更替相适应的产业后备军的膨胀和收缩来调节。因此，决定工资的一般变动的，不是工人人口绝对数量的变动，而是工人阶级分为现役军和后备军的比例的变动，是过剩人口相对量的增减，是过剩人口时而被吸收时而又被游离的程度。

卡·马克思：《资本论》第一卷第734页

产业后备军在停滞和中等繁荣时期加压力于现役劳动军,在生产过剩和亢进时期又抑制现役劳动军的要求。所以,相对过剩人口是劳动供求规律借以运动的背景。它把这个规律的作用范围限制在绝对符合资本的剥削欲和统治欲的界限之内。

卡·马克思:《资本论》第一卷第736页

一旦工人识破秘密,知道了他们为什么劳动越多,为他人生产的财富越多,他们的劳动生产力越是提高,他们连充当资本增殖手段的职能对他们来说也就越是没有保障;一旦工人发现,他们本身之间竞争的激烈程度完全取决于相对过剩人口的压力;一旦工人因此试图通过工联等等在就业工人和失业工人之间组织有计划的合作,来消除或削弱资本主义生产的那种自然规律对他们这个阶级所造成的毁灭性的后果,这时,资本和它的献媚者政治经济学家就大吵大叫起来,说这是违反了"永恒的"和所谓"神圣的"供求规律。也就是说,就业工人和失业工人之间的任何联合都会破坏这个规律的"纯粹的"作用。

卡·马克思:《资本论》第一卷第737页

在殖民地,一旦有不利的情况妨碍建立产业后备军,从而妨碍工人阶级绝对地从属于资本家阶级,资本就同它的庸俗的桑乔·潘萨【小说《堂吉诃德》中堂·吉诃德的忠实侍从——编者注】一道起来反叛"神圣的"供求规律,并企图用强制手段来阻碍它发挥作用。

卡·马克思:《资本论》第一卷第738页

4. 相对过剩人口的各种存在形式。 资本主义积累的一般规律

相对过剩人口是形形色色的。每个工人在半失业或全失业的时期,都属于相对过剩人口。

卡·马克思:《资本论》第一卷第738页

工业周期阶段的更替使相对过剩人口具有显著的周期反复的形式,因此,相对过剩人口时而在危机时期急剧地表现出来,时而在营业呆滞时期

《资本论》箴言集

缓慢地表现出来。如果撇开这些形式不说,那么,过剩人口经常具有三种形式:流动的形式、潜在的形式和停滞的形式。

卡·马克思:《资本论》第一卷第738页

在现代工业的中心——工厂、制造厂、冶金厂、矿山等等,工人时而被排斥,时而在更大的规模上再被吸引,因此总的说来,就业人数是增加的,虽然增加的比率同生产规模相比不断缩小。在这里,过剩人口处于流动的形式。

卡·马克思:《资本论》第一卷第738页

无论在真正的工厂中,还是在一切有机器作为因素加入或者甚至仅仅实行现代分工的大工场中,都需要大量的还没有脱离少年期的男工。少年期一过,便只剩下极少数的人能够被原生产部门继续雇用,而大多数的人通常要被解雇。他们成了流动过剩人口的一个要素,这个要素随着工业规模的扩大而增大。其中一部分人移居国外,其实不过是跟着外流的资本流出去。由此造成的后果之一,是女性人口比男性人口增长得快。

卡·马克思:《资本论》第一卷第738—739页

工人数量的自然增长不能满足资本积累的需要,但同时又超过这种需要,这是资本运动本身的一个矛盾。资本需要的少年工人数量较大,成年工人数量较小。比这个矛盾更引人注目的是另一个矛盾:在成千上万的人手流落街头的同时,有人却抱怨人手不足,因为分工把人手束缚在一定的生产部门了。此外,资本消费劳动力是如此迅速,以致工人到了中年通常就已经多少衰老了。他落入过剩者的队伍,或者从较高的等级被排挤到较低的等级。

卡·马克思:《资本论》第一卷第739页

我们看到,正是大工业中的工人寿命最短。

卡·马克思:《资本论》第一卷第739页

在这种情况下,这部分无产阶级的绝对增长就需要采取这样一种形式:它的成员迅速耗损,但是它的人数不断增大。这样就需要工人一代一代地

迅速更替。(这个规律对人口中的其他阶级是不适用的。)这种社会需要,是通过早婚这一大工业工人生活条件的必然后果,并通过剥削工人子女以奖励工人生育子女的办法来满足的。

卡·马克思:《资本论》第一卷第 739 页

资本主义生产一旦占领农业,或者依照它占领农业的程度,对农业工人人口的需求就随着在农业中执行职能的资本的积累而绝对地减少,而且对人口的这种排斥不像在非农业的产业中那样,会由于更大规模的吸引而得到补偿。因此,一部分农村人口经常准备着转入城市无产阶级或制造业无产阶级的队伍,经常等待着有利于这种转化的条件。(这里所说的制造业是指一切非农业的产业。)因此,相对过剩人口的这一源泉是长流不息的。但是,它不断地流向城市是以农村本身有经常潜在的过剩人口为前提的,这种过剩人口的数量只有在排水渠开放得特别大的时候才能看得到。因此,农业工人的工资被压到最低限度,他总是有一只脚陷在需要救济的赤贫的泥潭里。【过剩人口潜在的形式——编者注】

卡·马克思:《资本论》第一卷第 739—740 页

第三类相对过剩人口,停滞的过剩人口,形成现役劳动军的一部分,但是就业极不规则。因此,它为资本提供了一个贮存着可供支配的劳动力的取之不竭的蓄水池。这种劳动力的生活状况降到了工人阶级的平均正常水平以下,正是这种情况使它成为资本的特殊剥削部门的广泛基础。它的特点是劳动时间最长而工资最低。它的主要形式,我们在家庭劳动一节中已经看到了。它不断地从大工业和农业的过剩者那里得到补充,特别是从那些由于手工业生产被工场手工业生产打垮,或者工场手工业生产被机器生产打垮而没落的工业部门那里得到补充。它的数量随着由积累的规模和能力的增大造成的"过剩"工人的增长而增加。但是,它同时又是工人阶级中一个会自行再生产和繁衍不息的要素,它在工人阶级的增长总额中所占的比重大于其他要素。实际上,不仅出生和死亡的数量,而且家庭人口的绝对量都同工资的水平,即各类工人所支配的生活资料量成反比。资本主义社会的这个规律,在野蛮人中间,或者甚至在文明的移民中间,听起来会是荒谬的。它使人想起各种个体软弱的经常受到追捕的动物的大量再生产。

卡·马克思:《资本论》第一卷第 740—741 页

相对过剩人口的最底层陷于需要救济的赤贫的境地。撇开流浪者、罪犯和妓女，一句话，撇开真正的流氓无产阶级不说，这个社会阶层由三类人组成。第一类是有劳动能力的人。只要粗略地浏览一下英格兰需要救济的贫民的统计数字，就会发现，他们的人数每当危机发生时就增大，每当营业复苏时就减少。第二类是孤儿和需要救济的贫民的子女。他们是产业后备军的候补者，在高度繁荣时期，如在1860年，他们迅速地大量地被卷入现役劳动军的队伍。第三类是衰败的、流落街头的、没有劳动能力的人。属于这一类的，主要是因分工而失去灵活性以致被淘汰的人，还有超过工人正常年龄的人，最后还有随着带有危险性的机器、采矿业、化学工厂等等的发展而人数日益增多的工业牺牲者，如残疾人、病人、寡妇等等。

卡·马克思：《资本论》第一卷第741—742页

需要救济的赤贫形成现役劳动军的残疾院和产业后备军的死荷重。它的生产包含在相对过剩人口的生产中，它的必然性包含在相对过剩人口的必然性中，它和相对过剩人口一起，形成财富的资本主义生产和发展的一个存在条件。它是资本主义生产的一项非生产费用，但是，资本知道怎样把这项费用的大部分从自己的肩上转嫁到工人阶级和中等阶级下层的肩上。

卡·马克思：《资本论》第一卷第742页

社会的财富即执行职能的资本越大，它的增长的规模和能力越大，从而无产阶级的绝对数量和他们的劳动生产力越大，产业后备军也就越大。可供支配的劳动力同资本的膨胀力一样，是由同一些原因发展起来的。

卡·马克思：《资本论》第一卷第742页

产业后备军的相对量和财富的力量一同增长。但是同现役劳动军相比，这种后备军越大，常备的过剩人口也就越多，他们的贫困同他们所受的劳动折磨成反比。

卡·马克思：《资本论》第一卷第742页

工人阶级中贫苦阶层和产业后备军越大，官方认为需要救济的贫民也就越多。**这就是资本主义积累的绝对的、一般的规律。**像其他一切规律一

样,这个规律的实现也会由于各种各样的情况而有所变化。

卡·马克思:《资本论》第一卷第742页

资本主义生产和积累的机制在不断地使这个人数适应资本增殖的需要。这种适应的开头是创造出相对过剩人口或产业后备军,结尾是现役劳动军中不断增大的各阶层的贫困和需要救济的赤贫的死荷重。

卡·马克思:《资本论》第一卷第742—743页

由于社会劳动生产率的增进,花费越来越少的人力可以推动越来越多的生产资料,这个规律在不是工人使用劳动资料,而是劳动资料使用工人的资本主义的基础上表现为:劳动生产力越高,工人对他们就业手段的压力就越大,因而他们的生存条件,即为增加他人财富或为资本自行增殖而出卖自己的力气,也就越没有保障。因此,生产资料和劳动生产率比生产人口增长得快这一事实,在资本主义下却相反地表现为:工人人口总是比资本的增殖需要增长得快。

卡·马克思:《资本论》第一卷第743页

一切生产剩余价值的方法同时就是积累的方法,而积累的每一次扩大又反过来成为发展这些方法的手段。

卡·马克思:《资本论》第一卷第743页

不管工人的报酬高低如何,工人的状况必然随着资本的积累而恶化。最后,使相对过剩人口或产业后备军同积累的规模和能力始终保持平衡的规律把工人钉在资本上,比赫斐斯塔司的楔子把普罗米修斯钉在岩石上钉得还要牢。这一规律制约着同资本积累相适应的贫困积累。因此,在一极是财富的积累,同时在另一极,即在把自己的产品作为资本来生产的阶级方面,是贫困、劳动折磨、受奴役、无知、粗野和道德堕落的积累。

卡·马克思:《资本论》第一卷第743—744页

政治经济学家们以各种不同的形式说出了资本主义积累的这种对抗性质,虽然他们把它同资本主义以前的生产方式的那些尽管部分地相类似但

本质上不同的现象混同起来。

卡·马克思：《资本论》第一卷第 744 页

5. 资本主义积累一般规律的例证

(a) 1846—1866 年的英格兰

资本积累的同时伴随有资本的积聚和集中。

卡·马克思：《资本论》第一卷第 749 页

如果说工人阶级仍然"穷"，只是随着他们给有产阶级创造的"财富和实力的令人陶醉的增长"而变得"不那么穷"了，那也就是说，工人阶级相对地还是像原来一样穷。如果说穷的极端程度没有缩小，那么，穷的极端程度就增大了，因为富的极端程度已经增大。

卡·马克思：《资本论》第一卷第 751 页

在分析需要救济的贫民的统计数字时必须指出两点。一方面，这种贫民人数的增减运动反映着工业周期各阶段的变换。另一方面，随着资本的积累，阶级斗争日益发展，从而工人的觉悟日益提高，关于需要救济的贫民实际人数的官方统计也就越来越带有欺骗性。

卡·马克思：《资本论》第一卷第 753 页

(b) 不列颠工业工人阶级中报酬微薄的阶层

在农业工人中，联合王国最富庶的地区英格兰的农业工人营养最差。农业工人中缺乏营养的主要又是妇女和儿童，因为"男人要去干活，总得吃饭"。在调查过的各类城市工人中，营养缺乏的程度更为严重。"他们的饮食非常坏，以致必然发生许多严重的有害健康的不足现象。"（这一切都是资本家的"禁欲"！也就是连勉强糊口所必不可少的生活资料都进行禁欲而不付给他的工人！）

卡·马克思：《资本论》第一卷第 755 页

最勤劳的工人阶层的饥饿痛苦和富人建立在资本主义积累基础上的粗野的或高雅的奢侈浪费之间的内在联系,只有当人们认识了经济规律时才能揭露出来。

卡·马克思:《资本论》第一卷第 757 页

居住状况却不是这样。在这方面,任何一个公正的观察者都能看到,生产资料越是大量集中,工人就相应地越要聚集在同一个空间,因此,资本主义的积累越迅速,工人的居住状况就越悲惨。

卡·马克思:《资本论》第一卷第 757 页

就住宅过分拥挤和绝对不适于人居住而言,伦敦首屈一指。……在伦敦,随着城市不断"改良",以及与此相连的旧街道和房屋被拆除,随着这个大都会中工厂增多和人口流入,最后,随着房租同城市地租一道上涨,就连工人阶级中处境较好的那部分人以及小店主和中等阶级其他下层的分子,也越来越陷入这种可诅咒的恶劣的居住条件中了。……在伦敦,几乎没有一所房产不寄生着无数的"中间人"。伦敦的地价总是大大高于土地的年收入,因为每个买地的人都抱着投机的目的,指望迟早会按审定价格(即征用时由陪审员确定的价格)再把地抛售出去,或者会由于靠近某个大企业而能诈取异常高的价钱。结果是,买卖快到期的租约成了一项经常的交易。

卡·马克思:《资本论》第一卷第 759—760 页

一个工业城市或商业城市的资本积累得越快,可供剥削的人身材料的流入也就越快,为工人安排的临时住所也就越坏。

卡·马克思:《资本论》第一卷第 762 页

(c) 流动人口

来自农村而大部分在工业中就业的居民阶层。他们是资本的轻步兵,资本按自己的需要把他们时而调到这里,时而调到那里。当不行军的时候,他们就"露营"。这种流动的劳动被用在各种建筑工程和排水工程、制砖、烧石灰、修铁路等方面。这是一支流动的传染病纵队,它把天花、伤寒、

霍乱、猩红热等疾病带到它扎营的附近地区。

卡·马克思:《资本论》第一卷第765页

在像铁路建设等需要大量投资的企业中,企业主本人通常为自己的军队提供一些木棚之类的住所。这种临时性的村落没有任何卫生设备,不受地方当局监督,对承包人先生非常有利可图,他把工人既当做产业士兵又当做房客进行着双重剥削。

卡·马克思:《资本论》第一卷第765页

矿山开采者,不管他是矿山的所有主还是承租人,通常要为自己的工人建造一定数量的小屋。工人"无偿地"得到小屋和燃料用煤,也就是说,这些小屋和煤构成工资中用实物支付的部分。……在建造小屋方面,唯一起作用的着眼点就是:凡是绝非必需的现金开支,资本家一概实行"禁欲"。……在同"社会舆论"或甚至同卫生警察发生冲突时,资本总是恬不知耻地对工人不得不在其中劳动和居住的、既危险又使人受辱的条件进行"辩护",说这是为了更有利地剥削工人所必需的。当资本拒绝在工厂的危险机器上安装防护设备,拒绝在矿山中安装通风设备和采取安全措施,对此一概实行禁欲时,就是这样说的。现在,在矿工的住宅方面,它也是这样说的。

卡·马克思:《资本论》第一卷第767—768页

(d) 危机对工人阶级中报酬最优厚的部分的影响

英国的资本家中间流行着一种说法,认为比利时是工人的乐园,因为据说"劳动的自由",其实也就是"资本的自由",在那里既不受工联专制的侵犯,也不受工厂法的侵犯。……其实,在这个"资本家的乐园"里,只要最必要的生活资料的价格发生最微小的变动,就会引起死亡和犯罪数字的变动!(见《〈佛来米人,前进!〉协会呼吁书》1860年布鲁塞尔版第13、14页)全比利时共有93万个家庭。据官方统计,其中富有的家庭(选民)9万户,共45万人;城乡中等阶级下层的家庭39万户,共195万人,其中有相当大一部分正在不断地下降为无产阶级。最后,工人家庭45万户,共225万人,其中的一些模范家庭正在享受着扎克佩西奥所描写的那种幸福。在这45万户工人家庭中,列入贫民名册的竟达20万户以上！

卡·马克思：《资本论》第一卷第772—774页

（e）不列颠的农业无产阶级

资本主义生产和积累的对抗性质，在任何地方再也没有比在英格兰农业（包括畜牧业）的进步和农业工人的退步上表现得更为残酷的了。

卡·马克思：《资本论》第一卷第774页

在租地农场主饲养的各种牲畜中，工人这种会说话的工具一直是受苦最深、喂得最坏和虐待得最残酷的了。

这种状况一直平静无事地继续下去，直到

"1830年斯温暴动使我们〈即统治阶级〉在燃烧着的麦垛的熊熊火光中看到，在农业英格兰的表面下也像在工业英格兰的表面下一样，充满着贫困和燃烧着阴森的反叛的怒火"【赛兰格《国家的贫困》1844年版第62页。——著者注】。

卡·马克思：《资本论》第一卷第777页

当时萨德勒曾在下院中给农业工人起了一个绰号，把他们叫做"白奴"，一个主教在上院也袭用了这个绰号。当时最著名的政治经济学家爱·吉·韦克菲尔德说：

"英格兰南部的农业工人不是奴隶，也不是自由人，而是需要救济的贫民。"【《英国和美国》1833年伦敦版第1卷第47页。——著者注】

卡·马克思：《资本论》第一卷第777页

谷物法的废除大大推动了英格兰的农业。……但是罗杰斯教授却得出这样的结论：今天的英格兰农业工人，不要说同他们14世纪下半叶和15世纪的先人相比，就是同他们1770年到1780年时期的先人相比，他们的状况也是极端恶化了，"他们又成了农奴"，而且是食宿都很坏的农奴。【罗杰斯《英国的农业史和价格史》1866年牛津版第1卷第693页。——著者注】

卡·马克思：《资本论》第一卷第780—781页

1863年医务调查委员会对国民中吃得较坏的各阶级的营养状况进行过

一次调查,……它表明,大部分农业工人家庭的饮食都低于"防止饥饿病"所必需的最低限度。特别在康沃尔、德文、萨默塞特、威尔特、斯塔福德、牛津、伯克斯和赫茨等地的所有纯农业区更是这样。……这次调查的最值得注意的结果之一,就是弄清了英格兰农业工人的营养比联合王国其他地区农业工人的营养要差得多。

卡·马克思:《资本论》第一卷第783—784页

人口不断地流往城市,农村人口由于租地集中、耕地转化为牧场、采用机器等原因而不断地"变得过剩",农村人口因小屋拆除而不断地被驱逐,这些现象是同时发生的。一个地区的人口越稀少,那里的"相对过剩人口"就越多,他们对就业手段的压力就越大,农村人口多于住房的绝对过剩也就越大,从而农村中地方性的人口过剩以及最容易传染疾病的人口拥挤现象也就越严重。人群密集在分散的小村庄和小市镇的现象,同人们被强行从地面上赶走是相适应的。

卡·马克思:《资本论》第一卷第796—797页

尽管农业工人的人数不断减少,他们的产品的数量不断增加,但他们还是不断地"变得过剩",这是使他们成为需要救济的贫民的摇篮。他们可能成为需要救济的贫民,是他们被驱逐的一个原因,也是居住条件恶劣的主要根源,而居住条件恶劣又摧毁了他们最后的反抗能力,使他们完全变成地主和租地农场主的奴隶,以致获得最低的工资对他们来说已成了天经地义。

卡·马克思:《资本论》第一卷第797页

农村中尽管经常出现"相对过剩人口",但同时也感到人手不足。这种现象不仅局部地发生在人口过快地流往城市、矿山、铁路工地等处的地区,而且在收获季节以及在春夏两季,当英国的精耕细作的、集约化的农业需要额外劳力的许多时候,到处都可以看到。农业工人按耕作的平均需要来说总是过多,而按特殊的或者临时的需要来说又总是过少。

卡·马克思:《资本论》第一卷第797—798页

临时性的或局部的劳力不足并不会引起工资的提高,只会迫使妇女和

儿童也参加田间劳动,使工人的年龄不断下降。一旦妇女和儿童被大规模地使用,这又会反过来成为一种新的手段,造成农业中男工过剩,并使他们的工资下降。这种恶性循环的美好结果之一是所谓的帮伙制度,这种制度在英格兰东部地区正在兴盛起来。

卡·马克思:《资本论》第一卷第798页

最近几年来不断扩大的帮伙制度当然不是为了帮头的利益而存在的。它是为了大租地农场主或地主的发财致富的需要而存在的。在租地农场主看来,再没有更巧妙的办法能把他的劳动人员大大压低到正常水平以下,而又能经常拥有一批额外劳力来应付额外工作,花尽量少的钱榨取尽量多的劳动,并使成年男工"过剩"。

卡·马克思:《资本论》第一卷第801—802页

(f) 爱尔兰

英格兰是一个资本主义生产发达和工业占优势的国家,如果它的人口也像爱尔兰那样放血般地外流,它已失血而死。但是今天的爱尔兰仅仅是英格兰的一个被大海峡隔开的农业区,它为英格兰提供着谷物、羊毛、牲畜、工业新兵和军事新兵。

人口的减少使许多土地荒废,使农产品大大减少,并且,尽管牧场面积扩大了,但是某些畜牧部门的生产绝对减少了,而在另外一些部门中,即使有一点微不足道的进步,也经常为退步所中断。然而,在人口减少的同时,地租和租地农场主的利润却继续增加,虽然后者的增加不像前者那样经常不断。原因是容易理解的。一方面,随着租地农场集中和耕地转化为牧场,总产品中越来越大的部分转化为剩余产品。虽然总产品减少了,但是构成其中一部分的剩余产品增加了。另一方面,这些剩余产品的货币价值比它们的数量增长得更快,因为最近20年来,特别是最近10年来,肉类、羊毛等等的英格兰市场价格不断地上涨了。

卡·马克思:《资本论》第一卷第808—809页

正如生产者所消费的他自己的产品不是商品一样,充当生产者本身的就业手段和生存资料而不合并他人劳动以自行增殖的分散的生产资料,也不是资本。随着人口的减少,用在农业上的生产资料量也减少了,但是用在农业上的资本盘却增加了,因为从前分散的生产资料中的一部分转化为资本了。

卡·马克思:《资本论》第一卷第809页

爱尔兰用在农业以外即投入工商业的总资本,在最近20年间积累得很缓慢而且处在经常不断的大波动之中。相反地,这个总资本的各个组成部分的积聚却发展得越来越快了。最后,尽管它的绝对增长量很小,但是相对地说,即同已经减少的人口比较起来,它还是增大了。

卡·马克思:《资本论》第一卷第809页

爱尔兰1846年的饥荒毁灭的人超过100万,然而全是穷人。饥荒没有使该国的财富遭受丝毫损失。此后20年不断扩大的人口外流,不像三十年战争那样,在减少人数的同时也减少了他们的生产资料。

卡·马克思:《资本论》第一卷第810页

那些得以避免成为过剩人口而留下来的爱尔兰工人的结局又是怎样的呢?目前的相对过剩人口同1846年以前一样庞大;工资同样很低,劳动的折磨更重;农村的贫困再一次逼近新的危机。原因很简单。农业革命和向国外移民保持同一步伐。相对过剩人口的生产比人口的绝对减少更快。

卡·马克思:《资本论》第一卷第810页

在英格兰,随着畜牧业的发展,蔬菜的生产也发展了,而在爱尔兰却减少了。从前的大片耕地转化为休耕地或永久的草地,而同时一大部分从前未开垦的荒地和泥沼地被用来扩大畜牧业。中小租地农场主——我把耕地不超过100英亩的租地农场主全都计算在内——仍然约占总数的$\frac{8}{10}$。他们越来越受到资本主义农业生产的竞争的空前压迫而被挤垮,因此不断地为雇佣工人阶级提供新兵。

卡·马克思:《资本论》第一卷第810页

爱尔兰唯一的大工业,亚麻加工业,需要的成年男工比较少,虽然自从1861年到1866年棉花涨价以来这种工业扩大了,但总的来说,它只雇用

居民中较小的一部分人。像所有其他大工业一样，它由于在本部门内不断发生波动而不断地生产出相对过剩人口，即使在它吸收的人数绝对增加的情况下也是如此。

卡·马克思：《资本论》第一卷第 811 页

农村居民的贫困成为巨大的衬衫厂等等的基础，这类工厂的劳动大军大部分散布在农村中。在这里，我们又一次碰到前面曾经叙述过的家庭劳动制度。低工资和过度劳动是这种制度"生产过剩人口"的系统的手段。

卡·马克思：《资本论》第一卷第 811 页

人口的减少虽然没有带来像它在一个资本主义生产发达的国家所带来的那样破坏性后果，但是也不能不对国内市场产生经常的反作用。国外移民现象在这里所造成的空隙，不仅使地方性的劳动需求缩小了，而且也使小店主、手工业者，总之，一切小企业主的收入减少了。

卡·马克思：《资本论》第一卷第 811 页

农村中工资率至今仍然很低，可是最近 20 年来已经提高了 50%—60%，现在每周平均是 6—9 先令。但是在这种表面提高的背后，隐藏着工资的实际降低，因为工资的提高并没有和同一时期必要生活资料的涨价保持平衡。

卡·马克思：《资本论》第一卷第 812 页

从前，农业工人实际上又是小租地农民，他们大多只是中等农场和大农场的后卫部队，在这些农场里找些活干。只是在 1846 年的灾荒以后，他们才开始构成纯粹雇佣工人阶级的一部分，构成一个同他们的雇主只发生货币关系的特殊阶层。

卡·马克思：《资本论》第一卷第 813 页

我们已经知道 1846 年以前农业工人的居住状况是怎样的。从那以后，他们的居住状况更糟了。一部分农业短工尽管人数日益减少，仍然居住在租地农场主土地上的拥挤不堪的小屋里，这种住处的可怕情景远远超过了英格兰各农业地区最坏的居住情况。除了阿尔斯特的某些地区以外，到处都是如此：……一个视察员感慨地说："这简直是宗教和我国文明的耻辱。"

《资本论》箴言集

为了使短工们的洞窟生活可以过得去些,那些自古以来就附属于住宅的小块土地也被系统地没收了。

卡·马克思:《资本论》第一卷第 813 页

农业革命的第一个行动,就是以极大的规模,像奉天之命一样,拆除耕地上的那些小屋。因此,许多工人不得不到村镇和城市里去寻找栖身之所。在那里,他们就像废物一样被抛进阁楼,洞窟,地下室和最糟糕的街区的屋角里。

卡·马克思:《资本论》第一卷第 813—814 页

爱尔兰人素来以罕有的眷恋乡土之情、开朗的性格和纯正的家风而著称,这是连抱有民族偏见的英格兰人也承认的,可是现在,成千上万个这样的爱尔兰家庭突然被移植到罪恶的温室中来了。男人们现在必须到邻近的租地农场主那里找寻工作,并且只能按日被雇用,因而工资收入极不稳定;同时,

"他们现在不得不在往返农场的路上长途跋涉,途中时常被雨淋透,还要吃到别的苦头,结果往往引起身体虚弱、疾病,从而引起贫困"【《济贫法视察员关于爱尔兰农业工人工资的报告》1870 年都柏林版第 25 页。——著者注】

卡·马克思:《资本论》第一卷第 814 页

"城市不得不年年收纳农业地区中被认为是过剩的工人",可是令人奇怪的是,"城镇中工人过剩,而农村中则到处工人不足!"实际情形是,只有"在春秋农忙季节"才感到工人不足,"而在其余季节,很多人都闲着没事干";"秋收以后,从 10 月到翌年开春,他们几乎找不到什么工作";甚至在干活的季节,"他们也经常一连几天没事干,并且他们的工作还经常发生各种各样的中断"。

卡·马克思:《资本论》第一卷第 814 页

农业革命——耕地转化为牧场,采用机器,最严格的节约劳动等等——所引起的这些后果,被那些不在国外挥霍地租而甘愿住在爱尔兰本人领地

内的模范地主们弄得更加严重了。

卡·马克思：《资本论》第一卷第814—815页

可见，就业的没有保障和不稳定，窝工现象的频繁发生和长期持续——所有这一切相对人口过剩的征候，都在济贫所视察员的报告中作为爱尔兰农业无产阶级的苦难列举出来了。

卡·马克思：《资本论》第一卷第815页

在工业国的英格兰，工业后备军是从农村得到补充，而在农业国的爱尔兰，农业后备军则是从城市，即被驱逐的农业工人的避难所得到补充。在英格兰，过剩的农业工人转化为工厂工人，而在爱尔兰，被驱逐到城市里去的农业工人，虽然对城市的工资形成压力，但仍然是农业工人，并不断地被送回农村去找活干。

卡·马克思：《资本论》第一卷第815页

事实是，爱尔兰人口减少了，而爱尔兰的地租却增长了；人口减少对土地所有者"有利"，从而对土地以及仅仅是土地附属品的人民也"有利"。

卡·马克思：《资本论》第一卷第817页

随着地租在爱尔兰不断积累，爱尔兰人在美洲也以同一步伐不断积累。被羊和牛挤走的爱尔兰人作为芬尼社社员崛起于大洋彼岸了。年轻的大共和国面对年老的海上女皇越来越带威胁性地昂起头来。

卡·马克思：《资本论》第一卷第819页

第二十四章 所谓原始积累

1. 原始积累的秘密

资本积累以剩余价值为前提，剩余价值以资本主义生产为前提，而资本主义生产又以商品生产者握有较大量的资本和劳动力为前提。因此，这整个运动好像是在一个恶性循环中兜圈子，要脱出这个循环，就只有假定

《资本论》箴言集

在资本主义积累之前有一种"原始"积累（亚当·斯密称为"预先积累"），这种积累不是资本主义生产方式的结果，而是它的起点。

卡·马克思：《资本论》第一卷第820页

这种原始积累在政治经济学中所起的作用，同原罪在神学中所起的作用几乎是一样的。亚当吃了苹果，人类就有罪了。

卡·马克思：《资本论》第一卷第820页

在真正的历史上，征服、奴役、劫掠、杀戮，总之，暴力起着巨大的作用。但是在温和的政治经济学中，从来就是田园诗占统治地位。正义和"劳动"自古以来就是唯一的致富手段，自然，"当前这一年"总是例外。事实上，原始积累的方法决不是田园诗式的东西。

卡·马克思：《资本论》第一卷第821页

货币和商品，正如生产资料和生活资料一样，开始并不是资本。它们需要转化为资本。但是这种转化本身只有在一定的情况下才能发生，这些情况归结起来就是：两种极不相同的商品占有者必须互相对立和发生接触；一方面是货币、生产资料和生活资料的所有者，他们要购买他人的劳动力来增殖自己所占有的价值总额；另一方面是自由劳动者，自己劳动力的出卖者，也就是劳动的出卖者。

卡·马克思：《资本论》第一卷第821页

自由劳动者有双重意义：他们本身既不像奴隶、农奴等等那样，直接属于生产资料之列，也不像自耕农等等那样，有生产资料属于他们，相反地，他们脱离生产资料而自由了，同生产资料分离了，失去了生产资料。

卡·马克思：《资本论》第一卷第821页

商品市场的这种两极分化，造成了资本主义生产的基本条件。

卡·马克思：《资本论》第一卷第821页

资本关系以劳动者和劳动实现条件的所有权之间的分离为前提。资本主义生产一旦站稳脚跟，它就不仅保持这种分离，而且以不断扩大的规模

《资本论》箴言集

再生产这种分离。

卡·马克思:《资本论》第一卷第821—822页

创造资本关系的过程,只能是劳动者和他的劳动条件的所有权分离的过程,这个过程一方面使社会的生活资料和生产资料转化为资本,另一方面使直接生产者转化为雇佣工人。

卡·马克思:《资本论》第一卷第822页

所谓原始积累只不过是生产者和生产资料分离的历史过程。这个过程所以表现为"原始的",因为它形成资本及与之相适应的生产方式的前史。

卡·马克思:《资本论》第一卷第822页

资本主义社会的经济结构是从封建社会的经济结构中产生的。后者的解体使前者的要素得到解放。

卡·马克思:《资本论》第一卷第822页

直接生产者,劳动者,只有当他不再束缚于土地,不再隶属或从属于他人的时候,才能支配自身。其次,他要成为劳动力的自由出卖者,能把他的商品带到任何可以找到市场的地方去,他就必须摆脱行会的控制,摆脱行会关于学徒和帮工的制度以及关于劳动的约束性规定。

卡·马克思:《资本论》第一卷第822页

使生产者转化为雇佣工人的历史运动,一方面表现为生产者从农奴地位和行会束缚下解放出来;对于我们的资产阶级历史学家来说,只有这一方面是存在的。但是另一方面,新被解放的人只有在他们被剥夺了一切生产资料和旧封建制度给予他们的一切生存保障之后,才能成为他们自身的出卖者。而对他们的这种剥夺的历史是用血和火的文字载入人类编年史的。

卡·马克思:《资本论》第一卷第822页

工业资本家这些新权贵,不仅要排挤行会的手工业师傅,而且要排挤占有财富源泉的封建主。从这方面来说,他们的兴起是战胜了封建势力及其令人愤恨的特权的结果,也是战胜了行会及其对生产的自由发展和人对

人的自由剥削所加的束缚的结果。但是，工业骑士之所以能够排挤掉佩剑骑士，只是因为他们利用了与自己毫不相干的事件。他们借以兴起的手段，同罗马的被释奴隶成为自己保护人的主人所使用的手段同样卑鄙。

卡·马克思：《资本论》第一卷第822页

劳动者的奴役状态是产生雇佣工人和资本家的发展过程的起点。这一发展过程就是这种奴役状态的形式变换，就是封建剥削转化为资本主义剥削。要了解这一过程的经过，不必追溯太远。

卡·马克思：《资本论》第一卷第823页

虽然在14和15世纪，在地中海沿岸的某些城市已经稀疏地出现了资本主义生产的最初萌芽，但是资本主义时代是从16世纪才开始的。在这个时代来到的地方，农奴制早已废除，中世纪的顶点——主权城市也早已衰落。

卡·马克思：《资本论》第一卷第823页

在原始积累的历史中，对正在形成的资本家阶级起过推动作用的一切变革，都是历史上划时代的事情；但是首要的因素是：大量的人突然被强制地同自己的生存资料分离，被当做不受法律保护的无产者抛向劳动市场。对农业生产者即农民的土地的剥夺，形成全部过程的基础。这种剥夺的历史在不同的国家带有不同的色彩，按不同的顺序、在不同的历史时代通过不同的阶段。只有在英国，它才具有典型的形式，因此我们拿英国做例子。

卡·马克思：《资本论》第一卷第823页

2. 对农村居民土地的剥夺

在英国，农奴制实际上在14世纪末期已经不存在了。当时，尤其是15世纪，绝大多数人口是自由的自耕农，尽管他们的所有权还隐藏在封建的招牌后面。

卡·马克思：《资本论》第一卷第823—824页

在较大的封建领地上，过去本身也是农奴的管事，被自由的租地农场主排挤了。农业中的雇佣工人包括两种人,一种是利用空闲时间为大土地所有者做工的农民,一种是独立的、相对说来和绝对说来人数都不多的真正的雇佣工人阶级。甚至后者实际上也是自耕农,因为除了工资,他们还分得四英亩或更多一些的耕地和小屋。此外,他们又和真正的农民共同利用公有地,在公有地上放牧自己的牲畜和取得木材、泥炭等燃料。在欧洲一切国家中,封建生产的特点是土地分给尽可能多的臣属。同一切君主的权力一样,封建主的权力不是由他的地租的多少,而是由他的臣民的人数决定的,后者又取决于自耕农的人数。因此,虽然英国的土地在诺曼人入侵后分为巨大的男爵领地,往往一个男爵领地就包括900个盎格鲁撒克逊旧领地,但是小农户仍然遍布全国,只是在有些地方穿插有较大的封建领地。这些情况,加上代表15世纪特点的城市繁荣,就使大法官福蒂斯丘在其《谈谈英国法律的优越性》一书中十分雄辩地描述过的人民财富能够产生出来,但是这些情况是排斥资本财富的。

卡·马克思:《资本论》第一卷第824—825页

为资本主义生产方式奠定基础的变革的序幕,是在15世纪最后30多年和16世纪最初几十年演出的。

卡·马克思:《资本论》第一卷第825页

由于封建家臣(这些封建家臣,正如詹姆斯·斯图亚特爵士正确指出的"到处都无用地塞满了房屋和城堡")的解散,大量不受法律保护的无产者被抛向劳动市场。虽然王权——它自己也是资产阶级发展的一个产物——在追求绝对权力时,用暴力加速了这些家臣的解散,但王权决不是这件事情的唯一原因。不如说,同王室和议会顽强对抗的大封建主,通过把农民从土地(农民对土地享有和封建主一样的封建权利)上强行赶走,夺去他们的公有地的办法,造成了人数更多得无比的无产阶级。

卡·马克思:《资本论》第一卷第825页

在英国,特别是佛兰德毛纺织工场手工业的繁荣,以及由此引起的羊毛价格的上涨,对这件事起了直接的推动作用。大规模的封建战争已经消灭了旧的封建贵族,而新的封建贵族则是他们自己的时代的儿子,对这一时代说来,货币是一切权力的权力。因而,把耕地转化为牧羊场就成了他

《资本论》箴言集

们的口号。

卡·马克思:《资本论》第一卷第825页

哈里逊在其著作《英国概述》（载于霍林舍德的编年史的卷首）中，描述了对小农的剥夺给国家造成了多么大的破坏。他写道："我们的大掠夺者什么也不在乎！"农民的住房和工人的小屋被强行拆除，或者任其坍毁。哈里逊说：

"我们对照一下每一个骑士领地的旧财产清单，就会发现，无数的房屋和小农户消失了；现在土地供养的人口少得多了；虽然有一些新的城市繁荣起来，但是很多城市衰落了……城市和乡村为了作牧羊场而被毁坏，只有领主的房屋保留下来，这类情况我也能谈一些。"

卡·马克思:《资本论》第一卷第825—826页

这些老的编年史家的抱怨总是夸大的，但是他们准确地描绘了生产关系的革命给当时的人们造成的印象。把大法官福蒂斯丘的著作与大法官托马斯·莫尔的著作比较一下，我们就会清楚地看见15世纪和16世纪之间的鸿沟。桑顿说得对，英国工人阶级没有经过任何过渡阶段就从自己的黄金时代陷入了黑铁时代。

卡·马克思:《资本论》第一卷第826页

立法被这一变革吓住了。它还没有达到这样的文明程度：把"国民财富"，也就是把资本的形成、对人民群众的残酷剥削和他们的贫穷化当做全部国策的极限。培根在他的亨利七世执政史中说道：

"这时〈1488年〉人们越来越多地抱怨把耕地转化为少数牧人就可照管的牧场〈牧羊场等〉；定期租地、终身租地和年度租地（很多自耕农靠年度租地生活）转化为领地。这使人民衰落，因而使城市、教会、什一税也衰落……国王和当时的议会为医治这一弊端表现出的智慧是值得赞叹的……他们采取措施来制止对公有地的灭绝人口的掠夺，来制止随之而来的灭绝人口的牧场的形成。"

卡·马克思:《资本论》第一卷第826页

1489年亨利七世颁布的第19号法令，禁止拆毁附有20英亩以上土地

的农民房屋。亨利八世二十五年颁布的法令,又重申这条法律。其中谈到:"很多租地和大畜群,特别是大羊群,集中在少数人手中,因此地租飞涨,耕地荒芜,教堂和房屋被毁,无力养家糊口的人多得惊人。"

因此法律规定重建那些荒废了的农场,制定耕地和牧场的比例等等。1533年的一项法令抱怨不少所有者拥有24000只羊,于是限定不得超过2000只。但是,人民的抱怨和从亨利七世以来150年内相继颁布的禁止剥夺小租地农民和农民的法律,都同样毫无效果。

卡·马克思:《资本论》第一卷第826页

但是,资本主义制度却正是要求人民群众处于奴隶地位,使他们本身转化为雇工,使他们的劳动资料转化为资本。

卡·马克思:《资本论》第一卷第827页

在这一过渡时期中,立法也曾力图使农业雇佣工人的小屋保有四英亩土地,并且禁止他们以自己的小屋招揽房客。……在18世纪上半叶,如果农业工人的小屋未附有1—2英亩土地,他还会到法院去控告。但是现在,如果小屋附有一个小园子,或者在远离小屋的地方可以租到一点点土地,就是很幸运的了。

卡·马克思:《资本论》第一卷第827—828页

在16世纪,宗教改革和随之而来的对教会地产的大规模的盗窃,使暴力剥夺人民群众的过程得到新的惊人的推动。

卡·马克思:《资本论》第一卷第828页

在宗教改革的时候,天主教会是英国相当大一部分土地的封建所有者。对修道院等的压迫,把住在里面的人抛进了无产阶级行列。很大一部分教会地产送给了贪得无厌的国王宠臣,或者非常便宜地卖给了投机的租地农场主和市民,这些人把旧的世袭佃户大批地赶走,把他们耕种的土地合并在一起。法律保证贫苦农民对一部分教会什一税的所有权,也被暗中取消了。

卡·马克思:《资本论》第一卷第828页

《资本论》箴言集

伊丽莎白女王一次巡视英格兰之后叫喊说"穷人到处受苦难。"在她执政的第四十三年,终于不得不通过征收济贫税而正式承认有需要救济的贫民。

"这一法律的起草人不好意思说明起草该法律的理由,因此一反惯例,未附有任何说明性的序言就把该法律公布了。"【威廉·科贝特《新教"改革"史》第471节。——著者注】

查理一世十六年颁布的第4号法令宣布这项法律是永久性的,事实上只是在1834年,这项法律才获得新的更严格的形式。

卡·马克思:《资本论》第一卷第828—829页

宗教改革的这些直接的影响并不是它的最持久的影响。教会所有权是古老的土地所有权关系的宗教堡垒。随着这一堡垒的倾覆,这些关系也就不能维持了。

卡·马克思:《资本论》第一卷第829—830页

在17世纪最后几十年,自耕农即独立农民还比租地农民阶级的人数多。……甚至农业雇佣工人也仍然是公有地的共有者。大约在1750年,自耕农消灭了,而在18世纪最后几十年,农民公有地的最后痕迹也消灭了。

卡·马克思:《资本论》第一卷第830页

在斯图亚特王朝复辟时期,土地所有者通过立法实行掠夺,而这种掠夺在大陆各处都是不经过立法手续就直接完成了的。他们取消了封建的土地制度,也就是使土地摆脱了对国家的贡赋,以对农民和其他人民群众的课税来"补偿"国家,他们要求对地产的现代私有权(他们对地产只有封建权利),最后,他们强令实行定居法。只要把情况相应地改变一下,它们对英国农民的影响,就同鞑靼人波里斯·戈东诺夫的命令对俄国农民的影响一样【显然是指1579年费·伊万诺维奇统治下(当时俄国的实际统治者是波·戈东诺夫)所颁布的关于侦缉逃亡农民的命令。根据这项命令,凡经受不住地主的残酷奴役和欺压而逃跑的农民,要被通缉五年并强制遣送给原来的主人。该命令的目的在于继续扩大农奴制度,限制农民的相对自由。——译者注】。

卡·马克思:《资本论》第一卷第831页

"光荣革命"【指英国1688年的政变。这次政变驱逐了斯图亚特王朝的詹姆斯二世,宣布荷兰共和国的执政者奥伦治的威廉三世为英国国王。从1689年起,在英国确立了以土地贵族和大资产阶级的妥协为基础的立宪君主制。这次没有人民群众参加的政变被资产阶级史学家称为"光荣革命"。——译者注】把地主、资本家这些谋利者同奥伦治的威廉三世一起推上了统治地位。他们开辟了一个新时代,使以前只是有节制地进行的对国有土地的盗窃达到了巨大的规模。这些土地被赠送出去了,被非常便宜地卖掉了,或者被用直接掠夺的办法合并到私人地产中去了。所有这一切都是在丝毫不遵守法律成规的情况下完成的。

卡·马克思:《资本论》第一卷第831页

用这种欺骗的方法攫取的国有土地和从教会夺来的土地,既然在共和革命中没有再度失去,就构成现今英国寡头政治的贵族领地的基础。市民资本家鼓励这种做法,为的是把土地转化为纯粹的商品,扩大农业大规模生产的范围,增加来自农村的不受法律保护的无产者的供给等等。并且,新土地贵族又是新银行巨头这一刚刚孵化出来的金融显贵和当时靠保护关税支持的大手工工场主的自然盟友。英国资产阶级为了自身利益做得同瑞典的市民一样正确,虽然后者的做法相反:他们同自己的经济堡垒即农民协同一致,支持国王用暴力从寡头政府手中夺回王室土地(从1604年开始,后来在查理十世和查理十一世时继续进行)。

卡·马克思:《资本论》第一卷第831—832页

公有地——同刚才谈的国有土地完全不同——是一种在封建制度掩护下保存下来的古代日耳曼制度。我们已经知道,对公有地的暴力掠夺大都伴有把耕地转化为牧场的现象,它开始于15世纪末,在16世纪还在继续下去。但是,当时这一过程是作为个人的暴力行为进行的,立法曾同这种暴力行为斗争了150年而毫无效果。

卡·马克思:《资本论》第一卷第832页

18世纪的进步表现为:法律本身现在成了掠夺人民土地的工具,虽然大租地农场主同时也使用自己独立的私人小手段。这种掠夺的议会形式就是"公有地圈围法",换句话说,是地主借以把人民的土地当做私有财产赠送给自己的法令,是剥夺人民的法令。

卡·马克思:《资本论》第一卷第832页

弗·莫·伊登爵士企图把公有地说成是代替封建主的大土地所有者的私有地,但是他自己把这种狡黠的辩护词否定了,因为他要求"为公有地的圈围制定一般性的议会法令",即承认要把公有地转化为私有地必须由议会采取非常措施,另一方面,他又要求立法对被剥夺的贫民给予"赔偿"。

卡·马克思:《资本论》第一卷第832—833页

当任意租户,即每年都可能被解除租契的小租地农民,一群奴隶般地完全听大地主摆布的人,代替独立的自耕农时,对国有土地的掠夺,特别是对公有地的不断的盗窃,促使在18世纪叫做资本租地农场或商人租地农场的大租地农场增长,并且促使农村居民变成无产阶级,把他们"游离"出来投向工业。

卡·马克思:《资本论》第一卷第833页

18世纪的人还不像19世纪的人那样清楚地了解到,国民财富和人民贫穷是一回事。因此,当时经济著作中就有关于"公有地的圈围"的十分激烈的论战。

卡·马克思:《资本论》第一卷第833页

邻近的地主在圈地的借口下,不仅侵占了荒地,而且往往也侵占了个人以一定的租金向公社租来耕种的土地或共同耕种的土地。

卡·马克思:《资本论》第一卷第834页

对公有地的掠夺和随之而来的农业革命,对农业工人产生十分强烈的影响,伊登自己说说,农业工人的工资在1765—1780年之间开始降到最低限度以下,因此必须由官方的济贫费来补助。他说,他们的工资"只够满足绝对必要的生活需要"。

卡·马克思:《资本论》第一卷第835页

《资本论》箴言集

到19世纪，人们自然甚至把农民和公有地之间的联系都忘却了。更不必谈最近的时期：1801年到1831年农村居民被夺去3511770英亩公有地，并由地主通过议会赠送给地主，难道农村居民为此得到过一文钱的补偿吗？

卡·马克思：《资本论》第一卷第836页

最后，对农民土地的最后一次大规模剥夺过程，是所谓的 Clearing of Estates（清扫领地，实际上是把人从领地上清扫出去）。

卡·马克思：《资本论》第一卷第837页

"清扫"是前面谈过的英国的一切剥夺方法的顶点。我们在上面谈到现代状况时知道，在已经没有独立农民可以清扫的地方，现在是要把小屋"清扫"掉，结果农业工人在他们耕种的土地上甚至再也找不到必要的栖身之所了。至于"清扫领地"的真正含义，我们只有看看苏格兰高地这个现代小说中的天国，才可以领会。在那里，这个过程有下列特点：它有系统性，有一举完成的巨大规模（在爱尔兰，地主同时把好几个村庄清扫掉；在苏格兰高地，一下子被清扫的土地面积相当于德意志几个公国），最后，还有被侵吞的土地所有权的特殊形式。

卡·马克思：《资本论》第一卷第837页

苏格兰高地的凯尔特人由克兰组成，每一克兰是该克兰所居住的土地的所有者。克兰的代表，即克兰的首领或"大人"，只是这块土地名义上的所有者，就像英国女王是全国土地名义上的所有者完全一样。英国政府虽然成功地镇压了这些"大人"之间的内部战争，制止了他们对苏格兰低地的不断侵袭，但是克兰首领们丝毫没有放弃自己原来的劫掠行径；他们只不过改变了形式而已。他们依靠自己的权威，把他们名义上的所有权转化为私有财产权，由于遭到克兰成员的反抗，他们就决定公开使用暴力把克兰成员驱逐出去。纽曼教授说：

"英国国王可以自以为有同样的权利把自己的臣民赶下大海。"

卡·马克思：《资本论》第一卷第837页

在苏格兰，这次革命是在拥护王位觊觎者的人进行了最后一次武装暴动后开始的，我们在苏格兰，这次革命是在拥护王位觊觎者的人进行了最

后一次武装暴动后开始的,我们可以从詹姆斯·斯图亚特爵士和詹姆斯·安德森的著作中看到这次革命的最初阶段。在18世纪,还禁止从土地上被赶走的盖尔人移居外国,以便用暴力把他们赶到格拉斯哥和其他工业城市去。至于19世纪盛行的方法,在这里以萨瑟兰公爵夫人进行的"清扫"作例子就够了。这位懂得经济学的女人一当权,就决定对经济进行彻底的治疗,并且把全郡——郡内的人口通过以前的类似过程已经减少到15000人——转化为牧羊场。从1811年到1820年,这15000个居民,大约3000户,陆续地遭到驱逐和灭绝。他们居住的所有村庄都被破坏和烧毁,他们的所有田地都被变为牧场。不列颠的士兵被派来执行这种暴行,同当地居民发生了搏斗。一个老太太因拒绝离开小屋而被烧死在里面。这位夫人通过这种方式把自古以来属于克兰的794000英亩土地攫为己有。她把沿海地区大约6000英亩的土地分配给这些被驱逐的居民,每户2英亩。这6000英亩土地原来一直是荒地,并没有给所有者带来过收入。这位公爵夫人如此宽宏大量,她以平均每英亩2先令6便士的租金把这些荒地租给那些几百年来为她的家族流血流汗的克兰成员。她把掠夺来的全部克兰土地划分为29个大牧羊租地农场,每一个租地农场只住一户人家,大部分都是英格兰租地农场主的雇农。到1820年,15000个盖尔人已被131000只羊所代替。一部分土著居民被赶至沿海地区,以捕鱼为生。他们变成了两栖动物,按一位英国作家的说法,是一半生活在陆上,一半生活在水上,但是陆上和水上合起来也只能使他们过半饱的生活。

但是,诚实的盖尔人由于他们对克兰"大人"的浪漫的山岳崇拜,必须更加含辛茹苦。鱼的气味传到"大人"的鼻子里去了。他们嗅到其中有某种有利可图的东西,是把沿海地区租给伦敦的大鱼商。盖尔人又一次被驱逐了。

最后,一部分牧羊场又转化为狩猎场。大家知道,英格兰没有真正的森林。贵族们的鹿苑中的鹿长得像家畜,肥得像伦敦的市议员一样。所以,苏格兰是这种"高贵情欲"的最后的寄托所。

卡·马克思:《资本论》第一卷第837—840页

掠夺教会地产,欺骗性地出让国有土地,盗窃公有地,用剥夺方法、用残暴的恐怖手段把封建财产和克兰财产转化为现代私有财产——这就是原始积累的各种田园诗式的方法。这些方法为资本主义农业夺得了地盘,使土地与资本合并,为城市工业造成了不受法律保护的无产阶级的必要

供给。

卡·马克思:《资本论》第一卷第842页

3. 15世纪末以来惩治被剥夺者的血腥立法。压低工资的法律

由于封建家臣的解散和土地断断续续遭到暴力剥夺而被驱逐的人,这个不受法律保护的无产阶级,不可能像它诞生那样快地被新兴的工场手工业所吸收。

卡·马克思:《资本论》第一卷第843页

这些突然被抛出惯常生活轨道的人,也不可能一下子就适应新状态的纪律。他们大批地转化为乞丐、盗贼、流浪者,其中一部分人是由于习性,但大多数是为环境所迫。

卡·马克思:《资本论》第一卷第843页

15世纪末和整个16世纪,整个西欧都颁布了惩治流浪者的血腥法律。现在的工人阶级的祖先,当初曾因被迫转化为流浪者和需要救济的贫民而受到惩罚。法律把他们看做"自愿的"罪犯,其依据是:只要他们愿意,是可以继续在已经不存在的旧的条件下劳动的。

卡·马克思:《资本论》第一卷第843页

在英国,这种立法是在亨利七世时期开始的。

亨利八世时期,1530年,年老和无劳动能力的乞丐获得一种行乞许可证。相反地,身强力壮的流浪者则要遭到鞭打和监禁。他们要被绑在马车后面,被鞭打到遍体流血为止,然后要发誓回到原籍或最近三年所居住的地方去"从事劳动"。多么残酷的讽刺!亨利八世二十七年,以前的法令又加以重申,但由于加上了新的条款而更严厉了。如果在流浪时第二次被捕,就要再受鞭打并被割去半只耳朵;如果第三次被捕,就要被当做重罪犯和社会的敌人处死。

卡·马克思:《资本论》第一卷第843页

爱德华六世在即位的第一年（1547年）颁布的法令规定，拒绝劳动的人，如被告发为游惰者，就要判为告发者的奴隶。主人应当用面包和水，用稀汤和他认为适当的肉屑给自己的奴隶吃。他有权用鞭打和镣铐强迫奴隶从事一切令人厌恶的劳动。如果奴隶逃亡达14天，就要判为终身奴隶，并在额头或脸颊打上S字样的烙印；如果第三次逃亡，就要当做叛国犯处死。主人可以把他出卖，遗赠，作为奴隶出租，完全像对待其他动产和牲畜一样。如果奴隶图谋反抗主人，也要被处死。治安法官必须根据报告搜捕逃亡的奴隶。如果发现流浪者三天无所事事，就要把他送回原籍，用烧红的铁器在他胸前打上V字样的烙印，套上锁链在街道上服役或服其他劳役。如果流浪者谎报籍贯，就要被罚充当该地、该地居民或社团的终身奴隶，并打上S字样的烙印。任何人都有权把流浪者的子女领去当学徒，男的当到24岁为止，女的当到20岁为止。如果他们逃亡，就要成为他们师傅的奴隶，直到这个年龄为止。师傅随意可以给他们戴上镣铐，鞭打他们等等。为了便于识别和更加保险起见，每个主人可以在自己奴隶的脖子、手或脚上套一个铁环。这个法令的最后一部分规定，贫民必须在愿意给他们饮食和劳动的地区或个人那里干活。在英国，这种教区的奴隶，在游荡者的名义下一直保留到19世纪。

卡·马克思：《资本论》第一卷第843—844页

伊丽莎白执政时期的1572年的法令规定，没有得到行乞许可14岁以上的乞丐，如果没有人愿意使用他一年，就要受猛烈的鞭打，并在右耳打上烙印；如果有人再度行乞而且年过18岁，又没有人愿意使用两年，就要被处死；第三次重犯，就要毫不容情地当做叛国犯处死。类似的法令还有伊丽莎白十八年所颁布的第3号法令和1597年的法令。

卡·马克思：《资本论》第一卷第844—845页

詹姆斯一世时期，游荡和行乞的人被宣布为流浪者。即决法庭的治安法官有权叫人当众鞭打他们，把第一次被抓到的监禁六个月，第二次被抓到的监禁两年。在监禁期间，治安法官认为适当就可以随时鞭打他们，要打多少就打多少……不可救药的危险的流浪者要在左肩打上R字样的烙印，并要从事强制劳动；如果他再度在行乞时被抓到，那就要毫不容情地处死。这些条例直到18世纪初还有效，到安女王十二年颁布第23号法令时才被

废除。

卡·马克思:《资本论》第一卷第845—846页

法国也有同样的法律,因为17世纪中叶在巴黎曾经建立了一个流浪者王国。在路易十六初期(1777年7月13日的敕令)还规定,16岁至60岁的身体强壮而没有生存资料或职业的人,都要罚做苦工。1531年10月查理五世对尼德兰颁布的法令,1614年3月19日荷兰各州和各城市的第1号告示,1649年6月25日联合省的公告等,都有类似的规定。

卡·马克思:《资本论》第一卷第846页

这样,被暴力剥夺了土地、被驱逐出来而变成了流浪者的农村居民,由于这些古怪的恐怖的法律,通过鞭打、烙印、酷刑,被迫习惯于雇佣劳动制度所必需的纪律。

卡·马克思:《资本论》第一卷第846页

单是在一极有劳动条件作为资本出现,在另一极有除了劳动力以外没有东西可出卖的人,还是不够的。这还不足以迫使他们自愿地出卖自己。在资本主义生产的进展中,工人阶级日益发展,他们由于教育、传统、习惯而承认这种生产方式的要求是理所当然的自然规律。

卡·马克思:《资本论》第一卷第846页

发达的资本主义生产过程的组织粉碎一切反抗;相对过剩人口的不断产生把劳动的供求规律,从而把工资限制在与资本增殖需要相适应的轨道以内;经济关系的无声的强制保证资本家对工人的统治。

卡·马克思:《资本论》第一卷第846页

超经济的直接的暴力固然还在使用,但只是例外地使用。在通常的情况下,可以让工人由"生产的自然规律"去支配,即由他对资本的从属性去支配,这种从属性由生产条件本身产生,得到这些条件的保证并由它们永久维持下去。

卡·马克思:《资本论》第一卷第846页

《资本论》箴言集

在资本主义生产在历史上刚刚产生的时期,情况则不同。新兴的资产阶级为了"规定"工资,即把工资强制地限制在有利于赚钱的界限内,为了延长工作日并使工人本身处于正常程度的从属状态,就需要并运用国家权力。这是所谓原始积累的一个重要因素。

卡·马克思:《资本论》第一卷第846—847页

雇佣工人阶级是在14世纪下半叶产生的,它在当时和后一世纪内只占居民中很小的一部分;它的地位受到农村的独立农民经济和城市的行会组织的有力的保护。在农村和城市,雇主和工人在社会上是接近的。劳动对资本的从属只是形式上的,就是说,生产方式本身还不具有特殊的资本主义的性质。资本的可变要素大大超过它的不变要素。因此,对雇佣劳动的需求随着资本的积累而迅速增加,而雇佣劳动的供给只是缓慢地跟在后面。后来转化为资本积累基金的一大部分国民产品,在当时还是工人的消费基金。

卡·马克思:《资本论》第一卷第847页

自始就是为了剥削工人,而在其发展中一直与工人为敌的关于雇佣劳动的立法,在英国开始于1349年爱德华三世的劳工法。在法国,与此相当的是1350年以国王约翰名义颁布的敕令。英法两国的立法齐头并进,内容也相同。

卡·马克思:《资本论》第一卷第847页

法律规定了城市和农村、计件劳动和日劳动的工资率。农村工人受雇期限应为一年,城市工人则应在"自由市场"上受雇。支付高于法定工资的人要被监禁,但接受高工资的人要比支付高工资的人受到更严厉的处罚。

卡·马克思:《资本论》第一卷第848页

从14世纪起到1825年废除禁止结社法止,工人结社一直被认为是严重的犯罪行为。1349年的劳工法和以后的类似法令的精神清楚地表现在这一事实上:国家虽然规定了工资的最高限度,但从来没有规定工资的最低限度。

卡·马克思:《资本论》第一卷第848页

《资本论》箴言集

在真正的工场手工业时期,资本主义生产方式已经相当强大,因而用法律来规定工资已经行不通而且没有必要,但是人们为了防备万一,还不想抛弃旧武库中的这件武器。

卡·马克思:《资本论》第一卷第 849 页

在 1813 年,规定工资的法律被废除了。自从资本家以其私人立法来管理工厂,并依靠济贫税把农业工人的工资补充到必要的最低限度以来,这些法律就变成了可笑的反常的东西。但是劳工法中有关雇主和雇佣工人之间的契约以及解约期限等条款,直到现在还完全有效,这些条款规定,对违约的雇主只许提出民事诉讼,而对违约的工人则可提出刑事诉讼。

卡·马克思:《资本论》第一卷第 849—850 页

残酷的禁止结社法于 1825 年在无产阶级的威胁性行动面前取消了。虽然如此,但取消的只是其中一部分。旧法令某些美丽的残片直到 1859 年才消失。最后,1871 年 6 月 29 日的议会法,在法律上承认工联时就认为消除了这项阶级立法的最后痕迹。但是,同一天颁布的一项议会法令(关于惩治暴行、胁迫和侵害行为的刑法修正法令),实际上以新的形式恢复了旧的状态。这种议会把戏,使工人在罢工或同盟歇业(结成同盟的工厂主同时把工厂关闭)时可能利用的手段都不按普通法来处理,而按特别刑法来处理,而这个刑法的解释权又操在担任治安法官的工厂主本人手中。

卡·马克思:《资本论》第一卷第 850 页

我们看到,500 年来,英国议会出于卑鄙无耻的自私自利一直固守那种反抗工人的常设的资本家"工联"的地位,后来只是在群众的压力下才迫不得已地放弃了反对罢工和工联的法律。

卡·马克思:《资本论》第一卷第 850 页

法国资产阶级在革命风暴一开始,就胆敢再把工人刚刚争得的结社权剥夺掉。它在 1791 年 6 月 14 日颁布法令,宣布工人的一切结社都是"对自由和人权宣言的侵犯",要课以 500 利弗尔的罚金并剥夺公民权一年。这个法律用国家警察手段硬是把资本和劳动之间的斗争限制在对资本有利的范围内,它经历了几次革命和几次改朝换代。甚至恐怖政府也没有触动它。

直到最近它才被从刑法典中取消。采取上述资产阶级非常措施的借口是最典型不过的了。报告人列沙白里哀说:"工资比现在提高一些,使领工资的人摆脱由于缺乏必要的生活资料而陷入的绝对的、几乎是奴隶般的依赖状态,这虽然是应当的",但是工人不应当彼此商定自己的利益,不应当采取共同行动来缓和自己的"绝对的、几乎是奴隶般的依赖状态",因为他们这样做就会损害"他们从前的老板、现在的企业主的自由"(使工人保持奴隶状态的自由!),因为进行结社来反对从前公会老板的专制,就是——猜猜看!——恢复法国宪法所取消的公会!

卡·马克思:《资本论》第一卷第850—851页

4. 资本主义租地农场主的产生

资本家最初是从哪里来的呢?……

在英国,最初形式的租地农场主本身也是农奴的管事。……在14世纪下半叶,管事被由地主供给种子、牲畜和农具的租地农民所代替。这种租地农民的地位同农民没有多大的区别,不过他剥削更多雇佣劳动。他不久就成为分成制佃农,半租地农场主。……这种形式在英国很快就消失了,代之而起的是真正的租地农场主,他靠使用雇佣工人来增殖自己的资本,并把剩余产品的一部分以货币或实物的形式作为地租交给地主。……

15世纪最后30多年开始的、几乎在整个16世纪(但最后几十年除外)继续进行的农业革命,以同一速度使农村居民变穷,使租地农场主致富。对公有牧场等的掠夺,使租地农场主几乎不费代价就大大增加了自己的牲畜数量,这些牲畜又为他的土地的耕作提供了更丰富的肥料。……

在16世纪,……贵金属价值从而货币价值的不断下降,给租地农场主带来了黄金果。……这种下降也降低了工资。工资的一部分变成了租地农场主的利润。……一切农产品的价格不断上涨,不费租地农场主一点力气,就增大了他的货币资本,而他必须支付的地租,却是按照以前的货币价值签订在契约上的。所以,他是同时靠牺牲自己的雇佣工人和地主的利益而致富的。因此,在16世纪末,英国有了一个就当时情况来说已很富有的"资本主义租地农场主"阶级,是不足为奇的。

卡·马克思:《资本论》第一卷第852—854页

《资本论》箴言集

5. 农业革命对工业的反作用。工业资本的国内市场的形成

对农村居民断断续续的、一再重复的剥夺和驱逐,不断地为城市工业提供大批完全处于行会关系之外的无产者。这一奇妙的现象使老亚·安德森(不要和詹姆斯·安德森相混)在他的商业史中也相信神的直接干预。我们还必须谈一谈原始积累的这个要素。

卡·马克思:《资本论》第一卷第854—855页

与独立的、自耕的农村居民稀薄化相适应的,不仅仅是工业无产阶级的稠密化。……随着一部分农村居民的游离,他们以前的生活资料也被游离出来。这些生活资料现在转化为可变资本的物质要素。被驱逐出来的农民必须从自己的新主人工业资本家那里,以工资的形式挣得这些生活资料的价值。国内农业提供的工业原料也同生活资料的情况一样。它转化为不变资本的一个要素。

卡·马克思:《资本论》第一卷第855页

亚麻外表上和过去完全一样。它的纤维一根也没有发生变化,但是一个新的社会灵魂已经进入它的身体。它现在是手工工场主的不变资本的一部分。

卡·马克思:《资本论》第一卷第855页

一部分农村居民的被剥夺和被驱逐,不仅为工业资本游离出工人及其生活资料和劳动材料,同时也建立了国内市场。

卡·马克思:《资本论》第一卷第857页

事实上,使小农转化为雇佣工人,使他们的生活资料和劳动资料转化为资本的物质要素的那些事件,同时也为资本建立了自己的国内市场。以前,农民家庭生产并加工绝大部分供自己以后消费的生活资料和原料。现在,这些原料和生活资料都变成了商品;大租地农场主出售它们,手工工场则成了他的市场。纱、麻布、粗毛织品(过去每个农民家庭都有这些东西的原料,它把这些东西纺织出来供自己消费),现在转化为工场手工业的

产品，农业地区正是这些东西的销售市场。以前由于大量小生产者独自经营而造成的分散各地的许多买主，现在集中为一个由工业资本供应的巨大市场。于是，随着以前的自耕农的被剥夺以及他们与自己的生产资料的分离，农村副业被消灭了，工场手工业与农业分离的过程发生了。只有消灭农村家庭手工业，才能使一个国家的国内市场获得资本主义生产方式所需要的范围和稳固性。

卡·马克思：《资本论》第一卷第 857 页

但是，真正的工场手工业时期并没有引起根本的改变。我们记得，工场手工业只占国民生产的很小一部分，它总是以城市手工业和农村家庭副业作为广阔的背景。它在某种形式下，在某些工业部门，在某些地方消灭城市手工业和农村家庭副业，同时又在其他地方使它们重新出现，因为它需要它们把原料加工到一定的程度。因此，它产生了一个新的小农阶级，这些小农以种地为副业，而以工业劳动为主业，把产品直接或通过商人卖给手工工场。

卡·马克思：《资本论》第一卷第 857—858 页

这就是首先使研究英国历史的人困惑不解的现象所以会产生的一个原因，虽然不是主要的原因。研究英国历史的人看到，从 15 世纪最后 30 多年起怨声不断（只是有时中止），抱怨资本主义经济在农村日益发展，农民日益被消灭。另一方面他总是又看到，这些农民不断重新出现，虽然他们人数在减少，处境日益恶化。主要原因在于，英国在不同的时期，有时以谷物业为主，有时以畜牧业为主，因而农民的生产范围也跟着变化。

卡·马克思：《资本论》第一卷第 858 页

只有大工业才用机器为资本主义农业提供了牢固的基础，彻底地剥夺了极大多数农村居民，使农业和农村家庭手工业完全分离，铲除了农村家庭手工业的根基——纺纱和织布。这样，它才为工业资本征服了整个国内市场。

卡·马克思：《资本论》第一卷第 858—859 页

《资本论》箴言集

6. 工业资本家的产生

工业资本家不是通过像租地农场主那样的渐进方式产生的。

卡·马克思：《资本论》第一卷第 859 页

毫无疑问，有些小行会师傅和更多的独立小手工业者，甚至雇佣工人，转化成了小资本家，并且由于逐渐扩大对雇佣劳动的剥削和相应的积累，成为不折不扣的资本家。

卡·马克思：《资本论》第一卷第 859 页

在中世纪城市的幼年时期，逃跑的农奴中谁成为主人，谁成为仆人的问题，多半取决于他们逃出来的日期的先后，在资本主义生产的幼年时期，情形往往也是这样。但是这种方法的蜗牛爬行的进度，无论如何也不能适应 15 世纪末各种大发现所造成的新的世界市场的贸易需要。

卡·马克思：《资本论》第一卷第 859—860 页

而中世纪已经留下两种不同形式的资本，它们是在极不相同的经济的社会形态中成熟的，而且在资本主义生产方式时期到来以前，就被当做资本，这就是高利贷资本和商人资本。

卡·马克思：《资本论》第一卷第 860 页

高利贷和商业所形成的货币资本在转化为工业资本时，曾受到农村封建制度和城市行会制度的阻碍。这些限制随着封建家臣的解散，农村居民的被剥夺和一部分被驱逐而消失。

卡·马克思：《资本论》第一卷第 860 页

美洲金银产地的发现，土著居民的被剿灭、被奴役和被埋葬于矿井，对东印度开始进行的征服和掠夺，非洲变成商业性地猎获黑人的场所——这一切标志着资本主义生产时代的曙光。这些田园诗式的过程是原始积累的主要因素。接踵而来的是欧洲各国以地球为战场而进行的商业战争。这

场战争以尼德兰脱离西班牙开始,在英国的反雅各宾战争中具有巨大的规模,并且在对中国的鸦片战争中继续进行下去,等等。

卡·马克思:《资本论》第一卷第860—861页

原始积累的不同因素,多少是按时间顺序特别分配在西班牙、葡萄牙、荷兰、法国和英国。在英国,这些因素在17世纪末系统地综合为殖民制度、国债制度、现代税收制度和保护关税制度。这些方法一部分是以最残酷的暴力为基础,例如殖民制度就是这样。但所有这些方法都利用国家权力,也就是利用集中的、有组织的社会暴力,来大力促进从封建生产方式向资本主义生产方式的转化过程,缩短过渡时间。

卡·马克思:《资本论》第一卷第861页

暴力是每一个孕育着新社会的旧社会的助产婆。暴力本身就是一种经济力。

卡·马克思:《资本论》第一卷第861页

关于基督教殖民制度,有一位把基督教当做专业来研究的人,威·豪伊特曾这样说过:

"所谓的基督教人种在世界各地对他们所能奴役的一切民族所采取的野蛮和残酷的暴行,是世界历史上任何时期,任何野蛮愚昧和残暴无耻的人种都无法比拟的。"

卡·马克思:《资本论》第一卷第861页

荷兰——它是17世纪标准的资本主义国家——经营殖民地的历史,"展示出一幅背信弃义、贿赂、残杀和卑鄙行为的绝妙图画"。

卡·马克思:《资本论》第一卷第861—862页

最有代表性的是,荷兰人为了使爪哇岛得到奴隶而在西里伯斯岛实行盗人制度。为此目的训练了一批盗人的贼。盗贼、译员、贩卖人就是这种交易的主要代理人,土著王子是主要的贩卖人。盗来的青年在长大成人可以装上奴隶船以前,被关在西里伯斯岛的秘密监狱中。……

荷兰人为了霸占马六甲,曾向葡萄牙的总督行贿。1641年总督允许他

《资本论》箴言集

们进城。他们为了支付21875镑贿款而进行"节欲",立即到总督住宅把他杀了。他们走到哪里,那里就变得一片荒芜,人烟稀少。爪哇的巴纽旺宜省在1750年有8万多居民,而到1811年只有8000人了。这就是温和的商业!

卡·马克思:《资本论》第一卷第861页

英国东印度公司除了在东印度拥有政治统治权外,还拥有茶叶贸易、同中国的贸易和对欧洲往来的货运的垄断权。而印度的沿海航运和各岛屿之间的航运以及印度内地的贸易,却为公司的高级职员所垄断。对盐、鸦片、槟榔和其他商品的垄断权成了财富的取之不尽的矿藏。这些职员自定价格,任意勒索不幸的印度人。总督参与这种私人买卖。他的宠信们是在使他们这些比炼金术士聪明的人们能从无中生出金来的条件下接受契约的。

卡·马克思:《资本论》第一卷第862页

巨额财产像雨后春笋般地增长起来,原始积累在不预付一个先令的情况下进行。

卡·马克思:《资本论》第一卷第862页

在像西印度那样专营出口贸易的种植殖民地,以及在像墨西哥和东印度那样任人宰割的资源丰富人口稠密的国家里,土著居民所受的待遇当然是最可怕的。

卡·马克思:《资本论》第一卷第863页

即使在真正的殖民地,原始积累的基督教性质也是无可否认的。那些节俭的新教大师,新英格兰的清教徒,1703年在他们的立法会议上决定,每剥一张印第安人的头盖皮和每俘获一个红种人都给赏金40镑;……英国议会曾宣布,用警犬捕杀和剥头盖皮是"上帝和自然赋予它的手段"。

卡·马克思:《资本论》第一卷第863页

殖民制度大大地促进了贸易和航运的发展。

卡·马克思:《资本论》第一卷第864页

"垄断公司"（路德语）是资本积聚的强有力的手段。殖民地为迅速产生的工场手工业保证了销售市场以及由市场垄断所引起的成倍积累。在欧洲以外直接靠掠夺、奴役和杀人越货而夺得的财宝，源源流入宗主国，在这里转化为资本。第一个充分发展了殖民制度的荷兰，在 1648 年就已达到了它的商业繁荣的顶点。

卡·马克思：《资本论》第一卷第 864 页

荷兰的人民群众在 1648 年就已经比整个欧洲其余地区的人民群众更加劳动过度，更加贫穷，更加遭受残酷的压迫。

卡·马克思：《资本论》第一卷第 864 页

工业上的霸权带来商业上的霸权。

卡·马克思：《资本论》第一卷第 864 页

在真正的工场手工业时期，却是商业上的霸权造成了工业上的优势。所以殖民制度在当时起着决定性作用。"一位外来的神"把自己安置在祭坛上，与欧洲旧的偶像并列，忽然有一天他用力一推，使所有旧的偶像都轰然倒下。殖民制度宣布，赚钱是人类最终的和唯一的目的。

卡·马克思：《资本论》第一卷第 864 页

公共信用制度，即国债制度，在中世纪的热那亚和威尼斯就已产生，到工场手工业时期流行于整个欧洲。殖民制度以及它的海外贸易和商业战争是公共信用制度的温室。所以公共信用制度首先在荷兰确立起来。

卡·马克思：《资本论》第一卷第 864 页

国债，即国家的让渡，不论是在专制国家，立宪国家，还是共和国家，总是给资本主义时代打下自己的烙印。在所谓国民财富中真正为现代人民所共有的唯一部分，就是他们的国债。

卡·马克思：《资本论》第一卷第 864 页

一个国家的人民负债越多就越富这一现代学说是完全合乎逻辑的。公共信用成了资本的信条。随着国债的产生，不可饶恕的罪恶，已不再是亵渎圣灵,而是破坏国债的信用了。

卡·马克思:《资本论》第一卷第 865 页

公债成了原始积累的最强有力的手段之一。它像挥动魔杖一样,使不生产的货币具有了生殖力,这样就使它转化为资本,而又用不着承担投资于工业甚至高利贷时所不可避免的劳苦和风险。国债债权人实际上并没有付出什么,因为他们贷出的金额转化为容易转让的公债券,而这些公债券在他们手里所起的作用和同量现金完全一样。于是就有了这样产生的有闲的食利者阶级,充当政府和国民之间中介人的金融家就大发横财,包税者、商人和私营工厂主也大发横财,因为每次国债的一大部分成为从天而降的资本落入他们的手中,——撇开这些不说,国债还使股份公司、各种有价证券的交易、证券投机,总之,使交易所投机和现代的银行统治兴盛起来。

卡·马克思:《资本论》第一卷第 865 页

用国家的名义装饰起来的大银行,从一产生起就只不过是私人投机家的公司,它们支持政府,依靠取得的特权能够把货币贷给政府。因此,国债积累的最准确的尺度就是这些银行的股票的不断涨价,这些银行的充分发展是从英格兰银行的创立(1694 年)开始的。

卡·马克思:《资本论》第一卷第 865 页

英格兰银行开始营业的第一笔生意,就是以 8% 的利率贷款给政府;同时它由议会授权用同一资本铸造货币,这同一资本又以银行券的形式贷给公众。它可以用这些银行券来办理期票贴现、发放货物抵押贷款、购买贵金属。过了不久,这些由银行自己制造的信用货币又变成了铸币,英格兰银行用这些铸币贷款给国家并代国家支付公债利息。它一只手拿出去,另一只手拿更多的进来,这还不够;当它拿进来时,它仍然是国民的永远债权人,直到最后一个铜板付清为止。它逐渐成了国家的贵金属必然贮藏所和全部商业信用的重心。

卡·马克思:《资本论》第一卷第 865 页

在英国,当人们禁止焚杀女巫的时候,却开始绞死伪造银行券者。

卡·马克思:《资本论》第一卷第 865—866 页

随着国债的产生，国际信用制度出现了。国际信用制度常常隐藏着这个或那个国家原始积累的源泉之一。例如，由于没落的威尼斯以巨额货币贷给荷兰，威尼斯的劫掠制度的卑鄙行径就成为荷兰资本财富的这种隐蔽的基础。荷兰和英国的关系也是这样。在18世纪初，荷兰的工场手工业已经远远落后了，荷兰已不再是一个占统治地位的工商业国家。因此，荷兰在1701—1776年时期的主要营业之一就是贷放巨额资本，特别是贷给它的强大竞争者英国。现在英国和美国之间也有类似的情形。今天出现在美国的许多身世不明的资本，仅仅在昨天还是英国的资本化了的儿童血液。

卡·马克思：《资本论》第一卷第866页

因为国债是依靠国家收入来支付年利息等等开支，所以现代税收制度就成为国债制度的必要补充。

卡·马克思：《资本论》第一卷第866页

借债使政府可以应付额外的开支，而纳税人又不会立即有所感觉，但借债最终还是要求提高税收。另一方面，由于债务一笔接着一笔的积累而引起的增税，又迫使政府在遇到新的额外开支时，总是要借新债。因此，以对最必要的生活资料的课税（因而也是以它们的昂贵）为轴心的现代财政制度，本身就包含着税收自行增加的萌芽。

卡·马克思：《资本论》第一卷第866页

过重的课税并不是一件偶然的事情，倒不如说是一个原则。因此，在首先建立这种制度的荷兰，大爱国者德·特在他的箴言中对这种制度倍加赞扬，把它说成是促使雇佣工人服从、俭朴、勤勉和……从事过度劳动的最好制度。但这里，我们所关心的，与其说是这种制度对雇佣工人状况的破坏性影响，不如说是它所引起的对农民、手工业者，一句话，对一切中等阶级下层分子的暴力剥夺。关于这一点，甚至在资产阶级经济学家中间也没有异议。

卡·马克思：《资本论》第一卷第866—867页

现代财政制度的剥夺作用，被这一制度的一个组成部分即保护关税制度加强了。

卡·马克思:《资本论》第一卷第867页

公债和与之相适应的财政制度在财富的资本化和对群众的剥夺中所起的重大作用,使科贝特、道布尔迪等一大批著作家错误地在公债和财政制度中寻找现代人民贫困的根本原因。

卡·马克思:《资本论》第一卷第867页

保护关税制度是制造工厂主、剥夺独立劳动者、使国民的生产资料和生活资料资本化、强行缩短从旧生产方式向现代生产方式的过渡的一种人为手段。欧洲国家为了获得这种发明的专利权而钩心斗角,它们一旦为谋利者效劳,就不仅为此目的而间接通过保护关税和直接通过出口补助金等来掠夺本国人民,而且还要用暴力摧毁其附属邻国的一切工业,例如英格兰摧毁了爱尔兰的毛纺织工场手工业。在欧洲大陆上,柯尔培尔开了先例以后,这个过程更是大大地简化了。在那里,工业家的原始资本有一部分直接来自国库。米拉波喊道:

"为什么要追溯到那么远去寻找七年战争以前萨克森工场手工业繁荣的原因呢?只要看看18 000万国债就行了!"

卡·马克思:《资本论》第一卷第867页

殖民制度、国债、重税、保护关税制度、商业战争等等—所有这些真正工场手工业时期的嫩芽,在大工业的幼年时期都大大地成长起来了。大工业是以希律王式的大规模掠夺儿童来庆贺自己的诞生的。

卡·马克思:《资本论》第一卷第868页

像皇家海军强征水兵一样,工厂也是强行招收工人的。

卡·马克思:《资本论》第一卷第868页

随着资本主义生产在工场手工业时期的发展,欧洲的舆论丢掉了最后一点羞耻心和良心。各国恬不知耻地夸耀一切当做资本积累手段的卑鄙行径。例如,读一读老实人亚·安德森的天真的商业编年史。这本编年史把下面的事实当做英国国策的胜利而倍加赞扬:英国在乌得勒支和谈时通过阿西恩托条约，从西班牙人手里夺走了经营非洲和西班牙美洲之间贩卖黑人的特权，而在此以前，英国只经营非洲和英属西印度之间的这种买卖。……利物浦是靠奴隶贸易发展起来的。奴隶贸易是它进行原始积累的方法。直到目前为止，利物浦"上流人士"仍然是赞扬奴隶贸易的平达；奴隶贸易……"使商业冒险精神达到了狂热，产生了出色的海员，带来了巨额的金钱"。

卡·马克思：《资本论》第一卷第 869—870 页

当棉纺织工业在英国采用儿童奴隶制的时候，它同时在美国促使过去多少带有家长制性质的奴隶经济转化为一种商业性的剥削制度。总之，欧洲的隐蔽的雇佣工人奴隶制，需要以新大陆的赤裸裸的奴隶制作为基础。

卡·马克思：《资本论》第一卷第 870 页

要使资本主义生产方式的"永恒的自然规律"充分表现出来，要完成劳动者同劳动条件的分离过程，要在一极使社会的生产资料和生活资料转化为资本，在另一极使人民群众转化为雇佣工人，转化为自由的"劳动贫民"这一现代历史的杰作，就需要经受这种苦难。如果按照奥日埃的说法，货币"来到世间，在一边脸上带着天生的血斑"，那么，**资本来到世间，从头到脚，每个毛孔都滴着血和肮脏的东西。**

卡·马克思：《资本论》第一卷第 870—871 页

《评论家季刊》说"资本逃避动乱和纷争，它的本性是胆怯的。这是真的，但还不是全部真理。资本害怕没有利润或利润太少，就像自然界害怕真空一样。一旦有适当的利润，资本就胆大起来。如果有 10% 的利润，它就保证到处被使用；有 20% 的利润，它就活跃起来；有 50% 的利润，它就铤而走险；为了 100% 的利润，它就敢践踏一切人间法律；有 300% 的利润，它就敢犯任何罪行，甚至冒绞首的危险。如果动乱和纷争能带来利润，它就会鼓励动乱和纷争。走私和贩卖奴隶就是证明。"（托·约·邓宁《工联和罢工》1860 年伦敦版第 35、36 页）

卡·马克思：《资本论》第一卷第 871 页

《资本论》箴言集

7. 资本主义积累的历史趋势

资本的原始积累,即资本的历史起源,究竟是指什么呢?既然它不是奴隶和农奴直接转化为雇佣工人,因而不是单纯的形式变换,那么它就只是意味着直接生产者的被剥夺,即以自己劳动为基础的私有制的解体。

卡·马克思:《资本论》第一卷第 872 页

私有制作为社会的、集体的所有制的对立物,只是在劳动资料和劳动的外部条件属于私人的地方才存在。但是私有制的性质,却依这些私人是劳动者还是非劳动者而有所不同。私有制在最初看来所表现出的无数色层,只不过反映了这两极间的各种中间状态。

卡·马克思:《资本论》第一卷第 872 页

劳动者对他的生产资料的私有权是小生产的基础,而小生产又是发展社会生产和劳动者本人的自由个性的必要条件。

卡·马克思:《资本论》第一卷第 872 页

只有在劳动者是自己使用的劳动条件的自由私有者,农民是自己耕种的土地的自由私有者,手工业者是自己运用自如的工具的自由私有者的地方,它才得到充分发展,才显示出它的全部力量,才获得适当的典型的形式。

卡·马克思:《资本论》第一卷第 872 页

这种生产方式是以土地和其他生产资料的分散为前提的。它既排斥生产资料的积聚,也排斥协作,排斥同一生产过程内部的分工,排斥对自然的社会统治和社会调节,排斥社会生产力的自由发展。它只同生产和社会的狭隘的自然产生的界限相容。要使它永远存在下去,那就像贝魁尔公正地指出的那样,等于"下令实行普遍的中庸",它发展到一定的程度,就产生出消灭它自身的物质手段。从这时起,社会内部感到受它束缚的力量和激情就活动起来。这种生产方式必然要被消灭,而且已经在消灭。它的消灭,个人的分散的生产资料转化为社会的积聚的生产资料,从而多数人的小财产转化为少数人的大财产,广大人民群众被剥夺土地、生活资料、劳

动工具，——人民群众遭受的这种可怕的残酷的剥夺，形成资本的前史。这种剥夺包含一系列的暴力方法，其中我们只考察了那些具有划时代意义的资本原始积累的方法。对直接生产者的剥夺，是用最残酷无情的野蛮手段，在最下流、最龌龊、最卑鄙和最可恶的贪欲的驱使下完成的。靠自己劳动挣得的私有制，即以各个独立劳动者与其劳动条件相结合为基础的私有制，被资本主义私有制，即以剥削他人的但形式上是自由的劳动为基础的私有制所排挤。

卡·马克思：《资本论》第一卷第 872—873 页

一旦这一转化过程使旧社会在深度和广度上充分瓦解，一旦劳动者转化为无产者，他们的劳动条件转化为资本，一旦资本主义生产方式站稳脚跟，劳动的进一步社会化，土地和其他生产资料的进一步转化为社会地使用的即公共的生产资料，从而对私有者的进一步剥夺，就会采取新的形式。现在要剥夺的已经不再是独立经营的劳动者，而是剥削许多工人的资本家了。

卡·马克思：《资本论》第一卷第 873 页

这种剥夺是通过资本主义生产本身的内在规律的作用，即通过资本的集中进行的。一个资本家打倒许多资本家。

卡·马克思：《资本论》第一卷第 873—874 页

随着这种集中或少数资本家对多数资本家的剥夺，规模不断扩大的劳动过程的协作形式日益发展，科学日益被自觉地应用于技术方面，土地日益被有计划地利用，劳动资料日益转化为只能共同使用的劳动资料，一切生产资料因作为结合的、社会的劳动的生产资料使用而日益节省，各国人民日益被卷入世界市场网，从而资本主义制度日益具有国际的性质。

卡·马克思：《资本论》第一卷第 874 页

随着那些掠夺和垄断这一转化过程的全部利益的资本巨头不断减少，贫困、压迫、奴役、退化和剥削的程度不断加深，而日益壮大的、由资本主义生产过程本身的机制所训练、联合和组织起来的工人阶级的反抗也不断增长。资本的垄断成了与这种垄断一起并在这种垄断之下繁盛起来的生产方式的桎梏。生产资料的集中和劳动的社会化，达到了同它们的资本主义外壳不能相容的地步。这个外壳就要炸毁了。资本主义私有制的丧钟就要响了。剥夺者就要被剥夺了。

卡·马克思：《资本论》第一卷第874页

从资本主义生产方式产生的资本主义占有方式，从而资本主义的私有制，是对个人的、以自己劳动为基础的私有制的第一个否定。

卡·马克思：《资本论》第一卷第874页

资本主义生产由于自然过程的必然性，造成了对自身的否定。这是否定的否定。这种否定不是重新建立私有制，而是在资本主义时代的成就的基础上，也就是说，在协作和对土地及靠劳动本身生产的生产资料的共同占有的基础上，重新建立个人所有制。

卡·马克思：《资本论》第一卷第874页

以个人自己劳动为基础的分散的私有制转化为资本主义私有制，同事实上已经以社会的生产经营为基础的资本主义所有制转化为社会所有制比较起来，自然是一个长久得多、艰苦得多、困难得多的过程。前者是少数掠夺者剥夺人民群众，后者是人民群众剥夺少数掠夺者。

卡·马克思：《资本论》第一卷第874—875页

第二十五章 现代殖民理论

政治经济学在原则上把两种极不相同的私有制混同起来了。其中一种以生产者自己的劳动为基础，另一种以剥削他人的劳动为基础。它忘记了，后者不仅与前者直接对立，而且只是在前者的坟墓上成长起来的。

卡·马克思：《资本论》第一卷第876页

事实越是明显地反对政治经济学家的意识形态，政治经济学家就越是热心地起劲地把资本主义以前世界的法的观念和所有权观念应用到这个已

 《资本论》箴言集

经完成的资本世界。

卡·马克思:《资本论》第一卷第 876 页

殖民地的情况却不是这样。在那里,资本主义制度到处都碰到这样一种生产者的阻碍,这种生产者是自己劳动条件的占有者,靠自己的劳动使自己变富,而不是使资本家变富。在那里,这两种完全对立的经济制度之间的矛盾,在它们的斗争中实际地得到证实。

卡·马克思:《资本论》第一卷第 876—877 页

在资本家有宗主国的力量作后盾的地方,资本家就企图用暴力清除以自己的劳动为基础的生产方式和占有方式。

卡·马克思:《资本论》第一卷第 877 页

同样的利益,在宗主国使资本的献媚者政治经济学家从理论上把资本主义生产方式和它自身的对立面说成是同一的,在殖民地却使他"公开揭露事实",大声宣布这两种生产方式是对立的。为了这个目的,他证明,不剥夺劳动者,不相应地把他们的生产资料转化为资本,劳动的社会生产力的发展,协作、分工以及机器的大规模使用等等,都是不可能的。为了所谓国民财富的利益,他要寻找那些制造人民贫穷的人为的手段。在这里,他的辩护的甲胄就像松软的火绒一样裂成一片一片的了。

卡·马克思:《资本论》第一卷第 877 页

爱·吉·韦克菲尔德的巨大功绩,并不是他关于殖民地有什么新发现,而是他在殖民地发现了关于宗主国的资本主义关系的真理。正如保护关税制度起初力图在宗主国制造出资本家一样,英国一度试图用立法手段来推行的韦克菲尔德的殖民理论,力图在殖民地制造出雇佣工人。韦克菲尔德把这称为"systematic colonization"(系统的殖民)。

卡·马克思:《资本论》第一卷第 877 页

韦克菲尔德在殖民地发现,拥有货币、生活资料、机器以及其他生产资料,而没有雇佣工人这个补充物,没有被迫自愿出卖自己的人,还不能使一个人成为资本家。他发现,资本不是一种物,而是一种以物为中介的

人和人之间的社会关系。他向我们感慨地说，皮尔先生把共值5万镑的生活资料和生产资料从英国带到新荷兰的斯旺河去。皮尔先生非常有远见，他除此以外还带去了300名工人阶级成员——男人、妇女和儿童。可是，一到达目的地，"皮尔先生竟连一个替他铺床或到河边打水的仆人也没有了"。不幸的皮尔先生，他什么都预见到了，就是忘了把英国的生产关系输出到斯旺河去！

卡·马克思：《资本论》第一卷第877—878页

生产资料和生活资料，作为直接生产者的财产，不是资本。它们只有在同时还充当剥削和统治工人的手段的条件下，才成为资本。但是，在政治经济学家的头脑中，它们的这个资本主义灵魂和它们的物质实体如此紧密地结合在一起，以致在任何情况下，甚至当它们正好是资本的对立面的时候，他也把它们称为资本。

卡·马克思：《资本论》第一卷第878页

只要劳动者能为自己积累——只要他是自己的生产资料的所有者，他就能做到这一点——，资本主义积累和资本主义生产方式就是不可能的。为此所必需的雇佣工人阶级还没有。

卡·马克思：《资本论》第一卷第879页

旧欧洲劳动者的劳动条件是怎样被剥夺，从而资本和雇佣劳动是怎样产生的呢？靠一种非常原始的社会契约。

"人类……采用了一种促进资本积累的简单方法"，自然，这种积累从亚当时代起就被人类当做自己生存的最终的和唯一的目的；"人类把自己分为资本所有者和劳动所有者……这种划分是自愿协商和结合的结果"。【爱·吉·韦克菲尔德《英国和美国》第1卷第17页。——著者注】

一句话，人类的大多数为了"积累资本"而自己剥夺了自己。这样，我们就应当相信，这种克己的狂热本能必定会特别在殖民地最充分地表现出来，因为只有在那里才存在着能够把一种社会契约从梦想变为现实的人和条件。

卡·马克思：《资本论》第一卷第879页

《资本论》箴言集

为什么又要提倡与自然的殖民相对立的"系统的殖民"呢？……劳动人口很少有为资本而自我剥夺的欲望，连韦克菲尔德也认为，奴隶制是殖民地财富唯一的自然基础。他的系统的殖民只是一种应急手段，因为他要对付的是自由民，而不是奴隶。

卡·马克思：《资本论》第一卷第879—880页

剥夺人民群众的土地是资本主义生产方式的基础。与此相反，自由殖民地的本质在于，大量土地仍然是人民的财产，因此每个移民都能够把一部分土地转化为自己的私有财产和个人的生产资料，而又不妨碍后来的移民这样做。这就是殖民地繁荣的秘密，同时也是殖民地的痼疾——反抗资本迁入——的秘密。

"在土地十分便宜，所有的人都自由，每个人能随意得到一块土地的地方，不仅劳动十分昂贵——就劳动者在自己的产品中占很大的份额而言——而且不论出什么价格都很难得到结合劳动。"【爱·吉·韦克菲尔德《英国和美国》第1卷第247页。——著者注】

因为殖民地的劳动者还没有和劳动条件以及他们的根基即土地分离，或者这种分离只是间或地或在极有限的范围内存在，所以，农业还没有和工业分离，农村家庭工业也还没有消灭。在那里，资本的国内市场又从何而来呢？

在这些古怪的人当中，哪里还有资本家"禁欲的场所"呢？

卡·马克思：《资本论》第一卷第880—881页

资本主义生产最美妙的地方，就在于它不仅不断地再生产出雇佣工人本身，而且总是与资本积累相适应地生产出雇佣工人的相对过剩人口。这样，劳动的供求规律就保持在正常的轨道上，工资的变动就限制在资本主义剥削所容许的范围内，最后，工人对资本家必不可少的社会从属性即绝对的从属关系得到了保证。

卡·马克思：《资本论》第一卷第881页

政治经济学家在本国，即在宗主国，可以花言巧语地把这种绝对的从属关系描绘成买者和卖者之间的自由契约关系，描绘成同样独立的商品占有者即资本商品占有者和劳动商品占有者之间的自由契约关系。但是在殖民地，这个美丽的幻想破灭了。到这里来的许多工人都是成年人，因此这里绝对人口增长得比宗主国快得多,但是劳动市场却总是供给不足。劳动的供求规律遭到了破坏。一方面,旧大陆不断地把渴望剥削和要求禁欲的资本投进来,另一方面,雇佣工人本身有规则的再生产,遇到了非常顽强的、部分是不可克服的障碍。哪里还能与资本积累相适应地生产出过剩的雇佣工人来呢!今天的雇佣工人,明天就会成为独立经营的农民或手工业者。他从劳动市场上消失,但并不是到贫民习艺所去了。

卡·马克思:《资本论》第一卷第881—882页

　　雇佣工人不断地转化为独立生产者,他们不是为资本劳动,而是为自己劳动,不是使资本家老爷变富,而是使自己变富;这种转化又反过来对劳动市场的状况产生极有害的影响。不仅雇佣工人受剥削的程度低得不像样子;而且,雇佣工人在丧失对禁欲资本家的从属关系时,也丧失了对他的从属感情。我们的爱·吉·韦克菲尔德那样勇敢,那样雄辩,那样感人地描述的种种弊病,就是由此而来的。

　　他埋怨说,雇佣劳动的供给不经常,不规则,不充足,"不仅总是过少,而且没有保证"。

卡·马克思:《资本论》第一卷第882页

　　工人决不允许资本家实行禁欲而不支付工人最大部分的劳动。即使资本家十分狡猾,把自己的雇佣工人连同自己的资本一起从欧洲输入,那也无济于事。

卡·马克思:《资本论》第一卷第882页

　　这是多么可怕的事情!精明能干的资本家竟用自己宝贵的金钱从欧洲输入了自己的竞争者!一切都完蛋了!无怪乎韦克菲尔德埋怨殖民地的雇佣工人缺乏从属关系和从属感情。

卡·马克思:《资本论》第一卷第882页

　　照韦克菲尔德看来,殖民地的这种弊病的后果是什么呢?就是使生产者和国民财产"分散的野蛮制度"。生产资料分散在无数独立经营的所有者之间,这就既破坏了资本集中,也破坏了结合劳动的一切基础。一切要历经多年并需要投入固定资本的长期性的企业,在经营中都会遇到障碍。在

欧洲，资本不会有片刻迟疑，因为工人阶级是它的活的附属物，总是过剩的，总是处于供它使用的状态。

卡·马克思：《资本论》第一卷第883—884页

在韦克菲尔德把英国的资本主义农业及其"结合"劳动，同美洲分散的农民经济作了绝妙的对比之后，事情的反面就露出来了。他把美洲的人民群众描绘成富裕、独立、有事业心和比较有教养的人，而

"英国的农业工人是悲惨的穷人，需要救济的贫民……除了北美和某些新殖民地以外，还有哪个国家农业上使用的自由劳动的工资是大大超过工人最必需的生存资料的呢？……毫无疑问，英国的耕马由于是一种贵重财产，吃得比英国的农民好得多"。【韦克菲尔德《英国和美国》第11卷第24、47、246页。著者注】

不过没有关系，国民财富和人民贫困本来就是一回事。

卡·马克思：《资本论》第一卷第884页

究竟应该怎样治疗殖民地的反资本主义的痼疾呢？如果一下子把全部土地由人民财产转化为私有财产，这固然会消除祸根，但同时也会消除殖民地。必须有一举两得的妙计。政府应当对处女地规定出一种不以供求规律为转移的价格，即人为的价格，迫使移民在赚到足够的钱购买土地，转化为独立农民以前，必须从事较长时期的雇佣劳动。另一方面，政府应当用按照雇佣工人较难支付的价格出售土地得来的基金，即靠违背神圣的供求规律而从工资中榨取来的货币基金，并依据这个基金增长的程度，从欧洲把穷人输入到殖民地来，为资本家老爷充实雇佣劳动市场。在这种情况下，就会"在这个最美好的世界上，一切都十全十美"。这就是"系统的殖民"的最大秘密。

卡·马克思：《资本论》第一卷第884—885页

国家强行规定的土地价格，当然必须是"充分的价格"，也就是说，必须高到"使工人在雇佣劳动市场上被另一个人取代以前不可能变成独立的农民"。这种"充分的土地价格"，无非是工人为了能从雇佣劳动市场回到土地上而付给资本家的赎金的一种婉转的说法。他先是必须为资本家老爷创造"资本"，以及使资本家老爷能够剥削更多的工人，然后又必须使政府能够用他所提供的费用为他原来的资本家老爷从海外把他的"替身"送到

劳动市场上来。

卡·马克思:《资本论》第一卷第885—886页

最具有典型意义的是,韦克菲尔德先生制定的这个专门用于殖民地的"原始积累"方法,英国政府采用了好些年。……结果只是使移民潮流从英国殖民地转向美国。同时,欧洲资本主义生产的进步,以及随之而来的政府压迫的加重,使韦克菲尔德的方案成为多余。一方面,逐年涌向美洲的巨大的不断的人流,在美国东部停滞并沉淀下来,因为从欧洲来的移民浪潮迅速地把人们抛到东部的劳动市场上,而涌向西部的移民浪潮还来不及把人们卷走。另一方面,美国南北战争的结果造成了巨额的国债以及随之而来的沉重的赋税,产生了最卑鄙的金融贵族,使极大一部分公有土地被分送给经营铁路、矿山等的投机家公司,——一句话,造成了最迅速的资本集中。因此,这个大共和国已经不再是迁移来的工人的天堂了。在那里,资本主义生产正在飞速向前发展,虽然工资的下降和雇佣工人的从属关系还远没有降到欧洲的标准水平。

卡·马克思:《资本论》第一卷第886页

韦克菲尔德本人大声责难的、由英国政府无耻地把殖民地未开垦的土地滥送给贵族和资本家的做法,特别在澳大利亚又加上金矿吸引来的人流,以及英国商品的输入所引起的对最小的手工业者的竞争,——这就产生了一个充分的"相对过剩的工人人口",以致几乎每班邮船都带来澳大利亚劳动市场供给过剩的凶讯。在那里,有些地方的卖淫现象和在伦敦草市一样盛行。

卡·马克思:《资本论》第一卷第886—887页

但是,我们在这里并不是要研究殖民地的状况。我们感兴趣的只是旧大陆的政治经济学在新大陆发现并大声宣布的秘密:资本主义的生产方式和积累方式,从而资本主义的私有制,是以那种以自己的劳动为基础的私有制的消灭为前提的,也就是说,是以劳动者的被剥夺为前提的。

卡·马克思:《资本论》第一卷第887页

《资本论》箴言集

资本论
政治经济学批判

第二卷
第二册：资本的流通过程

第一篇 资本形态变化及其循环
第二篇 资本周转
第三篇 社会总资本的再生产和流通

弗·恩格斯　序言

只要列举一下马克思为第二册留下的亲笔材料，就可以证明，马克思在公布他的经济学方面的伟大发现以前，是以多么无比认真的态度，以多么严格的自我批评精神，力求使这些伟大发现达到最完善的程度。正是这种自我批评的精神，使他的论述很少能够做到在形式上和内容上都适应他的由于不断进行新的研究而日益扩大的眼界。

卡·马克思：《资本论》第二卷第 4 页

资本主义下的人，生产剩余价值已经有几百年了，他们渐渐想到剩余价值起源的问题。最早的见解是从商人的直接的实践中产生的：剩余价值产生于产品价值的加价。这种见解曾在重商主义者中间占统治地位，但是詹姆斯·斯图亚特已经看到，在这种情况下，一人之所得必然是他人之所失。尽管如此，在很长一段时间，特别是在社会主义者中间，这种见解仍然阴魂不散。然而它被亚·斯密从古典科学中赶出去了。

卡·马克思：《资本论》第二卷第 13 页

亚·斯密已经知道"资本家的剩余价值是从哪里产生的"，以及土地所有者的剩余价值是从哪里产生的；马克思在 1861 年已经坦率地承认了这一点……马克思接着说："然而，斯密并没有把剩余价值本身作为一个专门范畴同它在利润和地租中所具有的特殊形式区别开来。斯密尤其是李嘉图在研究中的许多错误和缺点，都是由此而产生的。"

卡·马克思：《资本论》第二卷第 15 页

在剩余价值理论方面，马克思与他的前人的关系，正如拉瓦锡与普利斯特列和舍勒的关系一样。在马克思以前很久，人们就已经确定我们现在称为剩余价值的那部分产品价值的存在；同样也有人已经多少明确地说过，这部分价值是由什么构成的，也就是说，是由占有者不付等价物的那种劳动的产品构成的。但是到这里人们就止步不前了。其中有些人，即资产阶级古典经济学家，至多只研究了劳动产品在工人和生产资料所有者之间分配的数量比例。另一些人，即社会主义者，则发现这种分配不公平，并寻求乌托邦的手段来消除这种不公平现象。这两种人都为既有的经济范畴所束缚。

卡·马克思：《资本论》第二卷第 21 页

于是，马克思发表意见了，他的意见是和所有他的前人直接对立的。在前人认为已有答案的地方，他却认为只是问题所在。他认为，这里摆在他面前的不是无燃素气体，也不是火气，而是氧气；这里的问题不是在于要简单地确认一种经济事实，也不是在于这种事实与永恒公平和真正道德相冲突，而是在于这样一种事实，这种事实必定要使全部经济学发生革命，并且把理解全部资本主义生产的钥匙交给那个知道怎样使用它的人。

卡·马克思：《资本论》第二卷第 21 页

要知道什么是剩余价值，他就必须知道什么是价值。李嘉图的价值理论本身必须首先加以批判。于是，马克思研究了劳动形成价值的特性，第一次确定了什么样的劳动形成价值，为什么形成价值以及怎样形成价值，并确定了价值不外就是这种劳动的凝固……

卡·马克思：《资本论》第二卷第 21 页

马克思进而研究商品和货币的关系，并且论证了商品和商品交换怎样和为什么由于商品内在的价值属性必然要造成商品和货币的对立。他的建立在这个基础上的货币理论是第一个详尽无遗的货币理论，今天已为大家所默认了。

卡·马克思：《资本论》第二卷第 22 页

他【指马克思——编者注】研究了货币向资本的转化，并证明这种转化是以劳动力的买卖为基础的。他以劳动力这一创造价值的属性代替了劳动，因而一下子就解决了使李嘉图学派破产的一个难题，也就是解决了资本和劳动的相互交换与李嘉图的劳动决定价值这一规律无法相容这个难题。

卡·马克思：《资本论》第二卷第 22 页

他【指马克思——编者注】确定了资本分为不变资本和可变资本，就第一个详尽地阐述了剩余价值形成的实际过程，从而说明了这一过程，而这是他的任何一个前人都没有做到的；因而，他确定了资本自身内部的区

别,这个区别是洛贝尔图斯和资产阶级经济学家都完全不可能作出的,但是这个区别提供了一把解决经济学上最复杂的问题的钥匙,关于这一点,这第二册又是一个最令人信服的证明,以后我们会知道,第三册更是这样。

卡·马克思:《资本论》第二卷第22页

马克思还进一步研究了剩余价值本身,发现了它的两种形式,即绝对剩余价值和相对剩余价值,并且证明,这两种形式在资本主义生产的历史发展中起了不同的然而都是决定性的作用。他根据剩余价值,阐明了我们现在才具有的第一个合理的工资理论,第一次指出了资本主义积累史的各个基本特征,并说明了资本主义积累的历史趋势。

卡·马克思:《资本论》第二卷第22页

劳动是价值的尺度。但是,活劳动在和资本进行交换时,它的价值小于所交换的对象化劳动。工资,一定量活劳动的价值,总是小于同量活劳动所生产的产品的价值,或体现同量活劳动的产品的价值。

卡·马克思:《资本论》第二卷第24页

不是劳动有价值。劳动作为创造价值的活动,不能有特殊的价值,正像重不能有特殊的重量,热不能有特殊的温度,电不能有特殊的电流强度一样。作为商品买卖的,不是劳动,而是劳动力。一旦劳动力成为商品,它的价值就决定于它作为社会产品所体现的劳动,就等于它的生产和再生产所需要的社会必要的劳动。因此,劳动力按照它的这种价值来买卖,是和经济学的价值规律决不矛盾的。

卡·马克思:《资本论》第二卷第24页

马克思多次对我说过,《资本论》第二册和第三册是献给他的夫人的。

卡·马克思:《资本论》第二卷第25页

第一篇　资本形态变化及其循环

第一章　货币资本的循环

资本的循环过程经过三个阶段；……这些阶段形成如下的序列：

第一阶段：资本家作为买者出现于商品市场和劳动市场；他的货币转化为商品，或者说，经历 G—W 这个流通行为。

第二阶段：资本家用购买的商品从事生产消费。他作为资本主义商品生产者进行活动；他的资本经历生产过程。结果产生了一种商品，这种商品的价值大于它的生产要素的价值。

第三阶段：资本家作为卖者回到市场；他的商品转化为货币，或者说，经历 W—G 这个流通行为。

卡·马克思：《资本论》第二卷第 31 页

货币资本循环的公式是：G—W…P…W′—G′。在这个公式中，虚线表示流通过程的中断，W′ 和 G′ 表示由剩余价值增大了的 W 和 G。【《资本论》中常用第一个形式或形式 I（即 G…G′）指称此循环。——编者注】

卡·马克思：《资本论》第二卷第 31—32 页

I. 第一阶段 G—W

G—W 表示一个货币额转化为一个商品额；对买者来说，是他的货币转化为商品，对卖者来说，则是他们的商品转化为货币。

卡·马克思：《资本论》第二卷第 32 页

使一般商品流通的这个行为同时成为单个资本的独立循环中一个职能

上确定的阶段的，首先不是行为的形式，而是它的物质内容，是那些和货币换位的商品的特殊使用性质。这一方面是生产资料，另一方面是劳动力，即商品生产的物的因素和人的因素。

卡·马克思：《资本论》第二卷第 32 页

劳动力的价值或价格，是以工资的形式，即作为一个包含剩余劳动的劳动量的价格，支付给把劳动力当做商品出卖的劳动力所有者的。

卡·马克思：《资本论》第二卷第 33 页

商品购买的总和，这个一般商品流通的行为，作为资本的独立循环过程的阶段来看，同时又是资本价值由货币形式到生产形式的转化，或者简单地说，是由货币资本到生产资本的转化。

卡·马克思：《资本论》第二卷第 35 页

货币资本 G 的流通分为 G—Pm 和 G—A，即购买生产资料和购买劳动力。

卡·马克思：《资本论》第二卷第 35 页

G—A，从资本家方面看，是购买劳动力，从工人即劳动力的所有者方面看，是出卖劳动力——这里可以说是出卖劳动，因为是以工资形式为前提的。在这里，和任何一种购买一样，对买者来说是 G—W（=G—A），对卖者（工人）来说是 A—G（=W—G），是出卖他的劳动力。这是商品的第一流通阶段或第一形态变化；从劳动的卖者方面看，就是他的商品转化为它的货币形式。

卡·马克思：《资本论》第二卷第 35—36 页

G—A 是货币资本转化为生产资本的一个具有特征性质的因素，因为它是以货币形式预付的价值得以实际转化为资本，转化为生产剩余价值的价值的本质条件。

卡·马克思：《资本论》第二卷第 36 页

G—A 一般被看做是资本主义生产方式的特征。但是，绝不是……由于劳动力的购买是这样一种购买契约，按照这个契约，提供的劳动量，一定要大于补偿劳动力价格即工资所必需的量，也就是，一定要提供剩余劳动，——这是预付价值资本化或者说剩余价值生产的根本条件。相反，是由于它的形式，由于劳动是以工资的形式用货币购买的，而这一点被认为是货币经济的标志。

卡·马克思：《资本论》第二卷第36页

G—A 被认为是所谓货币经济的特征或标志，是因为在这里劳动表现为它的所有者的商品，因而货币表现为买者——就是说，是因为有了这种货币关系（即人类活动的买卖）。但是，货币很早就已经作为所谓服务的买者出现了，而 G 并没有因此转化为货币资本，经济的一般性质也没有因此发生变革。

卡·马克思：《资本论》第二卷第37页

成为特征的，并不是劳动力这种商品能够买卖，而是劳动力成为商品。

卡·马克思：《资本论》第二卷第37页

从工人方面看：他的劳动力，只有在通过出卖而和生产资料相结合的时候，才可能从事生产活动。因此，在出卖之前，劳动力是和生产资料，和它的活动的物的条件相分离的。在这种分离状态中，它既不能直接用来为它的所有者生产使用价值，也不能用来生产商品，使它的所有者能够依靠这种商品的出售而维持生活。

卡·马克思：《资本论》第二卷第37—38页

劳动力一经出卖而和生产资料相结合，它就同生产资料一样，成了它的买者的生产资本的一个组成部分。

卡·马克思：《资本论》第二卷第38页

劳动的卖者是作为他人的劳动力而和它的买者相对立的。这种劳动力只有归它的买者支配，和买者的资本合并，才能使这种资本真正地作为生产资本来活动。

卡·马克思：《资本论》第二卷第38页

资本家和雇佣工人的阶级关系,当他们在 G—A(从工人方面看是 A—G)行为中互相对立时,就已经存在了,就已经作为前提肯定了。这是买和卖,是货币关系,但这种买和卖的前提是:买者是资本家,卖者是雇佣工人。而这种关系所以会发生,是因为劳动力实现的条件——生活资料和生产资料——已经作为他人的财产而和劳动力的占有者相分离了。

卡·马克思:《资本论》第二卷第 38 页

资本关系所以会在生产过程中出现,只是因为这种关系在流通行为中,在买者和卖者互相对立的不同的基本经济条件中,在他们的阶级关系中本来就已经存在。

卡·马克思:《资本论》第二卷第 39 页

只有在资本主义生产的基础上,商品生产才表现为生产的标准的、占统治地位的性质。

卡·马克思:《资本论》第二卷第 40 页

只有在已经发展的资本主义生产的基础上,货币资本循环的公式,G—W…P……W′—G′才是资本循环的当然形式,因为它是以雇佣工人阶级的社会规模的存在作为前提的。

卡·马克思:《资本论》第二卷第 41 页

资本主义生产不仅生产商品和剩余价值;它还再生产并且以越来越大的规模再生产雇佣工人阶级,把绝大多数直接生产者变为雇佣工人。

卡·马克思:《资本论》第二卷第 41 页

II. 第二阶段 生产资本的职能

劳动力的使用,劳动,只能在劳动过程中实现。资本家不能再把工人当做商品出售,因为工人不是资本家的奴隶,并且资本家买到的仅仅是在一定时间内对他的劳动力的使用。

卡·马克思:《资本论》第二卷第 42 页

资本家只能这样来使用劳动力,就是通过劳动力把生产资料作为商品形成要素来使用。

卡·马克思:《资本论》第二卷第42页

G—A。雇佣工人只能靠出卖劳动力来过活。

卡·马克思:《资本论》第二卷第42页

一旦依靠雇佣劳动进行的生产普遍化,商品生产就必然成为生产的普遍形式。

卡·马克思:《资本论》第二卷第42—43页

那些造成资本主义生产的基本条件,即雇佣工人阶级的存在的情况,也促使一切商品生产过渡到资本主义的商品生产。

卡·马克思:《资本论》第二卷第43页

资本主义的商品生产越发展,它对主要是直接满足自己需要而只把多余产品转化为商品的每一种旧生产形式,就越发生破坏和解体的作用。

卡·马克思:《资本论》第二卷第43页

由于生产资料和劳动力在生产过程中对价值的形成,从而也对剩余价值的生产起着不同的作用,所以它们作为预付资本价值的存在形式,就区分为不变资本和可变资本。

卡·马克思:《资本论》第二卷第44页

生产资料在它为资本家所有时,即使在生产过程之外,也仍然是他的资本,劳动力却只有在生产过程之内,才是单个资本的存在形式。

卡·马克思:《资本论》第二卷第44页

如果说,劳动力只有在它的卖者即雇佣工人手中才是商品,那么相反,它只有在它的买者手中,即暂时握有它的使用权的资本家手中,才成为资本。

卡·马克思:《资本论》第二卷第44页

生产资料本身,只有在劳动力作为生产资本的人的存在形式,能够和生产资料相合并时,才成为生产资本的物的形态或生产资本

卡·马克思:《资本论》第二卷第 44 页

产品不只是商品,而且是包含着剩余价值的商品。它的价值 = P + M,等于生产这种商品所耗费的生产资本的价值 P,加上这个生产资本产生的剩余价值 M。

卡·马克思:《资本论》第二卷第 45 页

III. 第三阶段 W′—G′

商品,作为直接由生产过程本身产生的已经增殖的资本价值的职能存在形式,就成了商品资本。

卡·马克思:《资本论》第二卷第 45 页

资本在商品形式上必须执行商品的职能。构成资本的物品,本来就是为市场而生产的,必须卖掉,转化为货币,也就是必须经历 W—G 运动。

卡·马克思:《资本论》第二卷第 46 页

流通过程推动了和资本的价值量无关的新的潜能,即资本的作用程度的新的潜能,资本的扩张和收缩的新的潜能。

卡·马克思:《资本论》第二卷第 48 页

在货币上,商品的一切差别都消失了,因为货币正是一切商品的共同的等价形式。

卡·马克思:《资本论》第二卷第 53—54 页

资本的职能即资本价值借以生出价值的唯一职能的结果。它们的共同点是,它们二者,货币资本和商品资本,都是资本的存在方式。一个是货币形式的资本,另一个是商品形式的资本。因此,使它们互相区别的特有职能，只能是货币职能和商品职能之间的区别。

卡·马克思：《资本论》第二卷第 56—59 页

在货币资本中，资本主义生产过程的任何痕迹都已消失，正像在货币上商品的一切特殊的使用形式都消失一样。

卡·马克思：《资本论》第二卷第 59 页

IV. 总循环

资本的循环，只有不停顿地从一个阶段转入另一个阶段，才能正常进行。

卡·马克思：《资本论》第二卷第 63 页

产业资本决定了生产的资本主义性质；产业资本的存在，包含着资本家和雇佣工人之间的阶级对立的存在。

卡·马克思：《资本论》第二卷第 66 页

货币资本和商品资本，在它们以其作为特殊营业部门的承担者的职能和产业资本并列出现时，也只是产业资本在流通领域时而采取时而抛弃的不同职能形式由于社会分工而独立化的和片面发展的存在形式。

卡·马克思：《资本论》第二卷第 66 页

一切资本主义生产方式的国家，都周期地患一种狂想病，企图不用生产过程作中介而赚到钱。

卡·马克思：《资本论》第二卷第 67—68 页

资本的循环过程是流通和生产的统一，包含二者在内。

卡·马克思：《资本论》第二卷第 70 页

一般商品流通，在第一阶段，使资本取得能够执行生产资本职能的形态；在第二阶段，使它抛弃它不能重新进行循环的商品职能，同时为它创造一种可能,使它自己特有的资本循环同资本中增加的剩余价值的流通分离开来。

卡·马克思:《资本论》第二卷第70页

货币资本的循环,是产业资本循环的最片面,从而最明显和最典型的表现形式;产业资本的目的和动机——价值增殖,赚钱和积累——表现得最为醒目(为贵卖而买)。

卡·马克思:《资本论》第二卷第70页

货币资本的循环不仅是商品生产;这种循环本身只有通过流通才能进行,它是以流通为前提的。这一点已经很清楚,因为属于流通的形式 G 是预付资本价值的最初的纯粹的形式,而在其他两种循环形式中则不是这样。

卡·马克思:《资本论》第二卷第70页

只要货币资本的循环始终包含着预付价值的价值增殖,它就始终是产业资本的一般的表现。

卡·马克思:《资本论》第二卷第70页

货币资本作为一切循环始终包含的形式来完成这个循环,正是为了生产剩余价值的那部分资本即可变资本。

卡·马克思:《资本论》第二卷第71页

只要资本主义生产方式是作为前提存在,也就是说,处在由资本主义生产决定的社会状态中,那么,产业资本循环的一般形式就是货币资本的循环。

卡·马克思:《资本论》第二卷第73页

第二章 生产资本的循环

生产资本循环的总公式是:$P\cdots W'—G'—W\cdots P$。这个循环表示生产资本职能的周期更新,也就是表示再生产,或者说,表示资本的生产过程是

增殖价值的再生产过程;它不仅表示剩余价值的生产,而且表示剩余价值的周期再生产;它表示,处在生产形式上的产业资本不是执行一次职能,而是周期反复地执行职能,因此,过程的重新开始,已由起点本身规定了。【《资本论》中常用第二个形式或形式Ⅱ(即P…P)指称此循环。——编者注】

卡·马克思:《资本论》第二卷第75页

Ⅰ. 简单再生产

资本只要停留在货币形态上,就不执行资本的职能,从而不增殖价值;这个资本就闲置起来。

卡·马克思:《资本论》第二卷第86页

资本在货币形式上,比在易逝的商品形式上,能坚持较长的时间。

卡·马克思:《资本论》第二卷第86页

资本如果不执行货币资本的职能,它仍然可以是货币;但资本如果过久地停留在商品资本的职能上,它就不再成为商品甚至不再成为使用价值。

卡·马克思:《资本论》第二卷第86页

资本主义生产所生产出的商品量的多少,取决于这种生产的规模和不断扩大生产规模的需要,而不取决于需求和供给、待满足的需要的预定范围。

卡·马克思:《资本论》第二卷第88页

在大量生产中,直接购买者除了别的产业资本家外,只能是大商人。

卡·马克思:《资本论》第二卷第88页

产品只要卖出,在资本主义生产者看来,一切就都正常。他所代表的资本价值的循环就不会中断。

卡·马克思:《资本论》第二卷第88—89页

《资本论》箴言集

货币资本在产业资本的循环中,除执行货币职能外,不执行其他任何职能,并且这些货币职能只是由于它们和这种循环的其他阶段的联系,才同时具有资本职能的意义。

卡·马克思:《资本论》第二卷第 90 页

II. 积累和规模扩大的再生产

资本主义生产的全部性质,是由预付资本价值的增殖决定的,就是说,首先是由生产尽可能多的剩余价值决定的;其次是由资本的生产,即由剩余价值到资本的转化决定的。

卡·马克思:《资本论》第二卷第 92 页

积累或规模扩大的生产,是剩余价值生产不断扩大,从而资本家发财致富的手段,是资本家的个人目的,并且包含在资本主义生产的一般趋势中,但是后来,由于资本主义生产的发展,它对于任何单个资本家都成为一种必要。他的资本的不断增大,成为保存他的资本的条件。

卡·马克思:《资本论》第二卷第 92 页

生产资本形式的产业资本,也和任何别一种形成产品的劳动过程一样,只能由这样的要素构成:一方面是物的劳动条件(生产资料),另一方面是生产地(有目的地)发挥作用的劳动力。

卡·马克思:《资本论》第二卷第 94 页

产业资本在生产领域只能存在于和一般生产过程,从而也和非资本主义的生产过程相适应的构成中,同样,它在流通领域也只能存在于两种和流通领域相适应的形式,即商品形式和货币形式中。

卡·马克思:《资本论》第二卷第 94 页

由于劳动力是他人的劳动力,资本家要从劳动力所有者那里购买劳动力,就像要从其他商品所有者那里购买生产资料完全一样,所以各种生产要素的总和从一开始就表现为生产资本,因而生产过程本身也表现为产业资本的生产职能,同样,货币和商品也表现为同一产业资本的流通形式,

因而，它们的职能也表现为产业资本的流通职能，这些职能或者是生产资本的职能的先导，或者是从生产资本的职能产生。

卡·马克思：《资本论》第二卷第 94 页

至于货币贮藏的过程本身，它是一切商品生产所共有的，而只有在不发达的、资本主义以前的商品生产形式中，才为贮藏货币而贮藏货币。

卡·马克思：《资本论》第二卷第 97 页

第三章　商品资本的循环

商品资本循环的总公式是：$W'—G'—W\cdots P\cdots W'$。

W'不仅表现为前面两种循环的产物，而且表现为它们的前提，因为，只要生产资料本身至少有一部分是另一些处在循环中的单个资本的商品产品，一个资本的 G—W 就已经包含另一个资本的 $W'—G'$。……其次，……还在 $G\cdots G'$第一次反复时，还在货币资本第二个循环完成之前，不仅 $P\cdots P$ 循环，而且 $W'\cdots W'$循环就已作为前提存在了。

如果再生产按扩大的规模进行，终点的 W'就大于起点的 W'，因此，终点的 W'应当用 W''来表示。【《资本论》中常用第三个形式或形式 III（即 $W'\cdots W'$）指称此循环。——编者注】

卡·马克思：《资本论》第二卷第 101 页

在考察商品资本时，利润有时被忘记，在说到作为总体的生产循环时，商品资本不过作为商品出现；而在说到价值的组成部分时，商品资本则作为商品资本出现。当然，积累也是用和生产一样的方式来表达的。

卡·马克思：《资本论》第二卷第 107—108 页

在资本主义生产方式占统治地位的基础上，卖者手中的一切商品都必然是商品资本。它们在商人手中仍旧是商品资本，或者，如果原来不是商品资本，到商人手中也就变成商品资本。或者，它们，例如输入品，必然是补偿原有商品资本的商品，因而只是给了原有商品资本另一种存在形式。

卡·马克思：《资本论》第二卷第 111 页

提高了的生产率只能增加资本物质，而不增大资本价值；但以此它也就为价值增殖形成追加的材料。

卡·马克思：《资本论》第二卷第115页

第四章　循环过程的三个公式

如果用 Ck 代表总流通过程，这三个公式可以表示如下：
(Ⅰ) G—W…P…W′—G′
(Ⅱ) P…Ck…P
(Ⅲ) Ck…P（W′）。

如果我们对这三个形式进行概括，那么，过程的所有前提都表现为过程的结果，表现为过程本身所产生的前提。每一个因素都表现为出发点、经过点和复归点。总过程表现为生产过程和流通过程的统一；生产过程成为流通过程的中介，反之亦然。

卡·马克思：《资本论》第二卷第116页

产业资本的连续进行的现实循环，不仅是流通过程和生产过程的统一，而且是它的所有三个循环的统一。但是，它之所以能够成为这种统一，只是由于资本的每个不同部分能够依次经过相继进行的各个循环阶段，从一个阶段转到另一个阶段，从一种职能形式转到另一种职能形式，因而，只是由于产业资本作为这些部分的整体同时处在各个不同的阶段和职能中，从而同时经过所有这三个循环。在这里，每一部分的相继进行，是由各部分的并列存在即资本的分割所决定的。

卡·马克思：《资本论》第二卷第119页

资本作为自行增殖的价值，不仅包含着阶级关系，包含着建立在劳动作为雇佣劳动而存在的基础上的一定的社会性质。它是一种运动，是一个经过各个不同阶段的循环过程，这个过程本身又包含循环过程的三种不同的形式。

卡·马克思：《资本论》第二卷第121页

《资本论》箴言集

尽管发生各种价值革命，资本主义生产只有在资本价值增殖时，也就是在它作为独立化的价值进行它的循环过程时，因而只有在价值革命按某种方式得到克服和抵消时，才能够存在和继续存在。

卡·马克思：《资本论》第二卷第122页

价值革命越是尖锐，越是频繁，独立化的价值的那种自动的、以天然的自然过程的威力来发生作用的运动，就越是和资本家个人的先见和打算背道而驰，正常的生产过程就越是屈服于不正常的投机，单个资本的存在就越是要冒巨大的危险。因此，这些周期性的价值革命证实了它们似乎应该否定的东西，即证实了价值作为资本所经历的、通过自身的运动而保持和加强的独立化。

卡·马克思：《资本论》第二卷第122页

商品来源的全面性，市场作为世界市场的存在，是产业资本流通过程的特点。以上就外国商品而言的，也同样适用于外国货币。正像商品资本对外国货币只是执行商品职能一样，外国货币对商品资本也只是执行货币职能；在这里，货币是执行世界货币的职能。

卡·马克思：《资本论》第二卷第127页

资本主义生产方式以大规模的生产为前提，同样也必须以大规模的出售为前提；因此是以出售给商人，而不是出售给消费者个人为前提。

卡·马克思：《资本论》第二卷第127页

作为商人资本的职能的商业，是资本主义生产的前提，并且随着资本主义生产的发展而日益发展。

卡·马克思：《资本论》第二卷第128页

货币的流通速度越大，也就是说，每个单个资本经过它的商品或货币的形态变化序列越快，同一货币量（比如500镑）就越是使更多的产业资本（或商品资本形式的单个资本）相继进入流通。

卡·马克思：《资本论》第二卷第129页

产业资本循环过程从而资本主义生产的最明显的特征之一就是：一方面，生产资本的形成要素必须来自商品市场，并且不断从这个市场得到更新，作为商品买进来；另一方面，劳动过程的产品则作为商品从劳动过程产生出来，并且必须不断作为商品重新卖出去。

卡·马克思：《资本论》第二卷第132页

所谓信用经济本身只是货币经济的一种形式，因为这两个名词都表示生产者自身间的交易职能或交易方式。在发达的资本主义生产中，货币经济只表现为信用经济的基础。因此，货币经济和信用经济只适应于资本主义生产的不同发展阶段，但决不是和自然经济对立的两种不同的独立的交易形式。人们根据同样的理由，似乎也可以把自然经济的各种极不相同的形式，作为对等的东西，和这两种经济对立起来。

卡·马克思：《资本论》第二卷第132页

资本主义生产是作为生产的普遍形式的商品生产，但是，它之所以如此，在它的发展中之所以越来越如此，只是因为在这里，劳动本身表现为商品，因为工人出卖劳动，即他的劳动力的职能，并且如我们所假定的，是按照由它的再生产费用决定的它的价值出卖的。劳动越变为雇佣劳动，生产者就越变为产业资本家；因而，资本主义生产（从而商品生产）只有在直接的农业生产者也是雇佣工人的时候，才充分地表现出来。

卡·马克思：《资本论》第二卷第133页

在资本家和雇佣工人的关系上，货币关系，买者和卖者的关系，成了生产本身所固有的关系。但是，这种关系的基础是生产的社会性质，而不是交易方式的社会性质；相反，后者是由前者产生的。

卡·马克思：《资本论》第二卷第133页

第五章　流通时间

资本是按照时间顺序通过生产领域和流通领域两个阶段完成运动的。资本在生产领域停留的时间是它的生产时间，资本在流通领域停留的时间是它的流通时间。所以，资本完成它的循环的全部时间，等于生产时间和流通时间之和。

卡·马克思：《资本论》第二卷第 138 页

劳动对象在生产过程本身中必须经历的劳动时间的间歇，既不形成价值，也不形成剩余价值；但它促进产品的完成，成为产品生涯的一部分，是产品必须经过的一个过程。

卡·马克思：《资本论》第二卷第 140 页

资本主义生产的趋势，是尽可能缩短生产时间超过劳动时间的部分。

卡·马克思：《资本论》第二卷第 141 页

资本在流通领域内，不管按这个序列还是那个序列，总是要通过 W—G 和 G—W 这两个对立的阶段。因此，资本的流通时间也分成两个部分，即商品转化为货币所需要的时间，和货币转化为商品所需要的时间。

卡·马克思：《资本论》第二卷第 143 页

在商品生产中，流通和生产本身一样必要，从而流通当事人也和生产当事人一样必要。

卡·马克思：《资本论》第二卷第 143 页

使用价值只有不断更新，不断再生产，也就是由同种或别种新的使用价值来补偿，才是长久保存而自行增殖的资本价值的承担者。而使用价值以完成的商品形式出售，从而由此进入生产消费或个人消费，是它们的再生产不断更新的条件。它们必须在一定时间内变换它们的旧的使用形式，以便在一种新的使用形式上继续存在。交换价值只有通过使用价值的躯体的这种不断更新才能够保存自己。

卡·马克思：《资本论》第二卷第 144 页

《资本论》箴言集

第六章　流通费用

I. 纯粹的流通费用

1. 买卖时间

一个商人（在这里只是看做商品的形式转化的当事人，只是看做买者和卖者）可以通过他的活动，为许多生产者缩短买卖时间。因此，他可以被看做是一种机器，它能减少力的无益消耗，或有助于腾出生产时间。

卡·马克思：《资本论》第二卷第148页

当独立的小商品生产者把他们的一部分时间耗费在买卖上的时候，这种时间或者只是在他们的生产职能的间歇期间耗费的时间，或者是他们的生产时间的损失。

卡·马克思：《资本论》第二卷第149—150页

无论如何，用在买卖上的时间，是一种不会增加转化了的价值的流通费用。这种费用是价值由商品形式转变为货币形式所必要的。

卡·马克思：《资本论》第二卷第150页

2. 簿记

这些属于价值的纯粹的形式转化的、从而产生于生产过程的一定社会形式的形式，在单个商品生产者那里只是转瞬即逝的、几乎觉察不到的要素，是同他的生产职能并行或交织在一起的；而这些形式在表现为巨额的流通费用时，却可以令人触目惊心，在单纯的货币收支上，一旦这种业务独立化为银行等等或单个企业的出纳员的专门职能并且大规模集中，我们就看到这一点。要牢记的是，这些流通费用不会因形态的变化而改变其性质。

卡·马克思：《资本论》第二卷第152—153页

 《资本论》箴言集

3. 货币

金和银作为货币商品，对社会来说，是仅仅由生产的社会形式产生的流通费用。这是商品生产的非生产费用，这种费用，随着商品生产，特别是随着资本主义生产的发展而增大。它是社会财富中必须为流通过程牺牲的部分。

卡·马克思：《资本论》第二卷第153—154页

II. 保管费用

一切追加价值的劳动也会追加剩余价值，并且在资本主义基础上总会追加剩余价值，因为劳动形成的价值取决于劳动本身的量，劳动形成的剩余价值则取决于资本家付给劳动的报酬额。

卡·马克思：《资本论》第二卷第154页

1. 储备形成一般

在产品作为商品资本存在或在产品停留在市场上时，也就是，在产品处在它从中出来的生产过程和它进入的消费过程之间的间隔时间内，产品形成商品储备。

卡·马克思：《资本论》第二卷第155页

商品资本，作为市场上的商品，从而具有储备形态的商品，在每个循环中出现两次：一次是作为我们正在考察其循环的处在过程中的资本本身的商品产品；另一次相反是作为另一个资本的商品产品，这种产品必须出现在市场上，以便被购买，并转化为生产资本。

卡·马克思：《资本论》第二卷第155页

生产资本还包括对劳动力的购买，在这里，货币形式只是生活资料的价值形式，这种生活资料的大部分，工人必须在市场上找到。

卡·马克思：《资本论》第二卷第155页

《资本论》箴言集

亚·斯密曾提出一种荒诞的见解，认为储备只是资本主义生产所特有的现象。相反，现代经济学家，例如莱勒，则断言储备将随着资本主义生产的发展而减少。西斯蒙第甚至认为这是资本主义生产的一个缺陷。

卡·马克思：《资本论》第二卷第 157 页

储备有三种形式：生产资本的形式，个人消费基金的形式，商品储备或商品资本的形式。虽然就绝对量来说，三种形式的储备可以同时增加，但是一种形式的储备会在另一种形式的储备增加时相对地减少。

卡·马克思：《资本论》第二卷第 158 页

对于一个国家来说，必须为比如说一年准备好的储备量，会随着运输工具的发展而减少。

卡·马克思：《资本论》第二卷第 161 页

2. 真正的商品储备

任何商品——从而任何商品资本，它们只是商品，不过是作为资本价值存在形式的商品——，只要它不是从生产领域直接进入生产消费或个人消费，因而在这个间歇期间处在市场上，它就是商品储备的要素。

卡·马克思：《资本论》第二卷第 161 页

社会上绝大部分人变为雇佣工人，他们靠挣一文吃一文过活，他们的工资按周领取，逐日花掉，因此，他们必须找到作为储备的生活资料。不管这种储备的单个要素的流动性有多大，其中一部分总要不断地停留下来，以便储备可以始终处于流动状态。

卡·马克思：《资本论》第二卷第 162 页

储备形成的费用包含：1. 产品总量的数量减损（例如，储存面粉时就是这样）；2. 质量变坏；3. 维持储备所需的对象化劳动和活劳动。

卡·马克思：《资本论》第二卷第 166 页

III. 运输费用

社会劳动的物质变换，是在资本循环和构成这个循环的一个阶段的商品形态变化中完成的。这种物质变换可以要求产品发生场所的变换，即产品由一个地方到另一个地方的实际运动。但是，没有商品的物理运动，商品也可以流通；没有商品流通，甚至没有直接的产品交换，产品也可以运输。

卡·马克思：《资本论》第二卷第 167 页

产品总量不会因运输而增大。产品的自然属性因运输而引起的变化，除了若干例外，不是预期的效用，而是一种不可避免的祸害。但是，物品的使用价值只是在物品的消费中实现，而物品的消费可以使物品的位置变化成为必要，从而使运输业的追加生产过程成为必要。

卡·马克思：《资本论》第二卷第 167—168 页

投在运输业上的生产资本，会部分地由于运输工具的价值转移，部分地由于运输劳动的价值追加，把价值追加到所运输的产品中去。后一种价值追加，就像在一切资本主义生产下一样，分为工资补偿和剩余价值。

卡·马克思：《资本论》第二卷第 168 页

在每一个生产过程中，劳动对象的位置变化，以及这种变化所必需的劳动资料和劳动力——例如，棉花由梳棉车间运到纺纱车间，煤炭由井下运到地面——，都起着重要的作用。

卡·马克思：《资本论》第二卷第 168 页

商品生产的一般规律是：劳动生产率和劳动的价值创造成反比。这个规律，像适用于其他任何产业一样，也适用于运输业。在一定距离内运输商品所需要的劳动量——死劳动量和活劳动量——越小，劳动生产力就越大；反之亦然。

卡·马克思：《资本论》第二卷第 168 页

运输业一方面形成一个独立的生产部门,从而形成生产资本的一个特殊的投资领域。另一方面,它又具有如下的特征:它表现为生产过程在流通过程内的继续,并且为了流通过程而继续。

卡·马克思:《资本论》第二卷第 170 页

第二篇　资本周转

第七章　周转时间和周转次数

一定资本的总流通时间，等于它的流通时间和它的生产时间之和。这就是从资本价值以一定的形式预付时起，直到处在过程中的资本价值以同一形式返回时止的一段时间。

卡·马克思：《资本论》第二卷第171页

资本主义生产的决定目的，总是预付价值的增殖，不管这个预付价值以它的独立的形式即货币形式预付，还是以商品形式预付，在后一个场合，它的价值形式在预付商品的价格中只具有观念上的独立性。在这两个场合，这个资本价值在它循环时都要经过不同的存在形式。这个资本价值自身的同一性，是在资本家的账簿上或在计算货币的形式上得到证实的。

卡·马克思：《资本论》第二卷第171页

资本的循环，不是当做孤立的过程，而是当做周期性的过程时，叫做资本的周转。这种周转的持续时间，由资本的生产时间和资本的流通时间之和决定。这个时间之和形成资本的周转时间。

卡·马克思：《资本论》第二卷第174页

把可以加速或缩短单个资本的周转时间的个别冒险行为撇开不说，资本的周转时间在不同的投资部门是不同的。

卡·马克思：《资本论》第二卷第174页

对资本家来说，他的资本的周转时间，就是他必须预付他的资本，以

《资本论》箴言集

便使它增殖并回到它原有形态的时间。

卡·马克思:《资本论》第二卷第174页

第八章 固定资本和流动资本

I. 形式区别

劳动资料越耐用,它的损耗越缓慢,不变资本价值固定在这个使用形式上的时间就越长。但是,不管耐用的程度如何,劳动资料转移的价值份额总是和它的全部职能时间成反比。

卡·马克思:《资本论》第二卷第177页

一旦资本家购买了劳动力并把它并入生产过程,它就构成他的资本的一个组成部分,即资本的可变组成部分。

卡·马克思:《资本论》第二卷第184页

资本家购买的,不是工人的生活资料,而是工人的劳动力本身。形成他的资本的可变部分的,不是工人的生活资料,而是工人的发挥作用的劳动力。

卡·马克思:《资本论》第二卷第185页

劳动力在把它自己的价值加进产品的同时,还不断地把剩余价值,即无酬劳动的化身,追加到产品中去。因此,剩余价值也和成品的其余价值要素一样,不断地被成品带入流通并转化为货币。

卡·马克思:《资本论》第二卷第186页

固定资本和流动资本的形式规定性之所以产生,只是由于在生产过程中执行职能的资本价值或生产资本有不同的周转。而周转之所以不同,又是由于生产资本的不同组成部分是按照不同的方式把它们的价值转移到产

品中去的,而不是由于它们在产品价值的生产中有不同的作用,或它们在价值增殖过程中各有独特的作用。

卡·马克思:《资本论》第二卷第 186 页

不管货币资本和商品资本怎样执行资本的职能,怎样顺畅地流通,它们只有转化为生产资本的流动组成部分,才能够变为和固定资本相对立的流动资本。

卡·马克思:《资本论》第二卷第 187 页

要使生产过程连续进行,流动资本的各种要素就要和固定资本的各种要素一样,不断地固定在生产过程中。不过这样固定下来的流动资本要素,要不断地在实物形式上更新(生产资料是通过同一种新的物品,劳动力是通过不断更新的购买);而固定资本的各种要素,在它们存在的整个期间内,本身既不更新,它们的购买也不需要更新。

卡·马克思:《资本论》第二卷第 188 页

II. 固定资本的组成部分、补偿、修理和积累

在资本主义生产中,一方面有许多资财被浪费掉,另一方面,在企业逐渐扩大时,又有许多这种不恰当的横向扩张(部分地说对劳动力有害),因为一切都不是按照社会的计划进行的,而是取决于单个资本家从事经营活动的千差万别的环境、资财等等。由此就产生了生产力的巨大浪费。

卡·马克思:《资本论》第二卷第 193 页

固定资本的价值,按照它的损耗的程度,以折旧基金的形式流回到它的起点。通过这种折旧基金,流通货币的一部分,又在一个或长或短的时间内,在那个曾经为购置固定资本把贮藏货币转化为流通手段并使它离开自己的资本家手中,形成贮藏货币。这是社会现有贮藏货币的一种不断交替变化的分配,它交替地充当流通手段和贮藏货币,在执行流通手段的职能后又作为贮藏货币离开流通货币的总量。随着信用制度的发展——它的发展必然是同大工业和资本主义生产的发展并行的——,这种货币不再执行贮藏货币的职能,而是执行资本的职能,不过不是在它的所有者手中,

而是在另一些使用这种货币的资本家手中。

卡·马克思：《资本论》第二卷第 202—203 页

第十章 关于固定资本和流动资本的理论。重农学派和亚当·斯密

作为资本执行职能并给资本的所有者带来剩余价值而投入价值的方式，也和资本投入的部门一样，是各不相同和多种多样的。

卡·马克思：《资本论》第二卷第 213 页

作为生产资本的要素，生产资本的一切组成部分不断地固定在生产过程中，因为没有它们，生产过程是不能进行的。而生产资本的一切要素，无论是固定的或流动的，作为生产资本，同样都与流通资本即商品资本和货币资本相对立。

卡·马克思：《资本论》第二卷第 219 页

资本成为固定资本，不是因为它固定在劳动资料中，而是因为它投在劳动资料上的价值的一部分，在另一部分作为产品的价值组成部分流通时，仍然固定在劳动资料中。

卡·马克思：《资本论》第二卷第 221 页

生产资本的一切要素，不断以它们的实物形式（作为劳动资料，材料和劳动力）和产品相对立，和作为商品流通的产品相对立。

卡·马克思：《资本论》第二卷第 222 页

商品资本和货币资本，既是生产资本的固定组成部分的价值承担者，又是它的流动组成部分的价值承担者。二者是和生产资本相对立的流通资本，而不是和固定资本相对立的流动资本。

卡·马克思：《资本论》第二卷第 223 页

使生产要素中包含的价值定义为固定资本和流动资本的,不是生产要素的物质形式,而是它在生产过程中的职能。

卡·马克思:《资本论》第二卷第224页

资本属性并不是物品本身在一切情况下都固有的,而是一种职能,物品是否承担这种职能,要看情况而定。但对资本本身适用的,对它的部分也适用。

卡·马克思:《资本论》第二卷第227页

货币从来不是生产资本即在生产过程中执行职能的资本的形式,它始终只是资本在流通过程中采取的形式之一。

卡·马克思:《资本论》第二卷第228页

在任何不是为了直接满足生产者自身需要的生产中,产品都必须作为商品来流通,就是说,必须卖掉,这不是为了获得利润,而只是为了使生产者能够生活下去。在资本主义生产的情况下,还要加上一点:在商品出售时,也实现商品中包含的剩余价值。产品是作为商品离开生产过程的,因此既不是生产过程的固定要素,也不是它的流动要素。

卡·马克思:《资本论》第二卷第229页

一度在市场上作为商品资本出现而和生产资本相对立的同一些物品,一旦离开了市场,就可能执行生产资本的流动组成部分或固定组成部分的职能,也可以不执行这样的职能。

卡·马克思:《资本论》第二卷第229页

在生产资本要素之外,还存在着相当大量的资本——商品资本和货币资本,它们处在既不可能是固定资本,也不可能是流动资本的形式上。

卡·马克思:《资本论》第二卷第232页

从社会的观点来看,下面这个说法是正确的:由只能充当劳动资料的产品构成的那部分商品资本,迟早总会——如果不是生产出来毫无用处,不是卖不出去——执行劳动资料的职能,就是说,在资本主义生产的基础上，只要这些产品不再是商品，它们就必然会像原来已经预定的那样，成为社会生产资本的固定部分的现实要素。

卡·马克思：《资本论》第二卷第234页

那些固定在一个地方、同土地不能分离的劳动资料，虽然对它们的生产者来说，能够执行商品资本的职能，不形成他的固定资本的要素（对他来说，固定资本是由他用来建造房屋、铁路等等的劳动资料构成的），但必然预期要在本国执行固定资本的职能。

卡·马克思：《资本论》第二卷第235—236页

不言而喻，在社会产品采取商品形式的地方，工人的生活资料同非工人的生活资料，材料和劳动资料本身一样，都必须由商品资本提供。

卡·马克思：《资本论》第二卷第237页

生活资料本身不能增殖自己的价值，或者说，不能把剩余价值加到自己的价值上。生活资料的价值，和生产资本其他要素的价值一样，只能在产品的价值中再现。它加到产品中去的价值，不可能多于它原有的价值。

卡·马克思：《资本论》第二卷第237页

预付在劳动力（或工人的生活资料）上的那部分生产资本，现在只是在物质方面，而不是在劳动过程和价值增殖过程方面，同生产资本其他的物质要素相区别。

卡·马克思：《资本论》第二卷第238页

投在工资上的那部分资本，属于生产资本的流动部分，它同生产资本的固定部分相反，具有和产品物质形成要素的一部分（原料等等）一样的流动性，这种情况和资本的可变部分在价值增殖过程中所起的同不变部分相对立的作用绝对无关。

卡·马克思：《资本论》第二卷第238页

劳动力的购买和再购买，属于流通过程。但是只有在生产过程中，投在劳动力上的价值（不是为工人，而是为资本家投入的），才会由一个已定的不变的量，转化为一个可变的量；并且始终只是由于这一点，预付的价值才转化为资本价值，转化为资本，转化为自行增殖的价值。

卡·马克思：《资本论》第二卷第238页

第十一章　关于固定资本和流动资本的理论。李嘉图

从一个观点看，劳动材料和劳动资料归在同一范畴，而和投在劳动力上的资本价值相对立。从另一个观点看，投在劳动力上的那部分资本和投在劳动材料上的那部分资本归在一起，而和投在劳动资料上的那部分资本相对立。

卡·马克思：《资本论》第二卷第242页

这里必须指出，资本家投在工资上的资本，用政治经济学的语言来说是一种预付，其期限是不同的，这要看他例如是每周、每月还是每三个月支付一次工资。实际情况正好相反。是工人把他的劳动预付给资本家，并且是按周、按月或按三个月的期限进行的，这要看他是每周、每月、还是每三个月得到一次工资。

卡·马克思：《资本论》第二卷第242页

在资产阶级政治经济学那里，投在工资上的那部分资本，和投在原料上的那部分资本根本没有区别，而仅仅在形式上——看它是一部分一部分地，还是完整地通过产品而流通——和不变资本相区别。因此，对于理解资本主义生产的现实运动，从而理解资本主义剥削的现实运动来说，基础一下子就被破坏了。问题就只是预付价值的再现了。

卡·马克思：《资本论》第二卷第244页

劳动资料固定程度的大小，取决于它的耐用程度，也就是取决于一种物理属性。

卡·马克思：《资本论》第二卷第246页

投在工资上的资本的现实物质，是劳动本身，是发挥作用的、创造价值的劳动力，是活的劳动。资本家用死的、对象化的劳动来和它交换把它并入他的资本，只有这样他手中的价值才转化为一个自行增殖的价值。但是，资本家并不出卖这种自行增殖的力。这种力，和他的劳动资料一样，始终只是他的生产资本的组成部分，但决不像他所出售的成品那样，是他的商品资本的组成部分。

卡·马克思:《资本论》第二卷第247页

在生产过程中，劳动资料当做生产资本的组成部分，不是作为固定资本和劳动力相对立，同样，劳动材料和辅助材料也不是作为流动资本和劳动力相一致；从劳动过程的观点看，这二者都是作为物的因素和作为人的因素的劳动力相对立。从价值增殖过程的观点看，二者都是作为不变资本和劳动力即可变资本相对立。

卡·马克思:《资本论》第二卷第247页

第十二章　劳动期间

生产行为持续时间的差别，是无穷无尽的。

卡·马克思:《资本论》第二卷第256页

生产行为持续时间的差别，在资本支出一样多的时候，必定引起周转速度的差别，从而引起既定资本的预付时间的差别。

卡·马克思:《资本论》第二卷第256页

在整个劳动期间，固定资本每天转移到产品上去的那部分价值，层层堆积起来，直到产品完成。这里同时也显示了固定资本和流动资本的区别的实际重要性。固定资本是为较长时间预付到生产过程中去的，要经过这个也许是许多年的期间才有更新的必要。

卡·马克思:《资本论》第二卷第257—258页

《资本论》箴言集

第十三章　生产时间

劳动时间始终是生产时间,即资本束缚在生产领域的时间。但是反过来,资本处于生产过程中的全部时间,并不因此也必然都是劳动时间。

卡·马克思:《资本论》第二卷第266页

资本主义经营本质上就是私人经营,即使由联合的资本家代替单个资本家,也是如此。

卡·马克思:《资本论》第二卷第272页

文明和产业的整个发展,对森林的破坏从来就起很大的作用,对比之下,它所起的相反的作用,即对森林的护养和生产所起的作用则微乎其微。

卡·马克思:《资本论》第二卷第272页

第十四章　流通时间

流通时间的一部分——相对地说最有决定意义的部分——是由出售时间,即资本处在商品资本状态的时间构成的。流通时间,从而整个周转期间,是按照这个时间的相对的长短而延长或缩短的。

卡·马克思:《资本论》第二卷第276页

交通运输工具的改良,会绝对缩短商品的移动期间;但不同的商品资本或向不同的市场移动的同一商品资本的不同部分,由于移动而在流通时间上发生的相对差别,不会因此消失。……不过,由于交通运输工具的发展,这种相对差别会以一种与自然距离不一致的方式发生变化。……同样,这种情况还会使生产地点到较大的销售市场的相对距离发生变化,由此可以说明,随着交通运输工具的变化,旧的生产中心衰落了,新的生产中心兴起了。(此外,远距离运输比近距离运输相对地说要便宜得多。)

卡·马克思:《资本论》第二卷第277—278页

随着大量人口和资本在一定的地点这样加速集中，大量资本也就集中在少数人手里。同时，由于生产地点和销售地点的相对位置随着交通工具的变化而发生变化，这些地点又会发生一些变化。一个生产地点，过去由于处在大路或运河旁边，一度享有特别的地理上的便利，现在却位于一条铁路支线的旁边，这条支线要隔相当长的时间才通车一次。另一个生产地点，原来和交通要道完全隔绝，现在却位于好几条铁路的交叉点。后一个生产地点兴盛起来，前一个生产地点衰落了。

卡·马克思：《资本论》第二卷第278—279页

如果从一方面说，随着资本主义生产的进步，交通运输工具的发展会缩短一定量商品的流通时间，那么反过来说，这种进步以及由于交通运输工具发展而提供的可能性，又引起了开拓越来越远的市场，简言之，开拓世界市场的必要性。

卡·马克思：《资本论》第二卷第279页

市场距离所造成的资本束缚在商品资本形式上的时间的延长，直接造成货币回流的延迟，因而也延迟了资本由货币资本到生产资本的转化。

卡·马克思：《资本论》第二卷第282页

经济学家们总爱忘记，企业所需资本的一部分不仅不断交替地通过货币资本、生产资本和商品资本这三种形式，而且这一资本的不同部分不断地同时分担这三种形式，尽管这些部分的相对量是不断变化的。

卡·马克思：《资本论》第二卷第284页

第十五章 周转时间对预付资本量的影响

III. 劳动期间小于流通期间

生产资本流动部分的周转的性质，是由这个资本部分本身的性质引起的。

卡·马克思：《资本论》第二卷第309页

《资本论》箴言集

流动资本的劳动期间的长短,对劳动过程的经营规模,对预付资本的分配以及对新的资本部分的追加,都发生影响。

卡·马克思:《资本论》第二卷第310页

第十六章 可变资本的周转

I. 年剩余价值率

生产剩余价值的,只是劳动过程中实际使用的资本。一切有关剩余价值的规律,包括在剩余价值率已定时剩余价值量由可变资本相对量决定的规律,也只是适用于这种资本。

卡·马克思:《资本论》第二卷第331页

剩余价值生产的规律是:在剩余价值率相等时,执行职能的等量可变资本生产等量的剩余价值。

卡·马克思:《资本论》第二卷第332页

实际的剩余价值率,不外表示一定期间所使用的可变资本和同一期间所生产的剩余价值的比率;或者说,表示这个期间使用的可变资本所推动的无酬劳动的量。

卡·马克思:《资本论》第二卷第337页

资本价值总是预付的,而不是花掉的,因为这种价值通过它的循环的各个不同阶段以后,会再回到它的出发点,而且由于剩余价值而增多。这表明资本价值是预付的。从它的出发点到它的复归点所经历的时间,就是它的预付时间。

卡·马克思:《资本论》第二卷第340页

II. 单个可变资本的周转

剩余价值的生产,取决于所使用的可变资本的量和劳动剥削程度。但

《资本论》箴言集

是,这件事情会影响为在一年内推动一定量劳动力所必须预付的货币资本的量,因而,会决定年剩余价值率。

卡·马克思:《资本论》第二卷第 346 页

III. 从社会的角度考察的可变资本的周转

资本的周转期间越短——从而它的再生产期间在一年内更新的间隔时间越短——,资本家原来以货币形式预付的可变资本部分就越迅速地转化为工人为补偿这个可变资本而创造的价值产品(此外,还包括剩余价值)的货币形式,资本家必须从他个人的基金中预付货币的时间就越短,他预付的资本,和一定的生产规模相比,就越少;在剩余价值率已定时,他在一年内榨取的剩余价值量也就相应地越大,因为他可以越是多次地用工人自己创造的价值产品的货币形式来不断重新购买工人,并且推动他的劳动。

卡·马克思:《资本论》第二卷第 347—348 页

在资本主义社会,社会的理智总是事后才起作用,因此可能并且必然会不断发生巨大的紊乱。

卡·马克思:《资本论》第二卷第 349 页

劳动期间的长短,就它以供应数量(产品作为商品通常投入市场的数量的多少)作为基础而言,具有习惯的性质。但是习惯本身也以生产规模作为物质基础,因此,只有在个别考察时才具有偶然性。

卡·马克思:《资本论》第二卷第 351 页

最后,周转期间的长短,就它取决于流通期间的长短而言,部分地要受到下列情况的限制:市场行情的不断变化,出售的难易程度以及由此引起的把产品一部分投入较近或较远的市场的必要性。撇开需求量本身不说,价格的运动在这里起着主要的作用,因为在价格降低时,出售会有意识地受到限制,而生产会继续进行;反之,在价格提高时,生产和出售可以齐步前进,或者出售可以预先进行。但是,由生产地点到销售市场的实际距离,必须看做是真正的物质基础。

卡·马克思:《资本论》第二卷第 351 页

《资本论》箴言集

第十七章　剩余价值的流通

把甚至阻碍再生产按原有规模进行的那些干扰撇开不说,再生产只能有两种正常的情况：

或者是再生产按原有的规模进行；

或者是发生剩余价值的资本化,即积累。

卡·马克思：《资本论》第二卷第359页

I. 简单再生产

在简单再生产的场合,每年或者在一年的多次周转中周期地生产的和实现的剩余价值,都由它的所有者资本家个人消费掉,也就是非生产地消费掉。

卡·马克思：《资本论》第二卷第359页

产品价值一部分由剩余价值构成,另一部分由产品价值中再生产的可变资本加上产品价值中消耗的不变资本所形成的那部分价值构成,这一情况绝对不会影响作为商品资本不断进入流通,而又不断从流通中取出,以便作为生产资料或消费资料进入生产消费或个人消费的总产品的数量,也绝对不会影响它的价值。撇开不变资本不说,这种情况只会影响年产品在工人和资本家之间的分配。

卡·马克思：《资本论》第二卷第359—360页

在劳动力和生产资料上消耗的流动资本的货币形式,不是通过产品的出售,而是通过产品本身的实物形式补偿的；因此,不是通过它的价值以货币形式再从流通中取出,而是通过追加的新生产的货币补偿的。

卡·马克思：《资本论》第二卷第362页

如果资本主义生产者可以随意提高他们的商品价格,那么,即使在工资没有提高的情况下,他们也能这样做,而且会这样做；工资在商品价格跌落的情况下,就永远不会提高；资本家阶级就永远不会反对工联,因为

《资本论》箴言集

资本家阶级在任何情况下始终可以像他们现在不过偶尔在一定的、特殊的、所谓局部的情况下所实际做的那样，利用工资的每一次提高而在更大得多的程度上提高商品价格，从而把更大的利润放进自己的腰包。

卡·马克思：《资本论》第二卷第 376 页

简单商品流通的研究……已经表明，虽然在任何一定量的商品的流通中，这一定量商品的货币形式只是转瞬即逝的，但是在商品的形态变化中，货币从一个人手中消失，必然会在另一个人手中出现，因此，不仅商品首先到处互相交换或互相代替，而且这种代替还以货币的到处沉淀作为中介，伴随有这样的货币沉淀。

卡·马克思：《资本论》第二卷第 378 页

II. 积累和扩大再生产

在资本主义生产的基础上，贮藏货币本身从来不是目的，而是结果，或者是流通停滞的结果（这时会有比通常更多的货币量采取贮藏货币的形式），或者是由资本周转决定的积累的结果；或者，最后，贮藏货币只是货币资本的形成暂时处在潜在的形式上，目的是要执行生产资本的职能。

卡·马克思：《资本论》第二卷第 386 页

第三篇　社会总资本的再生产和流通

第十八章　导言

I. 研究的对象

资本的直接生产过程，就是资本的劳动过程和价值增殖过程。这个过程的结果是商品产品，它的决定性动机是生产剩余价值。

卡·马克思：《资本论》第二卷第 389 页

资本的再生产过程，既包括这个直接的生产过程，也包括真正流通过程的两个阶段，也就是说，包括全部循环。这个循环，作为周期性的过程，即经过一定期间不断地重新反复的过程，形成资本的周转。

卡·马克思：《资本论》第二卷第 389 页

不断更新的生产过程，是资本在流通领域不断地重新经历各种转化的条件，是资本交替地表现为货币资本和商品资本的条件。

卡·马克思：《资本论》第二卷第 390 页

正如每一单个资本家只是资本家阶级的一个分子一样，每一单个资本只是社会总资本中一个独立的、可以说赋有个体生命的部分。社会资本的运动，由社会资本的各个独立部分的运动的总和，即各个单个资本的周转的总和构成。正如单个商品的形态变化是商品世界的形态变化系列——商品流通——的一个环节一样，单个资本的形态变化，它的周转，是社会资本循环中的一个环节。

卡·马克思：《资本论》第二卷第 390 页

这个总过程，既包含生产消费（直接的生产过程）和作为其中介的形式转化（从物质方面考察，就是交换），也包含个人消费和作为其中介的形式转化或交换。一方面，它包含可变资本向劳动力的转化，从而包含劳动力的并入资本主义生产过程。在这里，工人是他的商品——劳动力的卖者，资本家是这种商品的买者。另一方面，商品的出售，包含工人阶级对商品的购买，也就是说，包含工人阶级的个人消费。在这里，工人阶级是买者，资本家是向工人出售商品的卖者。

卡·马克思：《资本论》第二卷第 390 页

商品资本的流通，还包含剩余价值的流通，从而也包含对资本家的个人消费，即对剩余价值的消费起中介作用的买和卖。

卡·马克思：《资本论》第二卷第 390 页

总括起来成为社会资本的各个单个资本的循环，也就是说，就社会资本的总体来考察的循环，不仅包括资本的流通，而且也包括一般的商品流通。

卡·马克思：《资本论》第二卷第 391 页

（一般的商品流通）本来只能由两部分构成：1. 资本本身的循环；2. 进入个人消费的商品的循环，也就是工人用工资，资本家用剩余价值（或其中的一部分）购买的那些商品的循环。

卡·马克思：《资本论》第二卷第 391 页

资本的循环也包括剩余价值的流通，因为剩余价值构成商品资本的一部分而且还包括可变资本向劳动力的转化，工资的支付。但是，这个剩余价值和工资耗费在商品上，并不构成资本流通的环节，虽然至少工资的耗费是这个流通所不可缺少的。

卡·马克思：《资本论》第二卷第 391—392 页

各个单个资本的循环是互相交错的，是互为前提、互为条件的，而且正是在这种交错中形成社会总资本的运动。在简单商品流通中，一个商品的总形态变化表现为商品世界形态变化系列的一个环节，同样，单个资本的形态变化现在则表现为社会资本形态变化系列的一个环节。虽然简单商品流通决没有必要包括资本的流通——因为它可以在非资本主义生产的基础上进行——，但如上所述，社会总资本的循环却包括那种不属于单个资本循环范围内的商品流通，即包括那些不形成资本的商品的流通。

卡·马克思：《资本论》第二卷第391页

II. 货币资本的作用

单个资本的周转时，货币资本显示出两个方面。

第一，它是每个单个资本登上舞台，作为资本开始它的过程的形式。因此，它表现为发动整个过程的第一推动力。

第二，由于周转期间的长短不同和周转期间两个组成部分——劳动期间和流通期间——的比例不同，必须不断以货币形式预付和更新的那部分预付资本价值与它所推动的生产资本即连续进行的生产的规模之间的比例，也就不同。

卡·马克思：《资本论》第二卷第392—393页

能够不断执行生产资本职能的那部分处在过程中的资本价值，总是受必须不断以货币形式与生产资本同时存在的那部分预付资本价值的限制。

卡·马克思：《资本论》第二卷第393页

商品生产以商品流通为前提，而商品流通又以商品表现为货币，以货币流通为前提；商品分为商品和货币的这种二重化，是产品表现为商品的规律。

卡·马克思：《资本论》第二卷第393页

资本主义的商品生产——无论是社会地考察还是个别地考察——，要求货币形式的资本或货币资本作为每一个新开办的企业的第一推动力和持续的动力。特别是流动资本，要求货币资本作为动力经过一段短时间不断地反复出现。

卡·马克思：《资本论》第二卷第393页

全部预付资本价值，即资本的一切由商品构成的部分——劳动力、劳动资料和生产材料，都必须不断地用货币一再购买。在这里，就单个资本

 《资本论》箴言集

说是如此，就社会资本说也是如此，后者不过是以许多单个资本的形式执行职能。

卡·马克思：《资本论》第二卷第 393 页

同一些劳动资料，也就是同一固定资本，可以用延长每天的使用时间的办法，也可以用增加使用强度的办法，更有效地加以利用，而无须为固定资本追加货币支出。这时，只是固定资本的周转加快了，可是它的再生产的各种要素也更迅速地提供出来。

卡·马克思：《资本论》第二卷第 394 页

各种不费分文的自然力，也可以作为要素，以或大或小的效能并入生产过程。它们发挥效能的程度，取决于不花费资本家分文的各种方法和科学进步。

卡·马克思：《资本论》第二卷第 394 页

劳动生产力的提高，如果不包含资本价值的追加支出，当然首先只是增加产品的量，而不是增加产品的价值，除非它能够用同量的劳动把更多的不变资本再生产出来，从而把更多不变资本的价值保存下来。

卡·马克思：《资本论》第二卷第 395 页

劳动生产力的提高同时形成新的资本材料，从而形成资本积累扩大的基础。

卡·马克思：《资本论》第二卷第 395 页

通过周转期间的缩短，能用较少的货币资本推动同一的生产资本，或者能用同一的货币资本推动较多的生产资本。

卡·马克思：《资本论》第二卷第 395 页

要预付的资本的价值量是确定的。但这个资本作为价值形成要素和产品形成要素的作用大小是有弹性的，可以变化的。

卡·马克思：《资本论》第二卷第 395—396 页

《资本论》箴言集

第十九章 前人对这个问题的阐述

I. 重农学派

重农主义体系是对资本主义生产的第一个系统的理解。产业资本的代表——租地农场主阶级——指导着全部经济运动。农业按资本主义方式经营,就是说,作为大规模的资本主义租地农场主的企业经营;土地的直接耕作者是雇佣工人。

卡·马克思:《资本论》第二卷第 399 页

生产不仅创造使用物品,而且也创造它们的价值;而生产的动机是获得剩余价值,剩余价值的出生地是生产领域,不是流通领域。

卡·马克思:《资本论》第二卷第 399 页

II. 亚当·斯密

4. 亚·斯密所说的资本和收入

资本家为生产过程支付的每一个价值,对他来说都是预付,而不管他是事前支付还是事后支付;它是为生产过程本身预付的。

卡·马克思:《资本论》第二卷第 420 页

工人的交易品即他的劳动力的价值量,既不会因为它形成他的"收入"而受到影响,也不会因为他的交易品在买者使用时为这个买者再生产资本价值而受到影响。

卡·马克思:《资本论》第二卷第 421 页

因为劳动力的价值——即这种商品的相应的出售价格——是由再生产劳动力所需要的劳动量决定的,而这个劳动量本身在这里又是由生产工人的必要生活资料所需要的劳动量,也就是维持工人生活所需要的劳动量决

定的,所以工资成了工人赖以生活的收入。

卡·马克思:《资本论》第二卷第421—422页

一方面,劳动力的不断买和卖,使劳动力永远充当资本的要素,由于这一点,资本就表现为商品的创造者,即具有价值的使用物品的创造者;其次,由于这一点,购买劳动力的那部分资本就由劳动力自己制造的产品不断地生产出来,也就是工人自己不断地创造出用来对他进行支付的资本基金。

卡·马克思:《资本论》第二卷第423页

劳动力的不断出卖,成为工人维持生活的不断更新的源泉,于是,他的劳动力就表现为他取得自己赖以生活的收入的能力。

卡·马克思:《资本论》第二卷第423页

劳动力的价值也是由它的再生产所必要的劳动量决定的;而这个劳动量是由工人的必要生活资料的价值决定的,从而等于再生产他的生活条件本身所必要的劳动,——这个情况是这种商品(劳动力)的特征,但并不比以下的事实具有更多的特征:役畜的价值是由维持役畜所必要的生活资料的价值决定的,从而是由生产这种生活资料所必要的人类劳动量决定的。

卡·马克思:《资本论》第二卷第424页

事物在社会资本即单个资本的总和的运动中的表现,和它从……每一单个资本家角度来看时的表现,是不同的。对每一单个资本家来说,商品价值分解为1. 不变要素……2. 工资和剩余价值之和,或工资、利润和地租之和。而从社会的观点来看,(不变要素)即不变资本价值,就消失了。

卡·马克思:《资本论》第二卷第426页

5. 总结

资本主义生产的基础是:生产工人把自己的劳动力作为商品卖给资本家,然后劳动力在资本家手中只作为他的生产资本的一个要素来执行职能。这个属于流通的交易,即劳动力的卖和买,不仅引出生产过程,而且也必

然地决定生产过程的独特的性质。使用价值的生产，甚至商品的生产（因为这种生产也可以由独立的生产工人进行），在这里只是为资本家生产绝对剩余价值和相对剩余价值的手段。

卡·马克思：《资本论》第二卷第427页

虽然剩余价值的占有，是由劳动力的买和卖引出的，但这种占有是在生产过程中完成的一种行为，并且是生产过程的一个本质的要素。

卡·马克思：《资本论》第二卷第427页

在商品生产中耗费了劳动力这一事实，现在表现为商品的物的属性，即商品具有价值的属性；这个价值的量，是由所耗费的劳动的量来计量的；商品价值不分解为任何别的东西，也不由任何别的东西构成。

卡·马克思：《资本论》第二卷第428页

资本家以工资形式付给工人的劳动力的价值，对工人来说，采取收入的形式；由此不仅劳动力不断地再生产出来，而且雇佣工人阶级本身，从而整个资本主义生产的基础，也不断地再生产出来。

卡·马克思：《资本论》第二卷第430页

（生产资料的价值和劳动力价值）之和，并不构成全部商品价值。在二者之外，还有一个余额：剩余价值。这个价值，和补偿预付在工资上的可变资本的价值部分一样，是工人在生产过程中新创造的价值——凝固的劳动。不过，它并不需要全部产品的所有者即资本家花费分文。这种情况实际上使资本家能够把这个价值全部作为收入消费掉……这同一情况也就是我们的资本家所以要从事商品生产的动机。但是，无论是他原来猎取剩余价值的善良意图，还是这种剩余价值后来被他和其他人作为收入用掉，都不会影响到剩余价值本身。它们改变不了剩余价值是凝固的无酬劳动这一事实，也改变不了剩余价值的量，这个量是由完全不同的条件决定的。

卡·马克思：《资本论》第二卷第430页

正如商品价值或货币执行资本价值的职能，并不改变商品价值作为商品价值的性质或货币作为货币的性质一样，商品价值后来执行这个人或那个人的收入的职能,也并不改变商品价值的性质。

卡·马克思:《资本论》第二卷第431页

第二十章 简单再生产

I. 问题的提出

产品价值的一部分再转化为资本,另一部分进入资本家阶级和工人阶级的个人消费,这在表现为总资本的结果的产品价值本身内形成一个运动。这个运动不仅是价值补偿,而且是物质补偿,因而既要受社会产品的价值组成部分相互之间的比例的制约,又要受它们的使用价值,它们的物质形态的制约。

卡·马克思:《资本论》第二卷第437—438页

II. 社会生产的两个部类

社会的总产品,从而社会的总生产,分成两大部类:

I. 生产资料:具有必须进入或至少能够进入生产消费的形式的商品。

II. 消费资料:具有进入资本家阶级和工人阶级的个人消费的形式的商品。

这两个部类中,每一部类拥有的所有不同生产部门,总合起来都形成一个单一的大的生产部门:一个是生产资料的生产部门,另一个是消费资料的生产部门。两个生产部门各自使用的全部资本,都形成社会资本的一个特殊的大部类。

卡·马克思:《资本论》第二卷第439页

每一部类的资本都分成两个组成部分:

1. 可变资本。从价值方面看,这个资本等于该生产部门使用的社会劳动力的价值,也就是等于为这个社会劳动力而支付的工资总额。从物质方面看,这个资本是由发挥作用的劳动力本身构成的,即由这个资本价值所推动的活劳动构成的。

2. 不变资本,即该部门在生产上使用的全部生产资料的价值。这些生产资料本身又分成固定资本：机器、工具、建筑物、役畜等等。流动不变资本：生产材料，如原料、辅助材料、半成品等等。

卡·马克思：《资本论》第二卷第439页

  这两个部类中，每一部类借助于这些资本而生产的全部年产品的价值，都分成：代表生产上消费掉的、按其价值来说只是转移到产品中去的不变资本 c 的价值部分和由全部年劳动追加的价值部分。后者又分成：补偿预付可变资本 v 的部分和超过可变资本而形成剩余价值 m 的部分。因此，每一部类的全部年产品的价值，和每个个别商品的价值一样，也分成 c＋v＋m。

卡·马克思：《资本论》第二卷第439页

III. 两个部类之间的交换：I（v＋m）和 IIc 的交换

  产业资本家为了促成他们自己的商品流通而投入流通的货币，无论是记在商品的不变价值部分的账上，还是记在存在于商品中的剩余价值（在它作为收入花掉的时候）的账上，总是按照各个资本家为货币流通而预付的数额回到他们手中。

卡·马克思：《资本论》第二卷第446页

  在简单再生产中，第 I 部类的商品资本中的 v＋m 价值额（也就是第 I 部类的总商品产品中与此相应的比例部分），必须等于不变资本 IIc，也就是第 II 部类的总商品产品中分出来的与此相应的部分；或者说，I（v＋m）＝IIc。

卡·马克思：《资本论》第二卷第446页

IV. 第 II 部类内部的交换。必要生活资料和奢侈品

  年商品生产的第 II 部类是由种类繁多的产业部门构成的，但是，按它们的产品来说，可分成两大分部类：

  (a) 消费资料。它们进入工人阶级的消费，但因为它们是必要生活资料，所以也构成资本家阶级的消费的一部分……。

（b）奢侈消费资料。它们只进入资本家阶级的消费，所以只能和花费的剩余价值交换，而剩余价值是绝对到不了工人手中的。

卡·马克思：《资本论》第二卷第 448 页

每一次危机都会暂时减少奢侈品的消费。危机使（Ⅱb）v 到货币资本的再转化延缓和停滞，使这种再转化只能部分地进行，从而有一部分生产奢侈品的工人被解雇；另一方面，必要消费资料的出售也会因此停滞和减少。……在繁荣时期，特别是在欺诈盛行期间，情况正好相反。在这个时期，货币的表现在商品中的相对价值已由于其他原因（并不是由于现实的价值革命）而降低，所以，商品的价格不以商品本身的价值为转移而提高。不仅是必要生活资料的消费增加了；工人阶级（他们的全部后备军现在都积极参加进来）也暂时参加了他们通常买不起的各种奢侈品的消费，此外，他们还会参加这类必要消费品的消费，其中绝大部分通常只对资本家阶级来说才是"必要"消费资料；而这些又会引起价格的提高。

卡·马克思：《资本论》第二卷第 456 页

危机每一次都恰好有这样一个时期做准备，在这个时期，工资会普遍提高，工人阶级实际上也会从供消费用的那部分年产品中得到较大的一份。……因此，看起来，资本主义生产包含着各种和善意或恶意无关的条件，这些条件只不过让工人阶级暂时享受一下相对的繁荣，而这种繁荣往往只是危机风暴的预兆。

卡·马克思：《资本论》第二卷第 457 页

简单再生产实质上是以消费为目的的，虽然攫取剩余价值表现为单个资本家的动机；但是，剩余价值——不管它的比例量如何——在这里最终只是用于资本家的个人消费。

卡·马克思：《资本论》第二卷第 457 页

既然简单再生产是每个规模扩大的年再生产的一部分，并且还是它最重要的一部分，所以，这种个人消费的动机总是和发财致富的动机本身相伴而生，同时又和它相对立。实际上，问题表现得更复杂，因为掠夺物——资本家的剩余价值——的分享者，会作为独立于资本家以外的消费者出现。

卡·马克思：《资本论》第二卷第 457—458 页

V. 货币流通在交换中的中介作用

如果站在商品生产者背后的是一个货币资本家，这个货币资本家又把货币资本（这个字最精确的含义就是货币形式的资本价值）预付给产业资本家，那么，这种货币的真正复归点就是这个货币资本家的钱袋。

卡·马克思：《资本论》第二卷第 459 页

对商品流通来说，有两样东西始终是必要的：投入流通的商品和投入流通的货币。

卡·马克思：《资本论》第二卷第 459 页

大的社会的生产者群之间的流通，分解为无数的流通过程，其中，时而这一生产者群的某个人，时而那一生产者群的某个人，首先作为买者出现，从而把货币投入流通。把个别情况完全撇开不说，这已经由生产期间的差别，从而由不同商品资本的周转的差别决定了。

卡·马克思：《资本论》第二卷第 460 页

只要这些商品的出售不包含欺诈等等，而是商品和货币进行等价交换，那么，这就不会是资本家借以发财致富的过程。资本家并不是支付给工人两次：先用货币，后用商品；一旦工人把货币换成资本家的商品，资本家的货币就回到自己手中。

卡·马克思：《资本论》第二卷第 461 页

转化为可变资本的货币资本，即预付在工资上的货币，在货币流通本身中，起着主要的作用，这是因为工人阶级不得不挣一文吃一文，不能给产业资本家提供任何长期的信贷，这样，各个产业部门的资本周转期间尽管有差别，可变资本却要在某一短期内，例如一周，即在比较迅速地反复的期限内，同时在社会的无数不同地点，以货币形式预付（这个期限越短，通过这个渠道一次投入流通的货币总额相对地说也就越小）。在每个进行资本主义生产的国家，这样预付的货币资本在总流通中都占有一个在比例上有决定意义的部分，这尤其是因为，同一些货币在流回起点之前要流过各

种渠道,作为无数其他的营业的流通手段来执行职能。

卡·马克思:《资本论》第二卷第 461 页

货币形式的可变资本所必须转化的实物形式,即劳动力,通过消费得到了维持,进行了再生产,并再作为它的所有者唯一的商品而存在,如果他想活下去,他就必须出卖这种商品。因此,也就再生产了雇佣工人和资本家的关系。

卡·马克思:《资本论》第二卷第 463—464 页

假定周转期较短,或者,从简单商品流通的观点来看,投入流通的货币流通较快,为了使交换的商品价值流通,只要有较少的货币就够了。

卡·马克思:《资本论》第二卷第 465 页

剩余价值的货币化是通过它的资本主义生产者本身在私人消费上支出的货币而实现的。

卡·马克思:《资本论》第二卷第 466 页

当一个资本家(在这里,我们指的仍然只是产业资本家,他们同时是其他所有资本家的代表)把货币用于消费资料时,对他来说,这些货币已经完结,已经走尽了尘世的道路。如果它再流回到他手中,这仅仅是因为他借助于商品,即靠他的商品资本,从流通中取出了货币。全部年商品产品的每一个要素的价值,即每个单个商品的价值,对他来说,和他的全部年商品产品(对他来说=商品资本)的价值一样,都可以分成不变资本价值、可变资本价值和剩余价值。因此,每个单个商品(形成全部商品产品的各个要素)的货币化,同时也就是全部商品产品所包含的剩余价值的一定部分的货币化。所以,在这个场合,说资本家自己把货币投入流通(在他把货币用于消费资料的时候),由此使他的剩余价值货币化即得到实现,这是完全正确的。

卡·马克思:《资本论》第二卷第 468 页

对整个资本家阶级来说,它必须自己把实现它的剩余价值(同时也为了使他们的资本即不变资本和可变资本流通)的货币投入流通这样一种说法,不仅不是奇谈怪论,而且还是整个机制的必要条件,因为在这里只有两个阶级:只能支配自己劳动力的工人阶级;对社会生产资料和货币拥有垄断权的资本家阶级。如果说,为实现商品所包含的剩余价值而必需的货币,首先要工人阶级自己出资预付,那才是奇谈怪论。

卡·马克思:《资本论》第二卷第469页

单个资本家总是以下列形式实行这种预付:起买者的作用,支出货币来购买消费资料,或者预付货币来购买他的生产资本的各种要素——或者是劳动力,或者是生产资料。他付出货币,总只是为了换取一个等价物。他把货币预付到流通中,只不过是采取和预付商品到流通中一样的方法。在这两个场合,他都是起流通的起点的作用。

卡·马克思:《资本论》第二卷第469页

VI. 第I部类的不变资本

第I部类的不变资本,由大量的不同的资本群构成。它们被分别投入不同的生产资料生产部门,有若干被投入铸铁厂,有若干被投入煤矿,等等。每个这种资本群或每个这种社会的群资本,又由数量或多或少的独立执行职能的单个资本构成。

卡·马克思:《资本论》第二卷第472页

社会资本,……分成各个特殊的部分,其中每个部分都被分别投入一个特殊的生产部门;投入每个特殊生产部门的那部分社会资本价值,按照它的实物形式,部分地由各特殊生产部门的生产资料构成,部分地由它们的经营所必需的、具有相应的熟练程度的劳动力构成,这种劳动力由于分工,并按照它在每个个别生产部门所完成的劳动的特殊种类,而各不相同。投入每个特殊生产部门的那部分社会资本,又由投入该生产部门的独立执行职能的单个资本的总和构成。

卡·马克思:《资本论》第二卷第472页

只要交换是在第I部类的各个资本家之间进行的,这种交换就是一种实物形式的不变资本和另一种实物形式的不变资本的交换,就是一种生产资料和其他生产资料的交换。这是第 I 部类的不同的单个不变资本部分的互相交换。只要产品不是直接在本生产部门作为生产资料使用，这些产品就离开它们自己的生产场所，进入另一个生产场所，因而，互相得到补偿。

卡·马克思：《资本论》第二卷第 473 页

如果生产是社会的，而不是资本主义的，那么很明显，为了进行再生产，第 I 部类的这些产品同样会不断地再作为生产资料在这个部类的各个生产部门之间进行分配，一部分直接留在这些产品的生产部门，另一部分则转入其他生产场所，因此，在这个部类的不同生产场所之间发生一种不断往返的运动。

卡·马克思：《资本论》第二卷第 473 页

VII. 两个部类的可变资本和剩余价值

因此，在简单再生产的前提下，每年生产的消费资料的总价值，等于年价值产品，即等于社会劳动在当年生产的全部价值。其所以必然如此，因为在简单再生产中，这全部价值将被消费掉。

卡·马克思：《资本论》第二卷第 474 页

社会总工作日分为两部分：1. 必要劳动……2. 剩余劳动……因此，一年生产的消费资料的总价值，等于社会总工作日在当年生产的总价值，等于社会可变资本的价值加上社会剩余价值，等于当年的全部新产品。

卡·马克思：《资本论》第二卷第 474 页

虽然社会工作日（即整个工人阶级全年耗费的劳动）和每个单个工作日一样，只分成两部分，也就是分成必要劳动和剩余劳动，因而，虽然这种工作日所生产的价值同样也只分成两部分，也就是分成可变资本价值即工人用来购买他自身再生产的资料的那部分价值，和剩余价值即资本家可以用于他自己的个人消费的那部分价值，但是从社会的角度来考察，社会工作日的一部分是专门用来生产新的不变资本的，也就是用来生产那种专门供在劳动过程中作为生产资料，从而在伴随而来的价值增殖过程中作为不变资本执行职能的产品的。

卡·马克思：《资本论》第二卷第 475 页

生产资料只有通过加到它上面的、用它来进行操作的活劳动,才能转化为新的产品,转化为当年的产品。但是,反过来,如果当年的劳动没有那种在它之外独立存在的生产资料,没有劳动资料和生产材料,它也不可能转化为产品。

卡·马克思：《资本论》第二卷第 478 页

VIII. 两个部类的不变资本

除了一些在这里没有意义的例外,生产资料和消费资料是完全不同的两类商品,是具有完全不同的实物形式或使用形式的产品,从而也是完全不同种类的具体劳动的产品。使用机器生产生活资料的劳动,是和制造机器的劳动完全不同的。

卡·马克思：《资本论》第二卷第 479—480 页

X. 资本和收入：可变资本和工资

全部年再生产,当年的全部产品,是这一年有用劳动的产品。但是,这个总产品的价值大于这个总产品中年劳动即当年耗费的劳动力借以体现的那部分价值。当年的价值产品,即当年以商品形式新创造的价值,小于产品价值即全年生产的商品量的总价值。

卡·马克思：《资本论》第二卷第 487—488 页

社会的年劳动大部分用来生产新的不变资本(以生产资料形式存在的资本价值),以便补偿在生产消费资料上所花费的不变资本价值。

卡·马克思：《资本论》第二卷第 489 页

可变资本在资本家手中作为资本执行职能;在雇佣工人手中则作为收

入执行职能。

卡·马克思：《资本论》第二卷第 490 页

在资本家那里最初作为可变资本的货币形式执行职能的货币，现在在工人手中作为他的工资的货币形式执行职能，工人又把工资转化为生活资料；所以，这些货币是作为收入的货币形式执行职能的。这种收入是工人靠不断反复出卖他的劳动力得到的。

卡·马克思：《资本论》第二卷第 490 页

劳动力只是劳动者的财产（它将不断自行更新，自行再生产），而不是他的资本。劳动力是他为了生存而能够不断出卖和必须不断出卖的唯一商品，它只有到了买者即资本家手中，才作为资本（可变资本）起作用。

卡·马克思：《资本论》第二卷第 491 页

工人把自己作为供第 I 部类的资本家使用的劳动力来维持，并且为了继续把自己作为劳动力来维持，他必须不断地重新反复这一过程 A（W）—G—W。他的工资在消费资料中实现，会作为收入花掉；并且对全体工人阶级来说，它会不断再作为收入花掉。

卡·马克思：《资本论》第二卷第 492 页

货币从而货币资本之所以是可能的可变资本，只是因为它可以转化为劳动力；而且只有在它可以转化为劳动力的限度内，才是可能的可变资本。

卡·马克思：《资本论》第二卷第 496 页

工人阶级是挣一文吃一文的，他们在能买的时候才买。而资本家，……就不是这样。资本家不是挣一文吃一文的。最大限度地增殖他的资本就是他的动机。

卡·马克思：《资本论》第二卷第 497 页

第 I 部类的可变资本经过了三次转化。这些转化在年产品的交换中，或者根本不表现出来，或者只是隐约地表现出来。

1. 第一个形式，是货币形式……，它转化为具有同等价值额的劳动力。

2. 第二个形式，是可变资本实际发生变化，作为可变资本执行职能的唯一形式，在这种形式上，创造价值的力代替了和它交换的既定价值，这第二个形式完全属于已经完成的生产过程。

3. 第三个形式，即可变资本通过生产过程的结果证实了自己是可变资本那种形式，是年价值产品……

卡·马克思：《资本论》第二卷第 498 页

在这一切转化中，第 I 部类的资本家手中始终持有可变资本。1. 开始是作为货币资本；2. 然后是作为他的生产资本的要素；3. 再后是作为他的商品资本的价值部分，也就是以商品价值的形式存在；4. 最后是再以货币形式存在，这些货币所要交换的劳动力再同这些货币相对立。

卡·马克思：《资本论》第二卷第 499 页

工人阶级以工资形式得到的货币在他们手中进行的交换，不是可变资本的交换，而是转化成货币的劳动力价值的交换；同样，工人所创造的价值产品……的交换只是属于资本家所有的商品的交换，与工人无关。但是，资本家——特别是他的理论解释者，即政治经济学家——却难以摆脱这一幻想：已经支付给工人的货币仍然是他的即资本家的货币。

卡·马克思：《资本论》第二卷第 500 页

第 II 部类的资本的可变价值部分，按它的实物形式来说，是由绝大部分供工人阶级消费的消费资料构成的。但是，工人以这种形式花费掉的，不是可变资本，而是工资，是工人的货币，这些货币正是由于在这些消费资料中实现而为资本家恢复了可变资本……的货币形式。

卡·马克思：《资本论》第二卷第 501 页

XI. 固定资本的补偿

不变资本的价值部分，只要是由真正的劳动资料（生产资料的一个特殊种类）构成的，就由劳动资料转移到劳动产品（商品）中去；这些劳动资料继续作为生产资本的要素执行职能，而且是以它们的旧的实物形式继续执行职能。只是劳动资料的损耗，即它们在一定期间持续执行职能时逐渐损失的价值，才作为借助于劳动资料生产出来的商品的价值要素再现，才由劳动工具转移到劳动产品中去。

卡·马克思：《资本论》第二卷第501—502页

为了开始商品的再生产（总之，就是为了使商品生产过程成为持续的过程），在商品生产上消费的原料和辅助材料，必须用实物来补偿；在商品上消耗的劳动力，同样也必须用新的劳动力来补偿。因此，通过出售商品得到的货币，必须不断再转化为生产资本的这些要素，不断由货币形式转化为商品形式。

卡·马克思：《资本论》第二卷第502页

出售商品所得到的货币，就它是与固定资本损耗相等的那部分商品价值的货币化而言，是不会再转化为生产资本的组成部分的，虽然它是补偿这种生产资本的价值损失的。……一旦这种固定要素如建筑物、机器等等的寿命已经完结，不能再在生产过程中执行职能，它的价值就在它旁边存在着，全部由货币来补偿，即由货币沉淀的总和，由固定资本逐渐转移到它参与生产的商品中去的、已经通过商品出售而转化为货币形式的价值的总和来补偿。

卡·马克思：《资本论》第二卷第503页

货币贮藏本身是资本主义再生产过程的一个要素，是在固定资本的寿命还没有完结，从而还没有把它的全部价值转移到所生产的商品中去，还不必用实物进行补偿之前，固定资本价值或它的个别要素的价值在货币形式上的再生产和贮存。只有在这种货币再转化为固定资本的新的要素，以便补偿它的寿命已经完结的要素的时候，它才失去货币贮藏的形式，从而再能动地进入以流通为中介的资本再生产过程。

卡·马克思：《资本论》第二卷第503—504页

1. 损耗的价值部分在货币形式上的补偿

当再生产（无论是简单的，还是规模扩大的）正常进行时，由资本主义生产者预付到流通中去的货币，必须流回到它的起点（无论这些货币是

他们自己的,还是借来的)。

卡·马克思:《资本论》第二卷第511页

2. 固定资本的实物补偿

有关的资本主义生产者必须用货币支付工资;然后这些货币被工人花费在生活资料上,而对生活资料的卖者来说,当他们的不变资本由商品资本转化为生产资本时,这些货币又当做流通手段来使用。当然,这些货币可以经过许多渠道(小商人、房主、收税人以及工人本身所需要的医生等等非生产劳动者),因此只有一部分直接从第I部类的工人手中流到第II部类的资本家阶级手中。这种流动可能或多或少发生停滞,所以资本家方面必须有新的货币准备。

卡·马克思:《资本论》第二卷第512页

3. 结论

尽管是规模不变的再生产,但危机——生产危机——还是会发生。

卡·马克思:《资本论》第二卷第524页

再生产的资本主义形式一旦废除,问题就归结如下:寿命已经完结因而要用实物补偿的那部分固定资本(这里是指在消费资料生产中执行职能的固定资本)的数量大小,是逐年不同的。如果在某一年数量很大(像人一样,超过平均死亡率),那下一年就一定会很小。在其他条件不变的前提下,消费资料年生产所需的原料、半成品和辅助材料的数量不会因此而减少;因此,生产资料的生产总额在一个场合必须增加,在另一个场合必须减少。这种情况,只有用不断的相对的生产过剩来补救;一方面要生产出超过直接需要的一定量固定资本;另一方面,特别是原料等等的储备也要超过每年的直接需要(这一点特别适用于生活资料)。这种生产过剩等于社会对它本身的再生产所必需的各种物质资料的控制。但是,在资本主义社会内部,这种生产过剩却是一个无政府状态的要素。

卡·马克思:《资本论》第二卷第526页

《资本论》箴言集

XII. 货币材料的再生产

每个单个商品都是由 c+v+m 构成的,所以,对于全部商品虽的流通来说,一方面需要有一定的货币额使资本 c+v 流通,另一方面需要有另一个货币额使资本家的收入即剩余价值 m 流通。

卡·马克思:《资本论》第二卷第 532 页

无论对单个资本家来说,还是对整个资本家阶级来说,他们的作为资本来预付的货币,和他们的作为收入来花费的货币是不同的。后一货币是从哪里来的呢?简单地说就是,资本家阶级手中现有的货币量中,从而总的来说,社会现有的货币总量中,有一部分货币是为了使资本家的收入流通的。

卡·马克思:《资本论》第二卷第 532 页

每一个开办新企业的资本家,在营业开始以后,都能把他为维持生活而用于消费资料的货币再捞回来,作为使他的剩余价值货币化的货币。

卡·马克思:《资本论》第二卷第 532 页

由货币流通引起的变化,简单地说就是,每个资本家都不是消费自己的实物形式的剩余产品(这在多数场合是不可能的),而是从每年的社会剩余产品总额中取出相当于他占有的剩余价值额的各种商品,并把它们据为己有。

卡·马克思:《资本论》第二卷第 533 页

当资本家阶级把作为收入来花费的货币投入流通的时候,他们也会从流通中再把这个货币取出,从而能够不断重新开始同一过程;因此,作为资本家阶级来看,他们始终占有为剩余价值的货币化所必需的这个货币额。

卡·马克思:《资本论》第二卷第 533 页

如果资本家不仅从商品市场取出商品形式的剩余价值作为他的消费基金,而且他用来购买这些商品的货币也同时流回到他手里,那就很明显,他从流通中取出这些商品时没有付出等价物。虽然他为这些商品支付了货

币,但这些商品并不需要他花费分文。

卡·马克思:《资本论》第二卷第533页

第二十一章　积累和扩大再生产

一方面的货币就能引起另一方面的扩大再生产,这是由于再生产扩大的可能性在没有货币的情况下就已经存在;因为货币本身不是实际再生产的要素。

卡·马克思:《资本论》第二卷第551页

I. 第 I 部类的积累

1. 货币贮藏

货币贮藏根本不是生产,因此从一开始也就不是生产的增长。在这里,资本家的活动不过是把出售剩余产品……所得的货币从流通中取出,抓住它,把它扣留下来。不仅 A 这样做,而且在流通领域的许多点上,其他资本家 A′、A″、A‴也这样做,他们都同样热衷于这种货币贮藏。在这许多点上,货币被从流通中取出,并积累成无数单个的贮藏货币或可能的货币资本。这许多点也就像是流通的许多障碍,因为它们使货币的运动停止,使货币在一个或长或短的时间内失去流通能力。

卡·马克思:《资本论》第二卷第554页

固定资本一经投入,在它执行职能的全部时间内就不用更新,而是以它的原有形式继续发挥作用,它的价值则逐渐地以货币形式沉淀下来。

卡·马克思:《资本论》第二卷第556页

商品生产是资本主义生产的一般形式这个事实,已经包含着在资本主义生产中货币不仅起流通手段的作用,而且也起货币资本的作用,同时又会产生这种生产方式所特有的,使交换从而也使再生产(或者是简单再生产,或者是扩大再生产)得以正常进行的某些条件,而这些条件转变为同

样多的造成过程失常的条件，转变为同样多的危机的可能性；因为在这种生产的自发形式中，平衡本身就是一种偶然现象。

卡·马克思：《资本论》第二卷第557页

II. 第 II 部类的积累

积累是靠牺牲消费来进行的这种一般的说法，不过是和资本主义生产的本质相矛盾的一种幻想，因为这种幻想假定，资本主义生产的目的和动机是消费而不是剩余价值的攫取和资本化，即积累。

卡·马克思：《资本论》第二卷第566页

III. 用公式来说明积累

2. 第二例

实际的可变资本是由劳动力构成的，因此，追加的可变资本也是由劳动力构成的。

卡·马克思：《资本论》第二卷第580页

资本家先生和他们的报刊，对劳动力花费自己的货币的方式，对劳动力借以实现这种货币的第 II 部类商品，总是感到不满意。于是，他们来推敲哲理、谈论文化和侈谈博爱……

延长劳动时间，好像就是使工人借助自己智力和德性的完善来提高自己的地位并成为一个合理消费者的那种合理的、有益健康的方法的秘密。

卡·马克思：《资本论》第二卷第581页

为了要成为资本家商品的一个合理的消费者，工人首先——但是蛊惑者阻止他这样做！——就要让他的资本家用不合理的、有损健康的方法消费他的劳动力。不过，资本家又是怎样理解合理的消费呢？这表现在他不惜降低身价，在消费品贸易上直接和他的工人打交道，实行"实物工资制"，而且在各式各样的实物工资中还包括供给工人住房。这样一来，资本

家同时又是工人的房主了。

卡·马克思:《资本论》第二卷第581—582页

使工人成为一个合理消费者的主要秘密,还在下面这一点。……降低工资和延长劳动时间,这就是提高工人地位,使他成为合理的消费者的那种合理的、有益健康的方法的实质,只有这样,工人才可以为一批由于文化和发明的进步而使他买得起的物品创造一个市场。

卡·马克思:《资本论》第二卷第582—583页

3. 积累时Ⅱc的交换

在计算利润率时,剩余价值是按总资本计算的,与固定组成部分周期地转移到产品中去的价值的多少无关。但是,对周期地生产的每个商品资本的价值来说,只是按照不变资本的固定部分由于消耗而把价值平均转移到产品本身中去的程度,把不变资本的固定部分计算在内。

卡·马克思:《资本论》第二卷第589页

《资本论》箴言集

资本论
政治经济学批判

第三卷
第三册：资本主义生产的总过程

第一篇 剩余价值转化为利润和剩余价值率转化为利润率

第二篇 利润转化为平均利润

第三篇 利润率趋向下降的规律

第四篇 商品资本和货币资本转化为商品经营资本和货币经营资本（商人资本）

第五篇 利润分为利息和企业主收入。生息资本

第五篇 利润分为利息和企业主收入。生息资本（续）

第六篇 超额利润转化为地租

第七篇 各种收入及其源泉

弗·恩格斯　序言

谁要是稍为注意一下最近10年国际社会主义文献的巨大增长，特别是马克思和我以前的著作的译本的数量，他就会同意我下面的看法：我很庆幸自己只能在有限的几种文字上对译者有所帮助，因而对译者的文字负有进行校订的不容推卸的责任。

卡·马克思：《资本论》第三卷第 3 页

但是文献的增加不过是国际工人运动本身相应发展的一个象征。而这种发展又赋予我新的责任。

卡·马克思：《资本论》第三卷第 3 页

从我们开始公开活动的那些日子起，各国的社会主义者和工人在本国进行的运动之间的联络工作，大部分落到马克思和我身上；这项工作随着整个运动的壮大而相应地增加了。但在马克思去世以前，这方面的工作主要由马克思担负，在他去世以后，这项不断增加的工作就落到我一个人身上了。不过在此期间，各国工人政党互相间的直接交往已经成为常规，而且值得庆幸的是，情况越来越是这样；虽然如此，从我的理论工作考虑，人们要求我给予的帮助还是太多了。

卡·马克思：《资本论》第三卷第 3—4 页

但是谁要是像我这样50多年来一直在这个运动中从事活动，对他来说由此产生的各项工作就是一种义不容辞的、必须立即履行的义务。

卡·马克思：《资本论》第三卷第 4 页

在我们这个动荡不定的时代，也像16世纪一样，在公共利益的领域内，只是在反动派方面还有单纯的理论家，正因为如此，这些先生们根本就不是真正的理论家，而只是反动派的辩护士。

卡·马克思：《资本论》第三卷第 4 页

本册的编辑工作根本不同于第二册。第三册只有一个初稿，而且极不完全。每一篇的开端通常都相当细心地撰写过，甚至文字多半也经过推敲。但是越往下，文稿就越是带有草稿性质，越不完全，越是离开本题谈论那些在研究过程中冒出来的、其最终位置尚待以后安排的枝节问题，句子也由于表达的思想是按照形成时的原样写下来的而越冗长，越复杂。

卡·马克思：《资本论》第三卷第4—7页

在1863年和1867年之间，马克思不仅已经为《资本论》后两册写成了初稿，把第一册整理好准备付印，而且还为国际工人协会的创立和扩大做了大量的工作。但是，由于这个原因，他的病体的严重症状在1864年和1865年就显露出来了，这使他不能亲手完成第二册和第三册的工作。

卡·马克思：《资本论》第三卷第7页

不用多动脑筋，就可以看出：这种对于资本利润所作的"庸俗经济学的"说明，实际上会和马克思的剩余价值理论得出相同的结果；莱克西斯所说的工人所处的"不利地位"，完全和马克思所说的一样；工人都是受欺诈的，因为每个非工人都可以高于价格出售，而工人则不能；就像在英国这里在杰文斯—门格尔的使用价值论和边际效用论的基础上建立起庸俗社会主义一样，在莱克西斯的理论的基础上可以建立起至少同样似乎有理的庸俗社会主义。我甚至推测，如果乔治·肖伯纳先生知道这个利润理论，他就会双手抱住它，一脚踢开杰文斯和卡尔·门格尔，然后在这块岩石上重新建立起他的未来的费边社教堂。

卡·马克思：《资本论》第三卷第13—14页

落到资本家或资本家阶级手中的额外利润就在于下面这个事实，并且归根到底只能来自下面这个事实：工人在再生产他的劳动的价格的补偿物以后，还要生产他没有得到报酬的产品——剩余产品，无酬劳动的产品，剩余价值。

卡·马克思：《资本论》第三卷第14页

莱克西斯在用语的选择上是非常慎重的人。……他自己就说过，他们中的每一个人，在马克思的眼中"充其量不过是一个毫无希望的笨蛋"；我

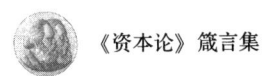

们碰到的是一个伪装成庸俗经济学家的马克思主义者。

卡·马克思：《资本论》第三卷第 14 页

不言而喻，在事物及其互相关系不是被看做固定的东西，而是被看做可变的东西的时候，它们在思想上的反映，概念，会同样发生变化和变形；它们不能被限定在僵硬的定义中，而是要在它们的历史的或逻辑的形成过程中来加以阐明。

卡·马克思：《资本论》第三卷第 17 页

一个人如果想研究科学问题，首先要学会按照作者写作的原样去阅读自己要加以利用的著作，并且首先不要读出原著中没有的东西。

卡·马克思：《资本论》第三卷第 26 页

资本主义生产的总过程（上）

第一篇　剩余价值转化为利润和剩余价值率转化为利润率

第一章　成本价格和利润

按照资本主义方式生产的每一个商品 W 的价值，用公式来表示是 $W = c + v + m$。如果我们从这个产品价值中减去剩余价值 m，那么，在商品中剩下的，只是一个在生产要素上耗费的资本价值 $c + v$ 的等价物或补偿价值。

……商品价值的这个部分，即补偿所消耗的生产资料价格和所使用的劳动力价格的部分，只是补偿商品使资本家自身耗费的东西，所以对资本家来说，这就是商品的成本价格。

卡·马克思：《资本论》第三卷第30页

商品价值中由剩余价值构成的部分，不需要资本家耗费什么东西，因为它耗费的只是工人的无酬劳动。

卡·马克思：《资本论》第三卷第30页

我们把成本价格叫做 k，$W = c + v + m$ 这个公式就转化为 $W = k + m$ 这个公式，或者说，商品价值 = 成本价格 + 剩余价值。

卡·马克思：《资本论》第三卷第30页

在预付资本中出现的所购买的劳动力的价值，并不是实际执行职能的

资本的部分。在生产过程本身中它为活的劳动力所代替。

卡·马克思:《资本论》第三卷第 38 页

资本价值之所以作为商品的成本价格再现出来,是因为而且只是因为它已经作为资本价值耗费掉了。

卡·马克思:《资本论》第三卷第 39 页

固定资本和流动资本的这种差别,从成本价格的计算来说,不过证明成本价格从表面上看是由耗费的资本价值形成的,或者说,是由资本家自己在耗费的生产要素(包括劳动在内)上付出的价格形成的。

卡·马克思:《资本论》第三卷第 40 页

从价值形成来说,在劳动力上支出的可变资本部分,在这里,在流动资本这个项目下,显然和不变资本(即由生产材料构成的资本部分)等同起来,这样,资本的增殖过程的神秘化也就完成了。

卡·马克思:《资本论》第三卷第 40—41 页

剩余价值首先是商品价值超过商品成本价格的余额。但是,因为成本价格等于所耗费的资本的价值,并且不断地再转化为所耗费的资本的各种物质要素,所以,这个价值余额就是商品的生产上耗费掉的并且会从商品流通中流回的资本的价值增加额。

卡·马克思:《资本论》第三卷第 41 页

剩余价值不仅对进入价值增殖过程的预付资本部分来说是一个增加额,而且对不进入价值增殖过程的预付资本部分来说也是一个增加额;因而,不仅对用商品的成本价格来补偿的所耗费的资本来说是一个价值增加额,而且对生产中所使用的全部资本来说也是一个价值增加额。

卡·马克思:《资本论》第三卷第 41—42 页

现在对资本家来说很清楚,这个价值增加额来自用资本进行的生产过程,也就是来自资本自身;因为它在生产过程完成以后才存在,而在生产过程开始以前并不存在。

卡·马克思:《资本论》第三卷第 42 页

就生产中所耗费的资本来说,好像剩余价值同样都来自所耗费的资本的不同价值要素,即由生产资料构成的价值要素和由劳动构成的价值要素,因为这些要素同样都加入成本价格的形成。它们同样都把自己的作为预付资本存在的价值加入产品价值,而并不区分为不变的价值量和可变的价值量。

卡·马克思:《资本论》第三卷第 42 页

预付的资本价值能形成剩余价值,并不是由于它已经被消耗,从而形成了商品的成本价格。因为,正是就它形成商品的成本价格来说,它形成的不是剩余价值,而只是所耗费的资本的等价物,或补偿价值。因而,就它形成剩余价值来说,它不是靠它作为所耗费的资本的特有属性,而是靠它作为预付资本,从而作为所使用的资本的特有属性,来形成剩余价值的。

卡·马克思:《资本论》第三卷第 43 页

剩余价值既由预付资本中那个加入商品成本价格的部分产生,也由预付资本中那个不加入商品成本价格的部分产生;总之,同样由所使用的资本的固定组成部分和流动组成部分产生。

卡·马克思:《资本论》第三卷第 43 页

总资本虽然只有一部分进入价值增殖过程,但在物质上总是全部进入现实的劳动过程。或许正是由于这个原因,它虽然只是部分地参加成本价格的形成,但会全部参加剩余价值的形成。

卡·马克思:《资本论》第三卷第 43 页

不管怎样,结论总是:剩余价值是同时由所使用的资本的一切部分产生的。如果用马尔萨斯的粗浅的说法,这个推论还可以更简短地表达为:
"资本家对于他所预付的资本的一切部分,都期望得到同样的利益。"【马尔萨斯《政治经济学原理》1836 年伦敦第 2 版第 268 页。——著者注】
剩余价值,作为全部预付资本的这样一种观念上的产物,取得了利润

这个转化形式。

卡·马克思:《资本论》第三卷第 43—44 页

一个价值额之所以成为资本,是因为它用来生产利润,换句话说,利润之所以产生出来,是因为有一个价值额被当做资本来使用。如果我们把利润叫做 p,那么,W = c + v + m = k + m 这个公式,就变成 W = k + p 这个公式,也就是**商品价值 = 成本价格 + 利润**。

卡·马克思:《资本论》第三卷第 44 页

我们目前在这里看到的利润,和剩余价值是一回事,不过它具有一个神秘化的形式,而这个神秘化的形式必然会从资本主义生产方式中产生出来。因为在成本价格的表面的形成上,不变资本和可变资本之间的区别看不出来了,所以在生产过程中发生的价值变化的起源,必然从可变资本部分转移到总资本上面。因为在一极上,劳动力的价格表现为工资这个转化形式,所以在另一极上,剩余价值表现为利润这个转化形式。

卡·马克思:《资本论》第三卷第 44 页

如果商品是按照它的价值出售的,那么,利润就会被实现,这个利润等于商品价值超过商品成本价格的余额,也就是等于商品价值中包含的全部剩余价值。

卡·马克思:《资本论》第三卷第 44 页

资本家即使低于商品的价值出售商品,也可以得到利润。只要商品的出售价格高于商品的成本价格,即使它低于商品的价值,也总会实现商品中包含的剩余价值的一部分,从而总会获得利润。

卡·马克思:《资本论》第三卷第 44 页

在商品的价值和它的成本价格之间,显然会有无数的出售价格。商品价值中由剩余价值构成的要素越大,这些中间价格的实际活动余地也就越大。

这不仅可以说明日常的竞争现象,例如某些低价出售的情形,某些产业部门的商品价格异常低廉的现象等等。我们下面将会看到,政治经济学

迄今没有理解的关于资本主义竞争的基本规律，即调节一般利润率和由它决定的所谓生产价格的规律，就是建立在商品价值和商品成本价格之间的这种差别之上的，建立在由此引起的商品低于价值出售也能获得利润这样一种可能性之上的。

卡·马克思：《资本论》第三卷第45页

商品出售价格的最低界限，是由商品的成本价格规定的。如果商品低于它的成本价格出售，生产资本中已经消耗的组成部分，就不能全部由出售价格得到补偿。如果这个过程继续下去，预付资本价值就会消失。从这个观点来说，资本家就乐于把成本价格看做商品的真正的内在价值，因为单是为了保持他的资本，成本价格已是必要的价格。况且，商品的成本价格还是资本家自己为了生产商品而支付的购买价格，因而是由商品的生产过程本身决定的购买价格。

卡·马克思：《资本论》第三卷第45页

在资本家面前，在商品出售时实现的价值余额或剩余价值，表现为商品的出售价格超过它的价值的余额，而不是表现为它的价值超过它的成本价格的余额，因而商品中包含的剩余价值好像不是通过商品的出售来实现，而是从商品的出售本身产生的。

卡·马克思：《资本论》第三卷第45—46页

有一种糊涂观念以为，商品的成本价格构成商品的现实价值，而剩余价值是由于商品高于价值出售产生的，因而，只要商品的出售价格等于它的成本价格，也就是等于在它上面消耗的生产资料的价格加上工资，商品就是按照它的价值出售的。这种糊涂观念，被那个惯于用科学招牌来招摇撞骗的蒲鲁东吹嘘为新发现的社会主义秘密。把商品价值归结为商品成本价格，实际上就是他的人民银行的基础。

卡·马克思：《资本论》第三卷第47—48页

认为只要一切商品都按各自的成本价格出售，结果实际上就会和一切商品都高于各自的成本价格但按各自的价值出售一样，这是完全错误的。因为，即使劳动力的价值、工作日的长度和劳动的剥削程度到处相等，不

同种类商品的价值中包含的剩余价值量,也仍然会由于生产这些商品所预付的资本的有机构成不同而极不相等。

卡·马克思:《资本论》第三卷第48页

第二章　利润率

资本的总公式是 G—W—G′；这就是说,一个价值额投入流通,是为了从流通中取出一个更大的价值额。这个更大价值额的产生过程,是资本主义的生产；这个更大价值额的实现过程,是资本的流通。

卡·马克思:《资本论》第三卷第49页

资本家生产商品,不是为了商品本身,不是为了商品的使用价值或他的个人消费。资本家实际关心的产品,不是可以摸得着的产品本身,而是产品的价值超过在产品上消费的资本的价值的余额。

卡·马克思:《资本论》第三卷第49页

正是非劳动者对这种生产资料的占有,使劳动者转化为雇佣工人,使非劳动者转化为资本家。

卡·马克思:《资本论》第三卷第49—50页

因为资本家只有预付不变资本才能对劳动进行剥削,因为他只有预付可变资本才能使不变资本增殖,所以在他的心目中,这两种资本就完全混同在一起了。

卡·马克思:《资本论》第三卷第50页

利润率可以不变,然而它可以表示不同的剩余价值率。

卡·马克思:《资本论》第三卷第50页

商品包含的价值,等于制造商品所耗费的劳动时间,这个劳动的总和则由有酬劳动和无酬劳动构成。而对资本家来说,商品成本只由他所支付的对象化在商品中的那部分劳动构成。

卡·马克思:《资本论》第三卷第 50 页

商品包含的剩余劳动不需要资本家耗费什么东西,虽然它同有酬劳动一样,需要工人付出劳动,并且它同有酬劳动一样创造价值,作为价值形成要素加入商品。

卡·马克思:《资本论》第三卷第 50 页

资本家的利润是这样来的:他可以出售他没有支付分文的某种东西。

卡·马克思:《资本论》第三卷第 50 页

剩余价值或利润,恰恰就是商品价值超过商品成本价格的余额,或者说,就是商品包含的劳动总量超过它包含的有酬劳动量的余额。据此,不管剩余价值来自何处,它总是一个超过全部预付资本的余额。因此,这个余额和总资本会保持一个比率,这个比率可以用分数 $\frac{m}{C}$ 来表示,其中 C 表示总资本。

卡·马克思:《资本论》第三卷第 50 页

用可变资本来计算的剩余价值的比率,叫做剩余价值率;用总资本来计算的剩余价值的比率,叫做利润率。这是同一个量的两种不同的计算法,由于计算的标准不同,它们表示的是同一个量的不同的比率或关系。

卡·马克思:《资本论》第三卷第 51 页

应当从剩余价值率到利润率的转化引出剩余价值到利润的转化,而不是相反。实际上,利润率从历史上说也是出发点。剩余价值和剩余价值率相对地说是看不见的东西,是要进行研究的本质的东西,而利润率,从而剩余价值作为利润的形式,却会在现象的表面上显示出来。

卡·马克思:《资本论》第三卷第 51 页

至于单个资本家,那么很清楚,他唯一关心的,是剩余价值即他出售自己的商品时所得到的价值余额和生产商品时所预付的总资本的比率;而对这个余额和资本的各个特殊组成部分的特定关系以及这个余额和它们之间的内在联系，他不仅不关心，而且掩盖这个特定关系和这种内在联系，正是他的利益所在。

卡·马克思：《资本论》第三卷第51页

虽然商品价值超过它的成本价格的余额是在直接生产过程中产生的，但它只是在流通过程中才得到实现，而且由于这个余额在现实中、在竞争中、在现实市场上是否实现，实现到什么程度，都要取决于市场的状况，因此这个余额更容易造成一种假象，好像它来自流通过程。在这里没有必要说明，如果一个商品高于或低于它的价值出售，这时发生的只是剩余价值的另一种分配；这种不同的分配，即在不同个人之间分割剩余价值的比率的变更，既丝毫不会改变剩余价值的大小，也丝毫不会改变剩余价值的性质。

卡·马克思：《资本论》第三卷第51—52页

在流通过程中起作用的，除了劳动时间，还有流通时间，它也限制着可以在一定时间内实现的剩余价值的量。

卡·马克思：《资本论》第三卷第52页

在既包括工资，也包括原料价格、机器磨损等等的成本项目下，无酬劳动的榨取，只是表现为成本中某一项支付上的节约，只是表现为对一定量劳动的支付上的减少；就像由于买进的原料比较便宜或由于机器磨损减少而得到节约完全一样。因此，剩余劳动的榨取，就失去了它的独特性质；它同剩余价值的独特关系也被弄得模糊不清了；正如我们在第一册第六篇已经指出的，劳动力价值表现为工资形式，又大大促进和助长了上述这种情况。

卡·马克思：《资本论》第三卷第53页

由于资本的一切部分都同样表现为超额价值（利润）的源泉，资本关系也就神秘化了。

卡·马克思：《资本论》第三卷第53页

剩余价值通过利润率而转化为利润形式的方式，只是生产过程中已经

发生的主体和客体的颠倒的进一步发展。

卡·马克思:《资本论》第三卷第 53 页

尽管利润率和剩余价值率在数量上不同,而剩余价值和利润实际上是一回事并且数量上也相等,但是利润还是剩余价值的一个转化形式,在这个形式中,剩余价值的起源和它存在的秘密被掩盖了,被抹杀了。

卡·马克思:《资本论》第三卷第 56 页

实际上,利润是剩余价值的表现形式,而剩余价值只有通过分析才得以从利润中剥离出来。在剩余价值中,资本和劳动的关系赤裸裸地暴露出来了;在资本和利润的关系中,也就是在资本和剩余价值——它一方面表现为在流通过程中实现的、超过商品成本价格的余额,另一方面表现为一个通过它对总资本的关系而获得进一步规定的余额——的关系中,**资本**表现为**一种对自身的关系**,在这种关系中,资本作为原有的价值额,同它自身创造的新价值相区别。至于说资本在它通过生产过程和流通过程的运动中创造出这个新价值,这一点是人们意识到了的。但是这种情况是怎样发生的,现在却神秘化了,好像它来自资本本身固有的秘密性质。

卡·马克思:《资本论》第三卷第 56—57 页

我们越往后研究资本的增殖过程,资本关系就越神秘化,它的内部机体的秘密就暴露得越少。

卡·马克思:《资本论》第三卷第 57 页

第三章　利润率和剩余价值率的关系

工作日的延长(或劳动强度的相应提高)和工资的降低,都会增加剩余价值量,从而会提高剩余价值率;相反,在其他条件不变的情况下,工资的增加则会降低剩余价值率。

卡·马克思:《资本论》第三卷第 61 页

就价值形成而言,不变资本所以重要,只是在于它具有的价值。……

《资本论》箴言集

不变资本的价值究竟代表多少实际材料，对价值形成和利润率来说，是完全没有关系的。

卡·马克思：《资本论》第三卷第 61 页

不变资本价值的增减和这个资本所代表的物质使用价值的量不管成什么比率，利润率同不变资本价值总是按相反的方向变动。

卡·马克思：《资本论》第三卷第 61 页

I. m' 不变，$\dfrac{v}{C}$ 可变

就任何两个以相同的剩余价值率发生作用的资本来说，利润率之比，等于按各自总资本以百分比计算的可变资本部分之比。

卡·马克思：《资本论》第三卷第 63 页

1. m' 和 C 不变，v 可变

在剩余价值率和总资本不变时，原利润率和由可变资本的变化而产生的利润率之比，等于原可变资本和变化以后的可变资本之比。

卡·马克思：《资本论》第三卷第 65 页

2. m' 不变，v 可变，C 因 v 的变化而变化

在大工业和农业的目前条件下，可变资本只是总资本的一个比较小的部分，因此，在总资本的减少或增加由可变资本的变化决定时，总资本的减少或增加也是比较小的。

卡·马克思：《资本论》第三卷第 68—69 页

3. m' 和 v 不变，c 可变，因而 C 也可变

在剩余价值率相等，可变资本部分也相等时，利润率和总资本成反比。

卡·马克思：《资本论》第三卷第 69 页

不变资本的节约，一方面会提高利润率，另一方面会使资本游离，因此，对资本家来说具有重要的意义。

卡·马克思：《资本论》第三卷第70页

4. m′不变，v、c 和 C 都可变

在剩余价值率保持不变时，利润率可以降低，不变，或提高，因为 v 和 c 或 v 和 C 的比率稍微发生变化，就足以使利润率也发生变化。

卡·马克思：《资本论》第三卷第74页

II. m′可变

1. m′可变，$\frac{v}{C}$ 不变

具有相同构成的两个资本的利润率之比，等于它们的剩余价值率之比。因为在 $\frac{v}{C}$ 这个分数中，重要的不是 v 和 C 的绝对量，而只是二者的比率，所以，这适用于具有相同构成的一切资本，而不管它们的绝对量如何。

卡·马克思：《资本论》第三卷第75页

就构成的绝对数或百分比相同的资本来说，剩余价值率只有在工资或工作日长度或劳动强度不等的情况下，才能是不等的。

卡·马克思：《资本论》第三卷第75页

工资的提高或降低会以相反的方向，劳动强度的提高或降低和工作日的延长或缩短会以相同的方向，影响剩余价值率，从而在 $\frac{v}{C}$ 不变时，影响利润率。

卡·马克思：《资本论》第三卷第77页

2. m′和 v 可变，C 不变

在可变资本不变时，剩余价值率的变化，意味着价值产品在数量上和

分配上发生了变化。v 和 m′同时变化，也总是包含价值产品分配上的变化，但并不总是包含价值产品数量上的变化。

卡·马克思：《资本论》第三卷第 77 页

3. m′、v 和 C 都可变

剩余价值率降低或者提高，利润率可以提高；剩余价值率提高或者降低，利润率可以降低；剩余价值率提高或者降低，利润率可以不变。

卡·马克思：《资本论》第三卷第 81 页

利润率取决于两个主要因素：剩余价值率和资本的价值构成。这两个因素的影响，可以概括如下。在这里，我们可以用百分比来表示资本的构成，因为变化发生在两个资本部分中的哪一个部分，在这里是无关紧要的。

两个资本的利润率或同一个资本在两个连续的、不同的状态下的利润率，在下列情况下，**是相等的**：

1. 资本的百分比构成相等，剩余价值率也相等。

2. 资本的百分比构成不等，剩余价值率也不等，但是剩余价值率和按百分比计算的可变资本部分（m′和 v）的乘积相等，也就是说，按总资本以百分比计算的剩余价值量（m＝m′v）相等，换句话说，在这两个场合 m′和 v 两个因素互成反比。

在下列的情况下，**是不等的**：

1. 资本的百分比构成相等，但是剩余价值率不等。这时，利润率之比，等于剩余价值率之比。

2. 剩余价值率相等，资本的百分比构成不等。这时，利润率之比，等于可变资本部分之比。

3. 剩余价值率不等，资本的百分比构成也不等。这时，利润率之比，等于 m′v 的乘积即按总资本的百分比计算的剩余价值量之比。

卡·马克思：《资本论》第三卷第 81 页

第四章　周转对利润率的影响
【本章为恩格斯所撰写——编者注】

周转时间或它的两个部分（生产时间和流通时间）中的任何一个部分

的缩短，都会增加所生产的剩余价值量。但是，因为利润率表示的，只是所生产的剩余价值量和参加剩余价值量生产的总资本的比率，所以，很清楚，每一次这样的缩短，都会提高利润率。

卡·马克思：《资本论》第三卷第83页

缩短生产时间的主要方法是提高劳动生产率，这就是人们通常所说的工业进步。如果这不会同时由于添置昂贵的机器等等而引起总投资的大大增加，从而不会引起按总资本计算的利润率的降低，那么利润率就必然会提高。在冶金工业和化学工业上许多最新的进步中，情况确实是这样。

卡·马克思：《资本论》第三卷第83—84页

缩短流通时间的主要方法是改进交通。近50年来，交通方面已经发生了革命，只有18世纪下半叶的工业革命才能与这一革命相比。在陆地上，碎石路已经被铁路排挤到次要地位，在海上，缓慢的不定期的帆船已经被快捷的定期的轮船航线排挤到次要地位，并且整个地球布满了电报网。苏伊士运河才真正开辟了通往东亚和澳洲的轮船交通。

卡·马克思：《资本论》第三卷第84页

周转时间的缩短对剩余价值的生产，从而对利润的生产的直接影响，在于使可变资本部分由此提高效率。

卡·马克思：《资本论》第三卷第85页

统计学几乎完全没有关于社会总资本的不变部分和可变部分的比例的记载。只有美国的国情调查，才提供了在现有条件下能够提供的情况，即每个生产部门所支付工资的总数及其所获利润的总数。尽管这种资料令人怀疑，因为它只是以工业家们自己的未经核实的报告为根据，但它仍然极为宝贵，是我们掌握的关于这个问题的唯一的资料。在欧洲，我们太温和了，没有要求我们的大工业家也这样暴露事实。

卡·马克思：《资本论》第三卷第90页

第五章 不变资本使用上的节约

I. 概论

在可变资本不变,也就是说,按相同的名义工资使用的工人人数不变的条件下,绝对剩余价值的增加,或剩余劳动从而工作日的延长,——不管额外时间有没有报酬都一样,——会相对地降低不变资本同总资本、同可变资本相比的价值,并由此提高利润率(这里也是把剩余价值量的增加和剩余价值率的可能的提高撇开不说)。

卡·马克思:《资本论》第三卷第91页

剩余价值的增加,会引起不变资本的增加;对劳动的剥削的增加,会引起用来剥削劳动的生产条件的费用的增加,也就是会引起资本支出的增加。这样,利润率由此从一方面说会降低,而从另一方面说会提高。

卡·马克思:《资本论》第三卷第92页

把机器和固定资本其他组成部分的价值再生产出来的持续时间,实际上不是由它们的单纯的存在时间决定的,而是由它们在其中发挥作用和被使用的整个劳动过程的持续时间决定的。

卡·马克思:《资本论》第三卷第92页

这种由生产资料的集中及其大规模应用而产生的全部节约,是以工人的聚集和协作,即劳动的社会结合这一重要条件为前提的。因此,如果说剩余价值来源于单独地考察的每一个工人的剩余劳动,那么,这种节约来源于劳动的社会性质。甚至在这里可能进行和必须进行的不断改良,也完全是由大规模结合的总体工人的生产所提供的和所给予的社会的经验和观察产生的。

卡·马克思:《资本论》第三卷第93—94页

如果剩余价值已定,利润率就只能由生产商品所需要的不变资本的价值的减少来提高。就不变资本加入商品的生产来说,唯一要考虑的,不是它的交换价值,而是它的使用价值。

卡·马克思:《资本论》第三卷第94页

《资本论》箴言集

在技术发展的一个阶段上,一台性能差的机器可能很贵,而在另一个阶段上,一台性能好的机器可能很便宜。

卡·马克思:《资本论》第三卷第94页

产业的向前发展所造成的不变资本的这种节约,具有这样的特征:在这里,一个产业部门利润率的提高,要归功于另一个产业部门劳动生产力的发展。在这里,资本家得到的好处,又是社会劳动的产物,虽然并不是他自己直接剥削的工人的产物。生产力的这种发展,最终总是归结为发挥作用的劳动的社会性质,归结为社会内部的分工,归结为脑力劳动特别是自然科学的发展。在这里,资本家利用的,是整个社会分工制度的优点。在这里,劳动生产力在其他部门即为资本家提供生产资料的部门的发展,相对地降低资本家所使用的不变资本的价值,从而提高利润率。

卡·马克思:《资本论》第三卷第96页

提高利润率的另一条途径,不是来源于生产不变资本的劳动的节约,而是来源于不变资本本身使用上的节约。

卡·马克思:《资本论》第三卷第96页

就对劳动本身的直接剥削来说,重要的决不是所使用的剥削手段的价值,不管这些剥削手段是固定资本,还是原料和辅助材料。

卡·马克思:《资本论》第三卷第97页

资本的再生产和积累,更多地取决于所使用的劳动的生产率,而不是所使用的劳动量。因此,资本家狂热地节约生产资料是可以理解的。

卡·马克思:《资本论》第三卷第98页

对资本家来说,不变资本的节约表现为一个对工人来说完全异己的、和工人绝对不相干的条件,工人和它完全无关;而资本家始终很清楚地知道,他用同样多的货币能够买到多少劳动的问题,确实同工人有点关系(因为在资本家的意识中,他和工人之间的交易就是这样表现的)。生产资料使用上的这种节约,这种用最少的支出获得一定结果的方法,同劳动所固有的其他力量相比,在更大得多的程度上表现为资本的一种固有的力量,

表现为资本主义生产方式所特有的并标志着它的特征的一种方法。

这种看法并不令人奇怪,是因为事实的外观和它相符,并且是因为资本关系实际上把内在联系隐藏起来了,使工人在自己劳动的实现条件面前处于完全不相干、完全外在化和异化的状态中。

第一,构成不变资本的各种生产资料,只代表资本家的货币(正如兰盖所说,罗马债务人的身体,代表债权人的货币),并且只和资本家有关,而工人在现实生产过程中和生产资料接触时,只把它们当做生产上的使用价值,当做劳动资料和劳动材料。因此,这个价值是增加还是减少,和工人究竟是干铜活还是干铁活一样,丝毫不涉及工人和资本家的关系。当然,正如我们以后将会指出的那样,当生产资料的价值增加,因而利润率降低时,资本家就喜欢把事情说成另一个样子。

第二,就这些生产资料在资本主义生产过程中同时是劳动的剥削手段来说,这些剥削手段的相对的贵或贱同工人无关,正如嚼子和缰绳的贵或贱同马无关一样。

最后,我们以前已经说过,工人实际上把他的劳动的社会性质,把他的劳动和别人的劳动为一个共同目的的结合,看成一种对他来说是异己的权力;实现这种结合的条件,对他说来是异己的财产,如果他不是被迫节约这种财产,那么浪费一点,对他说来毫无关系。而在属于工人自己的工厂,例如罗奇代尔的工厂中,情况就完全不是这样。

卡·马克思:《资本论》第三卷第99—100页

当一个生产部门的劳动生产率使另一个生产部门的生产资料变得便宜和得到改良,从而提高了利润率时,社会劳动的这种普遍联系,就表现为某种对工人来说完全异己的东西,事实上它也只和资本家有关,因为只有资本家才购买和占有这些生产资料。他是用本生产部门工人的产品购买另一个生产部门工人的产品,因此他只有无偿地占有了本部门工人的产品,才能支配其他部门工人的产品,这是一种被流通过程等等幸运地掩盖起来的联系。

卡·马克思:《资本论》第三卷第100页

因为大规模生产首先是在资本主义形式上发展起来的,所以,一方面是疯狂追求利润的欲望,另一方面是迫使人们尽可能便宜地生产商品的竞争,使不变资本使用上的这种节约表现为资本主义生产方式的特点,从而

表现为资本家的职能。

卡·马克思:《资本论》第三卷第100页

资本主义生产方式一方面促进社会劳动生产力的发展,另一方面也促进不变资本使用上的节约。

卡·马克思:《资本论》第三卷第101页

但问题还不只是限于:在工人即活劳动的承担者这一方和他的劳动条件的经济的,即合理而节约的使用这另一方之间,存在着异化和毫不相干的现象。资本主义生产方式按照它的矛盾的、对立的性质,还把浪费工人的生命和健康,压低工人的生存条件本身,看做不变资本使用上的节约,从而看做提高利润率的手段。

卡·马克思:《资本论》第三卷第101页

总之,资本主义生产尽管非常吝啬,但对人身材料却非常浪费,正如另一方面,由于它的产品通过贸易进行分配的方法和它的竞争方式,它对物质资料也非常浪费一样;资本主义生产一方面使社会失去的东西,就是另一方面使各个资本家获得的东西。

卡·马克思:《资本论》第三卷第101页

资本有一种趋势,要在直接使用活劳动时,把它缩减为必要劳动,并且要利用劳动的各种社会生产力来不断缩减生产产品所必要的劳动,因而要尽量节约直接使用的活劳动,同样,它还有一种趋势,要在最经济的条件下使用这种已经缩减到必要程度的劳动,也就是说要把所使用的不变资本的价值缩减到它的尽可能最低的限度。如果说商品价值是由商品包含的必要劳动时间决定,而不是由商品一般地包含的劳动时间决定,那么,正是资本才实现这种决定,同时不断地缩短生产商品所需要的社会必要劳动时间。这样一来,商品的价格就缩减到它的最低限度,因为生产商品所需要的劳动的每一个部分都缩减到它的最低限度了。

卡·马克思:《资本论》第三卷第101—102页

II. 靠牺牲工人而实现的劳动条件的节约

如果我们单独考察资本主义生产并且把流通过程和激烈竞争撇开不说，资本主义生产对已经实现的、对象化在商品中的劳动，是异常节约的。相反地，它对人，对活劳动的浪费，却大大超过任何别的生产方式，它不仅浪费血和肉，而且也浪费神经和大脑。在这个直接处于人类社会实行自觉改造以前的历史时期，人类本身的发展实际上只是通过极大地浪费个人发展的办法来保证和实现的。因为这里所说的全部节约都来源于劳动的社会性质，所以，实际上正是劳动的这种直接社会性质造成工人的生命和健康的浪费。

卡·马克思：《资本论》第三卷第103—104页

工人的结合和协作，使机器的大规模使用、生产资料的集中、生产资料使用上的节约成为可能，而大量的共同劳动在室内进行，并且在那种不是为工人健康着想，而是为便利产品生产着想的环境下进行，也就是说，大量的工人在同一个工场里集中，一方面是资本家利润增长的源泉，另一方面，如果没有劳动时间的缩短和特别的预防措施作为补偿，也是造成生命和健康浪费的原因。

卡·马克思：《资本论》第三卷第106页

III. 动力生产、动力传送和建筑物的节约

机器的这些改良，只有在它们被安装在适宜的新厂房中的时候，才能充分发挥它们的作用。

卡·马克思：《资本论》第三卷第114页

IV. 生产排泄物的利用

生产排泄物和消费排泄物的利用，随着资本主义生产方式的发展而扩大。

卡·马克思：《资本论》第三卷第115页

原料的日益昂贵，自然成为废物利用的刺激。

卡·马克思：《资本论》第三卷第 115 页

化学工业提供了废物利用的最显著的例子。它不仅找到新的方法来利用本工业的废料，而且还利用其他各种各样工业的废料，例如，把以前几乎毫无用处的煤焦油转化为苯胺染料，茜红染料（茜素），近来甚至把它转化为药品。

卡·马克思：《资本论》第三卷第 117 页

V. 由于发明而产生的节约

固定资本使用上的这种节省，如上所述，是劳动条件大规模使用的结果，一句话，是劳动条件成为直接社会的、社会化的劳动的条件，或成为生产过程内直接协作的条件的结果。一方面，这是力学和化学上的各种发明得以应用而又不会使商品价格变得昂贵的唯一条件，并且这总是不可缺少的条件。另一方面，从共同的生产消费中产生的节约，也只有在大规模生产中才有可能。但是最后，只有结合工人的经验才能发现并且指出，在什么地方节约和怎样节约，怎样用最简便的方法来应用各种已有的发现，在理论的应用即把它用于生产过程的时候，需要克服哪些实际障碍，等等。

卡·马克思：《资本论》第三卷第 118—119 页

应当把一般劳动和共同劳动区别开来。二者都在生产过程中起着自己的作用，并互相转化，但二者也有区别。一般劳动是一切科学劳动，一切发现，一切发明。它部分地以今人的协作为条件，部分地又以对前人劳动的利用为条件。共同劳动以个人之间的直接协作为前提。

卡·马克思：《资本论》第三卷第 119 页

从人类精神的一般劳动的一切新发展中，以及这种新发展通过结合劳动所取得的社会应用中，获得最大利润的，大多数是最无用和最可鄙的货币资本家。

卡·马克思：《资本论》第三卷第 119 页

《资本论》箴言集

第六章　价格变动的影响

I. 原料价格的波动及其对利润率的直接影响

废除或减轻原料关税，对工业具有很大的意义。因此，让原料尽可能自由输入，已经成了发展得更合理的保护关税制度的重要原则。这一点和废除谷物关税一样，是英国自由贸易派的主要目标，他们也特别关心废除棉花关税。

卡·马克思：《资本论》第三卷第122页

虽然利润率是由所使用的资本的价值总额决定（不管其中有多少已被消费都一样），但是原料的价格对产品价格的影响，比固定资本的价格对产品价格的影响要大得多。

卡·马克思：《资本论》第三卷第123页

市场的扩大或缩小取决于单个商品的价格，并和这个价格的涨落成反比……

卡·马克思：《资本论》第三卷第123页

由废料所引起的费用的变动和原料价格的波动成正比：原料价格提高，它就提高；原料价格下降，它就下降。但是这里也有一个界限。

卡·马克思：《资本论》第三卷第124页

II. 资本的增值和贬值、游离和束缚

怎样理解资本的游离和束缚？增值和贬值的意思是不言自明的。它们不外就是指：现有资本由于某些一般的经济情况（因为这里说的不是任何一个私人资本的特殊遭遇）在价值上增加或减少了，也就是说，预付在生产中的资本，撇开它所使用的剩余劳动造成的增殖不说，在价值上提高或降低了。

卡·马克思：《资本论》第三卷第126页

我们把资本的束缚理解为:当生产要按照原有的规模继续进行时,产品总价值中的一定部分必须重新转化为不变资本或可变资本的各种要素。

卡·马克思:《资本论》第三卷第 126 页

我们把资本的游离理解为:当生产要在原有规模的限度内继续进行时,产品总价值中一个一直必须再转化为不变资本或可变资本的部分,现在成为可以自由支配和多余的了。

卡·马克思:《资本论》第三卷第 126 页

增值和贬值,既可以发生在不变资本上面,也可以发生在可变资本上面,或者同时发生在二者上面。当它们发生在不变资本上面的时候,它们又可以发生在固定资本上面,或者发生在流动资本上面,或者同时发生在二者上面。

卡·马克思:《资本论》第三卷第 127 页

以上我们考察了原料的价格或价值的变动及其对利润率的影响,并且得出了一个普遍规律:在其他条件相同时,利润率和原料价值的高低成反比。这个规律对于新投入企业的资本来说,是无条件正确的,在这种场合,投资,即货币转化为生产资本,是第一次发生。

卡·马克思:《资本论》第三卷第 127 页

如果劳动力价值提高,是因为再生产劳动力所必需的生活资料的价值提高了,或者反过来,劳动力价值降低,是因为这种生活资料的价值降低了,——而可变资本的增值和贬值不外就是这两种情形的表现,——那么,在工作日长度不变时,和这种增值相适应的是剩余价值的减少,和这种贬值相适应的是剩余价值的增加。但是,和这种现象同时联系在一起的还可能有别的情况——资本的游离和束缚。

卡·马克思:《资本论》第三卷第 130 页

如果工资因劳动力价值降低(这种现象甚至可以和劳动的实际价格的提高结合在一起)而降低了,那么以前投在工资上面的资本,就会有一部分游离出来。这就是可变资本的游离。这种情况对于新投入的资本产生的影响不过是，这个资本在执行职能时具有的剩余价值率会提高。它可以用比过去少的货币，推动和以前一样多的劳动，这样，无酬劳动部分就靠有酬劳动部分的减少而增加。但是对于已经使用的资本来说，不仅剩余价值率会提高，而且以前投在工资上面的资本的一部分还会游离出来。这部分过去被束缚起来，形成一个经常存在的部分，如果企业要按原有规模经营，这个部分就要从出售产品所得的货款中扣出，投在工资上面，作为可变资本执行职能。现在，这个部分可以自由支配，因而可以当做新的投资来利用，——或者用来扩大同一企业，或者用在另外一个生产部门。

卡·马克思：《资本论》第三卷第130—131页

可变资本的游离和束缚，是可变资本各种要素即劳动力再生产费用的贬值和增值的结果。但是，如果由于生产力的发展，在工资率不变时，推动同量不变资本所需要的工人减少了，那么可变资本也能游离出来。反之，如果由于劳动生产力的降低，推动同量不变资本所需要的工人增加了，那么也能发生追加可变资本的束缚。

卡·马克思：《资本论》第三卷第132页

由于组成不变资本的各种要素的增值或贬值，不变资本也可能被束缚或游离。

卡·马克思：《资本论》第三卷第133页

如果劳动生产力增长了，同量劳动可以生产更多产品，因而可以推动更多不变资本，那么，不变资本才有可能被束缚（在一部分可变资本不转化为不变资本的情形下）。如果生产力降低了，那么，在一定条件下也能发生同样的现象……

卡·马克思：《资本论》第三卷第133页

资本主义生产越发达，因而，由机器等组成的不变资本部分突然增加和持续增加的手段越多，积累越快（特别是在繁荣时期），机器和其他固定资本的相对生产过剩也就越严重，植物性原料和动物性原料的相对生产不足也就越频繁，上面所说的这些原料价格上涨的现象以及随后产生的反作用也就越显著。因此，由再生产过程的一个主要要素的这种剧烈的价格波动引起的激变,也就越频繁。

卡·马克思:《资本论》第三卷第135页

一切企图对原料生产进行共同的、全面的和有预见的控制——这种控制整个说来是和资本主义生产的规律根本不相容的,因而始终只是一种善良的愿望,或者只是在面临巨大危险和走投无路时例外采取的一种共同步骤——的想法,都要让位给供求将会互相调节的信念。在这方面,资本家的迷信已经如此根深蒂固,以致工厂视察员在他们的报告中也再三表示惊讶不已。

卡·马克思:《资本论》第三卷第136页

在生产史上,我们越是接近现代,就会越是经常地发现,特别是在有决定意义的产业部门中,从有机自然界获得的原料,是处在一种不断重复的变动中:先是相对的昂贵,然后是由此引起的贬值。

卡·马克思:《资本论》第三卷第137页

历史的教训(这个教训从另一角度考察农业时也可以得出)是:资本主义制度同合理的农业相矛盾,或者说,合理的农业同资本主义制度不相容(虽然资本主义制度促进农业技术的发展),合理的农业所需要的要么是自食其力的小农的手,要么是联合起来的生产者的控制。

卡·马克思:《资本论》第三卷第137页

第七章 补充说明

利润率的提高总是这样发生的:剩余价值同它的生产费用即同全部预付资本相比,相对地或绝对地增加了,或者说,利润率和剩余价值率之间的差额缩小了。

卡·马克思:《资本论》第三卷第157页

不以资本有机组成部分的变化或资本绝对量为转移的利润率波动,可以在下述情况下发生:预付资本——不管是以固定的形式存在还是以流动的形式存在——的价值提高或降低,是由于预付资本的再生产所必需的劳动时间的增加或减少,而这种增加或减少与现有的资本无关。

卡·马克思:《资本论》第三卷第157页

每一种商品(因而也包括构成资本的那些商品)的价值都不是由这种商品本身包含的必要劳动时间决定的,而是由它的再生产所需要的社会必要劳动时间决定的。这种再生产可以在和原有生产条件不同的、更困难或更有利的条件下进行。

卡·马克思:《资本论》第三卷第157页

第二篇　利润转化为平均利润

第八章　不同生产部门的资本的不同构成和由此引起的利润率的差别

即使工资和工作日,从而剩余价值率在不同生产部门之间甚至在同一生产部门的不同投资之间的平均化,会因各种地区性障碍而受到阻挠,可是随着资本主义生产的进步,随着一切经济关系服从于这种生产方式,这种平均化会日益形成。

卡·马克思:《资本论》第三卷第160页

在劳动的剥削程度不变时,利润率会随着不变资本各个组成部分的价值变化以及资本周转时间的变化而变化。由此自然可以得出结论说,如果其他条件不变,不同生产部门所使用的资本的周转时间不同,或者这些资本的有机组成部分的价值比率不同,那么,同时并存的不同生产部门的利润率就会不同。

卡·马克思:《资本论》第三卷第161页

对于投在工资上面的可变资本,必须指出一个非常重要的区别:一方面,它的价值,即工资额,代表着一定量对象化劳动;另一方面,它的价值只是它所推动的活劳动量的指数。它所推动的活劳动量,总是大于它所包含的劳动量,因此,也总是表现为一个大于可变资本的价值的价值;这个价值一方面取决于可变资本所推动的工人的人数,另一方面取决于工人所完成的剩余劳动量。

卡·马克思:《资本论》第三卷第164页

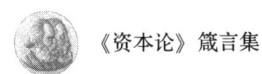《资本论》箴言集

可变资本不仅是它本身所包含的劳动的指数；在剩余价值率已定时，它同时还是超出这个限度所推动的超额劳动或剩余劳动的指数。

卡·马克思：《资本论》第三卷第 165 页

在不同生产部门，总资本中大小相等的各资本，包含着剩余价值的大小不等的源泉，而剩余价值的唯一源泉是活劳动。

卡·马克思：《资本论》第三卷第 166—167 页

因为不同生产部门按百分比考察的资本——或者说，等量资本——，是按不同比率分为不变要素和可变要素的，它们所推动的活劳动不等，因而所创造的剩余价值从而利润也不等，所以，它们的利润率，即那个正好由剩余价值对总资本用百分比计算得出的利润率也就不同。

卡·马克思：《资本论》第三卷第 167 页

只有在资本的有机构成已定的同一生产部门之内，或在资本的有机构成相等的不同生产部门之间，利润量才会和所使用的资本量成正比。说不等量资本的利润和这些资本的量保持比例，无非就是说，等量资本会提供等量利润，或者说，一切资本不论大小和有机构成如何，它们的利润率都是相等的。

卡·马克思：《资本论》第三卷第 168 页

一个商品的价值，等于该商品中包含的不变资本的价值，加上该商品中再生产的可变资本的价值，加上这个可变资本的增长额，即所生产的剩余价值。

卡·马克思：《资本论》第三卷第 168 页

在剩余价值率相等时，剩余价值量显然取决于可变资本量。

卡·马克思：《资本论》第三卷第 168 页

各国的不同的利润率，大多是以各国的不同的剩余价值率为基础的。

卡·马克思：《资本论》第三卷第 169 页

除了资本的有机构成不同以外，也就是说，除了等量资本在不同生产部门会推动不等量劳动，从而在其他条件相同时会推动不等量剩余劳动以外，利润率的不等还有另外一个源泉，即不同生产部门资本的周转时间不同。

卡·马克思：《资本论》第三卷第169页

在资本构成相同，其他条件也相同时，利润率和周转时间成反比。

卡·马克思：《资本论》第三卷第169页

周转时间的差别，是等量资本在不同生产部门在相等时间内生产出不等量利润的另一个原因，因而也是这些不同生产部门利润率不等的另一个原因。

卡·马克思：《资本论》第三卷第169页

在不同产业部门中由固定资本和流动资本组成的不变资本的不同构成本身，对利润率来说，并没有什么意义，因为起决定作用的，是可变资本和不变资本之比，并且不变资本的价值，因而不变资本同可变资本相比的相对量，同不变资本的各个组成部分的固定性质或流动性质是完全无关的。

卡·马克思：《资本论》第三卷第171页

然而可以看到这样的事实——这个事实往往导致错误的结论——，在固定资本显著发达的地方，这种发达只不过表明，生产是大规模进行的，因此不变资本大大超过可变资本，或者说，所使用的活劳动力同它所推动的生产资料量相比是很小的。

卡·马克思：《资本论》第三卷第171页

不管所生产的价值和剩余价值多么不同，成本价格对投在不同部门的等量资本来说总是一样的。成本价格的这种等同性，形成各个投资竞争的基础，而平均利润就是通过这种竞争确定的。

卡·马克思：《资本论》第三卷第172页

《资本论》箴言集

第九章　一般利润率（平均利润率）的形成和商品价值转化为生产价格

资本的有机构成，在任何时候都取决于两种情况：第一，所使用的劳动力和所使用的生产资料量的技术比率；第二，这些生产资料的价格。

卡·马克思：《资本论》第三卷第 173 页

由于投在不同生产部门的资本有不同的有机构成，因而，由于等量资本按可变部分在一定量总资本中占有不同的百分比而推动极不等量的劳动，等量资本也就占有极不等量的剩余劳动，或者说，生产极不等量的剩余价值。

卡·马克思：《资本论》第三卷第 177 页

虽然不同生产部门的资本家在出售自己的商品时收回了生产这些商品所用掉的资本价值，但是他们不是得到了本部门生产这些商品时所生产的剩余价值从而利润，而只是得到了社会总资本在所有生产部门在一定时间内生产的总剩余价值或总利润均衡分配时归于总资本的每个相应部分的剩余价值从而利润。

卡·马克思：《资本论》第三卷第 177 页

对不同的资本家来说，他们的各份利润之所以有差别，只是因为每个人投在总企业中的资本量不等，因为每个人在总企业中的入股比例不等，因为每个人持有的股票数不等。

卡·马克思：《资本论》第三卷第 178 页

如果把社会当做一切生产部门的总体来看，社会本身所生产的商品的生产价格的总和等于它们的价值的总和。

卡·马克思：《资本论》第三卷第 179 页

加入某种商品的剩余价值多多少，加入另一种商品的剩余价值就少多少，因此，商品生产价格中包含的偏离价值的情况会互相抵消。

卡·马克思：《资本论》第三卷第 181 页

一般利润率取决于两个因素:

1. 不同生产部门的资本的有机构成,从而各个部门的不同的利润率;
2. 社会总资本在这些不同部门之间的分配,即投在每个特殊部门因而有特殊利润率的资本的相对量;也就是,每个特殊生产部门在社会总资本中所吸收的相对份额。

卡·马克思:《资本论》第三卷第 182 页

社会劳动生产力在每个特殊生产部门的特殊发展,在程度上是不同的,有的高,有的低,这和一定量劳动所推动的生产资料量成正比,或者说,和一定数目的工人在工作日已定的情况下所推动的生产资料量成正比,也就是说,和推动一定量生产资料所需要的劳动量成反比。

卡·马克思:《资本论》第三卷第 183 页

我们把那种同社会平均资本相比,不变资本占的百分比高,从而可变资本占的百分比低的资本,叫做高构成的资本。反之,把那种同社会平均资本相比,不变资本比重小,而可变资本比重大的资本,叫做低构成的资本。最后,我们把那种和社会平均资本有同样构成的资本,叫做平均构成的资本。

卡·马克思:《资本论》第三卷第 183 页

如果商品价值不变,而劳动的剥削程度发生变动,那么,一般利润率就会发生变动。

卡·马克思:《资本论》第三卷第 186 页

如果劳动的剥削程度不变,而由于劳动过程中的技术变化,所使用的劳动的总额同不变资本相比发生相对变动,那么,一般利润率就会发生变动。但这样的技术变化,必然总是表现在商品的价值变动上,因而必然总是伴随有商品的价值变动,因为现在生产这些商品所需要的劳动比以前更多或者更少了。

卡·马克思:《资本论》第三卷第 187 页

利润率一开始就和剩余价值率有区别,这首先只表现为不同的计算方式；但这一开始就使剩余价值的真实起源完全模糊了和神秘化了，因为利润率会在剩余价值率不变时提高或下降，或者反过来，并且因为利润率是资本家实际上唯一关心的事情。然而，量的差别只存在于剩余价值率和利润率之间，而不是存在于剩余价值和利润本身之间。因为在利润率中，剩余价值是按总资本计算的，是以总资本为尺度的，所以剩余价值本身也就好像从总资本产生，而且同样地从总资本的一切部分产生，这样，不变资本和可变资本的有机差别就在利润的概念中消失了；因此，实际上，剩余价值本身在它的这个转化形态即利润上否定了自己的起源，失去了自己的性质，成为不能认识的东西。但到目前为止，利润和剩余价值的差别，只同质的变化，同形式变换有关，而在转化的这个第一阶段上，实际的量的差别还只存在于利润率和剩余价值率之间，而不是存在于利润和剩余价值之间。

卡·马克思：《资本论》第三卷第187页

一般利润率，从而与各不同生产部门所使用的既定量资本相适应的平均利润一经形成，情况就不同了。

现在，一个特殊生产部门实际生产的剩余价值或利润，同商品出售价格中包含的利润相一致，这只是一种偶然的现象。现在，不仅利润率和剩余价值率，而且利润和剩余价值，通常都是实际不同的量。现在，在劳动的剥削程度已定时，一个特殊生产部门生产的剩余价值量，对社会资本的总平均利润，从而对整个资本家阶级，比直接对每个生产部门的资本家更重要。它对每个特殊生产部门的资本家之所以重要，只是因为他那个部门生产的剩余价值量作为一个决定的因素参加平均利润的调节。但这是一个在他背后进行的过程，这个过程是他所看不见的，不理解的，实际上不关心的。现在，在各特殊生产部门内，利润和剩余价值之间——不仅是利润率和剩余价值率之间——实际的量的差别，把利润的真正性质和起源完全掩盖起来，这不仅对由于特殊利益在这一点上欺骗自己的资本家来说是这样，而且对工人来说也是这样。随着价值转化为生产价格，价值规定的基础本身就被掩盖起来。最后，如果在剩余价值单纯转化为利润时，形成利润的商品价值部分，与作为商品成本价格的另一个价值部分相对立，以致对资本家来说，价值概念在这里已经消失——因为他看到的不是生产商品所耗费的总劳动，而只是总劳动的一部分，即他已经在活的或死的生产资料的形式上支付的部分——，因而在他看来，利润是某种存在于商品的内在价值以外的东西,那么,现在这种看法就完全被确认、固定和僵化了,因为当我们考察特殊生产部门时,加在成本价格上的利润,的确不是由该部门本身的价值形成过程的界限决定,而是由完全外在的条件确定的。

这个内在联系在这里还是第一次被揭示出来;……以前的经济学,或者硬是抽掉剩余价值和利润之间,剩余价值率和利润率之间的差别,以便能够坚持作为基础的价值规定,或者在放弃这个价值规定的同时,也放弃了对待问题的科学态度的全部基础,以便坚持那种在现象上引人注目的差别,——理论家的这种混乱最好不过地表明,那些陷在竞争斗争中,无论如何不能透过竞争斗争的现象来看问题的实际资本家,必然也不能透过假象来认识这个过程的内在本质和内在结构。

卡·马克思:《资本论》第三卷第187—189页

关于利润率提高和降低的一切规律,实际上都具有下述双重意义:

1. 一方面,这些规律是一般利润率的规律。……另一方面,它们不会影响一般利润率,还因为它们为另一些同时发生的局部波动所抵消。……

2. 在每个生产部门中,本部门的利润率会发生或长或短时间的波动,直到这种波动经过一系列提高或降低稳定下来,足以赢得时间来影响一般利润率,从而不只是具有局部的意义。因此,在这样的空间和时间的界限内,本册第一篇所阐明的关于利润率的规律同样是适用的。

卡·马克思:《资本论》第三卷第189—190页

关于剩余价值最初转化为利润时的理论见解,即认为资本的每个部分都同样地产生利润的见解,表达出一个实际的事实。不管一个产业资本的构成怎样,不管它推动的是$\frac{1}{4}$死劳动,$\frac{3}{4}$活劳动,还是$\frac{3}{4}$死劳动,$\frac{1}{4}$活劳动,以致在一个场合比在另一个场合吸收大两倍的剩余劳动,生产大两倍的剩余价值,——假定劳动的剥削程度相等,并且把个别的会自行消失的差别撇开不说,因为在这两个场合,我们所指的只是整个生产部门的平均构成,——它在这两个场合都会提供相等的利润。

卡·马克思:《资本论》第三卷第190页

目光短浅的单个资本家(或每一个特殊生产部门的全体资本家)有理由认为,他的利润不只是来自他所雇用的或他那个部门所雇用的劳动。这

《资本论》箴言集

就他的平均利润来说是完全正确的。这个利润究竟在多大程度上由总资本，即由他的全体资本家同伙对劳动的总剥削产生，——对他来说完全是一个秘密，因为连资产阶级的理论家，政治经济学家，直到现在也没有揭露这个秘密。

卡·马克思：《资本论》第三卷第190页

谈到可变资本——而这是最重要的，因为可变资本是剩余价值的源泉，并且因为一切把可变资本同资本家致富的关系掩盖起来的东西，都使整个体系神秘化了——，事情变得粗糙了……

卡·马克思：《资本论》第三卷第191页

生产商品所需要的劳动时间的变化，从而商品价值的变动，现在就成本价格因而就生产价格来说都表现为相同工资在更多的或更少的商品上的不同分配，这要看在相同的劳动时间内，用相同的工资所生产的商品是增加了还是减少了。资本家从而政治经济学家看到，分摊到每个商品上的有酬劳动部分，因而每件商品的价值，会随着劳动生产率的变化而变化；但是他没有看到，每件商品中包含的无酬劳动的情况也是这样。因为平均利润事实上只是偶然地由他本生产部门吸收的无酬劳动决定的，所以，他更加看不到这一点。商品价值由其中包含的劳动决定这一事实，现在只是在这种粗糙而没有概念的形式中表现出来。

卡·马克思：《资本论》第三卷第192页

第十章 一般利润率通过竞争而平均化。市场价格和市场价值。超额利润

一切不同生产部门的利润的总和，必然等于剩余价值的总和；社会总产品的生产价格的总和，必然等于它的价值的总和。

卡·马克思：《资本论》第三卷第193页

可以说，凡是在平均利润，从而一般利润率已经形成的地方，不管这个结果是怎么达到的，这个平均利润只能是社会平均资本的利润，它的总

和等于剩余价值的总和，并且由于这个平均利润加入成本价格而形成的价格，只能是转化为生产价格的价值。即使某些生产部门的资本，由于某些原因没有参与平均化过程，事情也不会发生任何变化。在这种情况下，平均利润就按参加平均化过程的那一部分社会资本来计算。

卡·马克思：《资本论》第三卷第194页

很清楚，平均利润只能是按照每个生产部门的资本量的比例分配给每个生产部门的资本量的剩余价值总量。这是已经实现的无酬劳动的总和，而这个总量同有酬的死劳动和活劳动一样，体现在资本家所占有的商品和货币的总量中。

卡·马克思：《资本论》第三卷第194—195页

推动不等量活劳动的资本会生产出不等量剩余价值这件事，至少在一定程度上以劳动剥削程度或剩余价值率相等为前提，或以这方面存在的差别会通过某些实际的或想象的（习惯的）补偿理由而拉平为前提。而这又以工人之间的竞争，并以工人不断地由一个生产部门转移到另一个生产部门而达到平衡为前提。这样一个一般的剩余价值率——像一切经济规律一样，要当做一种趋势来看——，是我们为了理论上的简便而假定的；但是实际上，它也确实是资本主义生产方式的前提，尽管它由于实际的阻力会多少受到阻碍，这些阻力会造成一些相当显著的地方差别，例如，为英国的农业短工而制定的定居法就是如此。但是我们在理论上假定，资本主义生产方式的规律是以纯粹的形式展开的。实际上始终只存在着近似的情况；但是，资本主义生产方式越是发展，它同以前的经济状态的残余混杂不清的情况越是被消除，这种近似的程度也就越大。

卡·马克思：《资本论》第三卷第195—196页

全部困难是由这样一个事实产生的：商品不只是当做商品来交换，而是当做资本的产品来交换。这些资本要求从剩余价值的总量中，分到和它们各自的量成比例的一份，或者在它们的量相等时，要求分到相等的一份。一定资本在一定时间内生产的商品的总价格，应该满足这种要求。但是，这些商品的总价格，只是资本所生产的各个商品的价格的总和。

卡·马克思：《资本论》第三卷第196页

商品按照它们的价值或接近于它们的价值进行的交换，比那种按照它们的生产价格进行的交换，所要求的发展阶段要低得多。按照它们的生产价格进行的交换，则需要资本主义的发展达到一定的高度。

卡·马克思：《资本论》第三卷第 197 页

不同商品的价格不管最初用什么方式来互相确定或调节，它们的变动总是受价值规律的支配。在其他条件相同的情况下，如果生产商品所需要的劳动时间减少了，价格就会降低；如果增加了，价格就会提高。

卡·马克思：《资本论》第三卷第 197—198 页

不管价格是怎样调节的，我们都会得到如下的结论：

1. 价值规律支配着价格的运动，生产上所需要的劳动时间的减少或增加，会使生产价格降低或提高。正是在这个意义上李嘉图（他当然感到了，他的生产价格是同商品价值偏离的）说，他"希望引起读者注意的这个研究，涉及的是商品相对价值的变动的影响，而不是商品绝对价值的变动的影响"。

2. 决定生产价格的平均利润，必定总是同一定资本作为社会总资本的一个相应部分所分到的剩余价值量接近相等。

卡·马克思：《资本论》第三卷第 200 页

既然商品的总价值调节总剩余价值，而总剩余价值又调节平均利润从而一般利润率的水平——这是一般的规律，也就是支配各种变动的规律——，那么，价值规律就调节生产价格。

卡·马克思：《资本论》第三卷第 201 页

如果供求调节市场价格，或者确切地说，调节市场价格同市场价值的偏离，那么另一方面，市场价值调节供求关系，或者说，调节一个中心，供求的变动使市场价格围绕这个中心发生波动。

卡·马克思：《资本论》第三卷第 202 页

在市场上现有的物品量和这些物品的市场价值之间只有这样一种联系：在一定的劳动生产率的基础上，每个特殊生产部门制造一定量的物品，都

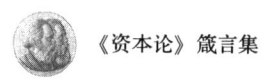

需要一定量的社会劳动时间，尽管这个比例在不同生产部门是完全不同的，并且同这些物品的用途或它们的使用价值的特殊性质没有任何内在联系。

卡·马克思：《资本论》第三卷第208页

如果用来生产某种物品的社会劳动的数量，和要满足的社会需要的规模相适应，从而产量也和需求不变时再生产的通常规模相适应，那么这种商品就会按照它的市场价值来出售。

卡·马克思：《资本论》第三卷第209页

生产消费的需求是资本家的需求，他的真正目的是生产剩余价值，因此，只是为了这个目的，他才生产某种商品。

卡·马克思：《资本论》第三卷第210页

市场上出现的对商品的需要，即需求，和实际的社会需要之间存在着数量上的差别，这种差别的界限，对不同的商品说来当然是极不相同的；我说的是下面二者之间的差额：一方面是所要求的商品量；另一方面是商品的货币价格发生变化时可能要求的商品量，或者，买者的货币条件或生活条件发生变化时可能要求的商品量。

卡·马克思：《资本论》第三卷第210页

如果供求之间的比例，使某个生产部门的商品总量能够按照它们的市场价值出售，既不高，也不低，供求就是一致的。

卡·马克思：《资本论》第三卷第210页

如果商品都能够按照它们的市场价值出售，供求就是一致的。

卡·马克思：《资本论》第三卷第211页

资本主义生产的实际的内在规律，显然不能由供求的互相作用来说明，因为这种规律只有在供求不再发生作用时，也就是互相一致时，才纯粹地实现。

卡·马克思：《资本论》第三卷第211页

供求实际上从来不会一致；如果它们达到一致，那也只是偶然现象，所以在科学上等于零，可以看做没有发生过的事情。

卡·马克思：《资本论》第三卷第211页

在政治经济学上必须假定供求是一致的。为什么呢？这是为了对各种现象在它们的合乎规律的、符合它们的概念的形态上来进行考察，也就是说，撇开由供求变动引起的假象来进行考察。另一方面，是为了找出供求变动的实际趋势，为了在一定程度上把这种趋势确定下来。因为各种不平衡具有互相对立的性质，并且因为这些不平衡会彼此接连不断地发生，所以它们会由它们的相反的方向，由它们互相之间的矛盾而互相平衡。

卡·马克思：《资本论》第三卷第211页

虽然在任何一个场合供求都是不一致的，但是它们的不平衡的接连发生，——而且朝一个方向偏离的结果，会引起另一个方向相反的偏离——从一个或长或短的时期的整体来看，使供求总是互相一致；然而这种一致只是作为过去的变动的平均，并且只是作为它们的矛盾的不断运动的结果。

卡·马克思：《资本论》第三卷第211页

各种同市场价值相偏离的市场价格，按平均数来看，就会平均化为市场价值，因为这种和市场价值的偏离会作为正负数互相抵消。这个平均数决不是只有理论意义，而且对资本来说还有实际意义，因为投资要把或长或短的一定时期内的变动和平均化计算在内。

卡·马克思：《资本论》第三卷第211—212页

供求关系一方面只是说明市场价格同市场价值的偏离，另一方面是说明抵消这种偏离的趋势，也就是抵消供求关系的作用的趋势。

卡·马克思：《资本论》第三卷第212页

除了价格由供求决定而同时供求又由价格决定这种混乱观点之外，还要加上：需求决定供给，反过来供给决定需求，生产决定市场，市场决定生产。

卡·马克思：《资本论》第三卷第212—213页

《资本论》箴言集

甚至一个平庸的经济学家也懂得,即使没有由外界情况引起的供给或需求的变化,供求比例仍然可以由于商品市场价值的变化而变化。甚至他也不得不承认,不论市场价值如何,供求必须平衡,才能得出市场价值。这就是说,供求比例并不说明市场价值,而是相反,市场价值说明供求的变动。

卡·马克思:《资本论》第三卷第213页

要使一个商品按照它的市场价值来出售,也就是说,按照它包含的社会必要劳动来出售,耗费在这种商品总量上的社会劳动的总量,就必须同这种商品的社会需要的量相适应,即同有支付能力的社会需要的量相适应。

卡·马克思:《资本论》第三卷第214页

竞争,同供求比例的变动相适应的市场价格的波动,总是力图把耗费在每一种商品上的劳动的总量归结到这个标准上来。

卡·马克思:《资本论》第三卷第214页

在商品的供求关系上再现了下列关系:第一,使用价值和交换价值的关系,商品和货币的关系,买者和卖者的关系;第二,生产者和消费者的关系,尽管二者可以由第三者即商人来代表。

卡·马克思:《资本论》第三卷第214页

只有每个人通过共同行动比没有共同行动可以得到更多好处,他才会关心共同行动。只要自己这一方变成劣势的一方,而每个人都力图靠自己的力量找到最好的出路,共同行动就会停止。

卡·马克思:《资本论》第三卷第216页

供求还以不同的阶级和阶层的存在为前提,这些阶级和阶层在自己中间分配社会的总收入,把它当做收入来消费,因此造成那种由收入形成的需求;另一方面,为了理解那种由生产者自身互相造成的供求,就需要弄清资本主义生产过程的全貌。

卡·马克思:《资本论》第三卷第217页

每一单个资本家，同每一个特殊生产部门的所有资本家总体一样，参与总资本对全体工人阶级的剥削，并参与决定这个剥削的程度，这不只是出于一般的阶级同情，而且也是出于直接的经济利益，因为在其他一切条件（包括全部预付不变资本的价值）已定的前提下，平均利润率取决于总资本对总劳动的剥削程度。

卡·马克思：《资本论》第三卷第 219 页

劳动的剥削程度，在工作日已定时，取决于劳动的平均强度，而在劳动强度已定时，则取决于工作日的长度。

卡·马克思：《资本论》第三卷第 219 页

剩余价值率的高低，因而，在可变资本的总额已定时，剩余价值量，从而利润量，取决于劳动的剥削程度。

卡·马克思：《资本论》第三卷第 219 页

一个部门的资本，与总资本不同，对本部门直接雇用的工人的剥削会表现出特别的关心，而单个资本家，与整个本部门不同，则对他个人使用的工人的剥削会表现出特别的关心。

卡·马克思：《资本论》第三卷第 220 页

第十一章　工资的一般变动对生产价格的影响

工资一般降低的结果，是剩余价值和剩余价值率的一般提高，并且在其他条件不变的情况下，还有利润率的一般提高，虽然比例不同；对低构成的资本所生产的商品来说，生产价格会降低，对高构成的资本所生产的商品来说，生产价格会提高。这和工资一般提高时的结果恰好相反。

卡·马克思：《资本论》第三卷第 225—226 页

第十二章 补充说明

I. 引起生产价格变化的原因

一个商品的生产价格发生变化,只能由于两个原因:

第一,一般利润率发生变化。它之所以能够发生变化,只是因为平均剩余价值率本身发生变化,或者,平均剩余价值率不变,所占有的剩余价值的总额和预付社会总资本的总额的比率发生了变化。……

第二,一般利润率保持不变。这时,一个商品的生产价格能够变动,只是因为它本身的价值已经变动,只是因为它本身的再生产所需要的劳动增多了或减少了,这或是由于生产取得最终形式的商品本身的劳动生产率发生了变动,或是由于生产那些进入该商品生产中的商品的劳动生产率发生了变动。

卡·马克思:《资本论》第三卷第227—228页

商品生产价格的一切变动最终都可以归结为价值的变动,但并不是商品价值的一切变动都要表现为生产价格的变动,因为生产价格不只是由特殊商品的价值决定,而且还由一切商品的总价值决定。

卡·马克思:《资本论》第三卷第228页

III. 资本家的补偿理由

竞争所没有表明的,是支配着生产运动的价值规定,是在生产价格背后的、归根到底决定生产价格的价值。相反,竞争所表明的却是:1. 平均利润,它不以不同生产部门的资本的有机构成为转移,因而不以一定资本在一定经营部门占有的活劳动量为转移;2. 因工资水平的变动而引起的生产价格的涨落,这是一种乍看起来和商品的价值关系完全矛盾的现象;3. 市场价格的波动,它使一定时期内商品平均市场价格不是归结为市场价值,而是归结为一种和这个市场价值相偏离、而且和它差别很大的市场生产价格。所有这些现象,似乎都和价值由劳动时间决定相矛盾,也和剩余价值由无酬的剩余劳动形成的性质相矛盾。因此,在竞争中一切都颠倒地表现出来。在表面上呈现出来的经济关系的完成形态，在这种关系的现实存在中，从而在这种关系的承担者和代理人试图借以说明这种关系的观念中，是和这种关系的内在的、本质的、但是隐蔽着的核心形态以及与之相适应的概念大不相同的，并且事实上是颠倒的和相反的。

卡·马克思：《资本论》第三卷第231页

第三篇　利润率趋向下降的规律

第十三章　规律本身

在劳动的剥削程度不变时，同一个剩余价值率会表现为不断下降的利润率，因为随着不变资本的物质量的增加，不变资本从而总资本的价值量也会增加，虽然不是按相同的比例增加。

卡·马克思：《资本论》第三卷第 236 页

随着资本主义生产方式的发展，可变资本同不变资本相比，从而同被推动的总资本相比，会相对减少，这是资本主义生产方式的规律。

卡·马克思：《资本论》第三卷第 236 页

每一个产品就其本身来看同较低的生产阶段相比，都只包含一个更小的劳动量，因为在较低的生产阶段上，投在劳动上的资本比投在生产资料上的资本大得多。因此，本章开头假设的序列，表示了资本主义生产的实际趋势。

卡·马克思：《资本论》第三卷第 237 页

资本主义生产，随着可变资本同不变资本相比的日益相对减少，使总资本的有机构成不断提高，由此产生的直接结果是：在劳动剥削程度不变甚至提高的情况下，剩余价值率会表现为一个不断下降的一般利润率。（以后我们将会看到，为什么这种下降不是以这个绝对的形式而是以不断下降的趋势表现出来。）

卡·马克思：《资本论》第三卷第 237 页

一般利润率日益下降的趋势，只是劳动的社会生产力的日益发展在资本主义生产方式下所特有的表现。这并不是说利润率不能由于别的原因而暂时下降，而是根据资本主义生产方式的本质证明了一种不言而喻的必然性：在资本主义生产方式的发展中，一般的平均的剩余价值率必然表现为不断下降的一般利润率。因为所使用的活劳动的量，同它所推动的对象化劳动的量相比，同生产中消费掉的生产资料的量相比，不断减少，所以这种活劳动中对象化为剩余价值的无酬部分同所使用的总资本的价值量相比，也必然不断减少。而剩余价值量和所使用的总资本价值的比率就是利润率，因而利润率必然不断下降。

卡·马克思：《资本论》第三卷第 237 页

两个国家的利润率的差别，可以由于下述情况而消失，甚至颠倒过来：在比较不发达的国家里，劳动的生产效率比较低，因而较大量的劳动表现为较小量的同种商品，较大的交换价值表现为较小的使用价值，就是说，工人必须用他的大部分时间来再生产他自己的生活资料或它的价值，而用小部分时间来生产剩余价值，提供较少的剩余劳动，结果剩余价值率也比较低。

卡·马克思：《资本论》第三卷第 239 页

在劳动还没有在形式上从属于资本的国家，利息包含全部利润，甚至比利润更多，不像在资本主义生产发达的国家，它只代表所生产的剩余价值或利润的一部分。

卡·马克思：《资本论》第三卷第 239 页

在资本主义生产发展阶段不同、因而资本有机构成也不同的各个国家中，剩余价值率（剩余价值是决定利润率的一个因素）在正常工作日较短的国家可以高于正常工作日较长的国家。

卡·马克思：《资本论》第三卷第 240 页

可变资本的相对减少和不变资本的相对增加（尽管这两个部分都已经绝对增加），如上所说，只是劳动生产率提高的另一种表现。

卡·马克思：《资本论》第三卷第 240 页

《资本论》箴言集

利润率的下降,不是由于总资本的可变组成部分的绝对减少,而只是由于它的相对减少,由于它同不变组成部分相比的减少。

卡·马克思:《资本论》第三卷第241页

关于劳动量和剩余劳动量已定的情况所说的话,也适用于工人人数增加的情况,从而,在上述前提下,一般也适用于所支配的劳动量增加的情况,特别是适用于这个劳动的无酬部分即剩余劳动的量增加的情况。

卡·马克思:《资本论》第三卷第242页

利润只是按社会资本计算的剩余价值,因而就社会范围来说,利润量,利润的绝对量,同剩余价值的绝对量相等。因此,尽管这个利润量和全部预付资本的比率大大下降了,即一般利润率大大下降了,利润的绝对量,它的总量,还是增加了50%。所以,尽管利润率不断下降,资本所使用的工人人数,即它所推动的劳动的绝对量,从而它所吸收的剩余劳动的绝对量,从而它所生产的剩余价值量,从而它所生产的利润的绝对量,仍然**能够**增加,并且不断增加。事情还不只是**能够**如此。在资本主义生产的基础上,撇开那些暂时的波动,事情也必然如此。

卡·马克思:《资本论》第三卷第242页

资本主义生产过程实质上同时就是积累过程。

卡·马克思:《资本论》第三卷第242页

资本的积累本身以及随之而来的资本积聚,本身就是提高生产力的一个物质手段。但是,生产资料的这种增加已经意味着工人人口的增加,意味着创造出同剩余资本相适应的工人人口,甚至大体上总是超过这个资本的需要的工人人口,即过剩工人人口。

卡·马克思:《资本论》第三卷第243页

剩余资本暂时超过它所支配的工人人口,这会发生双重的作用。一方面,这会提高工资,从而缓和那些使工人后代减少和绝灭的影响,使结婚变得容易,由此使工人人口逐渐增加。另一方面,这会使创造相对剩余价值的方法(机器的采用和改良)得到采用,由此更迅速得多地创造出人为的

相对过剩人口；而这种相对过剩人口又成为使人口实际上迅速增加的温室，因为在资本主义生产中，贫困会产生人口。

卡·马克思：《资本论》第三卷第 243 页

从资本主义积累过程——它只是资本主义生产过程的一个要素——的性质来看，自然会得出如下的结论：预定要转化为资本的已经增加了的生产资料的量，总会随时找到相应地增加了的、甚至过剩的可供剥削的工人人口。

卡·马克思：《资本论》第三卷第 243 页

在生产过程和积累过程的发展中，可以被占有和已经被占有的剩余劳动的量，从而社会资本所占有的利润的绝对量，都**必然**会增加。

卡·马克思：《资本论》第三卷第 243 页

同一些生产规律和积累规律，会随着不变资本的量增加，使不变资本的价值同转化为活劳动的可变资本部分的价值相比，越来越快地增加。因此，同一些规律，使社会资本的绝对利润量日益增加，使它的利润率日益下降。

卡·马克思：《资本论》第三卷第 243—244 页

社会劳动生产力的发展，表现为可变资本同总资本相比相对减少和积累由此加速的那些规律，——而另一方面，积累又反过来成为生产力进一步发展和可变资本进一步相对减少的起点，——同一发展，撇开一切暂时的波动，还表现为所使用的总劳动力越来越增加，表现为剩余价值的从而利润的绝对量越来越增加。

卡·马克思：《资本论》第三卷第 244 页

不同生产部门的平均利润率，不是由每一个部门特殊的资本构成决定，而是由资本的社会平均构成决定。随着可变部分同不变部分相比，从而同总资本 100 相比的相对减少，利润率在劳动剥削程度不变甚至提高时会下降，剩余价值的相对量，即剩余价值和全部预付资本 100 的价值的比率也会下降。但是不仅这个相对量会下降。总资本 100 所吸收的剩余价值量或利量，也会绝对地下降。

卡·马克思：《资本论》第三卷第245页

因此，劳动的社会生产力的同一发展，在资本主义生产方式的发展中，一方面表现为利润率不断下降的趋势，另一方面表现为所占有的剩余价值或利润的绝对量的不断增加；结果，总的说来，与可变资本和利润的相对减少相适应的，是二者的绝对增加。我们讲过，这种双重的作用，只是在总资本的增加比利润率的下降更快的时候才能表现出来。

卡·马克思：《资本论》第三卷第248页

因此，在资本主义的基础上，劳动生产力的提高必然会产生永久性的表面上的工人人口过剩。如果可变资本以前占总资本的$\frac{1}{2}$，现在只占$\frac{1}{6}$，那么，要使用同量劳动力，总资本就必须增加到三倍；如果所用的劳动力要增加一倍，总资本就必须增加到六倍。

卡·马克思：《资本论》第三卷第248页

利润率因生产力的发展而下降，同时利润量却会增加，这个规律也表现为：资本所生产的商品的价格下降，同时商品所包含的并通过商品出售所实现的利润量却会相对增加。

卡·马克思：《资本论》第三卷第251页

第十四章　起反作用的各种原因

一向使经济学家感到麻烦的困难，即说明利润率下降，就会让位给相反的困难，即说明这种下降为什么不是更大、更快。必然有某些起反作用的影响在发生作用，来阻挠和抵消这个一般规律的作用，使它只有趋势的性质，因此，我们也就把一般利润率的下降叫做趋向下降。

卡·马克思：《资本论》第三卷第258页

I. 劳动剥削程度的提高

劳动的剥削程度，剩余劳动和剩余价值的占有，特别会由于工作日的

延长和劳动的强化而提高。

卡·马克思：《资本论》第三卷第 258 页

一定量资本所生产的剩余价值量，是两个因数的乘积，即剩余价值率乘以在该剩余价值率下使用的工人人数。因此，它在剩余价值率已定时，取决于工人人数，在工人人数已定时，取决于剩余价值率，总之，取决于可变资本绝对量和剩余价值率的复比。

卡·马克思：《资本论》第三卷第 260 页

平均地说，使相对剩余价值率提高的同一些原因，都会使所使用的劳动力的量减少。但是很清楚，在这里，增加或减少取决于这个相反的运动形成的一定比例；并且利润率下降的趋势特别会由于工作日的延长所产生的绝对剩余价值率的提高而减弱。

卡·马克思：《资本论》第三卷第 260 页

在资本量已定时，剩余价值率可以提高，虽然剩余价值量会降低，反过来也是一样。

卡·马克思：《资本论》第三卷第 261 页

剩余价值量等于剩余价值率乘以工人人数；但是剩余价值率从来不按总资本计算，而只按可变资本计算，实际上只按一个工作日计算。相反，在资本价值量已定时，剩余价值量不增加或减少，利润率也就不可能提高或降低。

卡·马克思：《资本论》第三卷第 261 页

IV. 相对过剩人口

相对过剩人口的产生，是和表现为利润率下降的劳动生产力的发展分不开的，并且由于这种发展而加速。

卡·马克思：《资本论》第三卷第 263 页

一个国家的资本主义生产方式越发展，这个国家的相对过剩人口就表现得越明显。

卡·马克思:《资本论》第三卷第263页

V. 对外贸易

对外贸易一方面使不变资本的要素变得便宜，一方面使可变资本转变成的必要生活资料变得便宜，就这一点说，它具有提高利润率的作用，因为它使剩余价值率提高，使不变资本价值降低。一般说来，它在这方面起作用，是因为它可以使生产规模扩大。因此，它一方面加速积累，但是另一方面也加速可变资本同不变资本相比的相对减少，从而加速利润率的下降。

卡·马克思:《资本论》第三卷第264页

同一对外贸易在国内会使资本主义生产方式得到发展，从而使可变资本同不变资本相比相对减少，另一方面，对国外来说，它引起生产过剩，因而以后又会起反作用。

卡·马克思:《资本论》第三卷第266页

利润率趋向下降，和剩余价值率趋向提高，从而和劳动剥削程度趋向提高是结合在一起的。

卡·马克思:《资本论》第三卷第267页

剩余价值率提高和利润率降低，这二者只是劳动生产率的提高在资本主义下借以表现的特殊形式。

卡·马克思:《资本论》第三卷第267页

VI. 股份资本的增加

在和加速的积累同时并进的资本主义生产的发展中，资本的一部分只作为生息资本来计算和使用。

卡·马克思:《资本论》第三卷第267页

第十五章　规律的内部矛盾的展开

I. 概论

利润率的下降和积累的加速，就二者都表现生产力的发展来说，只是同一个过程的不同表现。积累，就引起劳动的大规模集中，从而引起资本构成的提高来说，又加速利润率的下降。另一方面，利润率的下降又加速资本的积聚，并且通过对小资本家的剥夺，通过对那些还有一点东西可供剥夺的直接生产者的最后残余的剥夺，来加速资本的集中。所以，虽然积累率随着利润率的下降而下降，但是积累在量的方面还是会加速进行。

卡·马克思：《资本论》第三卷第 269—270 页

假定已经有必要的生产资料，即充足的资本积累，那么，在剩余价值率从而劳动的剥削程度已定时，剩余价值的创造就只会遇到工人人口的限制，在工人人口已定时，就只会遇到劳动剥削程度的限制。

卡·马克思：《资本论》第三卷第 271—272 页

资本主义的生产过程，实质上就是剩余价值的生产，而剩余价值体现为剩余产品或体现为所生产的商品中由无酬劳动对象化成的可除部分。决不应当忘记，这种剩余价值的生产——剩余价值的一部分再转化为资本，或积累，也是这种剩余价值生产的不可缺少的部分——是资本主义生产的直接目的和决定性动机。因此，决不能把这种生产描写成它本来不是的那个东西，就是说，不能把它描写成以享受或者以替资本家生产享受品为直接目的的生产。如果这样，就完全无视这种生产在其整个内在本质上表现的独特性质。

卡·马克思：《资本论》第三卷第 272 页

一旦可以榨出的剩余劳动量对象化在商品中，剩余价值就生产出来了。但是，这样生产出剩余价值，只是结束了资本主义生产过程的第一个行为，即直接的生产过程。资本已经吮吸了这么多无酬劳动。随着表现为利润率下降的过程的发展，这样生产出来的剩余价值的总量会惊人地膨胀起来。

现在开始了过程的第二个行为。

卡·马克思:《资本论》第三卷第272页

总商品量，即总产品，无论是补偿不变资本和可变资本的部分，还是代表剩余价值的部分，都必须卖掉。如果卖不掉，或者只卖掉一部分，或者卖掉时价格低于生产价格，那么，工人固然被剥削了，但是对资本家来说，这种剥削没有原样实现，这时，榨取的剩余价值就完全不能实现，或者只是部分地实现，资本就可能部分或全部地损失掉。

卡·马克思:《资本论》第三卷第272页

进行直接剥削的条件和实现这种剥削的条件，不是一回事。二者不仅在时间和地点上是分开的，而且在概念上也是分开的。前者只受社会生产力的限制，后者受不同生产部门的比例关系和社会消费力的限制。

卡·马克思:《资本论》第三卷第272页

市场必须不断扩大，以致市场的联系和调节这种联系的条件，越来越取得一种不以生产者为转移的自然规律的形式，越来越无法控制。这个内部矛盾力图通过扩大生产的外部范围求得解决。但是生产力越发展，它就越和消费关系的狭隘基础发生冲突。在这个充满矛盾的基础上，资本过剩和日益增加的人口过剩结合在一起是完全不矛盾的；因为在二者相结合的情况下，所生产的剩余价值的量虽然会增加，但是生产剩余价值的条件和实现这个剩余价值的条件之间的矛盾，恰好也会随之而增大。

卡·马克思:《资本论》第三卷第273页

如果利润率已定，利润量就总是取决于预付资本的量。而在这种情况下，积累取决于这个利润量中再转化为资本的部分。但因为这个部分等于利润减去资本家所消费的收入，所以它不仅仅取决于这个利润量的价值，而且也取决于资本家能够用这个利润量来购买的各种商品的便宜程度；这些商品一部分为他所消费，加入他的收入，一部分加入他的不变资本。（这里假定工资已定。）

卡·马克思:《资本论》第三卷第273页

工人推动的、其价值通过工人的劳动保存下来并再现在产品中的资本量,是和工人追加的价值完全不同的。

卡·马克思:《资本论》第三卷第273页

资本的源流,或者说资本的积累,将比例于资本已有的量而不是比例于利润率的高度而滚滚向前(撇开资本由于生产力的提高而发生的贬值)。

卡·马克思:《资本论》第三卷第274页

利润率下降,不是因为对工人的剥削少了,而是因为所使用的劳动同所使用的资本相比少了。

卡·马克思:《资本论》第三卷第274页

正是劳动条件和生产者之间的这种分离,形成资本的概念;这种分离从原始积累开始,然后在资本的积累和积聚中表现为不断的过程,最后表现为现有资本集中在少数人手中和许多人丧失资本(现在剥夺正向这方面变化)。如果没有相反的趋势总是在向心力之旁又起离心作用,这个过程很快就会使资本主义生产崩溃。

卡·马克思:《资本论》第三卷第275页

II. 生产扩大和价值增殖之间的冲突

劳动社会生产力的发展表现在两方面:第一,表现在已经生产出来的生产力的大小上,表现在新的生产借以进行的生产条件的价值量和数量上,表现在已经积累起来的生产资本的绝对量上。第二,表现在投在工资上的资本部分同总资本相比的相对微小上,即表现在为一定量资本的再生产和增殖、为进行大量生产所必需的活劳动的相对微小上。这同时也要以资本的积聚为前提。

卡·马克思:《资本论》第三卷第275页

就所使用的劳动力来说,生产力的发展也表现在两方面:第一,表现在剩余劳动的增加,即再生产劳动力所必需的必要劳动时间的缩短上。第二,表现在推动一定量资本所使用的劳动力的数量(即工人人数)的减少上。

卡·马克思：《资本论》第三卷第275页

随着资本主义生产方式的发展，利润率会下降，而利润量会随着所使用的资本量的增加而增加。

卡·马克思：《资本论》第三卷第276页

在利润率已定的情况下，资本增加的绝对量，就取决于现有的资本量。另一方面，在现有的资本量已定的情况下，它增加的比率，即它的增长率，就取决于利润率。

卡·马克思：《资本论》第三卷第276页

只有生产力的提高（前面已经提到，它总是和现有资本的贬值同时并进的），通过利润率的提高使年产品中再转化为资本的价值部分增加时，它才能直接增加资本的价值量。

卡·马克思：《资本论》第三卷第276页

劳动生产力的发展间接促使现有资本价值增加，因为它增加了使用价值的数量和种类，而这些使用价值体现同一交换价值，并形成资本的物质实体，物质要素，即那些直接构成不变资本和至少间接构成可变资本的物品。

卡·马克思：《资本论》第三卷第277页

用同一资本和同一劳动会创造出更多的可以转化为资本的物品，而不管它们的交换价值如何。这些物品可以用来吮吸追加劳动，从而也可以用来吮吸追加的剩余劳动，由此形成追加资本。

卡·马克思：《资本论》第三卷第277页

资本所能支配的劳动量，不是取决于资本的价值，而是取决于构成资本的原料和辅助材料、机器和固定资本要素以及生活资料的数量，而不管这些物品的价值如何。只要所使用的劳动的量由此增加了，因而剩余劳动的量也由此增加了，再生产出来的资本的价值和新加入资本的剩余价值也就增加了。

卡·马克思:《资本论》第三卷第 277 页

利润率下降,同时,资本量增加,与此并进的是现有资本的贬值,这种贬值阻碍利润率的下降,刺激资本价值的加速积累。

卡·马克思:《资本论》第三卷第 277 页

生产力发展,同时,资本构成越来越高,可变部分同不变部分相比越来越相对减少。

卡·马克思:《资本论》第三卷第 277 页

现有资本的周期贬值,这个为资本主义生产方式所固有的、阻碍利润率下降并通过新资本的形成来加速资本价值的积累的手段,会扰乱资本流通过程和再生产过程借以进行的现有关系,从而引起生产过程的突然停滞和危机。

卡·马克思:《资本论》第三卷第 278 页

与生产力发展并进的、可变资本同不变资本相比的相对减少,刺激工人人口的增加,同时又不断地创造出人为的过剩人口。资本的积累,从价值方面看,由于利润率下降而延缓下来,但这样一来更加速了使用价值的积累,而使用价值的积累又使积累在价值方面加速进行。

卡·马克思:《资本论》第三卷第 278 页

资本主义生产总是竭力克服它所固有的这些限制,但是它用来克服这些限制的手段,只是使这些限制以更大的规模重新出现在它面前。

卡·马克思:《资本论》第三卷第 278 页

资本主义生产的真正限制是资本自身,这就是说:资本及其自行增殖,表现为生产的起点和终点,表现为生产的动机和目的;生产只是为资本而生产,而不是反过来生产资料只是生产者社会的生活过程不断扩大的手段。

卡·马克思:《资本论》第三卷第 278 页

以广大生产者群众的被剥夺和贫穷化为基础的资本价值的保存和增殖，只能在一定的限制以内运动，这些限制不断与资本为它自身的目的而必须使用的并旨在无限制地增加生产，为生产而生产，无条件地发展劳动社会生产力的生产方法相矛盾。

卡·马克思：《资本论》第三卷第278—279页

手段——社会生产力的无条件的发展——不断地和现有资本的增殖这个有限的目的发生冲突。因此，如果说资本主义生产方式是发展物质生产力并且创造同这种生产力相适应的世界市场的历史手段，那么，这种生产方式同时也是它的这个历史任务和同它相适应的社会生产关系之间的经常的矛盾。

卡·马克思：《资本论》第三卷第279页

III. 人口过剩时的资本过剩

所谓的资本过剩，实质上总是指利润率的下降不能由利润量的增加来抵消的那种资本——新形成的资本嫩芽总是这样——的过剩，或者是指那种自己不能独立行动而以信用形式交给大经营部门的指挥者去支配的资本的过剩。资本的这种过剩是由引起相对过剩人口的同一些情况产生的，因而是相对过剩人口的补充现象，虽然二者处在对立的两极上：一方面是失业的资本，另一方面是失业的工人人口。

卡·马克思：《资本论》第三卷第279页

资本的生产过剩，——不是个别商品的生产过剩，虽然资本的生产过剩总是包含着商品的生产过剩，——仅仅是资本的积累过剩。要了解这种积累过剩究竟是怎么回事，必须假定它只是绝对的。

卡·马克思：《资本论》第三卷第279—280页

利润率不是由于资本的生产过剩所引起的竞争而下降。而是相反，因为利润率的下降和资本的生产过剩产生于同一些情况，所以现在才会发生竞争斗争。

卡·马克思：《资本论》第三卷第281页

资本的生产过剩，从来仅仅是指能够作为资本执行职能即能够用来按一定剥削程度剥削劳动的生产资料——劳动资料和生活资料——的生产过剩；而这个剥削程度下降到一定点以下，就会引起资本主义生产过程的混乱和停滞、危机、资本的破坏。

卡·马克思：《资本论》第三卷第284—285页

利润率的下降由利润量的增加得到补偿，这只适用于社会总资本和地位已经巩固的大资本家。新的、独立执行职能的追加资本不具备这种补偿条件，它必须先争得这种条件，因而是利润率的下降引起资本之间的竞争斗争，而不是相反。

卡·马克思：《资本论》第三卷第285页

资本是由商品构成的，因而资本的生产过剩包含商品的生产过剩。由此产生了这样一种奇怪的现象：那些否认商品生产过剩的经济学家，却承认资本的生产过剩。

卡·马克思：《资本论》第三卷第285—286页

所有否认显而易见的生产过剩现象的意见（它们并不能阻止这种现象的发生）可以归结为：资本主义生产的限制，不是一般生产的限制，因而也不是这种独特的、资本主义的生产方式的限制。但是，这种资本主义生产方式的矛盾正好在于它的这种趋势：使生产力绝对发展，而这种发展和资本在其中运动、并且只能在其中运动的独特的生产条件不断发生冲突。

卡·马克思：《资本论》第三卷第286页

生活资料和现有的人口相比不是生产得太多了。正好相反。要使大量人口能够体面地、像人一样地生活，生活资料还是生产得太少了。

卡·马克思：《资本论》第三卷第287页

不是财富生产得太多了。而是资本主义的、对立的形式上的财富，周期地生产得太多了。

卡·马克思：《资本论》第三卷第287页

资本主义生产方式的限制表现在:

1. 劳动生产力的发展使利润率的下降成为一个规律,这个规律在某一点上和劳动生产力本身的发展发生最强烈的对抗,因而必须不断地通过危机来克服。

2. 生产的扩大或缩小,不是取决于生产和社会需要即社会地发展了的人的需要之间的关系,而是取决于无酬劳动的占有以及这个无酬劳动和对象化劳动之比,或者按照资本主义的说法,取决于利润以及这个利润和所使用的资本之比,即一定水平的利润率。因此,当生产扩大到在另一个前提下还显得远为不足的程度时,对资本主义生产的限制已经出现了。

卡·马克思:《资本论》第三卷第287—288页

资本主义生产不是在需要的满足要求停顿时停顿,而是在利润的生产和实现要求停顿时停顿。

卡·马克思:《资本论》第三卷第288页

利润率即资本的相对增长率,首先对一切新的独立形成的资本嫩芽来说,是重要的。只要资本的形成仅仅发生在某些可以用利润量来弥补利润率的少数现成的大资本手中,使生产活跃的火焰就会熄灭。生产就会进入睡眠状态。

卡·马克思:《资本论》第三卷第288页

利润率是资本主义生产的推动力;那种而且只有那种生产出来能够提供利润的东西才会被生产。英国经济学家对利润率下降的担忧就是由此产生的。单是这种可能性就使李嘉图感到不安,这正好表明他对资本主义生产条件有深刻的理解。有人责难他,说他在考察资本主义生产时不注意"人",只看到生产力的发展,而不管这种发展以人和资本价值的多大牺牲为代价。这正好是他的学说中的重要之处。发展社会劳动的生产力,是资本的历史任务和存在理由。资本正是以此不自觉地创造着一种更高级的生产形式的物质条件。使李嘉图感到不安的是:利润率,资本主义生产的刺激,积累的条件和动力,会受到生产本身发展的威胁。而且在这里,数量关系就是一切。实际上,成为基础的还有某种更为深刻的东西,他只是模糊地意识到了这一点。

卡·马克思:《资本论》第三卷第288页

资本主义生产不是绝对的生产方式,而只是一种历史的、和物质生产条件的某个有限的发展时期相适应的生产方式。

卡·马克思:《资本论》第三卷第288页

IV. 补充说明

商品的价值,取决于加入商品的总劳动时间,即过去劳动的时间和活劳动的时间。

卡·马克思:《资本论》第三卷第290页

劳动生产率的提高正是在于:活劳动的份额减少,过去劳动的份额增加,但结果是商品中包含的劳动总量减少;因而,所减少的活劳动大于所增加的过去劳动。

卡·马克思:《资本论》第三卷第290页

体现在商品价值中的过去劳动——不变资本部分——一部分由固定不变资本的损耗构成,一部分由全部加入商品的流动不变资本——原料和辅助材料——构成。

卡·马克思:《资本论》第三卷第290页

资本的增长,从而资本的积累,只是在资本的各个有机组成部分的比例随着这种增长发生上述变化的时候,才包含着利润率的下降。

卡·马克思:《资本论》第三卷第292页

雇佣工人的人数尽管相对减少,但仍然会绝对增加,这只是资本主义生产方式的需要。

卡·马克思:《资本论》第三卷第293页

对资本主义生产方式来说,只要不再需要每天使用劳动力12—15小时,劳动力就已经过剩了。

卡·马克思:《资本论》第三卷第293页

生产力的发展，如果会使工人的绝对人数减少，就是说，如果实际上能使整个国家在较少的时间内完成自己的全部生产，它就会引起革命，因为它会断绝大多数人口的活路。在这里，资本主义生产的特有限制又出现了，资本主义生产决不是发展生产力和生产财富的绝对形式，它反而会在一定点上和这种发展发生冲突。这种冲突部分地出现在周期性危机中，这种危机是由于工人人口中时而这个部分时而那个部分在他们原来的就业方式上成为过剩所引起的。

卡·马克思：《资本论》第三卷第293页

资本主义生产的限制，是工人的剩余时间。

卡·马克思：《资本论》第三卷第293页

社会所赢得的绝对的剩余时间，与资本主义生产无关。生产力的发展，只是在它增加工人阶级的剩余劳动时间，而不是减少物质生产的一般劳动时间的时候，对资本主义生产才是重要的；因此，资本主义生产是在对立中运动的。

卡·马克思：《资本论》第三卷第293页

由资本形成的一般的社会权力和资本家个人对这些社会生产条件拥有的私人权力之间的矛盾，越来越尖锐地发展起来，并且包含着这种关系的解体，因为它同时包含着把生产条件改造成为一般的、公共的、社会的生产条件。这种改造是由生产力在资本主义生产条件下的发展和实现这种发展的方式决定的。

卡·马克思：《资本论》第三卷第294页

只要新的生产方式开始推广，因而在实际上证明这些商品可以更便宜地生产出来，在旧的生产条件下进行生产的资本家，就必须低于产品的充分的生产价格来出售他们的产品，因为这种商品的价值已经下降，他们生产这种商品所需要的劳动时间多于社会必要劳动时间。总之——这表现为竞争的作用——，他们也必须采用使可变资本同不变资本相比已经相对减少的新的生产方式。

卡·马克思：《资本论》第三卷第294—295页

机器的使用会使机器生产的商品的价格便宜,所有造成这种结果的情况总是会减少单个商品所吸收的劳动量;其次,还会减少把其价值加入单个商品的机器磨损部分。机器磨损得越慢,它的磨损就越是分配在更多的商品上,机器在它的再生产期限到来以前所代替的活劳动就越多。在这两种情况下,同可变资本相比,固定不变资本的量和价值都增加了。

卡·马克思:《资本论》第三卷第295页

尽管利润率下降,积累的欲望和能力仍然会增加。第一,由于相对过剩人口增加。第二,由于随着劳动生产率的提高,同一个交换价值所代表的使用价值量,即资本的物质要素的量会增加。第三,由于生产部门会多样化。第四,由于信用制度、股份公司等等的发展以及由此引起的结果,即自己不成为产业资本家,也很容易把货币转化为资本。第五,由于需要和致富欲望的增长。第六,由于固定资本的大量投资不断增长,如此等等。

卡·马克思:《资本论》第三卷第295页

资本主义生产的三个主要事实:

1. 生产资料集中在少数人手中,因此不再表现为直接劳动者的财产,而是相反地转化为社会的生产能力,尽管首先表现为资本家的私有财产。这些资本家是资产阶级社会的受托人,但是他们会把从这种委托中得到的全部果实装进私囊。

2. 劳动本身由于协作、分工以及劳动和自然科学的结合而组织成为社会的劳动。

从这两方面,资本主义生产方式把私有财产和私人劳动扬弃了,虽然是在对立的形式上把它们扬弃的。

3. 世界市场的形成。

卡·马克思:《资本论》第三卷第295—296页

在资本主义生产方式内发展着的、与人口相比惊人巨大的生产力,以及虽然不是与此按同一比例的、比人口增加快得多的资本价值(不仅是它的物质实体)的增加,同这个惊人巨大的生产力为之服务的、与财富的增长相比变得越来越狭小的基础相矛盾,同这个不断膨胀的资本的价值增殖的条件相矛盾。危机就是这样发生的。

卡·马克思:《资本论》第三卷第296页

第四篇　商品资本和货币资本转化为商品经营资本和货币经营资本（商人资本）

第十六章　商品经营资本

商人资本或商业资本分为两个形式或亚种，即商品经营资本和货币经营资本。现在，……由于现代经济学，甚至它的最优秀的代表，都把商业资本直接和产业资本混为一谈，实际上完全看不到商业资本的特性……

卡·马克思：《资本论》第三卷第297页

商品资本的运动……就社会总资本来说，它的一部分总是作为商品处在市场上，以便转化为货币，虽然这部分的构成要素不断改变，甚至数量也在变化；另一部分则以货币形式处在市场上，以便转化为商品。社会总资本总是处在这种转化即这种形态变化的运动中。只要处在流通过程中的资本的这种职能作为一种特殊资本的特殊职能独立起来，作为一种由分工赋予特殊一类资本家的职能固定下来，商品资本就成为商品经营资本或商业资本。

卡·马克思：《资本论》第三卷第297—298页

商品经营资本不外是这个不断处在市场上、处在形态变化过程中并总是局限在流通领域内的流通资本的一部分的转化形式。我们说一部分，是因为商品的买和卖有一部分是不断地在产业资本家自身中间直接进行的。在这里的研究中，我们把这个部分完全抽象掉……

卡·马克思：《资本论》第三卷第299页

商人的活动不过是为了把生产者的商品资本转化为货币所必须完成的

活动，不过是对商品资本在流通过程和再生产过程中的职能起中介作用的活动。

卡·马克思：《资本论》第三卷第301页

商品经营资本无非是生产者的商品资本，这种商品资本必须经历它转化为货币的过程，必须在市场上完成它作为商品资本的职能；不过这种职能已经不是表现为生产者的附带活动，而是表现为一类特殊资本家即商品经营者的专门活动，它已经作为一种特殊投资的业务而独立起来。

卡·马克思：《资本论》第三卷第301页

商品资本会在商品经营资本形式上取得一种独立资本的形态，是由于这样一种情况：商人预付货币资本，这种资本所以能作为资本自行增殖，能执行资本的职能，是因为它专门从事这样一种活动，即作为中介实现商品资本的形态变化，实现这一资本作为商品资本的职能，也就是实现它向货币的转化，并且这一点是通过商品的不断的买和卖来实现的。这是商品经营资本的唯一活动；对产业资本流通过程起中介作用的这种活动，就是商人使用的货币资本的唯一职能。通过这种职能，商人把他的货币转化为货币资本，把他的 G 表现为 G—W—G′；并且通过同一过程，他把商品资本转化为商品经营资本。

卡·马克思：《资本论》第三卷第305页

总的来说必须指出：产业资本的周转，不仅受流通时间的限制，而且也受生产时间的限制。商人资本在只经营某一种商品的时候，它的周转并不是受一个产业资本的周转的限制，而是受同一生产部门的一切产业资本的周转的限制。……同一商人资本，可以依次对投入一个生产部门的各个资本的不同周转起中介作用；所以，它的周转和单个产业资本的周转不是一回事，因而它不只是代替这一单个产业资本家必须保存在手边的货币准备金。

卡·马克思：《资本论》第三卷第307—308页

生产越不发达，商人资本的总额，同投入流通的商品的总额相比，就越大；但是绝对地说，或者同比较发达的状态相比，则越小。反过来，情况也就相反。因此,在这样的不发达状态下,真正的货币资本大部分掌握在商人手中,这样,商人的财产对于其他人的财产来说成为货币财产。

卡·马克思:《资本论》第三卷第308—309页

商人预付的货币资本的流通速度取决于:1. 生产过程更新的速度和不同生产过程互相衔接的速度;2. 消费的速度。

卡·马克思:《资本论》第三卷第309页

商人资本不外是在流通领域内执行职能的资本。

卡·马克思:《资本论》第三卷第311页

流通过程是总再生产过程的一个阶段。

卡·马克思:《资本论》第三卷第311页

在流通过程中,任何价值也没有生产出来,因而任何剩余价值也没有生产出来。在这个过程中,只是同一价值量发生了形式变化。事实上不过是发生了商品的形态变化,这种形态变化本身同价值创造或价值变化毫无关系。

卡·马克思:《资本论》第三卷第311页

如果说在生产的商品出售时实现了剩余价值,那是因为剩余价值已经存在于该商品中;因此,在第二个行为,即货币资本同商品(各种生产要素)的再交换中,买者也不会实现任何剩余价值,在这里货币同生产资料和劳动力的交换只是为剩余价值的生产做了准备。相反地,既然这些形态变化要花费流通时间——在这个时间内资本根本不生产东西,因而也不生产剩余价值——,这个时间也就限制价值的创造,表现为利润率的剩余价值会正好和流通时间的长短成反比。

卡·马克思:《资本论》第三卷第311—312页

商人资本既不创造价值,也不创造剩余价值,就是说,它不直接创造它们。但既然它有助于流通时间的缩短,它就能间接地有助于产业资本家所生产的剩余价值的增加。既然它有助于市场的扩大,并对资本之间的分

工起中介作用,因而使资本能够按更大的规模来经营,它的职能也就会提高产业资本的生产效率和促进产业资本的积累。既然它缩短流通时间,它也就提高剩余价值对预付资本的比率,也就是提高利润率。既然它把资本的一个较小部分作为货币资本束缚在流通领域中,它就增大了直接用于生产的那部分资本。

卡·马克思:《资本论》第三卷第312页

第十七章　商业利润

资本在流通领域内的纯粹职能,——产业资本家首先为了实现他的商品的价值,其次为了把这个价值再转化为商品的生产要素所必须进行的活动,对商品资本的形态变化 $W'—G—W$ 起中介作用的活动,也就是卖和买的行为,——既不生产价值,也不生产剩余价值。相反,那里已经说明,为此所需要的时间,客观上对商品来说,主观上对资本家来说,都对价值和剩余价值的生产形成界限。

卡·马克思:《资本论》第三卷第313页

商品经营资本——撇开可以和它结合在一起的一切异质的职能,如保管、发送、运输、分类、分装等,只说它的真正的为卖而买的职能——,既不创造价值,也不创造剩余价值,它只是对它们的实现起中介作用,因而同时也对商品的实际交换,对商品从一个人手里到另一个人手里的转让,对社会的物质变换起中介作用。

卡·马克思:《资本论》第三卷第314页

没有哪一种资本比商人资本更容易改变自身的用途,更容易改变自身的职能了。

卡·马克思:《资本论》第三卷第314页

因为商人资本本身不生产剩余价值,所以很清楚,以平均利润的形式归商人资本所有的剩余价值,是总生产资本所生产的剩余价值的一部分。

卡·马克思:《资本论》第三卷第314页

《资本论》箴言集

认为商业利润是单纯的加价,是商品价格在名义上高于它的价值的结果,这不过是一种假象。

卡·马克思:《资本论》第三卷第 314 页

很清楚,商人只能从他所出售的商品的价格中获得他的利润,更清楚的是,他出售商品时赚到的这个利润,必然等于商品的购买价格和它的出售价格之间的差额,必然等于后者超过前者的余额。

卡·马克思:《资本论》第三卷第 314 页

这就是从现象上最初表现出来的情形:商业利润通过商品加价而实现。事实上,认为利润来自商品价格的名义上的提高或商品高于它的价值出售这整个看法,是从对商业资本的直觉中产生的。

但是,只要仔细考察一下,马上就可以看到,这不过是假象。并且可以看到,假定资本主义生产方式是占统治地位的生产方式,商业利润就不是以这个方式实现的。(在这里,我们谈的始终只是平均的情况,而不是个别的情况。)

卡·马克思:《资本论》第三卷第 316 页

商人资本虽然不参加剩余价值的生产,但参加剩余价值到平均利润的平均化。因此,一般利润率已经意味着从剩余价值中扣除了属于商人资本的部分,也就是说,对产业资本的利润作了一种扣除。

……

在科学分析的进程中,一般利润率的形成,是从产业资本和它们之间的竞争出发的,后来由于商人资本参加进来才得到校正、补充和修正。在历史发展的进程中,情况却正好相反。使商品价格最先或多或少由商品的价值决定的,是商业资本,而最先形成一般利润率的领域,是对再生产过程起中介作用的流通领域。最初是商业利润决定产业利润。只是在资本主义生产方式确立起来,生产者自己成了商人之后,商业利润才被归结为由作为社会再生产过程中使用的总资本的一个相应部分的商业资本在全部剩余价值中应获得的适当部分。

卡·马克思:《资本论》第三卷第 319—320 页

 《资本论》箴言集

纯粹的商业流通费用（因而发送、运输、保管等费用除外），归结为这样一些费用：为了实现商品的价值，使之由商品转化为货币或由货币转化为商品，对商品交换起中介作用所必需的。

……

这些费用是从产品作为商品的经济形式中产生的。

卡·马克思：《资本论》第三卷第321—322页

……商业工人，和任何另一个工人一样，是雇佣工人。第一，因为这种劳动是用商人的可变资本，而不是用作为收入来花费的货币购买的；因此，购买这种劳动的目的并不是为了替私人服务，而是为了使预付在这上面的资本自行增殖。第二，因为他的劳动力的价值，从而他的工资，也和一切其他雇佣工人的情况一样，是由他特有的劳动力的生产费用和再生产费用决定的，而不是由他的劳动的产物决定的。

卡·马克思：《资本论》第三卷第326页

商人资本和剩余价值的关系不同于产业资本和剩余价值的关系。产业资本通过直接占有无酬的他人劳动来生产剩余价值。而商人资本使这个剩余价值的一部分从产业资本手里转移到自己手里，从而占有这部分剩余价值。

卡·马克思：《资本论》第三卷第327页

商业资本只是由于它的实现价值的职能，才在再生产过程中作为资本执行职能，因而才作为执行职能的资本，从总资本所生产的剩余价值中取得自己的份额。

卡·马克思：《资本论》第三卷第327页

对单个商人来说，他的利润量取决于他能够用在这个过程中的资本量，而他的店员的无酬劳动越大，他能够用在买卖上的资本量就越多。商业资本家会把他的货币借以成为资本的职能本身，大部分交给他的工人去承担。这些店员的无酬劳动，虽然不创造剩余价值，但能使他占有剩余价值；这对这个资本来说，就结果而言是完全一样的；因此，这种劳动对商业资本来说是利润的源泉。否则，商业就不可能大规模地经营，就不可能按资本主

义的方式经营了。

卡·马克思:《资本论》第三卷第327页

正如工人的无酬劳动为生产资本直接创造剩余价值一样,商业雇佣工人的无酬劳动,也为商业资本在那个剩余价值中创造出一个份额。

卡·马克思:《资本论》第三卷第327页

资本在生产领域内越集中,它在流通领域内就越分散。产业资本家的纯粹商人业务,从而他的纯粹商业支出,因此会无限制地扩大,因为现在他要和1000个商人打交道,而不是和100个商人打交道了。这样,商业资本独立地进行活动的利益,就会大部分丧失掉。除了纯粹的商业费用之外,别的流通费用,如分类、发送等等的费用也会增加。

卡·马克思:《资本论》第三卷第328页

商业职能和流通费用,只有就商业资本来说才是独立化的东西。产业资本面向流通的方面,不仅存在于它不断作为商品资本和货币资本的存在中,而且也存在于与工场并列的事务所中。但就商业资本来说,这个方面已经独立化了。

卡·马克思:《资本论》第三卷第336页

对商业资本来说,事务所就是它的唯一工场。以流通费用形式使用的那部分资本,在批发商人那里显得比在产业家那里大得多,因为,除了每个产业工场本身附设的真正商业事务所以外,本应由整个产业资本家阶级这样来使用的那部分资本,被集中在各个商人手中了。这些商人负责流通职能的继续执行,并担负由此产生的流通费用的继续支出。

卡·马克思:《资本论》第三卷第336页

对产业资本来说,流通费用表现为并且确实是非生产费用。对商人来说,流通费用表现为他的利润的源泉,在一般利润率的前提下,他的利润和这种流通费用的大小成比例。因此,对商业资本来说,投在这种流通费用上的支出,是一种生产投资。所以,它所购买的商业劳动,对它来说,也是直接生产的。

卡·马克思:《资本论》第三卷第336页

 《资本论》箴言集

第十八章 商人资本的周转。价格

从流通中取出的货币总是比投入流通的货币多。此外，不言而喻，随着商人资本周转的加速（在发达的信用制度下，货币作为支付手段的职能成了货币的主要职能），同一货币量的流通也会加快。

卡·马克思：《资本论》第三卷第338页

商人资本对生产资本的周转起中介作用，但这只是就它缩短生产资本的流通时间来说的。它不会直接影响生产时间，而生产时间也是对产业资本周转时间的一个限制。这对商人资本的周转来说是第一个界限。第二，把再生产消费所造成的限制撇开不说，商人资本的周转最终要受全部个人消费的速度和规模的限制，因为商品资本中加入消费基金的整个部分，取决于这种速度和规模。

卡·马克思：《资本论》第三卷第338页

尽管商人资本的运动独立化了，它始终只是产业资本在流通领域内的运动。但是，由于商人资本的独立化，它的运动在一定界限内就不受再生产过程的限制，因此，甚至还会驱使再生产过程越出它的各种限制。内部的依赖性和外部的独立性会使商人资本达到这样一点：内部联系要通过暴力即通过一次危机来恢复。

卡·马克思：《资本论》第三卷第339页

在以往的时代，商业的商品价格高，是由于：1. 生产价格高，也就是说，劳动生产率低；2. 缺少一般利润率，商人资本从剩余价值中占有的份额，比它在资本可以普遍移动时应该得到的份额大得多。因此，从两方面来看，这种状况的消除都是资本主义生产方式发展的结果。

卡·马克思：《资本论》第三卷第344页

总产业资本的周转次数越多，利润量或一年内生产的剩余价值量也就越大，因此，在其他条件不变时，利润率也就越高。

卡·马克思：《资本论》第三卷第345页

《资本论》箴言集

商人的利润，不是由他所周转的商品资本的量决定的，而是由他为了对这种周转起中介作用而预付的货币资本的量决定的。

卡·马克思：《资本论》第三卷第347页

不同商业部门的商人资本的周转次数，会直接影响商品的商业价格。商业加价的多少，一定资本的商业利润中加到单个商品的生产价格上的部分的大小，和不同营业部门的商人资本的周转次数或周转速度成反比。

卡·马克思：《资本论》第三卷第347页

资本在不同商业部门的平均周转时间对出售价格的影响，可以归结为这样一点：同一个利润量（在商人资本的量已定时，这个利润量是由一般年利润率决定的，也就是说，不以这个资本的商业活动的特殊性质为转移），会根据这种周转速度的快慢以不同的方式分配在同一价值的商品量上……

卡·马克思：《资本论》第三卷第347页

相反地，就产业资本来说，周转时间决不会影响所生产的单个商品的价值量，虽然它会影响一定量资本在一定时间内所生产的价值和剩余价值的量，因为它会影响被剥削的劳动的量。当然，一旦我们只注意生产价格，这种情况就被掩盖起来，并且表现为另一个样子，但这只是因为不同商品的生产价格按照以前已经说明的规律偏离了它们的价值。如果我们考察总生产过程，考察总产业资本所生产的商品量，我们就会立即发现这个一般的规律得到了证实。

卡·马克思：《资本论》第三卷第348页

如果已知价值和剩余价值的界限，那就不难理解，资本的竞争如何把价值转化为生产价格并且进一步转化为商业价格，如何把剩余价值转化为平均利润。但是，如果没有这些界限，那就绝对不能理解，为什么竞争会把一般利润率限制为这个界限，而不是那个界限……竞争至多只能把利润率限制为一个水平。但是，竞争中绝对没有可以决定这个水平本身的任何要素。

卡·马克思：《资本论》第三卷第349页

从商人资本的观点来看，周转本身好像决定价格。另一方面，虽然产业资本的周转速度，由于它会影响一定量资本所剥削的劳动的多少，所以会对利润量、从而会对一般利润率起决定和限制的作用，但对商业资本来说，利润率是外部既定的，利润率和剩余价值的形成之间的内在联系已经完全消失。

卡·马克思：《资本论》第三卷第349页

薄利快销，特别对零售商人来说是他原则上遵循的一个原则。

卡·马克思：《资本论》第三卷第349页

第十九章　货币经营资本

货币在产业资本和现在我们可以补充进来的商品经营资本的流通过程中（因为商品经营资本把产业资本的一部分流通运动当做自己特有的运动承担起来）所完成的各种纯粹技术性的运动，当它们独立起来，成为一种特殊资本的职能，而这种资本把它们并且只把它们当做自己特有的活动来完成的时候，就把这种资本转化为货币经营资本了。

卡·马克思：《资本论》第三卷第351页

产业资本的一部分，进一步说，还有商品经营资本的一部分，不仅要作为货币资本一般，而且要作为正在执行这些技术职能的货币资本，不断处于货币形式。

卡·马克思：《资本论》第三卷第351页

只有在资本新投入的时候，而且只是就此而言——在积累的场合，情况也是这样——，货币形式的资本才表现为运动的起点和终点。但对每一个已经处在过程中的资本来说，起点和终点都只表现为经过点。

卡·马克思：《资本论》第三卷第351页

货币一般说来最初是在不同共同体之间的产品交换中发展起来的。

卡·马克思：《资本论》第三卷第353页

从资本主义生产过程中,同样从商业一般中——甚至在资本主义以前的生产方式下——都会产生如下结果:

第一,把货币作为贮藏货币,也就是说,现在是把那部分必须不断以货币形式充当支付手段和购买手段的准备金的资本积攒起来。这是货币贮藏的第一个形式,在资本主义生产方式下,货币贮藏会以这个形式再现出来,并且通常会在商业资本的发展中至少为这种资本而形成起来。这两种情况既适用于国内流通,也适用于国际流通。这种贮藏货币不断地流动着,它不断地进入流通并不断地从流通中流回。货币贮藏的第二个形式是在货币形式上闲置的、暂时不用的资本,其中也包括新积累的尚未投入的货币资本。由于这种货币贮藏本身而成为必要的一些职能,首先是货币的保管、记账等等。

第二,与此密切相连的还有购买时的支出货币,出售时的收入货币,支付中的付款和收款,支付的平衡等等。所有这一切最初都是由货币经营者作为单纯的出纳业者替商人和产业资本家完成的。

卡·马克思:《资本论》第三卷第355—356页

一旦借贷的职能和信用贸易同货币经营业的其他职能结合在一起,货币经营业就得到了充分的发展,而这种情况即使在货币经营业的最初时期也总会发生。

卡·马克思:《资本论》第三卷第356页

金银贸易本身,即把金或银从一国运到另一国,只是商品贸易的结果,而这种结果是由表示国际支付状态和不同市场利息率状态的汇兑率决定的。从事金银贸易的商人,只是为这种结果作中介。

卡·马克思:《资本论》第三卷第357页

贵金属从一国的流通领域到另一国的流通领域的流出和流入,如果只是由于一国铸币贬值或复本位制引起的,就与货币流通本身无关,而只是对从国家方面任意造成的误差所作的纠正。

卡·马克思:《资本论》第三卷第357页

关于贮藏货币,如果它是用于国内贸易或对外贸易的购买手段或支付

手段的准备金,并且,如果它同样是暂时闲置的资本的单纯形式,那么,它在这两个场合都只是流通过程的一种必然的沉淀物。

卡·马克思:《资本论》第三卷第357页

第二十章　关于商人资本的历史考察

从以上的说明自然可以得出结论说,最荒唐的看法莫过于把商人资本——不管它以商品经营资本的形式或货币经营资本的形式出现——看做是产业资本的一个特殊种类,就像采矿业、农业、畜牧业、制造业运输业等等是由社会分工造成的产业资本的分支部门,从而是产业资本的特殊投资领域一样。

卡·马克思:《资本论》第三卷第360页

产业资本的转化形式,和不同生产部门各生产资本之间由于不同产业部门的性质不同而造成的物质区别,是有天壤之别的。

……

在庸俗经济学家那里,这种混淆还有以下两点作为基础。第一,他们没有能力就商业利润的特性来说明商业利润;第二,他们力图进行辩护,要把那些首先以商品流通、从而以货币流通为基础的资本主义生产方式的特有形式所产生的商品资本形式和货币资本形式,从而商品经营资本形式和货币经营资本形式,说成是生产过程本身必然产生的形态。

卡·马克思:《资本论》第三卷第360页

不仅商业,而且商业资本也比资本主义生产方式古老,实际上它是资本在历史上最古老的自由的存在方式。

卡·马克思:《资本论》第三卷第362页

产品进入商业、通过商人之手的规模,取决于生产方式,而在资本主义生产充分发展时,即在产品只是作为商品,而不是作为直接的生存资料来生产时,这个规模达到自己的最大限度。

卡·马克思:《资本论》第三卷第363页

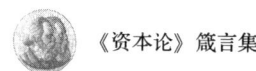

在每一种生产方式的基础上,商业都会促进那些为了增加生产者(这里是指产品所有者)的享受或贮藏货币而要进入交换的剩余产品的生产;因此,商业使生产越来越具有面向交换价值的性质。

卡·马克思:《资本论》第三卷第363页

商品的形态变化,它们的运动,1. 在物质上由不同商品的互相交换构成;2. 在形式上由商品转化为货币和货币转化为商品,即卖和买构成。

卡·马克思:《资本论》第三卷第363页

商人资本的职能就是归结为这些职能,即通过买和卖来交换商品。因此,它只是对商品交换起中介作用;不过这种交换从一开始就不能单纯理解为直接生产者之间的商品交换。

卡·马克思:《资本论》第三卷第363页

生产越不发达,货币财产就越集中在商人手中,或表现为商人财产的独特形式。

在资本主义生产方式中——也就是说,一旦资本支配生产本身并赋予生产一个完全改变了的独特形式——,商人资本只是表现为执行一种**特殊**职能的资本。在以前的一切生产方式中,商人资本表现为资本的真正职能,而生产越是为生产者本人直接生产生活资料,情形就越是如此。

卡·马克思:《资本论》第三卷第364页

商人资本的存在和发展到一定的水平,本身就是资本主义生产方式发展的历史前提。1. 因为这种存在和发展是货币财产集中的先决条件;2. 因为资本主义生产方式的前提是为贸易而生产,是大规模的销售,而不是面向一个个顾客的销售,因而需要有这样的商人,他不是为满足他个人需要而购买,而是把许多人的购买行为集中到他的购买行为上。

卡·马克思:《资本论》第三卷第364页

另一方面,商人资本的一切发展都会促使生产越来越具有面向交换价值的性质,促使产品越来越转化为商品。但是像我们在下面马上就要进一步叙述的那样,商人资本的发展就它本身来说,还不足以促成和说明一个

 《资本论》箴言集

生产方式到另一个生产方式的过渡。

卡·马克思：《资本论》第三卷第 364 页

资本作为商人资本而实现的独立的、优先的发展，意味着生产还没有从属于资本，就是说，资本还是在一个和资本格格不入的、不以它为转移的社会生产形式的基础上发展。因此，商人资本的独立发展，是与社会的一般经济发展成反比例的。

卡·马克思：《资本论》第三卷第 365 页

独立的商人财产作为占统治地位的资本形式，意味着流通过程离开它的两极而独立，而这两极就是进行交换的生产者自己。这两极对流通过程仍保持独立，而流通过程对这两极也仍保持独立。产品在这里通过商业而变成商品。在这里，正是商业使产品发展为商品，而不是已经生产出来的商品以自己的运动形成商业。因此，资本作为资本，在这里首先是在流通过程中出现的。在流通过程中，货币发展成为资本。

卡·马克思：《资本论》第三卷第 365—366 页

在流通中，产品首先发展成为交换价值，发展成为商品和货币。资本在学会统治流通过程的两极，即以流通为中介的不同生产部门以前，能够而且必定在流通过程中形成。

卡·马克思：《资本论》第三卷第 366 页

货币流通和商品流通能够对组织极不相同、按其内部结构主要仍然是从事使用价值生产的那些生产领域起中介作用。

卡·马克思：《资本论》第三卷第 366 页

在资本主义社会以前的各阶段中，商业支配着产业；在现代社会里，情况正好相反。当然，商业对于那些互相进行贸易的共同体来说，会或多或少地发生反作用；它会使生产越来越从属于交换价值，因为它会使享受和生活日益依赖于出售，而不依赖于产品的直接消费。它由此使旧的关系解体。它增进了货币流通。它已经不再是仅仅掌握生产的余额，而且逐渐地侵蚀生产本身，使整个整个的生产部门依附于它。不过，这种解体作用，

在很大程度上取决于从事生产的共同体的性质。

卡·马克思：《资本论》第三卷第368页

只要商业资本是对不发达的共同体的产品交换起中介作用，商业利润就不仅表现为侵占和欺诈，而且大部分是从侵占和欺诈中产生的。撇开商业资本榨取不同国家的生产价格之间的差额（就这方面来说，它促使商品价值均等化和使之确定下来）不说，上述这些生产方式造成了如下结果：商人资本占据了剩余产品的绝大部分，这一方面源于商人资本充当各个共同体之间的中介，这些共同体基本上还是生产使用价值，对于它们的经济组织来说，大体说来进入流通的那部分产品的出售，也就是大体说来产品按照其价值的出售，还居于次要的地位；另一方面，是因为在以往那些生产方式中，商人与之做生意的剩余产品的主要占有者，即奴隶主，封建地主，国家（例如东方专制君主），代表供人享受的财富，对于这些财富，商人会设下圈套来猎取，这一点在上面引用的亚·斯密有关封建时期的那段话中已经被正确地嗅出来了。

卡·马克思：《资本论》第三卷第368—369页

因此，占主要统治地位的商业资本，到处都代表着一种掠夺制度，它在古代和近代的商业民族中的发展，是和暴力掠夺、海盗行径、绑架奴隶、征服殖民地直接结合在一起的；在迦太基罗马，后来在威尼斯人、葡萄牙人、荷兰人等等那里，情形都是这样。

卡·马克思：《资本论》第三卷第369—370页

商业和商业资本的发展，到处都使生产朝着交换价值的方向发展，使生产的规模扩大，使它多样化和世界化，使货币发展成为世界货币。因此，商业对各种已有的、以不同形式主要生产使用价值的生产组织，到处都或多或少地起着解体的作用。但是它对旧生产方式究竟在多大程度上起着解体作用，这首先取决于这些生产方式的坚固性和内部结构。并且，这个解体过程会导向何处，换句话说，什么样的新生产方式会代替旧生产方式，这不取决于商业，而是取决于旧生产方式本身的性质。

卡·马克思：《资本论》第三卷第370页

在古代世界，商业的影响和商人资本的发展，总是以奴隶经济为其结果；不过由于出发点不同，有时也只是使家长制的、以生产直接生存资料为目的的奴隶制度，转化为以生产剩余价值为目的的奴隶制度。相反，在现代世界，它会导致资本主义生产方式。由此可以得出结论，这些结果本身，除了取决于商业资本的发展以外，还取决于完全另外一些情况。

卡·马克思：《资本论》第三卷第370页

产业资本家总是面对着世界市场，并且把他自己的成本价格不仅同国内的市场价格相比较，而且同全世界的市场价格相比较，同时必须经常这样做。以前，这种比较几乎完全是商人的事，这样就保证了商业资本对产业资本的统治。

卡·马克思：《资本论》第三卷第375页

对现代生产方式的最初的理论探讨——重商主义——必然从流通过程独立化为商业资本运动时呈现出的表面现象出发，因此只是抓住了假象。这部分地是因为商业资本是资本本身的最初的自由存在方式；部分地是因为它在封建生产的最初的变革时期，即现代生产的发生时期，产生过压倒一切的影响。

卡·马克思：《资本论》第三卷第375—376页

真正的现代经济科学，只是当理论研究从流通过程转向生产过程的时候才开始。

卡·马克思：《资本论》第三卷第376页

第五篇　利润分为利息和企业主收入。生息资本

第二十一章　生息资本

在资本主义生产方式的基础上，奴隶制是非正义的；在商品质量上弄虚作假也是非正义的。

卡·马克思：《资本论》第三卷第 379 页

作为商品，产品必须在流通过程中，通过它的出售来实现它的价值，取得它的转化形态即货币。因此，这个商品是由一个消费者作为生活资料来购买，还是由一个资本家作为生产资料，作为资本的组成部分来购买，也是完全没有关系的。

卡·马克思：《资本论》第三卷第 382 页

一切借贷资本，不管它的形式如何，也不管它的偿还会怎样受它的使用价值性质的影响，都始终只是货币资本的一个特殊形式。因为这里贷放的，总是一定的货币额，并且利息也是按这个金额计算的。

卡·马克思：《资本论》第三卷第 385 页

在交换即物品交换发生时，不会发生价值变化。同一资本家总是握有同一价值。而在资本家生产剩余价值时，不会发生交换；当交换发生时，剩余价值已经包含在商品中了。

卡·马克思：《资本论》第三卷第 387 页

《资本论》箴言集

一般资本的具有特征的运动，即货币流回到资本家手中，资本流回到它的起点，在生息资本的场合，取得了一个完全表面的和现实运动相分离的形态，这个形态便是现实运动的形式。

卡·马克思：《资本论》第三卷第 389—390 页

贷出的货币的使用价值是：能够作为资本执行职能，并且作为资本在平均条件下生产平均利润。

卡·马克思：《资本论》第三卷第 394 页

在简单商品交换中，货币总是在买者方面；但在贷放中，货币却是在卖者方面。他把货币放出去一定时期，资本的买者则把资本作为商品接受下来。但是，只有当货币能够作为资本执行职能，从而被预付时，这才是可能的。

卡·马克思：《资本论》第三卷第 395 页

资本通过自己的增殖来表明自己是资本；它的增殖程度，表示它作为资本而实现的量方面的程度。它所生产的剩余价值或利润，——其比率或水平，——只能通过它和预付资本的价值作比较来计量。因此，生息资本的增殖的大小，也只能通过利息额，即总利润中归生息资本的部分，和预付资本的价值作比较来计量。

卡·马克思：《资本论》第三卷第 397 页

如果价格表示商品的价值，那么，利息则表示货币资本的增殖，因而表现为一个为货币资本而支付给贷出者的价格。

卡·马克思：《资本论》第三卷第 397 页

第二十二章 利润的分割。
利息率。"自然"利息率

利润率的决定在本质上是建立在剩余价值和工资的分割基础上的，在剩余价值和工资的分割上，劳动力和资本这两个完全不同的要素起着决定

的作用；那是两个独立的互为界限的可变数的函数；从它们的**质的区别**中产生了所生产的价值的**量的分割**。我们以后会知道，在剩余价值分割为地租和利润时，会出现同样的情况。但在利息上，却不会发生类似的情况。我们立即就会看到，在这里，**质的区别**相反地是从同一剩余价值部分的**纯粹量的分割**中产生的。

卡·马克思：《资本论》第三卷第408页

第二十三章　利息和企业主收入

只要资本还在再生产过程中执行职能——甚至假定它为产业资本家自己所有，因而无须偿还给贷出者——，产业资本家以私人资格支配的，就不是资本本身，而只是他可以作为收入来花费的利润。只要他的资本还作为资本执行职能，这个资本就属于再生产过程，就固定在这个过程中。他虽然是它的所有者，但只要他把它用做资本来剥削劳动，这种所有权就使他不能按别种方式去支配它。

卡·马克思：《资本论》第三卷第415—416页

货币资本要作为货币资本存在，它就必须不断地再被贷出，并且要按现行的利息率，比如说1%，不断地再被贷给同一个产业资本家和商业资本家阶级。

卡·马克思：《资本论》第三卷第417页

货币资本家和生产资本家实际上互相对立，不仅在法律上有不同的身份，而且在再生产过程中起着完全不同的作用，或者说，在他们手中，同一资本实际上要通过双重的完全不同的运动。一个只是把资本贷出去，另一个则把资本用在生产上。

卡·马克思：《资本论》第三卷第418页

我们已经知道，资本的真正的特有产物是剩余价值，进一步说，是利润。但对用借入的资本从事经营的资本家来说，那就不是利润，而是利润减去利息，是支付利息以后留给自己的那部分利润。因此，这部分利润，

对他来说必然表现为执行职能的资本的产物；这对他来说确实也是这样，因为他所代表的资本只是执行职能的资本。他在资本执行职能的时候，才是资本的人格化，而资本在它投在产业或商业中带来利润，并由它的使用者用来从事本营业部门要求的各种活动的时候，才执行职能。

卡·马克思：《资本论》第三卷第 418 页

每个资本的利润，从而以资本互相平均化为基础的平均利润，都分成或被割裂成两个不同质的、互相独立的、互不依赖的部分，即利息和企业主收入，二者都由特殊的规律来决定。

卡·马克思：《资本论》第三卷第 421 页

从历史上说，生息资本是作为一种现成的、遗留下来的形式存在的，因而在资本主义生产方式以及与之相适应的资本观念和利润观念存在以前很久，利息就作为资本所生产的剩余价值的现成的从属形式存在了。因此，在一般人的观念中，货币资本，生息资本，至今仍被看做资本本身，看做真正的资本。因此，另一方面，就产生了直到马西那个时候仍然占统治地位的看法，即认为货币本身是用利息支付报酬的东西。借贷资本不管是否实际作为资本使用，甚至在它只为消费而借的时候都会提供利息这个事实，使得关于这个资本形式具有独立性的看法固定下来。

卡·马克思：《资本论》第三卷第 422 页

在资本主义生产方式的初期，利息对利润来说是独立的，生息资本对产业资本来说是独立的，这一点的最好证明是：直到 18 世纪中叶，利息只是总利润的一部分这个事实，才（被马西，在他之后又被休谟）发现，而且竟然需要有这样一种发现。

卡·马克思：《资本论》第三卷第 422 页

从质的方面来看，利息是资本的单纯所有权所提供的剩余价值，是资本自身提供的剩余价值，虽然资本的所有者一直处在再生产过程之外；因此，是资本在和自己的过程相分离的情况下提供的剩余价值。

卡·马克思：《资本论》第三卷第 423 页

从量的方面来看，形成利息的那部分利润，表现为不是同产业资本本身和商业资本本身有关，而是同货币资本有关，并且剩余价值的这一部分的比率，即利息率，又把这种关系固定下来。因为第一，利息率——尽管它取决于一般利润率——是独立地决定的；第二，利息率像商品的市场价格一样，同不可捉摸的利润率相反，表现为在任何变动中都是固定的、一致的、明确的、总是既定的比率。

卡·马克思：《资本论》第三卷第 423 页

利息不过是这样一个事实的表现：价值一般—— 一般社会形式上的对象化劳动——，在现实生产过程中采取生产资料形态的价值，会作为独立的权力与活的劳动力相对立，并且是占有无酬劳动的手段；它所以是这样一种权力，因为它是作为他人的财产与工人相对立。

卡·马克思：《资本论》第三卷第 425 页

生息资本是**作为所有权**的资本与**作为职能**的资本相对立的。但是，资本在它不执行职能的时候，不剥削工人，也不是同劳动处于对立之中。

卡·马克思：《资本论》第三卷第 426 页

在资本家的脑袋里必然产生这样的观念：他的企业主收入远不是同雇佣劳动形成某种对立，不仅不是他人的无酬劳动，相反，它本身就是工资，是监督工资，wages of superintendence of labour，是高于普通雇佣工人工资的工资，1. 因为这是较复杂的劳动，2. 因为是资本家给自己支付工资。

卡·马克思：《资本论》第三卷第 427 页

利息归资本家所有，即使他不执行资本家的任何职能，而只是资本的所有者；相反，企业主收入归执行职能的资本家所有，即使他不是他用来执行职能的资本的所有者。

卡·马克思：《资本论》第三卷第 427 页

资本家作为资本家，他的职能是生产剩余价值即无酬劳动，而且是在最经济的条件下进行这种生产。由于利润即剩余价值所分成的两个部分的对立形式，人们忘记了，二者不过是剩余价值的不同部分，并且它的分割

丝毫不能改变剩余价值的性质、它的起源和它的存在条件。

卡·马克思：《资本论》第三卷第427页

在再生产过程中，执行职能的资本家代表他人所有的资本，同雇佣工人相对立，而货币资本家则由执行职能的资本家来代表，参与对劳动的剥削。由于在再生产过程中的资本职能同在再生产过程外的资本的单纯所有权的对立，人们忘记了：能动资本家只有作为生产资料的代表同工人相对立，才能执行职能，才能使工人为他的利益而劳动，或者说，使生产资料执行资本的职能。

卡·马克思：《资本论》第三卷第427页

事实上，利润即剩余价值的这两个部分作为利息和企业主收入所采取的形式，并不表示对劳动的关系，因为这种关系只存在于劳动和作为这两个部分的总和、整体、统一体的利润，或更确切些说，剩余价值之间。

卡·马克思：《资本论》第三卷第427页

生息资本只有在借贷货币实际转化为资本并生产一个余额（利息是其中的一部分）时，才证明自己是生息资本。但这一点并不排除：生息这种属性，不管有没有生产过程，都同生息资本长在一起。

卡·马克思：《资本论》第三卷第428页

劳动力也只有当它在劳动过程中被使用，被实现的时候，才证明它有创造价值的能力；但这一点并不排除：劳动力自在地，在可能性上，作为一种能力，是创造价值的活动，并且作为这样的活动，它不是从过程中才产生的，而相反地是过程的前提。它是作为创造价值的能力被人购买的。购买它的人也可以不让它去从事生产劳动，例如，把它用于纯粹私人的目的，用于服务等等。资本也是这样。借入者是不是把它作为资本来用，也就是说，是不是实际上使它所固有的生产剩余价值的属性发挥作用，那是借入者自己的事情。在这两种场合，他为之支付的，是那个自在地，在可能性上已经包含在资本商品中的剩余价值。

卡·马克思：《资本论》第三卷第428页

因为在资本主义生产方式下,资本特有的社会规定性的因素——具有支配他人劳动这一属性的资本所有权——已经固定下来,利息又因此表现为资本在这种关系中生出的剩余价值的一部分,所以剩余价值的另一部分——企业主收入——就必然表现为:它不是由作为资本的资本生出的,而是由同资本特有的社会规定性(这种规定性已经以资本利息这个名称取得特殊存在方式)相分离的生产过程生出的。但是,生产过程同资本分离开来,就是劳动过程一般。因此,同资本所有者相区别的产业资本家,不是表现为执行职能的资本,而是表现为甚至与资本无关的执行职能的人员,表现为一般劳动过程的简单承担者,表现为劳动者,而且是表现为雇佣劳动者。

卡·马克思:《资本论》第三卷第429页

利息本身正好表明,劳动条件作为资本而存在,同劳动处于社会对立中,并且转化为同劳动相对立并且支配着劳动的个人权力。

卡·马克思:《资本论》第三卷第429页

因为资本的异化性质,它同劳动的对立,被转移到现实剥削过程之外,即转移到生息资本上,所以这个剥削过程本身也就表现为单纯的劳动过程,在这个过程中,执行职能的资本家与工人相比,不过是在进行另一种劳动。

卡·马克思:《资本论》第三卷第430页

尤尔先生早已指出,"我们的工业制度的灵魂"不是产业资本家,而是产业经理。

卡·马克思:《资本论》第三卷第434页

资本主义生产本身已经使那种完全同资本所有权分离的指挥劳动比比皆是。因此,这种指挥劳动就无须资本家亲自进行了。一个乐队指挥完全不必就是乐队的乐器的所有者;如何处理其他演奏者的"工资"问题,也不是他这个乐队指挥职能范围以内的事情。

卡·马克思:《资本论》第三卷第434—435页

相对于货币资本家来说,产业资本家是劳动者,不过是作为资本家的

劳动者，即作为对他人劳动的剥削者的劳动者。他为这种劳动所要求和所取得的工资，恰好等于他所占有的他人劳动的量，而且就他为进行剥削而亲自花费必要的精力来说，上述的工资直接取决于对这种劳动的剥削程度，而不是取决于他为进行这种剥削所付出的、并且在适当的报酬下可以让一个经理去承担的那种努力的程度。

卡·马克思：《资本论》第三卷第435页

第二十四章　资本关系在生息资本形式上的外表化

资本只有在货币资本的形式上才变成这样一种商品，这种商品的自行增殖的性质具有一个固定的价格，这个价格在每一场合都表示在当时的利息率上。

卡·马克思：《资本论》第三卷第442页

就资本作为生息资本的属性来说，一切能生产出来的财富都属于资本所有，而资本迄今已经获得的一切，不过是对资本的无所不吞的食欲的分期偿付。按照资本的天生固有的规律，凡是人类所能提供的一切剩余劳动都属于它。

卡·马克思：《资本论》第三卷第447页

第二十五章　信用和虚拟资本

随着商业和只是着眼于流通而进行生产的资本主义生产方式的发展，信用制度的这个自然基础也在扩大、普遍化、发展。大体说来，货币在这里只是充当支付手段，也就是说，商品不是为取得货币而卖，而是为取得定期支付的凭证而卖。为了简便起见，我们可以把这种支付凭证概括为票据这个总的范畴。这种票据直到它们期满，支付日到来之前，本身又会作为支付手段来流通；它们形成真正的商业货币。

卡·马克思：《资本论》第三卷第450页

真正的信用货币不是以货币流通（不管是金属货币还是国家纸币）为基础，而是以票据流通为基础。

卡·马克思：《资本论》第三卷第 451 页

信用制度的另一方面，与货币经营业的发展联系在一起，而在资本主义生产中，货币经营业的发展又自然会和商品经营业的发展齐头并进。

卡·马克思：《资本论》第三卷第 453 页

第二十六章 货币资本的积累，它对利息率的影响

资本是"生产上使用的商品"这种见解是一种庸俗的见解。在这些商品作为资本执行职能时，它们作为资本的价值，不同于它们作为商品的价值，表现在由它们的生产用途或商业用途产生的利润中。并且，利润率虽然在任何情况下总是同所购买商品的市场价格和它们的供求有某种关系，但它仍然由完全不同的事情决定。并且，毫无疑问，利息率一般说来是以利润率为它的界限的。……这个界限……是由不同于其他资本形式的货币资本的供求决定的。

卡·马克思：《资本论》第三卷第 473 页

毫无疑问，在物质资本的供给和货币资本的供给之间，有一种看不见的联系；同样毫无疑问，产业资本家对货币资本的需求，是由实际生产情况决定的。

卡·马克思：《资本论》第三卷第 473—474 页

第二十七章 信用在资本主义生产中的作用

资本主义生产极度发展的这个结果，是资本再转化为生产者的财产所必需的过渡点，不过这种财产不再是各个互相分离的生产者的私有财产，而是联合起来的生产者的财产，即直接的社会财产。另一方面，这是再生

产过程中所有那些直到今天还和资本所有权结合在一起的职能转化为联合起来的生产者的单纯职能，转化为社会职能的过渡点。

卡·马克思：《资本论》第三卷第495页

信用制度加速了生产力的物质上的发展和世界市场的形成；使这二者作为新生产形式的物质基础发展到一定的高度，是资本主义生产方式的历史使命。同时，信用加速了这种矛盾的暴力的爆发，即危机，因而促进了旧生产方式解体的各要素。

卡·马克思：《资本论》第三卷第500页

信用制度固有的二重性质是：一方面，把资本主义生产的动力——用剥削他人劳动的办法来发财致富——发展成为最纯粹最巨大的赌博欺诈制度，并且使剥削社会财富的少数人的人数越来越减少；另一方面，造成转到一种新生产方式的过渡形式。正是这种二重性质，使信用的主要宣扬者，从约翰·罗到伊萨克·贝列拉，都具有这样一种有趣的混合性质：既是骗子又是预言家。

卡·马克思：《资本论》第三卷第500页

第二十八章　流通手段和资本。图克和富拉顿的见解

只有当货币作为货币资本来使用时，在再生产过程的开端，资本价值才纯粹作为资本价值而存在。这是因为在生产出来的商品中不仅包含资本，而且已经包含剩余价值；这些商品不仅是可能的资本，而且是已经实现的资本，包含已同它合为一体的收入源泉的资本。因此，零售商人为了货币流回到他手中而出售的东西，即他的商品，对他来说，是资本加上利润，资本加上收入。

卡·马克思：《资本论》第三卷第504页

作为支付手段的货币和作为购买手段（流通手段）的货币之间的区别，是一种属于货币本身的区别；不是货币和资本之间的区别。因为在零售商

业中流通的，多数是铜币和银币，在批发商业中流通的，多数是金币，所以银币和铜币为一方和金币为另一方之间的区别，并不是通货和资本的区别。

卡·马克思：《资本论》第三卷第505页

在繁荣时期，货币的回流对产业资本家来说是流畅的，因此，他们对货币信贷的需要，并不会因为他们必须支付更多的工资，需要更多的货币来使他们的可变资本流通，就增加起来。

卡·马克思：《资本论》第三卷第506—507页

总的结果是，在繁荣时期，用在收入的花费上的流通手段的量，将会显著增加。

卡·马克思：《资本论》第三卷第507页

在危机时期，情形正好相反。第一种流通缩小，物价下降，工资也下降；就业工人的人数减少，交易的总额减少。另一方面，在第二种流通上，随着信用的紧缩，对货币信贷的需要增加了。

卡·马克思：《资本论》第三卷第508页

使两个时期互相区别的，首先是下述情况：在繁荣时期，占统治地位的是对消费者和商人之间的流通手段的需求，在停滞时期，占统治地位的是对资本家之间的流通手段的需求。在营业停滞时期，前一种需求会减少，后一种需求会增加。

卡·马克思：《资本论》第三卷第510页

《资本论》箴言集

资本主义生产的总过程（下）

第五篇 利润分为利息和企业主收入。生息资本（续）

第二十九章 银行资本的组成部分

银行资本由两部分组成：1. 现金，即金或银行券；2. 有价证券。

卡·马克思：《资本论》第三卷第526页

生息资本的形式造成这样的结果：每一个确定的和有规则的货币收入都表现为一个资本的利息，而不论这种收入是不是由一个资本生出。货币收入首先转化为利息，有了利息，然后得出产生这个货币收入的资本。同样，有了生息资本，每个价值额只要不作为收入花掉，都会表现为资本，也就是都会表现为本金，而同它能够生出的可能的或现实的利息相对立。

卡·马克思：《资本论》第三卷第526页

存款本身起着双重作用。一方面，正如前面已经讲过的，它们会作为生息资本贷放出去，因而不会留在银行的保险柜里，而只是作为存款人提供的贷款记在银行的账簿上。另一方面，在存款人相互间提供的贷款由他们的存款支票互相平衡和互相抵消时，它们只是作为账面项目起作用；在这里，无论存款存在同一银行家那里，由他在各账户之间进行结算，或者存款存入不同的银行，由这些银行互相交换支票，而只是支付差额，情况都完全是一样的。

卡·马克思：《资本论》第三卷第533页

随着生息资本和信用制度的发展,一切资本好像都会增加一倍,有时甚至增加两倍,因为有各种方式使同一资本,甚至同一债权在各种不同的人手里以各种不同的形式出现。这种"货币资本"的最大部分纯粹是虚拟的。全部存款,除了准备金外,只不过是银行家账上的结存款项,但它们从来不是作为现金保存在那里。如果存款用在转账业务上,它们就会在银行家把它们贷出以后,对银行家执行资本的职能。银行家彼此之间通过结算的办法,来互相偿付他们对这种已经不存在的存款的支取凭证。

卡·马克思:《资本论》第三卷第 533—534 页

存款只是公众给予银行家的贷款的特殊名称。同一些货币可以充当不知多少次存款的工具。

卡·马克思:《资本论》第三卷第 535 页

第三十章　货币资本和现实资本。
Ⅰ〔商业信用。工业周期不同阶段上的货币资本和现实资本〕

国债券也像股票及其他一切有价证券一样,是借贷资本即用于生息的资本的投资领域。它们是资本贷出的形式。但它们本身不是投在它们上面的借贷资本。

卡·马克思:《资本论》第三卷第 542 页

很明显,随着劳动生产力的发展,从而大规模生产的发展,1.市场会扩大,并且会远离生产地点,2.因而信用必须延长,并且 3.投机的要素必然越来越支配交易。

卡·马克思:《资本论》第三卷第 544 页

要求现金支付,对赊售小心谨慎,是产业周期中紧接着崩溃之后的那个阶段所特有的现象。在危机中,因为每个人都要卖而卖不出去,但是为了支付,又必须卖出去,所以,正是在这个信用最缺乏(并且就银行家的信用来说,贴现率也最高)的时刻,不是闲置的寻找出路的资本,而是滞留在自身的再生产过程内的资本的数量也最大。

卡·马克思:《资本论》第三卷第 547 页

这时，由于再生产过程的停滞，已经投入的资本实际上大量地闲置不用。工厂停工，原料堆积，制成的产品作为商品充斥市场。因此，如果把这种情况归因于生产资本的缺乏，那就大错特错了。正好在这个时候，生产资本是过剩了，无论就正常的、但是暂时紧缩的再生产规模来说，还是就已经萎缩的消费来说，都是如此。

卡·马克思:《资本论》第三卷第 547 页

一切现实的危机的最终原因始终是：群众贫穷和群众的消费受到限制，而与此相对立，资本主义生产却竭力发展生产力，好像只有社会的绝对的消费能力才是生产力发展的界限。

卡·马克思:《资本论》第三卷第 548 页

至少在资本主义发达的国家，只有当普遍歉收——不管是主要食物歉收，还是最重要的工业原料歉收——的时候，才可以谈到生产资本的实际不足。

卡·马克思:《资本论》第三卷第 548 页

当商品价格下跌，交易减少，投在工资上的资本收缩时，所需的流通手段就会减少；另一方面，在对外债务一部分由金的流出，一部分由破产而偿清之后，也就不需要追加的货币去执行世界货币的职能了；最后，汇票贴现业务的规模，随着汇票本身的数目和金额的缩小而缩小，——这一切都是一目了然的。

卡·马克思:《资本论》第三卷第 549 页

在产业周期的开端，低利息率和产业资本的收缩结合在一起，而在周期的末尾，则是高利息率和产业资本的过多结合在一起。伴随"好转"而来的低利息率，表示商业信用对银行信用的需要是微不足道的，商业信用还是立足于自身。

卡·马克思:《资本论》第三卷第 553 页

《资本论》箴言集

这种产业周期的情况是,同样的循环一旦受到最初的推动,就必然会周期地再现出来。在松弛的情况下,生产下降到上一个周期已经达到并且现在已经奠定技术基础的那个水平以下。在繁荣期——中位期,生产在这个基础上继续发展。在生产过剩和投机盛行的时期,生产力伸张到极点,直至越过生产过程的资本主义限制。

卡·马克思:《资本论》第三卷第554页

在危机期间,支付手段不足,这是不言而喻的。汇票的可兑现性,取代了商品本身形态变化的地位,并且,单靠信用来进行交易的商家越多,这个时期的情形就越是这样。像1844—1845年那样不明智的和错误的银行立法,只会加深这种货币危机。但是,任何银行立法也不能消除危机。

卡·马克思:《资本论》第三卷第554—555页

在再生产过程的全部联系都是以信用为基础的生产制度中,只要信用突然停止,只有现金支付才有效,危机显然就会发生,对支付手段的激烈追求必然会出现。所以乍看起来,好像整个危机只表现为信用危机和货币危机。而且,事实上问题只是在于汇票能否兑换为货币。但是这种汇票多数是代表现实买卖的,而这种现实买卖的扩大远远超过社会需要的限度这一事实,归根到底是整个危机的基础。

卡·马克思:《资本论》第三卷第555页

关于危机中出现的产业资本过多的现象,还要指出:商品资本自在地同时也是货币资本,是表现在商品价格上的一定的价值额。作为使用价值,它是一定量的有用物品,这些物品在危机期间出现过剩。但是,作为自在的货币资本,作为可能的货币资本,它总是处在不断的扩张和收缩中。

卡·马克思:《资本论》第三卷第555页

在危机前夕和危机期间,商品资本就其作为可能的货币资本这个属性来说会收缩。商品资本对它的持有者和这些持有者的债权人(也包括作为汇票和贷款的担保)来说,同它被买进和用做贴现与抵押的依据的时候相比,只代表更少的货币资本。如果这就是认为一国的货币资本在货币紧迫时将会减少的那种主张所说的意思,那就等于说商品的价格已经下跌。而

价格的这种狂跌，只是和它以前的猛涨相抵消。

卡·马克思：《资本论》第三卷第555—556页

在普遍危机的时刻，支付差额对每个国家来说，至少对每个商业发达的国家来说，都是逆差，不过，这种情况，总是像排炮一样，按照支付的序列，先后在这些国家里发生；并且，在一个国家比如在英国爆发的危机，会把这个支付期限的序列压缩到一个非常短的期间内。这时就会清楚地看到，这一切国家同时出口过剩（也就是生产过剩）和进口过剩（也就是贸易过剩），物价在一切国家上涨，信用在一切国家过度膨胀。接着就在一切国家发生同样的崩溃。于是金流出的现象会在一切国家依次发生。

卡·马克思：《资本论》第三卷第557页

商品资本代表可能的货币资本的那种属性，在危机中和一般地说在营业停滞时期，将会大大丧失。虚拟资本，生息的证券，就它们本身作为货币资本在证券交易所内进行流通而言，也是如此。它们的价格随着利息的提高而下降。其次，它们的价格还会由于信用的普遍缺乏而下降，这种信用的缺乏迫使证券所有者在市场上大量抛售这种证券，以便获得货币。最后，就股票来说，它的价格下降，部分地是由于股票有权要求的收入减少了，部分地是由于它们代表的往往是那种带有欺诈性质的企业。

卡·马克思：《资本论》第三卷第558—559页

第三十一章 货币资本和现实资本。II（续）

2. 资本或收入转化为货币，这种货币再转化为借贷资本

借贷资本的这种迅速发展是现实积累的结果，因为它是再生产过程发展的结果，而构成这种货币资本家的积累源泉的利润，只是从事再生产的资本家榨取的剩余价值的一种扣除（同时也是对他人储蓄所得的利息的一部分的占有）。

卡·马克思：《资本论》第三卷第568—569页

但剩余价值一转化为货币,这个货币就只是这个剩余价值的价值存在。而货币作为这种存在,就变成了借贷资本的要素。如果这个货币没有被它的所有者本人贷出,只要它变为存款,它就可以变成借贷资本的要素。但是,要再转化为生产资本,这个货币就必须先达到一定的最低限额。

卡·马克思:《资本论》第三卷第570页

第三十二章 货币资本和现实资本。
Ⅲ(续完)〔由于现实资本的游离而形成借贷资本。概论。结果〕

这样再转化为资本的货币的量,是大量再生产过程的结果,但就这些货币本身来看,作为借贷货币资本,它们本身并不是再生产资本的量。

卡·马克思:《资本论》第三卷第571页

货币资本本身的过剩,不是必然地表示生产过剩,甚至也不是必然地表示缺少投资领域。

卡·马克思:《资本论》第三卷第573页

在危机时期,对借贷资本的需求达到了最高限度,与此同时,利息率也达到了最高限度;利润率几乎没有了,与此同时,对产业资本的需求也几乎没有了。在这个时期,每个人借钱都只是为了支付,为了结清已经欠下的债务。相反地,在危机以后的复苏时期,人们要求借贷资本,却是为了购买,为了把货币资本转化为生产资本或商业资本。所以,这时,要求借贷资本的,或者是产业资本家,或者是商人。产业资本家把借贷资本用于购买生产资料和劳动力。

卡·马克思:《资本论》第三卷第580页

对劳动力的需求可以因为对劳动的剥削是在特别有利的情况下进行而增加,但对劳动力需求的增加,从而对可变资本需求的增加本身,不是使利润增多,而是相应地使利润减少。虽然如此,由于以上原因,对可变资本的需求会增加,因而对货币资本的需求也会增加,而这种情况能够提高利

息率。这时,劳动力的市场价格就超过它的平均水平,就有超过平均数的工人就业,同时利息率也提高了,因为在那种情况下,对货币资本的需求增加了。

卡·马克思:《资本论》第三卷第581页

对劳动力需求的增加,使这种商品像每种其他商品一样变贵,使它的价格上涨,但并没有使利润增多,因为利润恰恰主要是以这种商品相对便宜为基础的。但是同时——在上面假定的情况下——这种需求会提高利息率,因为它提高了对货币资本的需求。

卡·马克思:《资本论》第三卷第581页

如果货币资本家不是贷出货币,而是转化为一个产业家,那么,他必须对劳动支付较高的报酬这件事本身,并不会提高他的利润,而会相应地减少他的利润。

卡·马克思:《资本论》第三卷第581页

在货币紧迫时期,对借贷资本的需求,就是对支付手段的需求,再不是别的什么东西,决不是对作为购买手段的货币的需求。同时,利息率能够提得很高,而不论现实资本——生产资本和商品资本——是过剩还是不足。

卡·马克思:《资本论》第三卷第583页

货币作为独立的价值形式同商品相对立,或者说,交换价值必须在货币上取得独立形式,这是资本主义生产的基础。而这所以可能,只是因为某种特定的商品成了这样的材料,所有其他商品都用它的价值来衡量,它也因此成了一般的商品,成了一种同一切其他商品相对立的真正意义上的商品。这一点必然会在两方面显示出来;而特别是在资本主义发达的国家更是这样,在那里,货币在很大程度上一方面为信用经营所代替,另一方面为信用货币所代替。

卡·马克思:《资本论》第三卷第584页

但是信用货币的这个基础是和生产方式本身的基础一起形成的。信用

《资本论》箴言集

货币的贬值（更不用说它的只是幻想的货币资格的丧失）会动摇一切现有的关系。因此，为了保证商品价值在货币上的幻想的独立的存在，就要牺牲商品的价值。一般说来，只要货币有保证，商品价值作为货币价值就有保证。因此，为了几百万货币，必须牺牲许多百万商品。这种现象在资本主义生产中是不可避免的，并且是它的妙处之一。在以前的生产方式中没有这种现象，因为在它们借以运动的那种狭隘的基础上，信用和信用货币都还没有得到发展。

卡·马克思：《资本论》第三卷第584—585页

一旦劳动的**社会**性质表现为商品的**货币存在**，从而表现为一个处于现实生产之外的**东西**，货币危机——与现实危机相独立的货币危机，或作为现实危机尖锐化表现的货币危机——就是不可避免的。

卡·马克思：《资本论》第三卷第585页

只要一个银行的信用没有动摇，这个银行在这样的情况下通过增加信用货币就会缓和恐慌，但通过收缩信用货币就会加剧恐慌。

卡·马克思：《资本论》第三卷第585页

全部现代产业史都表明，如果国内的生产已经组织起来，事实上只有当国际贸易平衡暂时遭到破坏时，才要求用金属来结算国际贸易。国内现在已经不需要使用金属货币了，这已由所谓国家银行停止兑现的办法所证明。而且每当遇到紧急情况，这个办法总是被作为唯一的救急手段来使用。

卡·马克思：《资本论》第三卷第585页

支付差额和贸易差额的区别在于：支付差额是一个必须在一定时间内结清的贸易差额。危机造成的，是把支付差额和贸易差额之间的差别压缩在一个短时间内；而在危机已经发生，因而支付期限已到的国家，又会有某些情况发展起来，这些情况本身会引起结算时期的这种缩短。首先是输出贵金属；然后是抛售委托销售的商品；输出商品，以便抛售这些商品，或凭这些商品在国内取得贷款；提高利息率，宣布废止信用，使有价证券跌价，抛售外国有价证券，吸收外国资本投到这些已经贬值的有价证券上，最后是宣告破产，以清偿大量债权。这时，还往往要把金属输出到已经爆

发危机的国家,因为向那里签发的汇票是没有保证的,因此最安全的办法是用金属支付。

卡·马克思:《资本论》第三卷第585—586页

此外还有如下情况:对亚洲来说,一切资本主义国家大都同时直接或间接地是它的债务国。一旦上述各种情况对另一个有关国家发生充分的影响,那个国家也会开始输出金银,一句话,支付期限接连到来,于是会重复同样一些现象。

卡·马克思:《资本论》第三卷第586页

在商业信用中,利息,作为信用价格和现金价格的差额,只是当汇票的流通期限比通常的期限长时,才加到商品的价格中去。否则,就不会。这种情况之所以产生,是因为每一个人都是一手接受信用,另一手给予信用。〔这和我的经验是不一致的。——弗·恩·〕但是,只要贴现以这种形式在这里出现,贴现就不是由这种商业信用调节,而是由货币市场调节。

卡·马克思:《资本论》第三卷第586页

第三十三章 信用制度下的流通手段

危机一旦爆发,问题就只在于支付手段了。但是,因为这种支付手段的收进,对每个人来说,都要依赖于另一个人,而谁也不知道另一个人能不能如期付款;所以,将会发生对市场上现有的支付手段即银行券的全面追逐。每一个人都想尽量多地把自己能够获得的货币贮藏起来,因此,银行券将会在人们最需要它的那一天从流通中消失。赛米尔·葛尼(《商业危机》,1848—1857年第1116号)估计,在恐慌时期这样保藏起来的银行券,1847年10月一个月就有400万镑到500万镑。——弗·恩·

卡·马克思:《资本论》第三卷第598页

通货的实际的、与产业周期各阶段无关的膨胀或收缩,——因而公众需要的数额仍保持不变,——可以只是由于技术上的原因产生的,例如在

纳税或支付国债利息时就是这样。

卡·马克思：《资本论》第三卷第599—600页

然而，如果还有人怀疑，这伙高贵的匪帮，只是为了生产和被剥削者自身的利益，而对国内和国际的生产进行剥削，那就请他读一读下面这段话，认识一下银行家的高尚的道德品质吧：

"银行制度是宗教的和道德的制度。青年商人不是往往由于害怕被他的银行家的警戒的、非难的眼睛看见而不敢结交吃喝玩乐的朋友吗？他渴望博得银行家的好评，总是表现得规规矩矩！银行家皱皱眉头，也比朋友的忠告对他的作用更大；他总是提心吊胆，怕人说他是在骗人，或者有一点点不老实，以致引起怀疑，因而可能使银行家限制甚至取消对他的贷款！对他来说，银行家的忠告比牧师的忠告更为重要。"（苏格兰银行董事贝尔《股份银行业哲学》1840年伦敦版第46、47页）

卡·马克思：《资本论》第三卷第618页

第三十四章 通货原理和 1844年英国的银行立法

"商业危机的最普遍和最显著的现象，就是商品价格在长期普遍上涨之后突然普遍跌落。商品价格的普遍跌落可以说成是货币同一切商品相比其相对价值上涨，相反，价格的普遍上涨也可以说成是货币的相对价值跌落。两种说法都是叙述现象而不是解释现象……说法虽然不同，但课题并没有改变，正如这一课题从德文译成英文也并不改变一样。……"《政治经济学批判》第165—168页）

卡·马克思：《资本论》第三卷第620—621页

"商品价格的上涨是由于货币价值的跌落，而货币价值的跌落，我们从李嘉图那里知道，是由于流通中的货币过多，也就是由于流通中的货币量超过了货币本身的内在价值和商品的内在价值所决定的水平。反过来也是这样，商品价格的普遍跌落是由于流通中的货币不足使货币价值超过它的

内在价值。……"(《政治经济学批判》第165—168页)

卡·马克思:《资本论》第三卷第621页

"因此,价格周期性地上涨和跌落是由于周期性地有过多或过少的货币在流通。如果有人证实,价格在流通中的货币减少时上涨,在流通中的货币增加时跌落,那么即使这样,也仍然可以断言,由于流通中的商品量有了某种虽然在统计上完全无从证明的减少或增加,流通中的货币量就有了虽然不是绝对的然而是相对的增加或减少。……"(《政治经济学批判》第165—168页)

卡·马克思:《资本论》第三卷第621页

认为商品价格是由流通的货币量的变动来调节这种论断,现在被这样的说法掩盖起来了:贴现率的变动,表示对不同于货币资本的现实物质资本的需求的变动。

卡·马克思:《资本论》第三卷第625页

第三十五章　贵金属和汇兑率

II. 汇兑率

众所周知,汇兑率是货币金属的国际运动的晴雨计。——弗·恩·

卡·马克思:《资本论》第三卷第651页

对亚洲的汇兑率

利息率会影响汇兑率,汇兑率也会影响利息率,但汇兑率变动时,利息率可以不变,利息率变动时,汇兑率也可以不变。

卡·马克思:《资本论》第三卷第657页

这种以商品形式而不是以贵金属形式把资本转移到外国去的投资,只有当这种出口商品的生产需要其他外国商品的额外进口时,才会影响汇兑率（并不影响对得到投资的那个国家的汇兑率）。这时，这种生产不是用来抵消这种额外进口的。但是，同样的情况，在每一次以信用方式输出时都会发生，而无论它是作为投资，还是为了普通商业的目的。此外，这种额外进口也可以通过反作用，例如在殖民地或美国方面，引起对英国商品的额外需求。

卡·马克思：《资本论》第三卷第 658 页

不论收入的一部分是由本国产品还是由外国产品形成（不过后一种情况要以本国产品和外国产品的交换为前提），这种收入的消费，不管是生产消费还是非生产消费，都丝毫不会改变汇兑率，虽然它会改变生产的规模。

卡·马克思：《资本论》第三卷第 660 页

商品价格的低廉，可以有三个原因。首先，是因为需求不足。这时，利息率低，是由于生产萎缩，而不是由于商品便宜，商品便宜只是生产萎缩的表现。或是因为供给大大超过需求。这可以是由于市场商品过剩等等造成的，而市场商品过剩会导致危机，并在危机时期和高利息率结合在一起。或是因为商品价值已经下降，以致同样的需求可以按较低的价格得到满足。在后一种情况下，利息率为什么会下降呢？是因为利润增加了吗？如果因为现在获得同量生产资本或商品资本所需要的货币资本比较少，那么，这只是证明，利润和利息互成反比。

卡·马克思：《资本论》第三卷第 665 页

英国的贸易差额

外汇率可以由于以下原因而发生变化：

1. 一时的支付差额。不管造成这种差额的是什么原因——纯粹商业的原因，国外投资，或国家在战争等等场合所做的支出，只要由此会引起对外的现金支付。

2. 一国货币的贬值。不管是金属货币还是纸币都一样。在这里汇兑率的变化纯粹是名义上的。如果现在 1 镑只代表从前代表的货币的一半，那它就自然不会算做 25 法郎，而只算做 12.5 法郎了。

3. 如果一国用银，一国用金作"货币"，那么，在谈到这两国之间的汇兑率时，这种汇兑率就取决于这两种金属价值的相对变动，因为这种变动

显然影响这两种金属的平价。例如 1850 年的汇兑率就是这样：它对英国来说是不利的，虽然那时英国的输出大大增加了。不过当时并没有发生金的外流。这是银价值和金价值相比暂时提高的结果。（见 1850 年 11 月 30 日《经济学家》）

卡·马克思：《资本论》第三卷第 669 页

货币主义本质上是天主教的；信用主义本质上是基督教的。"苏格兰人讨厌金子"。作为纸币，商品的货币存在只是一种社会存在。**信仰**使人得救。这是对作为商品内在精神的货币价值的信仰，对生产方式及其预定秩序的信仰，对只是作为自行增殖的资本的人格化的各个生产当事人的信仰。但是，正如基督教没有从天主教的基础上解放出来一样，信用主义也没有从货币主义的基础上解放出来。

卡·马克思：《资本论》第三卷第 670 页

第三十六章　资本主义以前的状态

生息资本或高利贷资本（我们可以把古老形式的生息资本叫做高利贷资本），和它的孪生兄弟商人资本一样，是资本的洪水期前的形式，它在资本主义生产方式以前很早已经产生，并且出现在极不相同的经济社会形态中。

卡·马克思：《资本论》第三卷第 671 页

高利贷资本的存在所需要的只是，至少已经有一部分产品转化为商品，同时随着商品买卖的发展，货币已经在它的各种不同的职能上得到发展。

卡·马克思：《资本论》第三卷第 671 页

高利贷资本的发展，和商人资本的发展，并且特别和货币经营资本的发展，是联结在一起的。在古代罗马，从共和国末期开始，虽然手工制造业还远远低于古代的平均发展水平，但商人资本、货币经营资本和高利贷资本，却已经——在古代形式范围内——发展到了最高点。

卡·马克思：《资本论》第三卷第 671 页

高利贷资本作为生息资本的具有特征的形式，是同小生产、自耕农和小手工业主占优势的情况相适应的。

卡·马克思：《资本论》第三卷第 672—673 页

在发达的资本主义生产方式下，劳动条件和劳动产品是作为资本同工人相对立的，工人无须作为生产者借钱。如果他借钱，例如到当铺去，那是为了个人生活的需要。但是，当劳动者实际上或名义上是他的劳动条件和产品的所有者时，他却会作为生产者同货币贷放者的资本发生关系，这种资本作为高利贷资本和他相对立。

卡·马克思：《资本论》第三卷第 673 页

因此，一方面，高利贷对于古代的和封建的财富，对于古代的和封建的所有制，发生破坏和解体的作用。另一方面，它又破坏和毁灭小农民和小市民的生产，总之，破坏和毁灭生产者仍然是自己的生产资料的所有者的一切形式。

卡·马克思：《资本论》第三卷第 674 页

在发达的资本主义生产方式下，劳动者不是生产条件即他所耕种的土地、他所加工的原料等等的所有者。但是在这里，与生产条件同生产者的这种异化相适应，生产方式本身发生了真正的变革。分散的劳动者联合在大工场内，从事有分工的但又互相衔接的活动；工具变成了机器。生产方式本身不再容许生产工具处于那种和小所有制结合在一起的分散状态，也不再容许劳动者自己处于孤立状态。在资本主义生产中，高利贷不能再使生产条件同生产者相分离，因为二者已经分离了。

卡·马克思：《资本论》第三卷第 674 页

高利贷在资本主义以前的一切生产方式中所以有革命的作用，只是因为它会破坏和瓦解这样一些所有制形式，正是在这些所有制形式的牢固基础和它们以同一形式的不断再生产上建立着政治制度。

卡·马克思：《资本论》第三卷第 675 页

在亚洲的各种形式下，高利贷能够长期延续，这除了造成经济的衰落和政治的腐败以外，没有造成别的结果。只有在资本主义生产方式的其他条件已经具备的地方和时候，高利贷才表现为形成新生产方式的手段之一；这一方面是由于封建主和小生产遭到毁灭，另一方面是由于劳动条件集中为资本。

卡·马克思：《资本论》第三卷第 675 页

高利贷资本有资本的剥削方式，但没有资本的生产方式。在资产阶级经济中，在一些落后的产业部门或仍在拒绝采用现代生产方式的产业部门，这种关系也会重新出现。例如，如果我们想把英国的利息率和印度的利息率比较一下，那么就不要采用英格兰银行的利息率，而要采用比如那些把小机器租给家庭工业小生产者的人所收取的利息率。

卡·马克思：《资本论》第三卷第 676 页

高利贷同消费的财富相反，它本身作为资本的一个产生过程在历史上是重要的。高利贷资本和商人财产促进了不依赖于土地所有权的货币财产的形成。

卡·马克思：《资本论》第三卷第 676 页

产品的商品性质越是不发达，交换价值越是没有占领生产的全部广度和深度，货币就越是表现为真正的财富本身，表现为一般财富，而同财富在使用价值上的有限表现方式相对立。货币贮藏就是建立在这个基础上的。

卡·马克思：《资本论》第三卷第 676 页

撇开作为世界货币和贮藏货币的货币不说，货币正是在支付手段的形式上表现为商品的绝对形式。而正是货币的支付手段职能，使利息从而使货币资本得到发展。

卡·马克思：《资本论》第三卷第 676 页

奢侈和腐化的富者所要的，是作为货币的货币，是作为购买一切东西的手段的货币。(也是作为偿还债务的手段。) 而小生产者需要货币，却首先是为了支付。(向地主和国家交纳的实物租和实物贡赋转化为货币租和货币税，在这里具有重要的作用。) 在这两个场合，货币都是作为货币使用

《资本论》箴言集

的。另一方面，货币贮藏只有在高利贷中才是现实的，才会实现它的梦想。

卡·马克思：《资本论》第三卷第676—677页

货币贮藏者所要的，不是资本，而是作为货币的货币；但是通过利息，他把这种贮藏货币为自己转化为资本，转化为一种手段，他依靠这种手段占有全部或部分剩余劳动，以及一部分生产条件本身，虽然对他来说这种生产条件名义上仍然是他人的财产。高利贷好像是生活在生产的缝隙中，就像伊壁鸠鲁的神生活在世界的空隙中一样。商品形式越没有成为产品的一般形式，货币就越难获得。因此，高利贷者除了货币需要者的负担能力或抵抗能力外，再也不知道别的限制。

卡·马克思：《资本论》第三卷第677页

在小农民和小市民的生产中，货币作为购买手段来使用，主要是在劳动者由于偶然的事故或意外的变化丧失了生产条件的时候（在这些生产方式中，劳动者多半还是这些生产条件的所有者），或者至少是在劳动条件不能由通常的再生产过程得到补偿的时候。生活资料和原料是这些生产条件的基本部分。如果它们涨价，它们就不可能由出售产品所得的货款来补偿，就像单是歉收就使农民不能用实物来补偿他的谷种一样。

卡·马克思：《资本论》第三卷第677页

罗马贵族不断进行战争，强迫平民服兵役，阻碍了他们的劳动条件的再生产，因而使他们变得贫穷（在这里，贫穷化，即再生产条件的萎缩或丧失，是主要的形式）而终于破产。正是这些战争使罗马贵族的仓库和地窖里藏满了掠夺来的铜，即当时的货币。贵族不是把平民所需的商品如谷物、马、牛等等直接给他们，而是把对自己没有用处的铜借给他们，而利用这个地位来榨取惊人的高利贷利息，使平民变为自己的债务奴隶。在查理大帝统治下，法兰克的农民也是因战争而破产的，他们除了由债务人变为农奴外，再没有别的出路。

卡·马克思：《资本论》第三卷第677页

但是，货币的支付手段职能，是高利贷的真正的、广阔的和独有的地盘。每一笔在一定期限到期的交款，如地租、贡赋、赋税等等，都必须用

货币来支付。因此,从古代罗马一直到现代,大量放高利贷的都是包税者,大包税人,收税人。然后,随着商业发展和商品生产普遍化,购买和支付越来越在时间上分离。货币必须在一定期限内付出。这一点会造成一直到今天还使货币资本家和高利贷者彼此混淆不清的那种状况,这已由现代的货币危机所证明。

卡·马克思:《资本论》第三卷第678页

高利贷本身又是使货币充当支付手段的必要性得到进一步发展的主要手段,因为它使生产者越来越深地陷入债务,使他因背上利息的重负而不可能进行正常的再生产,从而使他失去了通常的支付手段。在这里,高利贷产生于货币的支付手段职能,而又扩大货币的这种职能,即扩大自己的本来的地盘。

卡·马克思:《资本论》第三卷第678页

信用制度是作为对高利贷的反作用而发展起来的。但是,我们对这一点不要误解,决不要把它理解成像古代著作家、教父、路德或旧的社会主义者所说的那样。这一点所表示的,恰好就是生息资本从属于资本主义生产方式的条件和需要。

卡·马克思:《资本论》第三卷第678页

总的说来,在现代信用制度下,生息资本要适应于资本主义生产的各种条件。高利贷本身不仅依然存在,而且在资本主义生产发达的国家,还摆脱了一切旧的立法对它的限制。对于那些不是或不能在资本主义生产方式的意义上进行借贷的个人、阶级或情况来说,生息资本都保持高利贷资本的形式。例如,在下列场合:或者出于个人的需要去到当铺进行借贷;或者把钱借给那些享乐的富人,供他们挥霍浪费;或者借给那些非资本主义的生产者,如小农民手工业者等等,即自己仍然占有生产条件的直接生产者;最后,借给那种经营规模很小,接近于自食其力的生产者的资本主义生产者。

卡·马克思:《资本论》第三卷第678—679页

就生息资本是资本主义生产方式的一个重要要素来说,它和高利贷资

《资本论》箴言集

本的区别,决不在于这种资本本身的性质或特征。区别只是在于,这种资本执行职能的条件已经变化,从而和货币贷出者相对立的借入者的面貌已经完全改变。即使得到贷款的产业家或商人是没有财产的人,那也是由于相信他会用借来的资本执行资本家的职能,占有无酬劳动。他是作为可能的资本家得到贷款的。

卡·马克思:《资本论》第三卷第 679 页

因此,现代信用制度创始人的出发点,并不是把一般生息资本革出教门,而是相反,对它予以公开承认。

卡·马克思:《资本论》第三卷第 679 页

虔诚的愿望在实现时正好走向它的反面。

卡·马克思:《资本论》第三卷第 680 页

如果考察一下那些在理论上维护并鼓励在英国建立现代信用制度的著作的实际内容,那么,我们所发现的无非是这样一种要求:生息资本,总之,可供借贷的生产资料,应该从属于资本主义的生产方式,成为它的一个条件。如果我们只是抓住这些著作中的词句,那么,这些著作同圣西门主义者的银行幻想和信用幻想一直到用语上的一致,往往会使我们感到吃惊。

卡·马克思:《资本论》第三卷第 683 页

只要生产资料不再转化为资本(这里也包括土地私有制的废除),信用本身就不会再有什么意义,而这一点,甚至圣西门主义者也是懂得的。

卡·马克思:《资本论》第三卷第 687 页

另一方面,只要资本主义生产方式继续存在,生息资本就作为它的形式之一继续存在,并且事实上形成它的信用制度的基础。只有蒲鲁东这个既要保存商品生产又要废除货币的风靡一时的作家,才会梦想出无息信贷这种怪物,妄想实现小资产阶级的这种虔诚愿望。

卡·马克思:《资本论》第三卷第 687 页

我们已经知道,商人资本和生息资本是资本的最古老形式。但是,生息资本自然而然在人们的观念中表现为真正的资本的形式。在商人资本中存在着起中介作用的活动,而不管把它说成是欺骗,是劳动,还是别的什么东西。

卡·马克思:《资本论》第三卷第688页

工人阶级也会受到这种形式的欺诈,甚至受到的欺诈是骇人听闻的,这是很明显的事实;但是,工人阶级也会受到供应他们生活资料的零售商人的欺诈。这是伴随着在生产过程本身中直接进行的原有剥削的一种第二级剥削。在这里,出售和借贷之间的区别,完全是无关紧要的、形式上的区别。前面已经指出,只有那些对实际联系完全没有认识的人,才会把这种区别看做是本质的区别。

卡·马克思:《资本论》第三卷第689页

高利贷和商业一样,是剥削已有的生产方式,而不是创造这种生产方式,它是从外部同这种生产方式发生关系。高利贷力图直接维持这种生产方式,是为了不断地重新对它进行剥削;高利贷是保守的,只会使这种生产方式处于越来越悲惨的境地。

卡·马克思:《资本论》第三卷第689页

生产要素越是不作为商品进入生产过程和不作为商品离开生产过程,由货币转化为生产要素的行为就越是表现为一种特殊的行为。流通在社会再生产中所起的作用越是不重要,高利贷就越是兴盛。

卡·马克思:《资本论》第三卷第689页

高利贷有两种作用:第一,总的说来,它同商人财产并列,形成独立的货币财产,第二,它把劳动条件占为己有,也就是说,使旧劳动条件的占有者破产,因此,它对形成产业资本的前提是一个有力的杠杆。

卡·马克思:《资本论》第三卷第690页

第六篇　超额利润转化为地租

第三十七章　导论

如果说资本主义生产方式总的说来是以劳动者被剥夺劳动条件为前提，那么，在农业中，它是以农业劳动者被剥夺土地并从属于一个为利润而经营农业的资本家为前提。因此，如果有人提醒我们说，从前曾经有过，或者说现在还有其他一些土地所有权形式和农业形式，那么，这对我们的阐述来说，完全是毫不相干的指责。只有对那些把农业中的资本主义生产方式及与之相适应的土地所有权形式不是看做历史的范畴，而是看做永恒的范畴的经济学家来说，这种指责才会有意义。

卡·马克思：《资本论》第三卷第694页

亚·斯密的巨大功绩之一在于：他说明了，用于生产其他农产品（例如亚麻、染料植物）和经营独立畜牧业等等的资本的地租，是怎样由投在主要食物生产上的资本所提供的地租决定的。在斯密以后，这方面实际上并没有任何进步。

卡·马克思：《资本论》第三卷第694页

不过，资本主义生产方式产生时遇到的土地所有权形式，是同它不相适应的。同它相适应的形式，是它自己使农业从属于资本之后才创造出来的；因此，封建的土地所有权，克兰的所有权，同马尔克公社并存的小农所有权，不管它们的法律形式如何不同，都转化为同这种生产方式相适应的经济形式。

卡·马克思：《资本论》第三卷第696页

资本主义生产方式的巨大成果之一是,它一方面使农业由社会最不发达部分的单凭经验的和刻板沿袭下来的经营方法,在私有制条件下一般能够做到的范围内,转化为农艺学的自觉的科学的应用;它一方面使土地所有权从统治和从属的关系下完全解脱出来,另一方面又使作为劳动条件的土地同土地所有权和土地所有者完全分离,土地对土地所有者来说只代表一定的货币税,这是他凭他的垄断权,从产业资本家即租地农场主那里征收来的;[它]使这种联系发生如此严重的解体,以致在苏格兰拥有土地所有权的土地所有者,可以在君士坦丁堡度过他的一生。

卡·马克思:《资本论》第三卷第696页

资本主义生产方式的这种进步,同它的所有其他历史进步一样,首先也是以直接生产者的完全贫困化为代价而取得的。

卡·马克思:《资本论》第三卷第696页

资本主义生产方式的前提是:实际的耕作者是雇佣工人,他们受雇于一个只是把农业作为资本的特殊开发场所,作为对一个特殊生产部门的投资来经营的资本家即租地农场主。这个作为租地农场主的资本家,为了得到在这个特殊生产场所使用自己资本的许可,要在一定期限内(例如每年)按契约规定支付给土地所有者即他所开发的土地的所有者一个货币额(和货币资本的借入者要支付一定利息完全一样)。

卡·马克思:《资本论》第三卷第697页

例如,1849—1859年,英格兰农业工人的工资由于下面的一系列有决定意义的情况而提高了:爱尔兰的人口外流断绝了从该地来的农业工人的供给;工厂工业异常大量地吸收农业人口;战争需要兵员;异常大量的人口移居澳洲和美国(加利福尼亚),以及其他一些不必在这里详细论述的原因。

卡·马克思:《资本论》第三卷第708页

同时,除了1854—1856年歉收时期以外,这个期间的谷物平均价格下降了16%以上。租地农场主叫嚷要求降低地租。在个别情况下,他们达到了目的。但是总的说来,他们的这个要求并没有成功。他们只好求助于降

低生产费用,如大量采用蒸汽发动机和新机器,这些机器,一方面代替了马,把马从经营上排挤出去,另一方面也把农业短工游离出来,造成了一个人为的过剩人口,并由此引起工资的再度下降。

卡·马克思:《资本论》第三卷第708—709页

这10年来,尽管和总人口的增长相比,农业人口普遍地相对减少了,并且尽管某些纯农业区的农业人口绝对减少了,但上述情况还是发生了。1865年10月12日,当时剑桥大学的政治经济学教授福塞特(1884年在邮政总长的任内去世),在社会科学会议上也说过:

"农业短工开始向国外迁移,租地农场主开始抱怨说他们将无力像往常那样支付如此高的地租,因为向国外移民使劳动变得更贵了。"

因此,在这里,高地租和低工资完全是一回事。只要土地价格的水平取决于这种使地租增加的情况,土地的升值和劳动的贬值就是一回事,土地价格的昂贵和劳动价格的低廉就是一回事。

卡·马克思:《资本论》第三卷第709页

下面还要指出,剩余劳动,也就是剩余产品本身,怎样和地租,即剩余产品的这个至少在资本主义生产方式基础上在量和质的方面已经特别规定的部分相混同。一般剩余劳动的自然基础,即剩余劳动必不可少的自然条件是:只须花费整个工作日的一部分劳动时间,自然就以土地的植物性产品或动物性产品的形式或以渔业产品等形式,提供出必要的生活资料。

卡·马克思:《资本论》第三卷第712—713页

农业劳动(这里包括单纯采集、狩猎、捕鱼、畜牧等劳动)的这种自然生产率,是一切剩余劳动的基础;而一切劳动首先并且最初是以占有和生产食物为目的的。(动物同时还提供兽皮,供人在冷天保暖;此外,还有供人居住的洞穴等等。)

卡·马克思:《资本论》第三卷第713页

剩余产品和地租的这种混同,在达夫先生那里,有不同的表现。最初,农业劳动和工业劳动不是分离的;后者同前者是连接在一起的。农业部落、家庭公社或家庭的剩余劳动和剩余产品,既包含农业劳动,也包含工业劳

 《资本论》箴言集

动。二者是同时并进的。狩猎、捕鱼、耕种，没有相应的工具是不行的。织和纺等等当初是农业中的副业。

卡·马克思：《资本论》第三卷第713页

不同地租形式的这种**共同性**——地租是土地所有权在经济上的实现，即不同的人借以独占一定部分土地的法律拟制在经济上的实现，——使人们忽略了区别。

卡·马克思：《资本论》第三卷第715页

一切地租都是剩余价值，是剩余劳动的产物。地租在它的不发达的形式即实物地租的形式上，还直接是剩余产品。

卡·马克思：《资本论》第三卷第715页

资本主义生产方式由于它的本性，使农业人口同非农业人口比起来不断减少，因为在工业（狭义的工业）中，不变资本比可变资本的相对增加，是同可变资本的绝对增加结合在一起的，虽然可变资本相对减少了；而在农业中，经营一定土地所需的可变资本则绝对减少，因此，只有在耕种新的土地时，可变资本才会增加，但这又以非农业人口的更大增加为前提。

卡·马克思：《资本论》第三卷第718页

只有在商品生产的基础上，确切地说，只有在资本主义生产的基础上，地租才能作为货币地租发展起来，并且按照农业生产变为商品生产的程度而发展起来；也就是，按照和农业生产相独立的非农业生产的发展程度而发展起来；因为农产品就是按照这个程度变成商品，变成交换价值和价值的。

卡·马克思：《资本论》第三卷第718页

当商品生产，从而价值生产随着资本主义生产发展时，剩余价值和剩余产品的生产也按照相同的程度发展起来。但随着后者的发展，土地所有权依靠它对土地的垄断权，也按照相同的程度越来越能够攫取这个剩余价值中一个不断增大的部分，从而提高自己地租的价值和土地本身的价格。

卡·马克思：《资本论》第三卷第718—719页

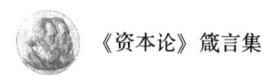

地租的特征是：随着农产品作为价值（商品）而发展的条件和它们的价值的实现条件的发展，土地所有权在这个未经它参与就创造出来的价值中占有不断增大部分的权力也发展起来，剩余价值中一个不断增大的部分也就转化为地租。

卡·马克思：《资本论》第三卷第720页

第三十九章　级差地租的第一形式（级差地租Ⅰ）

资本家个人可以通过在现有市场上占有更大的份额，也可以通过扩大市场本身，来扩大自己的生产。

卡·马克思：《资本论》第三卷第758页

第四十章　级差地租的第二形式（级差地租Ⅱ）

以上我们只是把级差地租看做投在面积相等而肥力不同的土地上的等量资本所具有的不同生产率的结果，所以，级差地租是由投在最坏的无租土地上的资本的收益和投在较好土地上的资本的收益之间的差额决定的。

卡·马克思：《资本论》第三卷第759页

资本主义生产方式是从生产资料在事实上或法律上为耕者自己所有的旧生产方式上发展起来的，一句话，是从农业的手工业经营上发展起来的。按照事物的本性来说，生产资料只是由此才逐渐走向集中，并逐渐转化为资本，而同转化为雇佣工人的直接生产者相对立。

卡·马克思：《资本论》第三卷第761页

就资本主义生产方式正是在这里表现出自己的特征来说，这首先特别是发生在牧羊业和畜牧业上；所以，并不是发生在资本在较小规模土地范围内的集中上,而是发生在较大规模的生产上,这样就可以节省马的饲养费用及其他生产费用;事实上并不是由于在同一土地上使用了更多的资本。

卡·马克思:《资本论》第三卷第761—762页

第四十二章 级差地租 II——
第二种情况:生产价格下降

当追加投资的生产率不变、降低或提高时,生产价格都可能下降。

卡·马克思:《资本论》第三卷第783页

第四十五章 绝对地租

单纯法律上的土地所有权,不会为土地所有者创造任何地租。但这种所有权使他有权不让别人去使用他的土地,直到经济关系能使土地的利用给他提供一个余额,而不论土地是用于真正的农业,还是用于其他生产目的,例如建筑等等。他不能增加或减少这个就业场所的绝对量,但能增加或减少市场上的土地量。所以,正如傅立叶曾指出的,一个很能说明问题的事实是,在所有文明国家中,都有相当大的一部分土地始终无人耕种。

卡·马克思:《资本论》第三卷第856—857页

第四十六章 建筑地段的地租。
矿山地租。土地价格

凡是存在地租的地方,都有级差地租,而且这种级差地租都遵循着和农业级差地租相同的规律。

卡·马克思:《资本论》第三卷第874页

凡是自然力能被垄断并保证使用它的产业家得到超额利润的地方（不论是瀑布，是富饶的矿山，是盛产鱼类的水域，还是位置有利的建筑地段），那些因对一部分土地享有权利而成为这种自然物所有者的人，就会以地租形式，从执行职能的资本那里把这种超额利润夺走。

卡·马克思：《资本论》第三卷第874页

第四十七章　资本主义地租的起源

I. 导论

超过劳动者个人需要的农业劳动生产率，是全部社会的基础，并且首先是资本主义生产的基础。

卡·马克思：《资本论》第三卷第888页

资本主义生产，使社会中一个越来越增大的部分，脱离直接生活资料的生产，并且像斯图亚特所说的那样，转化为自由人手，使他们可以在别的部门任人剥削。

卡·马克思：《资本论》第三卷第888页

III. 产品地租

劳动地租转化为产品地租，从经济学的观点来说，丝毫没有改变地租的本质。

卡·马克思：《资本论》第三卷第897页

V. 分成制和农民的小块土地所有制

在资本主义观念占统治地位的地方，例如在美国的种植园里，这全部剩余价值被看成是利润；而在资本主义生产方式本身还不存在，同它相适应的观念也还没有从资本主义国家传入的地方，这全部剩余价值就表现为地租。无论如何,这个形式都不会引起什么困难。

卡·马克思:《资本论》第三卷第908—909页

土地价格不外是资本化的因而是预期的地租。

卡·马克思:《资本论》第三卷第913页

第七篇　各种收入及其源泉

第四十八章　三位一体的公式

I

资本—利润（企业主收入加上利息），土地—地租，劳动—工资，这就是把社会生产过程的一切秘密都包括在内的三位一体的形式。

卡·马克思：《资本论》第三卷第921页

上述三位一体的形式可以进一步归结为：

资本—利息，土地—地租，劳动—工资；在这个形式中，利润，这个体现资本主义生产方式的独特特征的剩余价值形式，就幸运地被排除了。

卡·马克思：《资本论》第三卷第921—922页

资本，土地，劳动！但资本不是物，而是一定的、社会的、属于一定历史社会形态的生产关系，后者体现在一个物上，并赋予这个物以独特的社会性质。资本不是物质的和生产出来的生产资料的总和。资本是已经转化为资本的生产资料，这种生产资料本身不是资本，就像金或银本身不是货币一样。

卡·马克思：《资本论》第三卷第922页

社会某一部分人所垄断的生产资料，同活劳动力相对立而独立化的这种劳动力的产品和活动条件，通过这种对立在资本上人格化了。不仅工人的已经转化为独立权力的产品，作为其生产者的统治者和购买者的产品，而且这种劳动的社会力量及未来的……形式，也作为生产者的产品的属性而

与生产者相对立。因此,在这里,对于历史地形成的社会生产过程的因素之一,我们有了一个确定的、乍一看来极为神秘的社会形式。

卡·马克思:《资本论》第三卷第922页

现在,与此并列,又有土地,这个无机的自然界本身,这个完全处在原始状态中的"粗糙的混沌一团的天然物"。价值是劳动,因此,剩余价值不可能是土地。土地的绝对肥力所起的作用,不过是使一定量的劳动提供一定的、受土地的自然肥力所制约的产品。

卡·马克思:《资本论》第三卷第922页

最后,作为其中的第三个同盟者的,只是一个幽灵——劳动,这只不过是一个抽象,就它本身来说,是根本不存在的;或者,如果我们就……来说,只是指人借以实现人和自然之间的物质变换的人类一般的生产活动,它不仅已经脱掉一切社会形式和性质规定,而且甚至在它的单纯的自然存在上,不以社会为转移,超越一切社会之上,并且作为生命的表现和证实,是尚属非社会的人和已经有某种社会规定的人所共同具有的。

卡·马克思:《资本论》第三卷第923页

II

资本——利息;土地所有权,土地私有权,而且是现代的与资本主义生产方式相适应的土地私有权—地租;雇佣劳动—工资。这样,各种收入源泉之间的联系尽在这个形式之中。

卡·马克思:《资本论》第三卷第923页

像资本一样,雇佣劳动和土地所有权也是历史规定的社会形式;一个是劳动的社会形式,另一个是被垄断的土地的社会形式。而且二者都是与资本相适应的、属于同一个经济的社会形态的形式。

卡·马克思:《资本论》第三卷第923页

III

庸俗经济学所做的事情,实际上不过是对于局限在资产阶级生产关系

中的生产当事人的观念,当做教义来加以解释、系统化和辩护。

卡·马克思:《资本论》第三卷第925页

我们已经看到,资本主义生产过程是社会生产过程一般的一个历史地规定的形式。

卡·马克思:《资本论》第三卷第926—927页

资本主义生产过程像它以前的所有生产过程一样,也是在一定的物质条件下进行的,但是,这些物质条件同时也是各个个人在他们的生活的再生产过程中所处的一定的社会关系的承担者。这些物质条件,和这些社会关系一样,一方面是资本主义生产过程的前提,另一方面又是资本主义生产过程的结果和创造物;它们是由资本主义生产过程生产和再生产的。

卡·马克思:《资本论》第三卷第927页

我们还看到,资本——而资本家只是人格化的资本,他在生产过程中只是作为资本的承担者执行职能——会在与它相适应的社会生产过程中,从直接生产者即工人身上榨取一定量的剩余劳动,这种剩余劳动是资本未付等价物而得到的,并且按它的本质来说,总是强制劳动,尽管它看起来非常像是自由协商议定的结果。

卡·马克思:《资本论》第三卷第927页

资本的文明面之一是,它榨取这种剩余劳动的方式和条件,同以前的奴隶制、农奴制等形式相比,都更有利于生产力的发展,有利于社会关系的发展,有利于更高级的新形态的各种要素的创造。

卡·马克思:《资本论》第三卷第927—928页

因此,资本一方面会导致这样一个阶段,在这个阶段上,社会上的一部分人靠牺牲另一部分人来强制和垄断社会发展(包括这种发展的物质方面和精神方面的利益)的现象将会消灭;另一方面,这个阶段又会为这样一些关系创造出物质手段和萌芽,这些关系在一个更高级的社会形式中,使这种剩余劳动能够同物质劳动一般所占用的时间的更大的节制结合在一起。因为,依照劳动生产力发展的不同情况,剩余劳动可以在一个小的总

工作日中成为大的,也可以在一个大的总工作日中成为相对小的。

卡·马克思:《资本论》第三卷第928页

在一定时间内,从而在一定的剩余劳动时间内,究竟能生产多少使用价值,取决于劳动生产率。也就是说,社会的现实财富和社会再生产过程不断扩大的可能性,并不是取决于剩余劳动时间的长短,而是取决于剩余劳动的生产率和进行这种剩余劳动的生产条件的优劣程度。

卡·马克思:《资本论》第三卷第928页

事实上,自由王国只是在必要性和外在目的规定要做的劳动终止的地方才开始;因而按照事物的本性来说,它存在于真正物质生产领域的彼岸。像野蛮人为了满足自己的需要,为了维持和再生产自己的生命,必须与自然搏斗一样,文明人也必须这样做;而且在一切社会形式中,在一切可能的生产方式中,他都必须这样做。

卡·马克思:《资本论》第三卷第928页

这个领域内的自由只能是:社会化的人,联合起来的生产者,将合理地调节他们和自然之间的物质变换,把它置于他们的共同控制之下,而不让它作为一种盲目的力量来统治自己;靠消耗最小的力量,在最无愧于和最适合于他们的人类本性的条件下来进行这种物质变换。

卡·马克思:《资本论》第三卷第928—929页

但是,这个领域始终是一个必然王国。在这个必然王国的彼岸,作为目的本身的人类能力的发挥,真正的自由王国,就开始了。但是,这个自由王国只有建立在必然王国的基础上,才能繁荣起来。工作日的缩短是根本条件。

卡·马克思:《资本论》第三卷第929页

在资本主义社会中,这个剩余价值或剩余产品——如果我们把分配上的偶然波动撇开不说,只考察分配的调节规律,分配的起规范作用的界限——是作为一份份的股息,按照社会资本中每个资本所占的份额的比例,在资本家之间进行分配的。

卡·马克思:《资本论》第三卷第929页

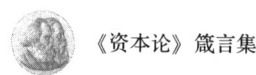

在这个形态上,剩余价值表现为资本应得的平均利润。这个平均利润又分为企业主收入和利息,并在这两个范畴下分归各种不同的资本家所有。但资本对于剩余价值或剩余产品的这种占有和分配,受到土地所有权方面的限制。正像职能资本家从工人身上吸取剩余劳动,从而在利润的形式上吸取剩余价值和剩余产品一样,土地所有者也要在地租的形式上,按照以前已经说明的规律再从资本家那里吸取这个剩余价值或剩余产品的一部分。

卡·马克思:《资本论》第三卷第929页

资本直接从工人身上吸取体现为剩余价值和剩余产品的剩余劳动。因此,在这个意义上,资本可以被看做剩余价值的生产者。

卡·马克思:《资本论》第三卷第929页

工人作为他个人的劳动力的所有者和出售者,在工资的名义下得到一部分产品。这部分产品体现着他的劳动中被我们叫做必要劳动的那个部分,也就是维持和再生产这个劳动力所必需的劳动部分,而不管这种维持和再生产的条件是较贫乏的还是较富裕的,是较有利的还是较不利的。

卡·马克思:《资本论》第三卷第930页

它们从下述意义上讲确实是收入的源泉:对资本家来说,资本是一台汲取剩余劳动的永久的抽水机;对土地所有者来说,土地是一块永久的磁石,它会把资本所汲取的剩余价值的一部分吸引过来;最后,劳动则是一个不断更新的条件和不断更新的手段,使工人在工资的名义下取得他所创造的一部分价值,从而取得社会产品中由这部分价值来计量的一个部分,即必要生活资料。

卡·马克思:《资本论》第三卷第931页

其次,它们从下述意义上讲是收入的源泉:资本会把价值的一部分,从而把年劳动产品的一部分固定在利润的形式上,土地所有权会把另一部分固定在地租的形式上,雇佣劳动会把第三部分固定在工资的形式上,并且正是由于这种转化,使它们变成了资本家的收入、土地所有者的收入和工人的收入,但是并没有创造转化为这几个不同范畴的实体本身。相反,这种分配是以这种实体已经存在为前提的,也就是说,是以年产品的总价值为前提的,而这个总价值不外就是对象化的社会劳动。

卡·马克思:《资本论》第三卷第931页

对那些生产当事人来说,资本、土地所有权和劳动,表现为三个不同的、独立的源泉,每年生产的价值——从而这个价值借以存在的产品——的三个不同的组成部分,就是从这些源泉本身产生出来的;因此,不仅这个价值作为社会生产过程的各特殊因素所分得的收入的不同形式,是从这些源泉产生出来的,而且这个价值本身,从而这些收入形式的实体,也是从这些源泉产生出来的。

卡·马克思:《资本论》第三卷第931页

工资或劳动的价格只是劳动力的价值或价格的不合理的说法;并且,这种劳动力出售时所处的一定的社会条件同作为一般生产要素的劳动无关。

卡·马克思:《资本论》第三卷第932页

劳动也对象化在商品的一个价值部分即那个作为工资构成劳动力价格的价值部分中;它创造产品的这个部分,和创造产品的其他部分一样;不过,它对象化在这个部分中,和对象化在形成地租或利润的那些部分中相比,不会更多些,也没有什么不同。

卡·马克思:《资本论》第三卷第932页

而且整个说来,当我们把劳动确定为形成价值的要素时,我们不是从它作为生产条件的具体形式上来考察它,而是从一种和雇佣劳动的社会规定性不同的社会规定性上来考察它。

卡·马克思:《资本论》第三卷第932页

因此,劳动条件的这种和劳动相异化的、和劳动相对立而独立化的、并由此形成的转化形态——在这种形态下,生产出来的生产资料已转化为资本,土地已转化为被垄断的土地,转化为土地所有权——,这种属于一定历史时期的形态,就和生产出来的生产资料和土地在生产过程一般中的存在和职能合而为一了。

卡·马克思:《资本论》第三卷第933—934页

劳动本身,就它作为有目的的生产活动这个简单的规定性而言,不是同作为社会形式规定性的生产资料发生关系,而是同作为物质实体、作为劳动材料和劳动资料的生产资料发生关系。这些生产资料也只是在物质方面,作为各种使用价值来互相区别,即土地是作为非生产出来的劳动资料,而其余的东西是作为生产出来的劳动资料而互相区别。

卡·马克思:《资本论》第三卷第934页

随着相对剩余价值在真正的特定的资本主义生产方式下的发展,——与此同时劳动的社会生产力也发展了,——这些生产力以及劳动在直接劳动过程中的社会联系,都好像由劳动转移到资本身上了。

卡·马克思:《资本论》第三卷第937页

不管资本在直接生产过程中所吸取的并且体现在商品中的剩余价值究竟如何,商品中包含的价值和剩余价值都必须在流通过程中才能得到实现。

卡·马克思:《资本论》第三卷第937页

利润的一部分与它的另一部分相反,完全从资本关系本身中分离出来,并且表现为不是来自剥削雇佣劳动的职能,而是来自资本家本身从事的雇佣劳动。与此相反,利息则好像和工人的雇佣劳动无关,也和资本家自己的劳动无关,而是来自作为其本身的独立源泉的资本。

卡·马克思:《资本论》第三卷第939页

古典经济学把利息归结为利润的一部分,把地租归结为超过平均利润的余额,使这二者以剩余价值的形式一致起来;此外,把流通过程当做单纯的形式变化来说明;最后,在直接生产过程中把商品的价值和剩余价值归结为劳动;这样,它就把上面那些虚伪的假象和错觉,把财富的不同社会要素互相间的这种独立化和硬化,把这种物的人格化和生产关系的物化,把日常生活中的这个宗教揭穿了。这是古典经济学的伟大功绩。

卡·马克思:《资本论》第三卷第940页

第四十九章 关于生产过程的分析

利润(企业主收入加上利息)和地租,不外是商品剩余价值的各个特殊部分所采取的独特形式。

卡·马克思：《资本论》第三卷第943页

利润和地租同工资的共同之处在于：三者都是收入的形式。尽管如此，它们有着本质的区别：利润和地租体现着剩余价值，即无酬劳动，工资则体现着有酬劳动。

卡·马克思：《资本论》第三卷第950—951页

单个资本家的产品和社会的产品之间的区别只在于：从单个资本家来看，纯收入不同于总收入，因为后者包括工资，前者不包括工资。

卡·马克思：《资本论》第三卷第952页

工人创造的剩余价值实际上要分为收入和资本，也就是说，分为消费资料和追加的生产资料。但是，上年留下来的旧的不变资本（把受到损坏、因而相应报废的部分撇开不说，也就是就旧资本无须再生产而言，并且，再生产过程遇到的这种干扰是属于保险的项目），从价值方面来看，并不是由新追加的劳动再生产的。

卡·马克思：《资本论》第三卷第961—962页

第五十章 竞争的假象

商品的价值等于生产商品时用掉的资本加上包含在商品中的剩余价值，商品的生产价格则等于生产商品时用掉的资本 k 加上按一般利润率归于它的剩余价值，例如在生产该商品所预付的资本（包括已经用掉的资本和单纯使用的资本）上加上20%。但是这个20%的追加额本身，是由社会总资本所生产的剩余价值和这个剩余价值同资本价值的比率决定的，因此它是20%，不是10%，也不是100%。

卡·马克思：《资本论》第三卷第974页

某些商品的垄断价格，不过是把其他商品生产者的一部分利润，转移到具有垄断价格的商品上。

卡·马克思：《资本论》第三卷第975页

剩余价值在不同生产部门之间的分配，会间接受到局部的干扰，但这种干扰不会改变这个剩余价值本身的界限。如果这种具有垄断价格的商品进入工人的必要的消费，那么，在工人照旧得到他的劳动力的价值的情况下，这种商品就会使工资提高，并从而使剩余价值缩小。

卡·马克思：《资本论》第三卷第975页

我们不能以资本为前提来决定工资，因为资本本身的价值是由工资参与决定的。

卡·马克思：《资本论》第三卷第978页

竞争之所以能够影响利润率，只是因为它影响商品的价格。竞争只能使同一个生产部门内的生产者以相等的价格出售他们的商品，并使不同生产部门内的生产者按照这样一个价格出售商品，这个价格使他们得到相同的利润，得到已经部分地由工资决定的商品价格上的同一比例的加价。因此，竞争只能使不等的利润率平均化。

卡·马克思：《资本论》第三卷第979页

平均利润率是在互相竞争的资本家势均力敌的时候出现的。竞争可以造成这种均势，但不能造成在这种均势下出现的利润率。

卡·马克思：《资本论》第三卷第979页

商品的价值是由其中包含的劳动量决定的，而工资的价值则是由必要生活资料的价格决定的，价值超过工资的余额形成利润和地租。

卡·马克思：《资本论》第三卷第981页

商品扣除它生产上所耗费的生产资料的价值以后的价值，这个既定的、由对象化在商品产品中的劳动量决定的价值量，分为三个组成部分，它们作为工资、利润和地租，取得独立的、互不相关的收入形式。这种分割，在资本主义生产的显露出来的表面上，因而也在那些受这种表面现象束缚的当事人的观念中,总是颠倒地表现出来。

卡·马克思:《资本论》第三卷第 981—982 页

在工资由于生活资料价格提高而提高时,利润率也能因劳动强度加大或工作日延长而保持不变,甚至提高。

卡·马克思:《资本论》第三卷第 984 页

工资作为一个在商品和商品价值生产出来以前数量已定的价格要素,作为成本价格的一个组成部分,不是表现为一个以独立的形式从商品总价值中分离出来的部分,而是相反,表现为已定的量,它预先决定商品的总价值,也就是说,是价格或价值的形成要素。

卡·马克思:《资本论》第三卷第 985—986 页

只要资本主义生产本身继续存在,新追加的劳动的一部分就会不断地化为工资,另一部分就会不断地化为利润(利息和企业主收入),第三部分就会不断地化为地租。

卡·马克思:《资本论》第三卷第 987 页

因此,不变资本部分的价格,从而商品的总价值,最终都会归结为由几个独立的、按不同规律调节的和由不同源泉形成的价值形成要素,即由工资、利润和地租相加而成的价值总额,虽然这种归结方法的秘密并不是完全不可认识的。

卡·马克思:《资本论》第三卷第 988 页

在单个资本家之间进行的竞争和在世界市场上进行的竞争中,作为不变的和起调节作用的量加入到计算中去的,是工资、利息和地租的已定的和预先存在的量。这个量不变,不是指它们的量不会变化,而是指它们在每一单独场合都是已定的,并且对不断波动的市场价格来说形成不变的界限。例如,在世界市场上进行的竞争中,问题仅仅在于:在工资、利息和地租已定时,按照或低于既定的一般市场价格出售商品是否能够得到利益,也就是说,能够实现相当的企业主收入。

卡·马克思:《资本论》第三卷第 990 页

如果一个国家由于资本主义生产方式总的说来不发展，因而工资和土地价格低廉，资本的利息却很高，而另一个国家的工资和土地价格名义上很高，资本的利息却很低，那么，资本家在前一国家就会使用较多的劳动和土地，在后一国家就会相对地使用较多的资本。在估计两个国家之间这里可能在多大程度上发生竞争时，这些因素是起决定作用的要素。

卡·马克思：《资本论》第三卷第990页

因此在这里，经验从理论方面，资本家的利己盘算从实践方面表明：商品价格由工资、利息和地租决定，由劳动的价格、资本的价格和土地的价格决定；这些价格要素确实是起调节作用的价格形成要素。

卡·马克思：《资本论》第三卷第990页

资本主义生产方式和与之相适应的关系既然被假定为一般的社会的基础，那么，就这个独立劳动者不是靠自己的劳动，而是靠对生产资料——在这里，生产资料一般已经采取资本的形式——的占有而能占有自己的剩余劳动来说，这种归类方法是正确的。

卡·马克思：《资本论》第三卷第991页

其次，只要他是把他的产品作为商品来生产，因而要依赖于这个产品的价格（甚至在不是这样的时候，这个价格也是可以估计的），他能够实现的剩余劳动的量，就不是取决于剩余劳动自身的量，而是取决于一般利润率；同样，可能超过由一般利润率所决定的剩余价值份额而形成的余额，也不是由他所提供的劳动量决定，而他能够占有这个余额，只是因为他是土地的所有者。

卡·马克思：《资本论》第三卷第991页

第五十一章 分配关系和生产关系

更有学识、更有批判意识的人们，虽然承认分配关系的历史发展性质，但同时却更加固执地认为，生产关系本身具有不变的、从人类本性产生出来的，因而与一切历史发展无关的性质。

卡·马克思：《资本论》第三卷第994页

相反，对资本主义生产方式的科学分析却证明：资本主义生产方式是一种特殊的、具有独特历史规定性的生产方式；它和任何其他一定的生产方式一样，把社会生产力及其发展形式的一个既定的阶段作为自己的历史条件，而这个条件又是一个先行过程的历史结果和产物，并且是新的生产方式由以产生的既定基础；同这种独特的、历史地规定的生产方式相适应的生产关系——即人们在他们的社会生活过程中、在他们的社会生活的生产中所处的各种关系——，具有一种独特的、历史的和暂时的性质；最后，分配关系本质上和这些生产关系是同一的，是生产关系的反面，所以二者共有同样的历史的暂时的性质。

卡·马克思：《资本论》第三卷第994页

资本主义生产方式一开始就有两个特征。

第一，它生产的产品是商品。使它和其他生产方式相区别的，不在于生产商品，而在于，成为商品是它的产品的占统治地位的、决定的性质。……资本主义生产方式的**第二个特征是**，剩余价值的生产是生产的直接目的和决定动机。

卡·马克思：《资本论》第三卷第995—997页

资本本质上是生产资本的，但只有生产剩余价值，它才生产资本。

卡·马克思：《资本论》第三卷第997页

这种为了价值和剩余价值而进行的生产，像较为详细的说明所已经指出的那样，包含着一种不断发生作用的趋势，就是要把生产商品所必需的劳动时间，即把商品的价值，缩减到当时的社会平均水平以下。

卡·马克思：《资本论》第三卷第997页

只把分配关系看做历史的东西而不把生产关系看做历史的东西的见解，一方面，只是资产阶级经济学刚开始进行还带有局限性的批判时的见解。另一方面，这种见解建立在一种混同上面，这就是，把社会的生产过程，

同反常的孤立的人在没有任何社会帮助的情况下也必须完成的简单劳动过程相混同。

卡·马克思：《资本论》第三卷第 1000 页

就劳动过程只是人和自然之间的单纯过程来说，劳动过程的简单要素是这个过程的一切社会发展形式所共有的。但劳动过程的每个一定的历史形式，都会进一步发展这个过程的物质基础和社会形式。这个一定的历史形式达到一定的成熟阶段就会被抛弃，并让位给较高级的形式。

卡·马克思：《资本论》第三卷第 1000 页

分配关系，从而与之相适应的生产关系的一定的历史形式，同生产力，即生产能力及其要素的发展这两个方面之间的矛盾和对立一旦有了广度和深度，就表明这样的危机时刻已经到来。这时，在生产的物质发展和它的社会形式之间就发生冲突。

卡·马克思：《资本论》第三卷第 1000 页

《资本论》箴言集

弗·恩格斯《资本论》第三册增补

I. 价值规律和利润率

在布劳恩的《社会政治中央导报》(1895年2月25日第22期)上,也有一篇关于《资本论》第三卷的精辟论文,作者是康拉德·施米特。……这篇文章中论证了,马克思怎样从剩余价值中引出平均利润,从而第一次回答了到现在为止的经济学从来没有提出过的问题:这个平均利润率的水平是怎样决定的,比如说为什么是10%或15%,而不是50%或100%。自从我们知道,首先由产业资本家占有的剩余价值是产业利润和地租的唯一源泉以来,这个问题就自然而然地解决了。

卡·马克思:《资本论》第三卷第1012—1013页

价值规律对于资本主义生产来说远比单纯的假说——更不用说比虚构,即使是必要的虚构——,具有更重大得多、更确定得多的意义。

无论桑巴特还是施米特……都没有充分注意到:这里所涉及的,不仅是纯粹的逻辑过程,而且是历史过程和对这个过程加以说明的思想反映,是对这个过程的内部联系的逻辑研究。

卡·马克思:《资本论》第三卷第1013页

农民和卖东西给他的人本身都是劳动者,交换的物品也是他们各人自己的产品。他们在生产这些产品时耗费了什么呢?劳动,并且只是劳动。他们为补偿工具、为生产和加工原料而花费的,只是他们自己的劳动力。因此,如果不按照花费在他们这些产品上的劳动的比例,他们又能怎样用这些产品同其他从事劳动的生产者的产品进行交换呢?在这里,花在这些产品上的劳动时间不仅对于互相交换的产品量的数量规定来说是唯一合适的尺度;在这里,也根本不可能有别的尺度。

卡·马克思:《资本论》第三卷第1016页

在农民自然经济的整个时期内,只可能有这样一种交换,即互相交换

的商品量趋向于越来越用它们所体现的劳动量来计量。

卡·马克思:《资本论》第三卷第1016页

自从货币进入这种经济方式的时候起,一方面,适应价值规律(注意,指马克思所表述的价值规律!)的趋势变得更明显了,但另一方面,这种趋势又由于高利贷资本和苛捐杂税的干扰而受到了破坏;价格平均起来达到几乎完全接近价值的程度就需要更长的期间了。

卡·马克思:《资本论》第三卷第1016页

中世纪的人能够按照原料、辅助材料、劳动时间而相当精确地互相计算出生产费用——至少就日常用品来说是这样。

卡·马克思:《资本论》第三卷第1017页

人们越是接近商品生产的原始状态——例如俄国人和东方人——,甚至在今天,他们就越是把更多的时间浪费在持久的、互不相让的讨价还价上,去为他们花费在产品上的劳动时间争得充分的代价。

卡·马克思:《资本论》第三卷第1017—1018页

从价值由劳动时间决定这一点出发,全部商品生产,以及价值规律的各个方面借以发生作用的多种多样的关系发展起来了……也就是说,特别是那些使劳动成为形成价值的唯一因素的条件发展起来了。而且,这些条件是在当事人并未意识到的情况下起作用的,只有通过辛勤的理论研究才能从日常实践中把它们抽象出来,也就是说,它们是按自然规律的方式起作用,而马克思也已证明,这一切都是从商品生产的本性中必然发生的。

卡·马克思:《资本论》第三卷第1018页

最重要和最关键的进步,是向金属货币的过渡。但是这种过渡也造成了如下的后果:价值由劳动时间决定这一事实,从此在商品交换的表面上再也看不出来了。

卡·马克思:《资本论》第三卷第1018页

从实践的观点来看,货币已经成了决定性的价值尺度;而且,进入交

易的商品种类越是繁多,越是来自遥远的地方,因而生产这些商品所必需的劳动时间越是难以掌握,情况就越是这样。

卡·马克思:《资本论》第三卷第1018页

此外,货币本身最初多半来自外地;即使本地出产贵金属,农民和手工业者一方面仍然无法近似地估计出花费在贵金属上的劳动,另一方面,对他们来说,由于习惯于用货币进行计算,关于劳动是价值尺度这种属性的意识已经变得十分模糊;货币在人民大众的观念中开始代表绝对价值了。

卡·马克思:《资本论》第三卷第1018页

总之,只要经济规律发生作用,马克思的价值规律对于整个简单商品生产时期来说便是普遍适用的,也就是说,直到简单商品生产由于资本主义生产形式的出现而发生变形之前是普遍适用的。在此之前,价格都以马克思的规律所决定的价值为重心,并且围绕着这种价值而波动,以致简单商品生产发展得越是充分,一个不为外部的暴力干扰所中断的较长时期内的平均价格就越是与价值趋于一致,直至量的差额小到可以忽略不计的程度。

卡·马克思:《资本论》第三卷第1018—1019页

马克思的价值规律,从开始出现使产品转化为商品的那种交换时起,直到公元15世纪止这个时期内,在经济上是普遍适用的。

卡·马克思:《资本论》第三卷第1019页

商人对于从前一切停滞不变、可以说由于世袭而停滞不变的社会来说,是一个革命的要素。……现在商人来到了这个世界,他应当是这个世界发生变革的起点。但是,他并不是自觉的革命者;相反,他与这个世界骨肉相连。

卡·马克思:《资本论》第三卷第1019页

中世纪的商人决不是个人主义者;他像他的所有同时代人一样,本质上是共同体的成员。

……

在这里,我们第一次遇到了利润和利润率。而且是商人有意识地和自

觉地力图使这个利润率对所有参加者都均等。……他们出售商品得到的价格以及购买回头货时支付的价格，都和本"民族"的所有其他商人一样。因此，利润率对所有的人来说都是均等的。对大贸易公司来说，利润要按照投资份额的比例来分配是理所当然的事情……因此，相等的利润率，在其充分发展的情况下本来是资本主义生产的最后结果之一，而这里在其最简单的形式上却表明是资本的历史出发点之一，甚至是马尔克公社直接生出的幼枝，而马尔克公社又是原始共产主义直接生出的幼枝。

卡·马克思：《资本论》第三卷第 1019—1021 页

这个原始的利润率必然是很高的。经商所冒的风险非常大……

但是，这种由商会的共同行动造成的、对一切参加者来说都相等的高利润率，只是在本商会的范围内，在这里也就是在一个"民族"的范围内才有效。……这些不同的团体利润率的平均化，是通过相反的道路，即通过竞争来实现的。首先，同一个民族在不同市场上的利润率得到平均化。……然后，在向同一些市场输出同种商品或类似商品的各民族之间，也必然会逐渐发生利润率的平均化，其中有些民族往往会被压垮，从而退出舞台。

卡·马克思：《资本论》第三卷第 1021—1022 页

商人资本至少在开始的时候只能从本国产品的外国购买者那里，或者从外国产品的本国购买者那里赚取利润；只是到了这个时期的最后，……外国的竞争和销路的困难才迫使制造出口商品的手工业生产者把商品低于价值卖给出口商人。因此，我们在这里看到了这样一种现象：在国内单个生产者之间进行的零售贸易中，商品平均说来是按照价值出售的，但是在国际贸易中，由于上面所说的理由，通常都不是如此。这种情况完全和现在的世界相反。

卡·马克思：《资本论》第三卷第 1023 页

现在，生产价格适用于国际贸易和批发商业，但在城市零售贸易中，价格的形成则是由完全不同的利润率来调节的。例如，现在牛肉从伦敦批发商人转到伦敦消费者个人手中时增加的价格，要大于从芝加哥批发商人转到伦敦批发商人手中时增加的价格（包括运费在内）。

卡·马克思：《资本论》第三卷第 1023—1024 页

在价格的形成上逐渐引起这种变革的工具是产业资本。产业资本的萌芽早在中世纪就已形成,它存在于以下三个领域:航运业、采矿业、纺织业。……规模的航运业,没有水手即雇佣工人……是不行的……矿业组合,几乎到处都变成了靠雇佣工人进行开采作业的股份公司。在纺织业中,商人已经开始让小织造工匠直接为自己服务,他供给他们纱,并且付给他们固定的工资……

在这里,我们看到了资本主义剩余价值形成的开端。……

商业资本的利润率早已存在。它也已经平均化为近似的平均率,至少对当地来说是这样。

卡·马克思:《资本论》第三卷第1024页

商人资本家购买了暂时还占有生产工具但已经不再有原料的劳动力。这样,他就保障了织工经常有活干,却因此也就能够压低织工的工资,使他们完成的劳动时间的一部分得不到报酬。因此,包买商就成了超过他原来的商业利润以上的剩余价值的占有者。

……

为了加快销售和周转,从而使同一资本可以在较短的时间内赚到同样多的利润,也就是说,在同一时间内比以前赚到更多的利润,他会把他的剩余价值的一小部分赠给买者,也就是说,会比他的竞争者卖得便宜一些。这些竞争者也会逐渐变成包买商,这时,额外利润对所有的人都会变为普通利润,甚至对于所有人的已经增加的资本来说,还会变为更低的利润。利润率的均等再一次形成了,虽然所形成的利润率的水平可能不一样了,因为国内生产的剩余价值已经有一部分让给国外的买者了。

卡·马克思:《资本论》第三卷第1025—1026页

产业从属于资本的下一步,是工场手工业的出现。……工场手工业资本家占有的剩余价值使得他或者同他分享剩余价值的出口商人,能够比自己的竞争者卖得便宜一些,直到新的生产方式得到普遍推广为止,这时平均化就又重新出现。已有的商业利润率,即使它只是在局部地区实现了平均化,仍然是一张普罗克拉斯提斯的床,以它为标准,超额的产业剩余价值都会被毫不留情地砍掉。

卡·马克思:《资本论》第三卷第1026页

大工业通过它的不断更新的生产革命，使商品的生产费用越降越低，并且无情地排挤掉以往的一切生产方式。……它还使不同商业部门和工业部门的利润率平均化为一个一般的利润率，最后，它在这个平均化过程中保证工业取得应有的支配地位，因为它把一向阻碍资本从一个部门转移到另一个部门的绝大部分障碍清除掉。这样，对整个交换来说，价值转化为生产价格的过程就大致完成了。可见这种转化是在当事人的意识或意图之外，依照客观规律进行的。

卡·马克思：《资本论》第三卷第1026—1027页

至于竞争会使超过一般利润率的利润降为一般水平，因而会从最初的产业家占有者手里把超过平均水平的剩余价值重新夺走，这在理论上完全没有困难。而在实践上却很困难，因为占有超额剩余价值的各生产部门，也就是说，可变资本较多而不变资本较少，因而资本构成较低的各生产部门，按照它们的性质来说，从属于资本主义的经营恰恰是最晚的，而且是最不充分的；首先是农业。

卡·马克思：《资本论》第三卷第1027页

相反，至于把生产价格提高到商品价值以上，——而这是为了把资本构成较高的部门的产品中所包含的不足的剩余价值提高到平均利润率水平所必需的，——这在理论上看来好像是非常困难的，而在实践上正如我们所看到的那样，却是最容易和最先办到的。因为，这类商品在刚开始按照资本主义方式生产并加入资本主义商业中去的时候，会同那些按照资本主义以前的方法生产的、因而比较贵的同类商品进行竞争。这样，资本主义的生产者即使放弃一部分剩余价值，也仍然能够获得当地通行的利润率。

卡·马克思：《资本论》第三卷第1027页

这种利润率本来和剩余价值没有直接关系，因为在按照资本主义方式生产之前，也就是在产业利润率成为可能之前，这种利润率早已从商业资本中产生了。

卡·马克思：《资本论》第三卷第1027页

II. 交易所

从第三卷第五篇，特别是第［二十七］章可以看出，交易所在整个资

 《资本论》箴言集

本主义生产中占有怎样的地位。但是,自从1865年写作本书以来,情况已经发生了变化,这种变化使今天交易所的作用大大增加了,并且还在不断增加。这种变化在其进一步的发展中有一种趋势,要把全部生产,工业生产和农业生产,以及全部交往,交通工具和交换职能,都集中在交易所经纪人手里,这样,交易所就成为资本主义生产本身的最突出的代表。

卡·马克思:《资本论》第三卷第1028页